教育部哲学社会科学系列发展报告
MOE Serial Reports on Developments in Humanities and Social Sciences

中国文化软实力发展报告2012

Report on Development of Cultural Soft Power in China 2012

张国祚 主编

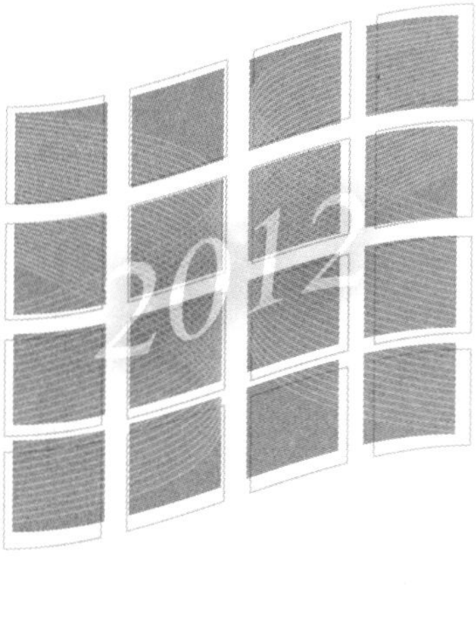

北京大学出版社
PEKING UNIVERSITY PRESS

图书在版编目(CIP)数据

中国文化软实力发展报告.2012/张国祚主编.—北京:北京大学出版社,2013.5
(教育部哲学社会科学系列发展报告)
ISBN 978-7-301-22490-8

Ⅰ.①中… Ⅱ.①张… Ⅲ.①文化事业-建设-研究报告-中国-2012
Ⅳ.①G12

中国版本图书馆 CIP 数据核字(2013)第 092340 号

书　　　名:中国文化软实力发展报告 2012
著作责任者:张国祚　主编
责 任 编 辑:闵艳芸
标 准 书 号:ISBN 978-7-301-22490-8/G·3620
出 版 发 行:北京大学出版社
地　　　址:北京市海淀区成府路 205 号　100871
网　　　址:http://www.pup.cn
新 浪 微 博:@北京大学出版社
电 子 信 箱:minyanyun@163.com
电　　　话:邮购部 62752015　发行部 62750672　编辑部 62750673
出版部 62754962
印　刷　者:北京鑫海金澳胶印有限公司
经　销　者:新华书店
730 毫米×980 毫米　16 开本　17.75 印张　328 千字
2013 年 5 月第 1 版　2013 年 5 月第 1 次印刷
定　　　价:49.00 元

总　序

哲学社会科学的发展水平，体现着一个国家和民族的思维能力、精神状态和文明素质，反映了一个国家的综合国力和国际竞争力。在社会发展历史进程中，哲学社会科学往往是社会变革、制度创新的理论先导，特别是在社会发展的关键时期，哲学社会科学的地位和作用就更加突出。在我国从大国走向强国的过程中，繁荣发展哲学社会科学，不仅关系到我国经济、政治、文化、社会建设以及生态文明建设的全面协调发展，而且关系到社会主义核心价值体系的构建，关系到全民族的思想道德素质和科学文化素质的提高，关系到国家文化软实力的增强。

党的十六大以来，以胡锦涛同志为总书记的党中央高度重视哲学社会科学，从中国特色社会主义发展全局的战略高度，把繁荣发展哲学社会科学作为重大而紧迫的任务进行谋划部署。2004 年，中共中央下发《关于进一步繁荣发展哲学社会科学的意见》，明确了新世纪繁荣发展哲学社会科学的指导方针、总体目标和主要任务。党的十七大报告明确指出："繁荣发展哲学社会科学，推进学科体系、学术观点、科研方法创新，鼓励哲学社会科学界为党和人民事业发挥思想库作用，推动我国哲学社会科学优秀成果和优秀人才走向世界。"2011 年，党的十七届六中全会审议通过的《中共中央关于深化文化体制改革、推动社会主义文化大发展大繁荣若干重大问题的决定》，把繁荣发展哲学社会科学作为推动社会主义文化大发展大繁荣、建设社会主义文化强国的一项重要内容，深刻阐述了繁荣发展哲学社会科学一系列带有方向性、根本性、战略性的问题。这些重要思想和论断，集中体现了我们党对哲学社会科学工作的高度重视，为哲学社会科学繁荣发展指明了方向，提供了根本保证和强大动力。

为学习贯彻党的十七届六中全会精神，教育部于 2011 年 11 月 17 日在北京召开全国高等学校哲学社会科学工作会议。中共中央办公厅、国务院办公厅转发《教育部关于深入推进高等学校哲学社会科学繁荣发展的意见》，明确提出到 2020 年基本建成高校哲学社会科学创新体系的奋斗目标。教育部、财政部联合印发《高等学校哲学社会科学繁荣计划(2011—2020 年)》，教育部下发《关于进一步改进高等学校哲学社会科学研究评价的意见》、《高等学校哲学社会科学"走出去"计划》、《高等学校人文社会科学重点研究基地建设计划》等系列文件，启动了新一轮"高校哲学社会科学繁荣计划"。未来十年，高校哲学社会科学将着力构建九大体系，即学科和教材体系、创新平台体系、科研项目体系、社会服务体系、条件支撑体系、人才队伍体系、现代科研管理体系和学风建设工作体系，同时，大力实施高校哲学社会科学“走出去”计划，提升国际学术影响力和话语权。

当今世界正处在大发展大变革大调整时期，我国已进入全面建设小康社会的关键时期和深化改革开放、加快转变经济发展方式的攻坚时期。站在新的历史起点上，高校哲学社会科学面临着难得的发展机遇和有利的发展条件。高等学校作为我国哲学社会科学事业的主力军，必须充分发挥人才密集、力量雄厚、学科齐全等优势，坚持马克思主义立场观点方法，以重大理论和实际问题为主攻方向，立足中国特色社会主义伟大实践进行新的理论创造，形成中国方案和中国建议，为国家发展提供战略性、前瞻性、全局性的政策咨询、理论依据和精神动力。

自 2010 年始，教育部启动哲学社会科学研究发展报告资助项目。发展报告项目以服务国家战略、满足社会需求为导向，以数据库建设为支撑，以推进协同创新为手段，通过组建跨学科研究团队，与各级政府部门、企事业单位、校内外科研机构等建立学术战略联盟，围绕改革开放和社会主义现代化建设的重点领域和重大问题开展长期跟踪研究，努力推出一批具有重要咨询作用的对策性、前瞻性研究成果。发展报告必须扎根社会实践、立足实际问题，对所研究对象的发展状况、发展趋势等进行持续研究，强化数据采集分析，重视定量研究，力求有总结、有分析、有预测。发展报告按照“统一标识、统一封面、统一版式、统一标准”纳入“教育部哲学社会科学发展报告文库”集中出版。计划经过五年左右，最终稳定支持百余种发展报告，有力支撑“高校哲学社会科学社会服务体系”建设。

展望未来，夺取全面建设小康社会新胜利、谱写人民美好生活新篇章的宏伟目标和崇高使命，呼唤着每一位高校哲学社会科学工作者的热情和智慧。我们要不断增强使命感和责任感，立足新实践，适应新要求，以建设具有中国特色、中国风格、中国气派的哲学社会科学为根本任务，大力推进学科体系、学术观点、科研方法创新，加快建设高校哲学社会科学创新体系，更好地发挥哲学社会科学认识世界、传承文明、创新理论、咨政育人、服务社会的重要功能，为全面建设小康社会、推进社会主义现代化、实现中华民族伟大复兴作出新的更大的贡献。

教育部社会科学司

2012 年 7 月

课题组成员

课题负责人：

张国祚　中国文化软实力研究中心主任、教授

课题组主要成员：

陈宇翔　湖南大学马克思主义学院院长、教授
杨胜刚　湖南大学金融与统计学院院长、教授
彭祝斌　湖南大学新闻传播与影视艺术学院院长、教授
马超群　湖南大学工商管理学院院长、教授
刘正光　湖南大学外国语学院院长、教授
袁柏顺　湖南大学法学院、廉政研究中心副院长、教授
许和连　湖南大学经济与贸易学院副院长、教授
柳礼泉　湖南大学马克思主义学院教授
邓洪波　湖南大学岳麓书院教授
阳荣威　湖南大学教育科学研究院院长助理、副教授
谢玉华　湖南大学工商管理学院教授
向志强　湖南大学新闻传播与影视艺术学院副院长、教授
何春耕　湖南大学新闻传播与影视艺术学院教授
吴志明　湖南大学金融与统计学院院长助理、副教授
邓向阳　湖南大学新闻传播与影视艺术学院副教授
徐伟平　湖南大学经济与贸易学院副教授
蔡慧清　湖南大学留学中心、中国文化软实力研究中心副教授
张　娜　北京交通大学经济管理学院讲师
王建平　北京交通大学中国产业安全研究中心博士后
邓林华　农工党湖南省委参政议政处副处长、湖南大学岳麓书院博士研究生
刘明然　湖南大学马克思主义学院博士研究生

序

张国祚

当《中国文化软实力发展报告(2012)》摆在读者面前时,读者必然想了解以下问题:什么是文化?什么是软实力?什么是文化软实力?为什么要发展文化软实力?中国文化软实力发展状况究竟如何?

文化是个非常宽泛的概念,凡是人类思维扫描过的事物都不可避免地留下文化的印记。所以除精神领域的文化(包括非物质文化)外,还有物质文化。从空间分布上看,中国文化包括河洛文化、齐鲁文化、荆楚文化、巴蜀文化、江浙文化、闽台文化、岭南文化、秦晋文化、陇西文化、草原文化、西域文化、雪域高原文化等。从时间延续来看,中国在上下五千年不断开拓本土、吸收外来、借鉴同化的过程中,在改造自然、改造社会、发展经济、推动进步的过程中,先后创造出古代文化、近代文化、革命文化、建设文化和改革开放文化。这些文化一脉相承、与时俱进、光辉灿烂、博大精深。应当说,中国各个历史时期各个地区各个民族各类各种的文化,对于中华民族认识世界、改造世界、传承文明、创新理论、资政育人、服务社会、国际交往,都发挥了不可替代的巨大作用。

"软实力"这个概念是美国学者约瑟夫·奈最先提出的。他是哈佛大学肯尼迪政府学院的教授,曾任卡特政府的助理国务卿、克林顿政府的助理国防部长兼国家情报委员会主席。20世纪90年代初,苏联解体、东欧剧变,两极格局解体,世界社会主义运动突然跌落谷底,而美国则一霸独强,其影响力赫然达到顶峰。在约瑟夫·奈看来,这一世界格局的形成,除美国经济、军事、科技等硬实力强大之外,也得益于美国的软实力。他把软实力界定为文化的吸引力、制度的吸引力和掌握国际话语权的能力,认为美国就是通过软实力使别的国家跟着美国走。同时他认为,美国的软实力使美国"注定领导世界"。但是,对于什么是软实力,约瑟夫·奈并没有给出清晰明确的定义。在我们看来,硬实力与物质实体密切相关,软实力则与精神文化密切相关。因此,我们可以相对于"硬实力"来定义"软实力":一切有形的、可以计量的、表现为物质力量的实力,都是硬实力;一切无形的、难以计量的、表现为精神力量的实力,都是软实力。我们不是一般地谈论"软实力",而是强调"文化软实力"。这样强调的意义主要有两点:一是突出了文化在软实力中的核心地位，而不是像约瑟夫·奈那样把文化仅仅看成是软实力中的一个方面；二是突出了软实力在综合国力中的地位和作用，而不是像约瑟夫·奈那样把软实力仅仅作为外交战略和国际权谋的手段。

发展文化软实力的意义何在？当今世界，综合国力竞争日趋激烈。越来越多的国家，特别是大国，在大力发展物质硬实力的同时，无不越来越重视文化软实力在国际竞争中的地位和作用，并将其纳入国家发展战略。苏联解体、东欧剧变、“颜色革命”、“阿拉伯之春”，虽然这些导致政权更迭的重大国际事件发生的背景和具体成因各不相同，但它们都在昭示一个共同的规律：一个国家硬实力不行，可能一打就败；而如果软实力不行，可能不打自败。软实力之所以关乎民族兴衰、国家强弱、政党存亡、人民贫富，主要取决于其中的文化因素。因为没有文化高度的软实力是短视的，没有文化深度的软实力是肤浅的，没有文化广度的软实力是狭隘的，没有文化开放的软实力是封闭的。文化在软实力中居于灵魂和经纬的地位。文化制约着软实力发展的方向，渗透到软实力各个环节和要素中，决定着软实力的吸引力、影响力、创造力、竞争力。因此，我们党一般情况下都是强调“文化软实力”，强调“文化软实力是综合国力的重要组成部分”。

由于文化概念的宽泛，更由于文化软实力的“无形”，“难以计量”和仁者见仁、智者见智的意识形态属性，所以对文化软实力进行评价非常困难，甚至在可预见的将来，我们都无法对我国文化软实力做出全方位的精确评价。但是，我们可以学会抓主要矛盾，我们可以对影响我国当代经济社会发展和综合国力提升的主要领域、主要方面的文化软实力状况，作出比较深入的分析和比较客观的评价，以便于总结经验、发现问题、提出对策、推动发展。

在遴选评价对象时，可以从人本观角度和业务工作两个方面来探讨。例如，从人本观角度考察，文化强国必须落实在文化强人上，文化软实力的强弱最终取决于人的文化软实力素质。“以科学的理论武装人”的效果如何？“以正确的舆论引导人”的效果如何？“以高尚的精神塑造人”的效果如何？“以优秀的作品鼓舞人”的效果如何？“以丰富的智慧培育人”的效果如何？“以真诚的帮助关心人”的效果如何？“以爱国的情操激励人”的效果如何？“以和谐的理念团结人”的效果如何？等等。上述问题均可成为中国文化软实力发展状况考察和评价的选项。

再例如，从业务工作角度考察，文化强国必须落实在有关文化领域的工作上，文化软实力的强弱主要取决于与文化密切相关领域的工作实效。社会主义核心价值体系建设深入人心程度如何？马克思主义中国化对巩固马克思主义指导地位的作用如何？中国政治体制改革在提高效率和顺应民心上成绩如何？中国外交政策在营造中国和平发展的国际环境方面贡献如何？中国传统文化的挖掘和梳理对增强中国文化的魅力效果如何？中国教育格局对于培养和造就优秀人才贡献有多大？中国新闻传媒在发挥正确舆论引导和舆论监督方面贡献有多大？中国文化产业及产品在体现商品价值和创造财富的同时，对发挥正面社会效益和提高国民素质的贡献又有多大？中国文学艺术对陶冶思想情操和引领社会风尚影响有多大？中国法治建设对增强中国制度的公信力作用有多大？中国宗教政策对引导宗教界爱国爱教、维护社会稳定发挥的作用有多大？中国民族政策对维护民族团结和国家统一的贡献有多大？中国思想政治教育对于引导广大干部群众和青年学生树立正确的世界观、人生观、价值观的作用如何？中国对外交往对于加深中外联系、树立中国形象贡献如何？中国汉语国际传播对于提升中华文化的国际影响力贡献如何？等等。上述问题更应该成为中国文化软实力发展状况的考察和评价的选项。

显而易见，由于"中国文化软实力"研究在中国刚刚起步，中央把"文化软实力"作为综合国力的重要组成部分，也只有五年的历史，所以无论是决策部门，还是研究单位，其实证性调研资料都十分缺乏，绝大多数部门和单位的相关信息储备都是空白。即便抓主要矛盾，选重点领域做评价选项，也不可能大范围铺开，全面评价。因此，《中国文化软实力发展报告》只能属于填补空白的奠基工程。本课题组决定以准确为前提，从易做起，由点到面，由局部到总体，认认真真，踏踏实实，经过若干年的努力，建立起中国文化软实力发展系统、完备、滚动、开放的数据库，并在此基础上，为各级政府提供文化软实力发展决策咨询报告。

由于文化软实力的"无形"和"难以计量"，且具有复杂的内涵，所以完全量化研究，既不可取，也不可能。但是，必须看到，一门学科只有成功地运用数学时，才能在质上产生飞跃。对于定量研究，什么是"成功使用"？就是当用才用，当用则用，而且用得合理、令人信服。因此，《中国文化软实力发展报告》从第一卷就开始探索构造相应的数学评价模型，希望能逐步得到读者的认可。

2013 年 3 月 18 日

目　录

总　论

张国祚

当今世界正处于大发展、大变革、大调整时期。文化在综合国力竞争中的地位和作用越来越凸显，维护国家文化安全的任务越来越艰巨，增强国家文化软实力的要求越来越紧迫。任何国家都需要两条腿走路：一条腿是物质硬实力；一条腿是文化软实力。物质硬实力落后，难免挨打失败；文化软实力瓦解，必然不打自败。苏联解体、东欧剧变、"颜色革命"、"阿拉伯之春"，无不首先是因为以其主流价值观和舆论为支撑的文化软实力大厦的坍塌。有此共识的人，在党内外、国内外越来越多。例如，法国情报研究中心主任埃里克·德内瑟牵头组织法国、比利时、阿尔及利亚、突尼斯等8个国家的23位研究者，推出了一部500页的新书《阿拉伯之春：不为人知的一面》，揭露了美国如何利用非政府组织软实力和网络媒体操纵了"阿拉伯之春"。德内瑟说，美国国务院和一些打着"人权"旗号的基金会和非政府组织，在与华盛顿为敌的国家中制造不稳定。他们从2002年就开始策划"阿拉伯革命"，为有关国家培训积极分子。德内瑟还特别强调，美国CNN和阿拉伯半岛电视台等，特别是互联网及"推特"、"脸谱"等社交网站充当了"歪曲信息的急先锋"。他讲了自己亲身经历的两个例子。他说："2011年3月的一天我正在的黎波里，半岛电视台和CNN报道说卡扎菲轰炸市内一些地区，造成人员伤亡。当时我在离该地区不到一公里处，根本就没看见政府军任何行动。2011年12月，我在大马士革市中心赶上大堵车，有100多人排队等候出租车，其中许多人决定步行回家。半岛电视台拍摄这个场面，并在一小时后播放一条消息，将这个场面描绘成新的反政府示威。这样的例子太多了。"德内瑟指出，这些国家长期面对贫困，民众抗议活动频仍，专制政权治理能力低下，美国就利用这种局面炒作不利政府的假新闻，在这些国家更换政府，为华盛顿利益服务。"软实力"概念提出者约瑟夫·奈也说过，美国软实力所以强大，是因为美国非政府组织多。事实上，美国国务院与美国某些参与全球活动的非政府组织有着密切的联系，例如，与美国国务院有较密切联系的非政府组织Avaaz在支持叙利亚反对派、制造不利于巴沙尔政权的舆论、煽动民众不满情绪从而导致叙利亚动荡、分裂和战乱的过程中，发挥了十分重要的作用。

党的十八大报告立足中国特色社会主义“五位一体”总布局的高度，根据我国经济社会发展的实际，在十六大、十七大确立的全面建设小康社会目标的基础上，提出了五点新要求。其中关于文化建设的新要求明确强调：“文化软实力显著增强。社会主义核心价值体系深入人心，文化产业成为国民经济支柱性产业，社会主义文化强国建设基础更加坚实。”从逻辑上看，“社会主义核心价值体系深入人心，文化产业成为国民经济支柱性产业，社会主义文化强国建设基础更加坚实”都是“文化软实力显著增强”的必要条件。也就是说，只有社会主义核心价值体系深入人心，文化产业成为国民经济支柱性产业，社会主义文化强国建设基础更加坚实，文化软实力才能显著增强。也可以理解为，“社会主义核心价值体系深入人心，文化产业成为国民经济支柱性产业，社会主义文化强国建设基础更加扎实”的目的，都是为了“文化软实力显著增强”；文化建设成功的总体标志就是“文化软实力显著增强”。这样看来，党的十八大赋予文化软实力以更明确、更具体、更高的战略地位。

为了制定国家文化软实力发展战略，必须对我国文化软实力发展状况作出比较客观的评价。而这种评价的前提是要给“文化软实力”以明确的界定。文化软实力是相对于物质硬实力而言。一切有形的、可以量化的、表现为物质力量的实力，都属于物质硬实力；而一切无形的、难以量化的、表现为精神力量的实力，都属于文化软实力。文化软实力增强的首要条件是“社会主义核心价值体系深入人心”，这里强调的不仅是多少人了解这一价值体系，更重要的是人们对这一价值体系在多大程度上真心认同、自觉践行。因此，“社会主义核心价值体系深入人心”是完全符合文化软实力“无形的、难以量化的、表现为精神力量”的标准。文化软实力显著增强的另一重要条件是“文化产业成为国民经济支柱性产业”，文化产业所以能够成为文化软实力，其前提是文化产品所承载的思想文化观念和艺术品位具有吸引力、感染力、竞争力、征服力、凝聚力；即是说，文化产业的文化软实力主要是体现其所承载的意识形态的力量，而不是商品的力量；是思想文化观念和艺术品位对社会风尚的引领、对人们心灵的陶冶、对精神士气的激励、对智慧信仰的提升，而不是经济的力量。因此，对“文化产业成为国民经济支柱性产业”的评价要辩证分析，既要看产品销售量，更要看产品的思想性、科学性、艺术性、观赏性，特别是对广大受众的品格、风尚、精神、智慧的引领效果。因此，文化产业的文化软实力主要取决于它的意识形态属性和社会效益，而在这个前提下，商品属性越强（销售量越大）、经济效益越好（利润越多），其文化软实力才越强大。文化软实力显著增强的综合性条件是“社会主义文化强国建设基础更加坚实”。属于这一“建设基础”的，主要包括文化事业、文化产业、思想道德建设领域和精神文明建设领域等，如何算“更加坚实”？其评价标准依然主要看那些无形的、难以量化的、表培养为中心提高质量是我国高等教育改革发展最核心最紧迫的任务,通过改革创新、加强领导,为提高高等教育质量提供强有力的保障。教育部颁发的《关于全面提高高等教育质量的若干意见》提出了高等教育内涵式发展的总体要求,这就是"稳定规模、优化结构、强化特色、注重创新"。

特别是2011年胡锦涛在清华大学百年校庆上提出的"要积极推动协同创新,在关键领域取得实质性成果"指示后教育部、财政部联合启动"2011计划"。其主要内容可以简要地归纳为"1148",即一个根本出发点、一项核心任务、四类协同创新模式的探索和推进八个方面的体制机制改革。即以"国家急需、世界一流"为根本出发点;以人才、学科、科研三位一体的创新能力提升为核心任务;以协同创新中心为载体,构建四类协同创新模式;以创新发展方式转变为主线,推动高校深化机制体制改革。"2011计划",是继"211工程"、"985工程"之后国家提出的又一推进建设世界一流大学的重大举措。这项计划于2011年开始制订,2012年启动。

教育部、财政部还颁布《高等学校哲学社会科学繁荣计划(2011—2020年)》,这是推进高等学校哲学社会科学繁荣发展的重大举措。当前,高等学校哲学社会科学进入了新的发展阶段,面临新的机遇和挑战。深入实施"繁荣计划",大力提升人才培养、科学研究、社会服务、文化传承创新的能力和水平,全面提高高等教育质量,积极推进高等学校哲学社会科学创新体系建设,为建设国家哲学社会科学创新体系,构建以当代中国马克思主义为指导,具有中国特色、中国风格、中国气派的哲学社会科学提供有力支撑,为全面建设小康社会作出新贡献,是未来十年的主要任务。

在充分看到我国高等教育发展的良好势头和有利条件的同时,还必须要看到我们同西方发达国家在高教领域的差距。从2011年秋季发布的2011—2012世界大学排名来看,能够进入前两百名的大学美国在数量上占据绝对优势,有76所高校入榜,英国以32所紧随其后,之后德国与荷兰并列第三位,均是12所,而我国只有3所大学进入了前二百名。

三、中国文化咨询与服务发展起步晚、发展快、问题也不少

文化咨询与服务主要包括文化活动咨询与策划服务、版权服务、文化经纪代理服务、文化贸易代理与拍卖服务、会展和其他商务服务等五个大的方面。文化咨询与服务业是文化产业的核心领域之一,在文化软实力发展中具有特殊重要的战略地位。

一是发挥社会意识形态的导航作用。文化咨询与服务不是通过行政命令去生硬地控制文化产品生产,而是通过精心策划,把文化产品的文化内涵艺术化地、自然地表现出来,使民众在潜移默化中接受正确意识形态的引领;通过文化艺术

代理、会展服务等灵活的市场途径，把民众引向正确的方向，实现文化产品经济效益和社会效益的高度统一。

二是发挥先进文化产品的推广作用。通过令广大干部群众喜闻乐见的咨询与服务，让人们了解和喜欢更多内容好、导向对、科技含量高、形式受欢迎的文化活动和文化产品。

三是推动文化产业产品消费需求的增长。文化消费需求对文化产业的发展具有决定性作用。而文化咨询与服务对于满足干部群众的文化消费、提升人们的文化欣赏水平和需求水平，从而刺激文化产业大发展具有重要作用。

为贯彻落实党的十七届六中全会精神和《国家“十二五”时期文化改革发展规划纲要》，2012 年 2 月，文化部提出《“十二五”时期文化产业倍增计划》，“倍增计划”共确定了 11 个重点行业，包括演艺、娱乐、动漫、游戏、文化旅游、艺术品、工艺美术、文化会展、创意设计、网络文化、数字文化服务业。从扶持的 11 个重点行业来看，这些文化产品大多具有最终需求导向的特点。因此要扩大文化消费的长效机制，除了加强文化产品的供给，更要提供有效的文化咨询服务，通过各种大型活动的策划组织服务、展览展会等，引导文化消费，提高大众的文化素质和审美趣味，使文化消费的品位和价值得到提高。同时在世界范围内推介中华民族优秀文化，培植中华文化理念，为扩大文化出口贸易打下基础。

随着中央和各级政府的重视，我国文化产业正呈现出蓬勃发展的态势，但文化咨询与服务业依然存在诸多问题：一是文化活动咨询与策划的市场开发不足。文化活动策划脱离市场、脱离实际，导使了文化产品的供给数量和质量难以满足广大人民群众日益增长的精神文化需求；缺乏精心策划的文化品牌，使我国文化产业发展遭遇了瓶颈，难以打入国际市场。二是知识产权保护制度缺位，使国内文化衍生品开发遇到盗版、侵权等障碍；版权服务的层次低，也使很多高端服务尚未触及。三是文化市场中介服务组织少，文化经纪代理运营模式不规范、功能发挥不全，使得我国文化经纪代理已远远不能满足各类文化事业发展的需要。四是文化贸易代理服务国际竞争力弱、拍卖监督机制不完善、企业间恶性竞争频繁等。五是会展活动主体单一，市场化程度低，场馆基础设施薄弱，从业人员素质不高等。只有妥善解决上述问题，我国文化产业发展才会更好更快。

四、中国区域文化软实力发展有特色、欠平衡、潜力大

区域文化软实力是由国家共性文化和区域特质文化形成的文化感染力、凝聚力、吸引力、辐射力、渗透力、竞争力是国家文化软实力的基础。

中国作为一个文明古国，各地区的文化基础、文化资源和文化发展水平差异性较大，发展极不平衡。改革开放以前，各地区的文化基础设施相对落后，文化对

社会经济的促进作用十分有限。改革开放以来,各地区对文化建设的重视程度和投入水平都空前提高,特别是党的十七届六中全会以后,国家已经把增强文化软实力提升到国家战略层面的高度。在这样的背景下,各地区普遍加大对文化建设的投入。文化基础设施的建设、文化产业的发展、文化事业服务体系的完善等,都发生了明显的变化,成为提升区域竞争力的主要手段和标志。随着国家文化强国战略的实施和各地区文化强省措施的逐步落实,未来各地区文化软实力将不断增强。

通过构建一个包括文化保障力、生产力、传播力、创新力、竞争力、吸引力、消费力、潜在力等9个一级指标、36个二级指标体系,对中国各地区2010年区域文化软实力发展情况进行系统分析,运用实际数据进行评估测算,就会得出如下结果:北京、浙江、广东、江苏、上海等省市区域文化软实力明显高于全国其他地区;山东、湖北、辽宁、福建、河南、安徽、天津、湖南、吉林、四川等十个省市,属于区域文化软实力的第二梯队;新疆、云南、西藏、宁夏、青海等西部省区,受经济发展水平、文化资源和文化市场开发程度较低的影响,区域文化软实力相对较弱。全国各地区区域文化软实力的总体态势是:地区差异明显,呈东中西部阶梯分布,绝对差距较小,地区特色各不相同。我国各地文化软实力的发展仍然处于起步阶段,存在着诸多现实问题,制约着国家文化软实力的提高。

一是有的区域拥有丰富的文化资源,但地方文化特色没有得到充分凝炼和广泛弘扬,造成文化资源大量闲置和浪费。

二是有的区域在整体上的文化品位不够高,文化软实力的现代潜质有待于进一步开发和传播。部分地区在一定程度上存在着因循守旧,安于现状,民主、效率、竞争、开拓等现代意识不够鲜明和强烈,不适应现代市场经济竞争和创新的文化要求。

三是有的区域公共文化服务体系不够完善,公共文化产品的供给还不能适应和满足人民群众日益增长的精神文化需求。有的地方文化资源与财富的供给和保障能力比较脆弱,破坏性、浪费性、低水平的开发时有可见。

四是有的区域现代文化生产、传播与消费同高新技术结合程度不高,文化软实力的现代化元素和信息化形态发育不够成熟。我国在高新科技浪潮中没有处于优势地位,初级文化产品多,而高科技含量、高附加值文化产品少,缺乏竞争力。

五是有的区域文化产业的整体水平和市场竞争力不够强大,文化软实力缺少强大的产业经济载体。很多地方文化产业得到较快发展,但存在着组织化、集约化程度低、产业规模小的现象,缺少龙头企业的带动作用,没有实现规模效益和竞争优势。

五、畅通金融支持渠道，是中国文化产业大发展必须突破的瓶颈

文化产业具有双重属性，即商品属性和意识形态属性；具有两个效益，即经济效益和社会效益。文化产业的文化软实力主要依托其意识形态属性和社会效益。推动文化产业成为国民经济支柱性产业是我国综合国力发展的重大战略目标。

文化产业的发展与振兴离不开金融手段的支持。支持和促进文化产业的发展与繁荣，满足我国提升文化软实力的战略需求，是我国金融业必须高度重视的职责。如何加大金融支持文化产业力度，实现金融与文化产业的全方位对接，已经成为我国亟需研究并加以解决的问题。首先，从文化产业不同阶段的金融需求、金融支持文化产业发展的内容和国家金融支持模式等三个方面来看，金融支持与文化产业发展可以形成共生共荣的关系。其次，从文化产业融资渠道来看，财政支出是金融支持文化产业稳定发展的根基力量；文化产业投资基金是金融支持文化产业积极发展的上升力量；银行信贷投放是金融支持文化产业加快发展的主导力量；文化企业上市融资是金融支持文化产业持续发展的关键力量。这四种金融支持方式在文化产业的发展进程中相互补充、协调发展，成为共同促进文化产业更好更快发展的关键。

但是，由于我国文化产业发展起步较晚，有很多因素妨碍金融业支持文化产业发展。主要存在以下问题：

一是一些决策部门和地区领导，对金融支持文化产业发展的重要意义认识不足。即便在宏观上表示重视，但在政策落实的过程中缺少明确的牵头部门和联动协同的工作部署，而各部门往往只着眼自身需要，全局意识和沟通协调不足，行政资源未能有效整合，政策推进和实施的效果难免打折扣。

二是银行对文化产业运作规律不熟悉。从文化企业发展的阶段性和投资回报期长的特点来看，文化企业需要中长期的资金对其进行支持，但是，目前银行提供给文化企业的资金较多为短期贷款，金融机构提供的贷款期限与文化企业资金需求不匹配，造成文化企业很难融到真正需要的中长期资金。

三是大多数金融机构缺乏与文化企业合作的经验和知识，在风险控制的理念下，不愿意或者不敢尝试与文化企业开展长期的合作。受文化企业自身性质，如盈利来源不稳定、缺少担保抵押品、投资风险高等因素的制约，文化企业融资面临重重困难。许多文化企业盈利来源主要是文化项目的衍生收益，难以产生持续的现金流，未来预期收益不确定、风险评估难度较大。

四是一些文化企业存在财务制度不健全、财务报告真实性与准确性较低、信用状况较差和缺乏企业信用评级制度及完整的企业信用记录等问题，金融机构需要承担很大的交易成本及风险，因此，金融机构不愿意将钱借给尚未成熟的文化

企业。

五是文化产业缺少信用担保。文化产业项目实施单位在产业开发、研制、生产等活动中需要大量的资金,很容易造成实际融资需求量很大但无可靠抵押品的融资困境。但是,我国的文化产业信用担保法规体系还不完善,信用担保制度还没有确立,信用担保体系尚不健全。目前为止,建立信用再担保机构的省市很少,直接影响金融机构对文化企业提供融资的积极性。

此外,政府财政对文化产业投入不足、文化企业上市融资受限、风险投资对文化产业投资不普遍、文化产业金融产品创新不足等问题,都是制约着金融支持文化产业发展的瓶颈。

只有解决好上述问题,畅通金融与文化的融合渠道,促进金融与文化的有效对接,才能确保实现文化产业的大发展大繁荣。

六、中国孔子学院海外发展形势喜人,但存在问题不容忽视

在外国建立孔子学院,是我国实施国际文化交流的一个引人注目的创举。孔子学院既是汉语国际传播的重要机构,又是展示中华文化魅力的舞台,还是拓展中外友谊的桥梁,同时也是让世界认识中国的一个窗口。一言以蔽之,孔子学院是增强国家文化软实力和扩大中华文化国际影响力的新领域。

2004—2010 年间孔子学院的建设成就主要表现在六个方面。一是发展快而有序,先建孔子学院然后设孔子课堂;全球地域分布日趋广泛而数量又明显集中。目前,孔子学院已有 249 所,孔子课堂已有 369 个,涵盖 114 个国家,主要集中在美国、法国、俄国、德国、英国、澳大利亚、日本、泰国、南非、韩国、埃及等国家。二是师资培训渠道与队伍结构逐步呈现多样化特点,教师业务素质逐步兼具普适性和国别化的特征,具有更强的教学针对性,逐步实现从"量"的需求到"质"的满足的推进,从以国际化为基础向国别化方向发展。三是教材建设从无到有,从标准化趋向国别化、本土化,从单方开发发展到国内外联合编写,教材种类日趋丰富。四是办学模式崭新多样,已有:高校与高校联合共建模式;中小学或语言中心联合共建模式;高校联合社团机构或跨国公司合作共建模式;高校与政府或再联合公司合作共建模式;汉办与外方直接合作共建模式;多所高校、语言中心、社区学校联合共建模式;高校与中学联合共建模式;媒体联合共建模式。五是国际交流与合作项目走向丰富多样,并逐步形成品牌和声势。六是立法保障、财政保障和政策保障稳步推进,办学规章制度渐成体系,办学外部环境日益优化。

孔子学院的快速发展吸引了全世界关注的目光,对于加强中外文化交流发挥了很好的作用。但也遇到一些必须重视和解决的问题。这些问题主要有三个方面。(1) 教师、教材、教学问题,如何既符合我国办学的宗旨,又能落地生根实现

所在国本土化？这是制约孔子学院发展的瓶颈。(2) 孔子学院是公益性办学，但目前是收费运行，如何解决二者的矛盾？这是孔子学院可持续发展必须面对的问题。(3) 西方国家有些人习惯于冷战思维，担心孔子学院有政治图谋、危害所在国安全，如何消除外方对孔子学院的疑虑、非议和抵制？这是孔子学院稳定发展的关键。

实现孔子学院长期和谐可持续地发展，还必须解决好以下七个方面的问题。(1) 必须把实现孔子学院可持续发展提高到增强国家文化软实力的战略高度来认识。(2) 不断创新办学模式，不断创造和利用新的驱动力因素，激发办学活力，维护并增强办学"合力"。(3) 坚持传播以"和"为核心的中华传统文化，强化中国人热爱和平、友善四邻的民族形象。(4) 加强与国外汉学机构的互动，多培养国外汉学家，使各国汉学家后继有人、人才辈出。(5) 要以产品、产业开发和市场贸易互惠的方式拉动汉语消费需求，夯实汉语市场基础。(6) 要进一步健全、完善各项法律法规制度保障，确保各种形式的汉语国际合作框架协议实施，不断改善、优化办学外部环境。(7) 进一步完善中方派驻孔子学院教师考核评估和激励机制。

七、中国书院发展承载教育，包容传统，蕴含文化软实力，其发展演变值得关注

书院是中国独有的一种繁荣发展文化的教育体系和机构，对中国古代文明的传承、人才的培养做出过不可磨灭的贡献。研究中国传统文化所蕴含的软实力要素，离不开研究中国古代书院。

书院是中国士人围绕着书，开展包括藏书、读书、教书、著书、刻书等各种活动，进行文化积累、研究、创造与传播的文化组织。唐代初年，书院开始产生于民间，唐中期得到官方承认，经唐玄宗一代君臣"广学开书院"的倡导，遂日渐流行。由唐至宋元明清，经千余年的发展，书院得以遍布除今西藏之外的全国所有省区，数量至少在 7000 所以上，成为读书人文化教育生活不可或缺的部分。它为中国教育、学术、文化、出版、藏书等事业的发展，对民情风俗的培植，国民思维习惯、伦常观念的养成等都做出了重大贡献。以书院改制为节点，书院可划分为传统书院与现代书院两类。光绪二十七年(1901 年)起，传统书院虽大体上改制为新式学堂，然而书院的发展并未就此中断。民国时期，现代书院陆续涌现，其创办宗旨多为补新式教育之不足。进入新中国后，尤其是自上世纪 80 年代始，伴随中国经济在新世纪的崛起，作为在历史上传承民族文化的载体，书院触底反弹，一大批以"复兴国学"为己任的现代书院如雨后春笋般拔地而起，呈生机勃勃之势。

印刷术的出现促成了书籍的大量流通，门阀世家所把持的知识垄断被打破，

这为传统书院的发展提供了重要契机;信息时代的到来,使得文化知识的传播不再局限于纸质图书和实体教学,互联网这种快捷、高效的传播媒介造就了存在于虚拟空间的网络书院,这是在实体书院之外的新型书院。

本书关于中国书院的发展报告由三部分组成,分别为:一、《中国书院研究综述》,从九个方面对2011年的书院研究进行了梳理,揭示了新的研究方法和研究成果,呈现了学术研究的发展线索。二、《中国传统书院发展报告》,对全国传统书院的发展情况进行了统计并作出了相应的分析,针对书院发展过程中遇到的问题提出了相应的对策。三、《中国现代书院发展报告》,以现代书院(包括实体书院与网络书院)为研究对象,调查了现代书院的生存状况,指出了现代书院所产生的社会影响和存在的问题,并在此基础上展望了现代书院发展的前景。

主题报告

中国廉洁文化发展报告

袁柏顺　汪　洋　杨　凯　刘少博　王　琪

摘要：当代中国廉洁文化在党和政府的领导和支持下，依托高校廉政研究机构、民间社团等社会力量的支撑和推动，通过党政机关以及社会大众媒体的广泛传播得到了较好的发展。廉洁文化的发展普及了廉洁知识，使社会民众逐渐树立了崇尚廉洁的价值观念，逐步改变对腐败的容忍态度，积极支持反腐倡廉工作，营造了良好的舆论环境。

新时期廉洁文化的发展有着更为广阔的前景：社会民众正在以主人翁的身份参与到廉洁文化建设中来，廉洁文化建设的主体在不断地扩大，涵盖了社会各个阶层和人群的廉洁文化系统正在形成。同时，以党和政府为主导，以社会力量为辅助，促进廉洁文化的发展的合力正在形成，并在不断地推动社会廉洁价值规范的进步和公众廉洁意识的提高。新兴的网络文化资源在传播廉洁文化过程中逐渐发挥了中坚作用，网络资源为廉洁文化信息的发布提供了有效的传播平台，“网络反腐”逐渐发展成人们监督和制约公职人员的主要手段，廉洁文化教育活动和廉洁文化的传播途径和方式也越来越多样和丰富。

但是，由于我国廉洁文化作为系统工程进行建设起步较晚、重视力度不够、各地区政治经济发展不平衡造成了社会反腐力量发展先天不足、廉洁文化地域发展不平衡、行业和领域发展不平衡的局面。各地区在廉洁文化建设的过程中又急于求成，普遍存在着一定的盲目性，重视廉洁文化活动的开展，而忽视廉洁文化的效果，缺乏科学的评估机制，廉洁文化建设的成效不甚明显。新时期廉洁文化的发展要继续以党和政府为领导核心，党和政府既要在廉洁文化的建设中发挥指导和示范的作用，又要协调各方面的发展力量，逐渐形成促进廉洁文化发展合力。同时必须深化对廉洁文化教育规律性认识，形成全民反腐的社会氛围，以社会力量制约和监督公职人员以及普通民众的腐败行为，辅助以健全科学的评估机制，使廉洁文化在党和政府、社会力量的合力下取得进一步的发展。

廉洁文化是以廉洁思想为精神内涵，融价值理念、行为规范和社会风尚为一体，以各种文化产品为载体和表现形式的一种文化，廉洁文化反映了当代中国先进文化的价值取向，是当代中国建设社会主义先进文化的重要内容。廉洁文化不同于廉政文化，廉政文化是廉洁文化的子范畴概念，廉政文化以崇尚廉洁、鄙弃贪腐为价值取向，主要反映了人们对廉洁政治的总体认识、基本理念和精神追求。

当前中国廉洁文化的发展是以廉洁文化建设为主要内容，以民间组织、高校廉政研究机构等为重要推动力量，以廉政论坛和廉洁教育活动等为重要载体。廉洁文化在发展过程中，已逐渐成为在党政机关、政府机构、企事业单位和社会群体中发挥核心价值影响力和辐射作用的先进文化力量。

一、廉洁文化的发展环境与政策依据

当代中国廉洁文化的发展以国家党风廉政建设为基本环境，党和政府在廉洁文化发展过程中先后颁布了一系列的政策和制度来保障廉洁文化在全社会的推广和传播，营造了崇尚廉洁、以廉为荣、以贪为耻的良好社会风尚。

2002 年，中共十六大报告中明确提出："坚决反对和防止腐败，是全党一项重大的政治任务。"随后举行的中共中央十六届四中全会作出了《中共中央关于加强党的执政能力建设的决定》，将社会主义市场经济体制下的廉政建设纳入到党的执政能力建设当中。

2005 年，中共中央制定了《建立健全教育、制度、监督并重的惩治和预防腐败体系实施纲要》（以下简称《纲要》），《纲要》提出"反腐倡廉教育要面向全社会，把思想教育、纪律教育与社会公德、职业道德、家庭美德教育和法制教育结合起来。大力加强廉政文化建设，积极推动廉政文化进社区、家庭、学校、企业和农村。社区组织要积极开展丰富多彩的廉政文化创建活动。妇联等人民团体要积极开展多种形式的家庭助廉教育活动。教育行政部门、学校和共青团组织要把廉洁教育作为青少年思想道德教育的重要内容，培养青少年正确的价值观念和高尚的道德情操。积极引导企业廉洁诚信、依法经营，开展农村廉政文化建设活动，增强全社会的反腐倡廉意识，形成以廉为荣、以贪为耻的良好社会风尚"的要求。《纲要》是中共中央就廉洁文化根据社会状况和现实国情提出的首个纲领性文件，至此廉洁文化的发展有了明确的指导和部署，廉洁文化在社区、家庭、学校、企事业单位和广大农村地区的发展被提上工作日程。

2005 年，为贯彻落实中共中央颁布的《建立健全教育、制度、监督并重的惩治和预防腐败体系实施纲要》，面向全党全社会开展反腐倡廉教育，全面提高青少年学生的思想道德素质，教育部下发《关于在大中小学开展廉洁教育试点工作的意见》（社政厅〔2005）3 号），决定从 2005 年下半年开始，在北京、天津、上海、浙江、湖北、陕西、太原、南京、广州和深圳等十省市大中小学开展廉洁教育试点工作。2007 年，廉洁教育工作得到进一步推广和发展，教育部出台了《关于在大中小学全面开展廉洁教育的意见》（教思政〔2007）4 号），意见对在中小学开展廉洁教育工作的内容、要求、方法和途径等做了说明。

自十六大以来，党风廉政建设和反腐败斗争成效明显。2007 年召开的中共十七大报告中提出要以改革创新精神全面推进党的建设的新的伟大工程，“坚持深化改革和创新体制，加强廉政文化建设，形成拒腐防变教育长效机制、反腐倡廉制度体系、权力运行监控机制”。“要坚持社会主义先进文化前进方向，兴起社会主义文化建设新高潮，激发全民族文化创造活力，提高国家文化软实力，使人民基本文化权益得到更好保障，使社会文化生活更加丰富多彩，使人民精神风貌更加昂扬向上。”推动社会主义文化大发展大繁荣。同时，十七大还把“坚持标本兼治、综合治理、惩防并举、注重预防的方针，建立健全惩治和预防腐败体系”的内容写入党章，充分体现了中共中央对加强廉洁文化建设的重视程度，表明了通过加强廉洁文化建设提高党的执政能力，保持和发展党的先进性的决心。

2008 年，为进一步落实《建立健全惩治和预防腐败体系实施纲要》，扎实推进惩治和预防腐败体系建设，中共中央制定了《建立健全惩治和预防腐败体系 2008—2012 年工作规划》，《工作规划》的目标是努力建成惩治和预防腐败体系基本框架，初步建立拒腐防变教育长效机制，健全反腐倡廉法规制度，基本形成权力运行监控机制，继续深化从源头上防治腐败的体制改革，明显改进党风政风，进一步遏制腐败现象，提高人民群众的满意度。

2009 年，中共中央十七届四中全会通过《中共中央关于加强和改进新形势下党的建设若干重大问题的决定》，提出加快推进惩治和预防腐败体系建设，深入开展反腐败斗争。指出必须充分认识反腐败斗争的长期性、复杂性、艰巨性，把反腐倡廉建设放在更加突出的位置，坚持标本兼治、综合治理、惩防并举、注重预防的方针，严格执行党风廉政建设责任制，在坚决惩治腐败的同时加大教育、监督、改革、制度创新力度，更有效地预防腐败，不断取得反腐败斗争新成效。

21 世纪进入新的十年以来，中国的反腐败和廉政建设已经取得明显成效，呈现出系统治理、整体推进的良好态势。但是由于中国的经济体制、社会结构、利益格局和人们的思想观念正在发生深刻变化，各种社会矛盾凸显，各方面体制机制还不完善，一些领域的腐败现象仍然易发多发，反腐败的形势依然严峻，任务依然繁重。为此，2010 年国务院新闻办授权发布《中国的反腐败和廉政建设》白皮书，这是中国首次发表关于反腐的白皮书，将加强反腐倡廉建设提升到新的高度。《中国的反腐败和廉政建设》白皮书把建立健全惩治和预防腐败体系明确为反腐败国家战略，提出在坚决惩治腐败的同时，更加注重治本，更加注重预防，更加注重制度建设，拓展从源头上防治腐败工作领域，逐步形成拒腐防变教育长效机制、反腐倡廉制度体系、权力运行监控机制，走出了一条适合中国国情、具有中国特色的反腐倡廉道路。

2009 年，针对廉政文化建设相对滞后的现状，中央纪委、中央宣传部、监察部、文化部、广电总局、新闻出版总署联合发布《关于加强廉政文化建设的意见》(中纪发[2009]27 号)。《意见》提出要大力培育和弘扬廉洁价值理念，树立领导干部秉公用权、廉洁从政的价值理念，培育公民廉荣贪耻、诚实守信的道德观念，增强全社会大力支持、有序参与反腐倡廉的责任意识，推动廉洁文化深入社会领域，扎实推进以完善惩治和预防腐败体系为重点的反腐倡廉建设，在全社会营造以廉为荣、以贪为耻的良好风尚。

在这一文件精神的号召下，中共中央印发《国有企业领导人员廉洁从业若干规定》(中办发[2009]26 号)，要求国有独资企业、国有控股企业(含国有独资金融企业和国有控股金融企业)及其分支机构的领导班子成员遵守国家法律法规和企业规章制度，依法经营、开拓创新、廉洁从业、诚实守信，切实维护国家利益、企业利益和职工合法权益，努力实现国有企业又好又快发展。2011 年中共国资委第 168 次党委会议审议通过《关于推进中央企业廉洁文化建设的指导意见》(国资党委纪检[2011]11 号)。《意见》的实施目标是把廉洁文化建设纳入构建惩防体系和企业文化建设的总体规划，建立中央企业廉洁文化体系。在此过程中将廉洁文化理念融入制度，将廉洁文化优势转化为企业制度优势，用制度体系保证廉洁精神的弘扬，培育“廉洁从业、诚信守法、行为规范、道德高尚”的理念，营造反腐倡廉的氛围和环境，形成廉洁文化建设的长效机制，促进和保证企业又好又快发展。

2011 年是中国“十二五规划”的开局之年，中共中央第十七届中央委员会第五次全体会议通过了《中共中央关于制定国民经济和社会发展第十二个五年规划的建议》，并于 2011 年开始实施《中华人民共和国国民经济和社会发展第十二个五年规划纲要》。“十二五规划”中将加强反腐倡廉建设作为专题加以阐述，提出要“坚持标本兼治、综合治理、惩防并举、注重预防的方针，以完善惩治和预防腐败体系为重点，加强反腐倡廉建设。严格执行廉政建设责任制。加强领导干部廉洁自律和严格管理，认真落实领导干部收入、房产、投资、配偶子女从业等情况定期报告制度。深入推进改革和制度创新，逐步建成内容科学、程序严密、配套完备、有效管用的反腐倡廉制度体系。建立健全决策权、执行权、监督权既相互制约又相互协调的权力结构和运行机制，积极推进政务公开和经济责任审计，加强对权力运行的制约和监督。加大查办违纪违法案件工作力度。开展社会领域防治腐败工作。加强反腐败国际交流合作”。

2011 年，中共中央印发《中国共产党党员领导干部廉洁从政若干准则》，《廉洁从政准则》是规范党员领导干部从政行为的重要基础性党内法规，对于保证党员领导干部廉洁从政，形成用制度规范从政行为、按制度办事、靠制度管人的有效机制具有重要的促进作用；对于加强领导干部廉洁自律工作和干部队伍建设，进一步提高管党治党水平和深入推进反腐倡廉建设具有十分重要的意义。

六部委联合发布的《关于加强廉政文化建设的意见》（中纪发［2009］27号）提出要广泛开展廉政文化创建活动，推动廉政文化深入社会领域，使廉政文化进机关、社区、学校、农村、企业、家庭，引导广大干部群众在参与廉洁文化建设的过程中自觉增强廉洁意识。

在党和政府的领导支持和社会力量的推动下，廉洁文化在"六进"的过程中取得了重大的进展：

中央和地方各机关单位采取适合自身特点、内容丰富、形式多样的学习、宣传、教育等方式，把反腐倡廉教育贯穿于机关干部的日常学习、工作和生活中，从而使机关党员干部不断增强廉洁自律意识，常修为政之德、常思贪欲之害、常怀律己之心，筑牢拒腐防变的思想道德防线。苏州市委采取"读书思廉""教育倡廉""典型导廉""文艺兴廉"的方式将廉洁文化建设深入机关干部的培养、管理、使用过程中，促进了廉洁文化的传播，2012年，苏州市级以上廉洁文化建设示范点共25家，其中11家是市级机关单位。

在廉洁文化进社区的过程中，社区内开展的如书画展等群众性文化艺术活动融入了廉洁文化的因素，营造了崇尚廉洁的社区人文环境，使社区居民在人人倡廉的氛围下逐渐摆脱固有的容忍腐败的心态，形成全民参与反腐的舆论环境。江汉油田管理局广华社区作为全国廉洁社区的代表，通过"自我守廉、亲情助廉、活动倡廉"的形式积极营造呼唤廉洁、赞扬廉洁、遵守廉洁的健康氛围，使社区成为干部群众熏陶廉洁文化的洁净家园。

廉洁文化进校园是廉洁文化建设的前沿阵地，近年来廉洁教育在大中小学的广泛和深入开展是廉洁文化发展的显著性标志。廉洁教育已经成为青少年思想道德教育的基础性内容，在廉洁教育发展的过程中培养了青少年正确的价值观念和高尚的道德情操。宁夏回族自治区从2012年秋季开学起，在全区中小学开设廉洁教育课程，免费给中小学生发放廉洁教育系列教材并循环使用。《廉洁教育》系列课程将在小学五年级、初中二年级和高中一年级开设，小学为10课时至12课时，初中、高中各为12课时至14课时。

近年来企事业单位尤其是中央企业初步建立了与现代企业制度相适应，与惩防体系和企业文化相协调，与企业发展战略和制度体系相融合，与企业经营管理核心理念相传承的廉洁文化体系。中国石油化工集团公司胜利油田推进廉洁文化的深度整合与拓展，持续提升廉洁文化的功能，促进廉洁文化与其他子系统文化渗透融合，在整合渗透中拓展廉洁行为的文化环境和氛围。2010 年 4 月，胜利油田作为国务院国资委唯一的党风廉政教育基地入选全国首批 50 家廉政教育基地。

在农村，廉洁文化进入了农村的日常生活，传统的廉洁文化与新理念下的廉洁精神建设结合，建立了廉洁文化活动中心，形成了以廉为荣、以贪为耻的良好社会风尚。2008 年起，河南省正式开始实施“农家书屋”工程，截止到 2011 年 7 月，共完成 22209 个农家书屋建设，《正风清气：廉洁自律故事》、《农村基层党风廉政建设政策法规实用手册》等廉洁类书籍被列入农家书屋书单，树立了农村百姓的廉洁意识，加强了廉洁文化教育。

廉洁文化进家庭是廉洁文化建设的重要组成部分，通过家庭成员间的相互提醒、帮助，督促、激励党员干部知耻明辱，廉洁奉公，自觉抵制不良风气的侵蚀。2005 年以来，湖州电力局持续开展“廉洁文化进家庭”活动，营造了“家庭设纪委、常敲廉政钟”的良好氛围，昆山市“廉洁文明家庭”、“廉内助”的活动也有力地构筑了家庭反腐倡廉的坚固防线。

当前中国廉洁文化的发展取得最显著成效的是廉洁文化教育尤其是高校廉洁文化教育，在本报告中也做了重点介绍。高校廉洁文化教育作为廉洁教育的桥头堡，受关注度最高、影响范围最大，在未来的廉洁文化建设中也发挥着中坚作用。高校廉政研究机构和全国高校廉政研究与教育学会为高校廉洁教育的发展奠定了理论基础，廉洁课堂教育和廉洁教育系列活动为高校廉洁教育的发展提供了载体和平台，廉洁社团等组织逐渐发展成为高校廉洁教育的主体之一。在此基础上，高校廉洁教育扩大了文化交流的范围，湖南大学湖湘廉风学社先后与台湾政治大学、齐纳百思咨询公司等高校和国外机构进行交流，在国际上也产生了重要的影响。

中国廉洁文化的发展有着党和政府的大力支持和全社会各阶层的广泛参与，但是在发展过程中也同样面临着环境的制约，发展也遇到了一定的困境：进入新世纪新阶段，国际形势发生了新的深刻变化，我国改革发展处在关键时期，廉洁文化发展的环境发生了重大变化，反腐败工作体制、机制和工作方式还存在与新形势新任务不相适应的问题；腐败现象滋生蔓延的土壤和条件依然存在，腐败现象在一些领域易发多发，反腐败斗争的形势还比较严峻；一些地方、部门和单位的违纪违法案件不断发生，特别是少数高级干部的腐败案件造成了很坏的社会影响；形式主义、官僚主义作风，弄虚作假、铺张浪费现象仍然突出；损害群众利益的不正之风屡禁不止；在社会层面，中国传统文化在社会价值体系中仍然发挥着重要的作用，遇事“走后门”等腐朽落后文化的存在，腐蚀了人们心灵、败坏了社会风气，造成了社会思想道德的滑坡和价值观扭曲。因此，中国廉洁文化的发展既有前所未有的机遇也面临着巨大的压力，廉洁文化的发展仍然任重而道远。

二、中国廉洁文化发展

（一）概述

当代中国廉洁文化在党和政府的领导和支持下，依托高校廉政研究机构、民间社团等社会力量的支撑和推动，通过党政机关以及社会大众媒体的广泛传播得到了较好的发展，在全社会范围内形成了崇尚廉洁的良好氛围和风尚。廉洁文化之所以会有如此大的进展，除了党和政府、民间组织、媒体传播的合力外，三者互相配合、互相补充形成了良好的运行机制，为廉洁文化的发展注入了充足的动力。

1. 党和政府积极支持中国廉洁文化的发展

十六大以来，中共中央通过发布《建立健全教育、制度、监督并重的惩治和预防腐败体系实施纲要》等纲领性文件将廉洁文化的建设逐步提升到了国家战略发展的高度，在党和政府的各级会议和各工作领域都将廉洁文化建设作为重要内容来部署，并在国家的“十二五规划”中提出要建立廉洁文化建设的长效机制和反腐倡廉制度体系，将廉洁文化作为社会主义核心价值体系的重要内容加以建设。正是在党和政府的大力支持和参与下，中国廉洁文化的发展才取得了重大的突破和进展。这种良好的保障作用主要表现在党和政府能够为廉洁文化的发展做好制度体系的保障，并创造各种条件为廉洁文化的交流创造有效的平台。

首先，以党章为核心、以监督条例为主干，以配套规定和其他监督规范为重要补充的党内监督法规制度体系基本形成。2004 年《中国共产党党内监督条例（试行）》颁布，这是中国共产党有史以来第一部系统规范党内监督工作的基本法规。之后，中央纪委会同中央有关部门先后制定了《关于中共中央纪委、中共中央组织部巡视工作的暂行规定》、《关于中共中央纪委派驻纪检组履行监督职责的意见》、《地方党委委员、纪委委员开展党内询问和质询办法（试行）》等各项制度。2007 年召开的十七大在修改党章的过程中把“坚持标本兼治、综合治理、惩防并举、注重预防的方针，建立健全惩治和预防腐败体系”的内容写入党章。

其次，规范国家工作人员从政行为、促进领导干部廉洁自律的制度体系逐步完善。2006 年，中央纪委印发《关于党员领导干部报告个人有关事项的规定》，对报告的事项、报告的程序，以及如何监督检查作出了更加明确、具体的规定。2009 年，中共中央印发《国有企业领导人员廉洁从业若干规定》（中办发［2009］26 号），要求国有独资企业、国有控股企业及其分支机构的领导班子成员依法经营、廉洁从业。2011 年，中共中央印发《中国共产党党员领导干部廉洁从政若干准则》，《准则》要求党员领导干部形成用制度规范从政行为、按制度办事、靠制度管人的制度规范建设。党和政府着重从党政机关领导干部的角度加大廉政文化的建设，为廉洁文化的发展营造了良好的示范效应。

最后，反腐败领导体制、工作机制方面的法规制度体系更加健全。2004 年，国务院第 419 号令颁布了《行政监察法实施条例》。2005 年，中央纪委制定出台了《关于纪委协助党委组织协调反腐败工作的规定（试行）》。从 2002 年开始，中央纪委、监察部会同有关单位，历时两年多的时间，对改革开放以来涉及党风廉政建设和反腐败工作的法规和规范性文件 1500 余件进行了全面清理，发文废止了其中 115 件法规和规范性文件，将现行有效的 1100 余件党风廉政和反腐败法规制度进行汇编，并于 2005 年正式出版了《党风廉政和反腐败现行法规制度全书》①，为廉洁文化建设奠定了坚实的制度基础。

同时，廉洁文化建设在政府的支持下进行了国际领域内的交流，在中外廉洁文化的相互借鉴中得到了更好的发展。2005 年 10 月，全国人大常委会第 18 次会议审议并批准了《联合国反腐败公约》。此后，中央纪委积极组织力量研究实施《公约》问题，起草了《关于研究实施〈联合国反腐败公约〉第二阶段工作方案》，组织协调有关部门全面启动《公约》与法律制度相衔接的有关工作，稳步推进《公约》与我国法律制度相衔接。此外，中央纪委监察部还承担了与联合国开发计划署的合作项目“中国廉政建设”的有关研究工作，形成了《中国现行廉政法律法规分析》、《国外廉政法律制度研究》和《反腐败典型案例剖析及制度问题研究》等理论成果。

2. *社会力量积极参与廉洁文化建设*

廉洁文化的发展不仅仅局限于廉政文化的建设，它有着更为广泛的概念和范畴，表现在社会生活的各个层面中。在当代中国，立足于社会基层的社会力量是廉洁文化发展的重要推动力量。十七大报告提出：“从各个层次、各个领域扩大公民有序政治参与，最广泛地动员和组织人民依法管理国家事务和社会事务、管理经济和文化事业。”通过社会力量促进廉洁文化发展的方式有利于促进人民群众对廉洁文化建设的参与，从而扩大廉洁文化建设的覆盖面，进而在全社会形成崇尚廉洁价值理念的社会氛围。社会力量在推动廉洁文化发展的过程中一方面监督党政机关等组织合理使用权力，另一方面在社会范围内起到了促进开展廉政理论研究、树立诚信廉洁的价值理念、开展廉洁教育、培养专业人才的作用，并积极引导社会成员廉洁从业。

目前，推动廉洁文化发展的社会力量主要有高校廉政研究机构、全国高校廉政研究与教育学会等机构。以北京大学为开创者的国内一批廉政建设研究机构在经济、政治、文化、社会各个领域的不同层面开展了广泛而卓有成效的理论研究，加强了廉政理论和知识的创造与共享，促进国际社会和中国双向的廉洁文化

① 中华人民共和国中央人民政府门户网站. http://www.gov.cn/zwhd/2005-10/11/content_76056.htm.

建设经验的交流。当前的廉洁教育也不仅仅局限于大中小学的课堂廉洁教育和廉洁实践活动，在很大程度上是面向社会公众普及廉洁文化教育。在社会中大力提倡廉洁、正直、公平的价值观，形成清廉、正直、公正、严明的社会舆论导向。

3. 媒体宣传、廉洁论坛等形式推动并承载廉洁文化发展

廉洁文化的建设是通过特定的载体实现的，随着国内外形势的变化和社会发展的需要，廉洁文化的发展必然需要新的载体来实现，新时期传统单一的媒体宣传形式正在向多方面多层次的综合形式发展。不断丰富的廉洁文化载体和媒介使得廉洁文化的发展方式和发展空间大为拓展。

随着信息技术的发展，人们的文化生活也将越来越多地受着网络的影响。互联网络则以其鲜明的时代特点和强大的互联优势，为廉洁文化的发展提供了新的载体和广阔的发展空间。网络文化资源成为通过媒体传播廉洁文化的主导力量。除此之外，廉洁文化教育基地的建设为社会公众亲身感受廉洁，接受廉洁文化的熏陶和感染，树立廉洁诚信的价值取向提供了重要的场所和交流平台，也为举办丰富多彩的廉洁文化教育活动提供了条件。

（二）社会力量助推廉洁文化发展

中国廉洁文化的发展主要是由党和政府的支持与参与、社会力量积极发动和媒体宣传三大部分齐力推动，社会力量作为廉洁文化发展的推动力量之一，在开展廉政理论研究、促进廉洁文化传播、树立廉洁价值、开展廉洁教育、培养专业人才等方面都发挥着重要的作用。

目前，关于廉洁文化的社会力量较其他类型的社会力量相比较弱，规模不一，在全国的分布也不均衡。截止 2012 年 8 月，已经成立的推动廉洁文化发展的社会力量有高校廉政研究机构、全国高校廉政研究与教育学会、华夏廉洁文化研究会等，在中小学开展的廉洁教育也是推动廉洁文化发展的重要民间力量。

1. 高校廉政研究机构蓬勃发展

高校廉政研究机构是为了适应我国反腐倡廉建设的需要而产生的。21 世纪初，在党和国家大力推进反腐倡廉建设的背景下，我国高校廉政研究机构应运而生。[①]

2000 年 4 月，北京大学率先成立了北京大学廉政建设研究中心，该中心是北京大学下属的一个学术研究机构，旨在发挥北京大学的人才和知识优势，组织和开展腐败与反腐败、廉政与监察的项目研究，学术交流活动和培训工作，推动当代中国廉政建设理论研究的发展。[②] 同年 11 月，清华大学公共管理学院廉政与公共

① 雷霆：《高校廉政研究机构角色和功能的社会学分析》，《河南大学学报》，2012 年第 52 期，第 13 页。

② 北京大学新闻网：http://pkunews.pku.edu.cn/xwzh/2011-02/25/content_194248.htm.

治理研究中心成立，中心以“华政清廉”为使命，以加强廉政理论和知识的创造与共享，促进国际社会和中国双向的廉政交流，建设廉洁中国为奋斗目标。[①] 2002 年 12 月，湖南大学廉政研究中心成立，这些都是我国较早成立的高校廉政研究机构，他们在科研、教育等方面所取得的突出成果，得到了各级党和政府的关注。

2003 年 3 月，依托湖南大学政治与公共管理学院和湖南大学廉政研究中心的资源优势，湖南省廉政研究基地挂牌成立，成为全国第一个省级廉政研究基地。该基地隶属于中共湖南省纪委、监察厅，挂靠湖南大学政治与公共管理学院。2006 年，基地成功入选湖南省人文社科重点研究基地，是一个目标明确、学科交融、管理有序、运转灵活的跨学科、跨院系的学科创新基地和纪检监察专门人才培养基地[②]。

2003 年 12 月，时任中央政治局常委、中纪委书记的吴官正在清华大学与该校廉政研究机构的有关专家进行了座谈。他指出，做好反腐败工作“既需要广大群众和干部的参与和支持，也需要广大理论工作者的参与和支持。要深入研究反腐倡廉战略性、全局性和前瞻性问题，借鉴当代人类文明的有益成果，为党风廉政建设提供智力支持，不断深化对社会主义市场经济条件下反腐倡廉规律的认识”[③]。吴官正在清华大学的讲话让社会深刻认识到：各级党委政府要充分发挥高校理论工作者的作用，积极和广泛支持社会力量开展反腐败理论研究和治理工作。紧接着，山西大学、西安交通大学等多所高校成立了廉政研究机构。

2009 年，中共中央政治局常委、中央纪委书记贺国强在中央纪委监察部召开的部分专家学者座谈会上指出：“长期以来，广大专家学者发挥聪明才智，积极建言献策，在推进反腐倡廉建设中发挥了智囊团和思想库的作用。”他强调，专家学者要努力“为推进党风廉政建设和反腐败工作提供有力的理论支撑”，“为党风廉政建设和反腐败工作增添生机和活力”。贺国强的讲话既对高校廉政研究机构进行了合理定位，也为高校廉政研究机构的工作指明了方向[④]。

在各级党和政府的支持下，在全国高校廉政研究与教育学会的推动下，全国高校廉政研究机构的力量不断壮大，据不完全统计，截止 2012 年 8 月，全国高校廉政研究机构已经达 68 所，研究人员 1000 多人。其中，“985”高校成立的廉政研究机构 18 家，占机构总数的 25.47%，占全国“985”高校总数的 46.15%；“211”高校成立廉政研究机构 36 家，占机构总数的 52.94%，占全国“211”高校总数的 31.58%；各级党委党校成立廉政研究机构 6 家，占机构总数的 8.82%。

---

① 中国廉政教研网：http://www.cpien.org.cn/.

② 湖南省廉政研究基地网站：http://www.hunanlz.com/index.aspx.

③ 吴官正：《加强理论研究深化对反腐倡廉规律的认识》，《人民日报》2003 年 12 月 13 日。

④ 雷霆：《高校廉政研究机构角色和功能的社会学分析》，《河南大学学报》，2012 年第 52 期，第 13 页。

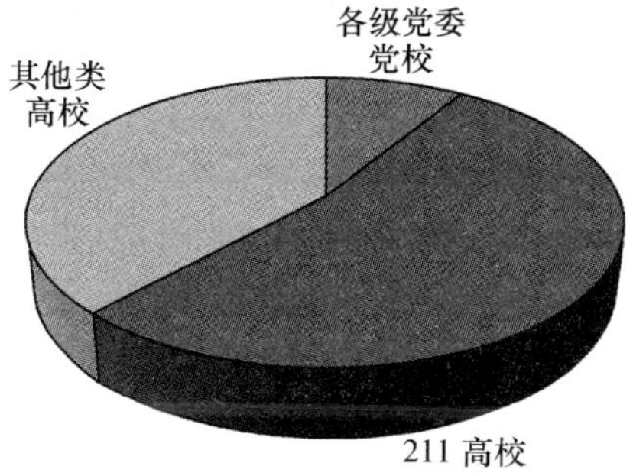

全国高校廉政研究机构分布情况图

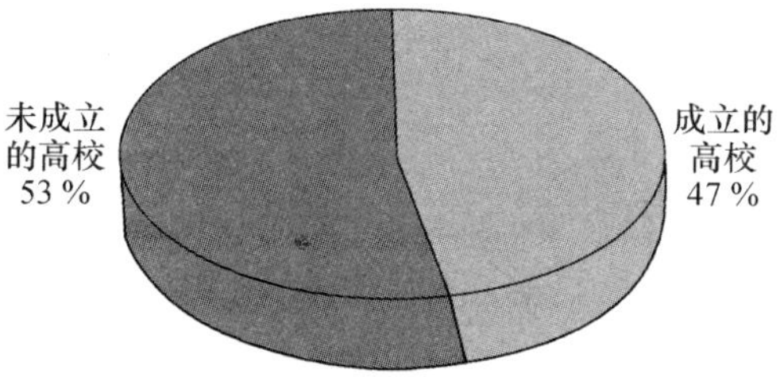

成立高校廉政研究机构的985高校占全国985高校总数的比例图

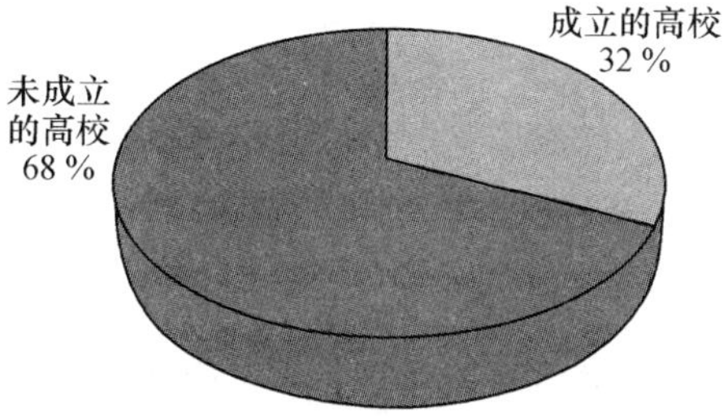

成立高校廉政研究机构的211高校占全国211高校总数的比例图

中央纪委研究室和中央纪委驻教育部纪检组也高度重视各高校廉政研究机构的发展，定期组织开展全国高校廉政研究机构联席会议，截止目前，已经在北京市和湖南大学、广州大学、福建农林大学、南通大学等高校举行了五次全国高校廉政研究机构联席会议，有力地推动了全国各高校廉政研究机构间的交流与合作，也发展成为全国最大的反腐理论研究智囊库，已经形成了固定的、专业的研讨会"年会模式"。使我国反腐集体智慧效应不断得到放大。目前，各级高校廉政研究机构现已发展成为廉政理论的研究者、廉政建设的推动者、廉政文化的传播者、廉政舆情的引领者、廉政教育的实践者和国际廉政交流与合作的参与者。①

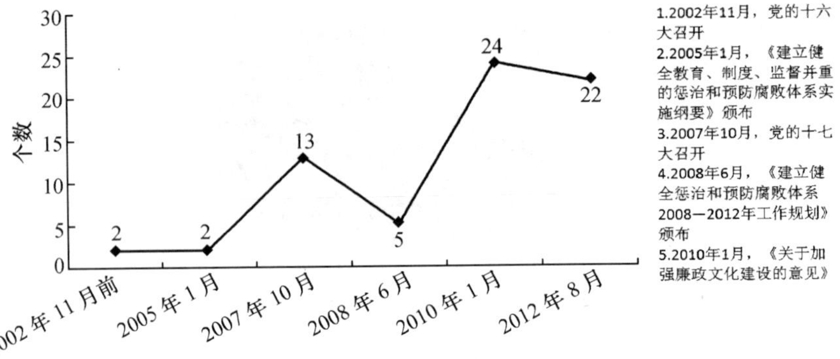

全国高校廉政研究机构成立时间与个数变化统计图

2. 全国高校廉政研究与教育学会作用显著

全国高校廉政研究与教育学会是一个面向中国境内高校内外从事廉政研究与教育的专家的学术性团体。学会于 2009 年 8 月 15 日在“2009 高校廉洁教育研讨会暨廉政研究与教育学会成立大会”(2009 年 8 月 15—17 日,河南郑州)上正式宣布成立。学会现有会员 40 多个,包括清华大学、北京大学、中国人民大学等高校的廉政研究机构加入。学会定期召开理论研讨会,对腐败和反腐败的形势作出分析和估计,同时加强廉政研究机构之间的合作与交流,传播积极向上的廉洁文化,还组织参加党和政府有关部门召开的专家咨询会,承担委托的课题研究项目。学会还通过开发教材和案例,培训师资,在课内开设廉洁教育课程,辅导大学生开展廉洁文化建设课外活动等 加强对青少年,特别是当代大学生的廉洁教育。截至目前,已有 11 所高校开设廉洁教育课程。

在大学生廉洁文化建设课外活动方面,全国高校廉政研究与教育学会支持各高校建设大学生廉洁社团组织并对社团活动进行辅导,截止 2012 年 8 月,全国共成立大学生廉洁社团 22 个。学会还在全国范围内组织了 12 · 9 大学生廉洁诚信月、廉洁大使评选、廉洁志愿者招募、大学生廉洁社团领袖夏令营等活动。其中 12 · 9 全国大学生廉洁诚信月活动于 2011 年 11 月至 12 月开展,共吸引北京、天津、重庆、湖南等全国 14 个省区市的 22 所大学报名参加。廉洁大使评选是借鉴香港廉政公署在香港大学生中评选廉洁大使的做法,经过各高校学生自愿申请、高校廉洁社团推荐、资格审查、学会专家评审以及投票推选等环节,最后推举评选出 30 位全国首批廉洁大使。廉洁大使从青年大学生中推选,但廉洁大使的作用主要不限于大学阶段,而是一个终身使命。学会还将对廉洁大使进行持续的廉洁培训

① 雷霆:《高校廉政研究机构角色和功能的社会学分析》,《河南大学学报》,2012 年第 52 期,第 13 页。

和个人成长追踪记录，并鼓励他们在毕业后返回大学或在社会其他领域内继续传递廉洁信念。全国大学生廉洁社团领袖夏令营已经在全国举办两届，活动通过专家培训、辅导，各社团之间交流工作经验等，提高同学们的廉政知识水平，增强廉洁意识。在湖南大学举行的首届全国大学生廉洁社团领袖夏令营以强大的社会影响入选 2011 年中国十大廉政文化事件。

3. 华夏廉洁文化研究会是民间反腐倡廉的重要品牌

华夏廉洁文化研究会是全国唯一一家宣传廉洁文化的民间社团，现已发展成为民间反腐倡廉的重要品牌。湖南省华夏廉洁文化研究会成立于 2004 年 12 月，是一个旨在培育全社会廉洁文化氛围的专门性学术研究组织，提出了“让廉洁成为一种生活方式”的文化理念，开展了廉洁文化学术交流活动，研究、介绍国内外廉洁文化发展情况以及最新研究成果，组织廉洁文化课题的审定和申报、科研成果及论文的评审等活动。①

学会成立 7 年多来，先后在湖南长沙、山东聊城、湖北十堰、北京等地成功举办了 5 届“中华廉洁文化论坛”。每一届廉洁文化论坛，都会围绕廉洁文化建设等主题，进行学术交流和理论研讨，探索加强廉洁文化建设的措施、方法、制度、机制和途径，以此来提升社会各界特别是各级领导干部在当今复杂多变的国际国内形势下，对廉洁文化建设和反腐败的时代意义、极端重要性等的认识。论坛开展五届以来，也得到了中央和地方领导的大力支持和广大理论研究者的高度关注。

首届中华廉洁文化论坛于 2007 年 12 月 5 日和 6 日在长沙举行，来自香港和内地的百名专家、学者以及 1400 名各级党政官员和热心反腐人士齐聚一堂，纵论廉洁话题。因主办方湖南华夏廉洁文化研究会是一个民间研究团体，此次论坛的策划、组织和召开被打上深深的民间运动色彩，不少廉政研究者认为，这是中国掀起全民反腐浪潮的标志性事件。该论坛也得到了各级党政官员和专家的关注，全国政协原副主席毛致用，中央组织部原部长、全国党建研究会顾问张全景，中纪委副部级巡视专员戴俭明，人民日报社原副总编张虎生，香港廉政公署原副廉政专员兼执行处处长、联合国反腐小组成员郭文纬以及湖南省委常委、省纪委书记许云昭，省委常委、长沙市委书记陈润儿，湖南省人民政府副省长杨泰波，省政协副主席文选德，老同志赵培义、黄祖示都出席了论坛开幕式并讲话。此后的四届论坛，每一届都有各级党政官员、廉政专家的参加，规模不断扩大，影响力也不断增强，现已发展成为中国廉政论坛的品牌。

学会还创办了《清风》杂志，为反腐倡廉建设增添了新的平台。该杂志得到了中央和地方领导的高度重视，全国人大常委会副委员长桑国卫在《清风》杂志首发

---

① 张家港廉政网：http://www.zjglz.gov.cn/html/_wangqianshao/bamianlaifeng/20110531/7366.html.

式上指出:"希望《清风》杂志坚持办刊宗旨,为反腐倡廉建设作出新的贡献"。湖南省委副书记梅克保也指出:"希望《清风》杂志始终坚持正确的办刊方向,不断提高舆论引导能力;始终坚持理论联系实际,加强对重大现实问题的研究;始终坚持品牌制胜,不断提升办刊质量和效益"。①

华夏廉洁文化研究会还承办了由湖南省纪委、湖南省委组织部联合主办的"清风手机报",并发起创立"清风奖"以奖励各界反腐倡廉的优秀人士,为营造风清气正的社会环境,推动廉洁文化建设做出了突出贡献。

4. 中小学廉洁教育是推动廉洁文化发展的重要民间力量

在中小学开展廉洁教育,帮助中小学生从小养成讲诚信、守规则、言行一致、表里如一的良好行为习惯是中小学思想道德教育的重要内容,也是推动廉洁文化发展的重要民间力量。早在 2005 年,《联合国反腐败公约》中就明确表示:"各缔约国均应……(一) 开展有助于不容忍腐败的公众宣传活动,以及包括中小学和大学课程在内的公共教育方案。"②2007 年,教育部出台了《关于在大中小学全面开展廉洁教育的意见》(教思政[2007]4 号),意见对在中小学开展廉洁教育工作的内容、要求、方法和途径等做了说明。2008 年 4 月,教育部又制订了《中小学廉洁教育指导纲要》(教基厅[2008]1 号),对在中小学开展廉洁教育进行了更加具体的安排和指导。《纲要》中提到中小学廉洁教育的目标任务就是:"让学生知道廉洁是一个国家公民应当遵守的基本道德规范和道德要求,让学生了解廉洁基本的内涵和基础的内容,让学生初步具有以廉洁为行为标准进行道德判断和作出道德选择的能力,让学生从学习和生活的具体小事做起,培养廉洁意识、自律意识,养成良好的行为习惯。"③这些文件的出台说明了我国党和政府已经充分认识到中小学廉洁教育对于营造良好的社会氛围,促进廉洁文化建设的重要性。一系列文件的出台对于指导中小学开展廉洁教育活动具有重要的指导意义,各级教育行政部门、中小学纷纷积极响应。

在课堂教学方面,小学《品德与生活》、《品德与社会》,初中《思想品德》和高中《思想政治》等科目中对有关廉洁诚信的知识着重讲解,同时在语文课、历史课等课程中也进行了相应的教育。在廉洁教育活动中,各中小学开展了以廉洁为主题的文艺表演、征文比赛、演讲比赛、知识竞赛、辩论比赛、廉政漫画等丰富多彩、形式新颖、吸引力强的活动,部分学校还利用互联网信息量大,传播速度快、互动性强等优势,开办了网上论坛,建立了廉洁教育专题网站等,为学校和学生创建了

---

① 青岛新闻网:http://www.qingdaonews.com/content/2010-01/19/content_8268623.htm.

② 联合国《联合国反腐败公约》,2005 年 12 月 14 日。

③ 教育部《中小学廉洁教育指导纲要》(教基厅[2008]1 号)。

信息交流和成果展示的平台。例如作为全国首批开展中小学廉洁教育工作试点的十个省区市之一,南京市就建立了南京市中小学廉洁教育专题网站,该网站包括“廉洁法规”、“廉洁警句”、“学校联盟”、“廉路心语”、“域外广角”等11个栏目,网站还为全市中小学校预留了空间,便于更多的学校参与到廉洁教育中来,南京市中小学校可以在网上开展形式多样的廉洁教育活动。学生可以在学校的组织下对廉洁教育发表自己的观点和看法,抒发自己的感想,也可以把自己认为是优秀的作品推荐给网站,供大家共同学习。校与校之间也可以利用网站进行交流,加强活动开展的互动性。①

在校园文化环境方面,多数中小学都运用了校园宣传栏、黑板报、校报(刊)、校内广播、电视网络等载体,把廉洁教育融入多方面教育的内容中,并在学生干部选举、评奖评优中渗透廉洁教育。各级教育行政部门和学校还重点加强师德建设,引导广大教师做廉洁的榜样。同时还加强对教师的培训,特别是班主任、少先队辅导员培训,提高教师开展廉洁教育的技能和水平。各级教育行政部门还通过召开中小学廉洁教育推进会等,为各学校交流廉洁教育工作经验,共享廉洁教育发展成果搭建平台。一系列廉洁教育活动的开展,对于帮助中小学生从小养成讲诚信、守规则、言行一致、表里如一的良好行为习惯,逐步树立公平正义、克己奉公、民主法制的理念具有重要的意义,使中小学生廉洁素质得到很大提升。

(三)校园和廉政论坛是推动廉洁文化发展的最重要载体

廉洁文化的传播和发展需要课堂教学、社会实践、社团活动、廉政论坛、网络媒体等各种载体的推动。其中,校园和廉政论坛是推动廉洁文化发展的两个最为重要的载体。面对当前中国廉政文化发展的现状,还需要不断丰富廉政文化的载体,拓展廉政文化建设方式,找准廉政文化建设的着力点,拓展廉洁文化发展空间,使全社会成员更好更快地接受廉洁文化的熏陶与教育。

1. 校园积极参与廉洁文化建设

在大中小学校园开展廉洁教育工作是全社会廉洁教育的重要组成部分,是加强和改进青少年思想道德建设,全面推进素质教育的重要举措,是培育和谐校园文化,建设和谐校园的需要,也是建立健全党风廉政建设和惩治预防腐败工作的重要任务,对于促进学生健康成长,确保党和人民的事业代代相传,培养德智体美全面发展的社会主义合格建设者和可靠接班人,具有十分重要的意义。

立足校园面向学生开展廉洁教育工作对于推动廉洁文化发展具有重要意义,得到了党和政府的高度关注。2005年1月,中共中央颁布了《建立健全教育、制

① 南京市教育局《敬廉崇洁,知荣明耻,进一步推进中小学生思想道德建设——南京市中小学生廉洁教育工作汇报》,2009年。

度、监督并重的惩治和预防腐败体系实施纲要》，纲要中指出："反腐倡廉教育要面向全党全社会，……。要积极推动廉政文化进社区、家庭、学校、企业和农村。教育行政部门、学校和共青团组织要把廉洁教育作为青少年思想道德教育的重要内容。" 2007 年 3 月，在教育部颁布的《关于在大中小学全面开展廉洁教育的意见》中更加明确指出："从 2007 年起，在全国大中小学全面开展廉洁教育。"并对大中小学廉洁教育开展工作的总体要求、内容、方法和途径等做了说明。随后，中央纪委、教育部等部委又相继出台《关于加强廉政文化建设的意见》、《中小学廉洁教育指导纲要》等文件，对大中小学廉洁教育工作开展情况进行更为细致的指导。

（1）课堂教学在开展廉洁教育，推动廉洁文化发展中具有重要作用。通过课堂教学的方式，让廉洁文化进校园、进教材、进课堂是大中小学开展廉洁教育，推动廉洁文化发展最有效的方式之一。在 2007 年 3 月教育部颁布的《关于在大中小学全面开展廉洁教育的意见》中指出：在大中小学开展廉洁教育要"发挥课堂教学在廉洁教育中的重要作用"。2010 年 1 月，由中央纪委、中央宣传部、监察部、文化部等部委联合发布的《关于加强廉政文化建设的意见》中也明确指出要"把青少年廉洁教育作为实施素质教育的重要内容，纳入国民教育体系。在中小学思想品德类课程和高校思想政治课程标准中明确廉洁教育内容，扎实推进廉洁教育进教材、进课堂、进学生头脑"。

目前，小学的《品德与生活》、《品德与社会》课程，初中的《思想品德》和高中《思想政治》等科目中已经开始对有关廉洁诚信的知识着重讲解，同时在语文课、历史课等课程中也进行了相应的教育。部分省区的中小学还专门开设廉洁教育课程，将中小学廉洁教育摆在突出位置。例如宁夏将从 2012 年秋季开学起，在全区中小学开设廉洁教育课程，免费给中小学生发放廉洁教育系列教材并循环使用。《廉洁教育》系列课程将在小学五年级、初中二年级和高中一年级开设，小学为 10 课时至 12 课时，初中、高中各为 12 课时至 14 课时。

各高校也在积极将廉洁教育纳入课堂教学任务当中，将廉洁教育融入思想政治理论课、各门基础课和专业课程教学中。例如湖南大学就在本科生的《毛泽东思想与中国特色社会主义理论概述》课程中，联系社会主义荣辱观中的"以艰苦奋斗为荣、以骄奢淫逸为耻"内容进行廉洁教育，研究生在必修课程中设置 2 个课时专题主讲廉洁教育知识。学校还要求各专业课教师结合授课内容，结合社会上特别是身边的案例和学生成长过程中的思想实际进行思想政治教育和法规法纪教育，例如本科政治学与行政学专业安排廉政学课程，行政管理专业选修课安排中外廉政思想史课程，会计专业课程中安排商业伦理与会计职业道德课程等。

（2）教育活动是廉洁教育的重要载体。廉洁教育活动具有形式多样、参与面广、为广大师生所喜闻乐见等特点。开展廉洁教育工作必须努力将廉洁教育融入

第二课堂,内含于丰富多彩的校园文化活动之中。2007 年 3 月,教育部所颁布的《关于在大中小学全面开展廉洁教育的意见》中也明确指出:“要把学生课外活动作为廉洁教育的重要载体。”目前,廉洁教育活动主要包含三大部分:

第一,丰富多彩的大中小学廉洁教育系列活动。各大中小学都开展了以廉洁为主题的文艺表演、征文比赛、演讲比赛、知识竞赛、辩论比赛、话剧大赛、廉政漫画收集、廉洁主题班团队会评选、廉洁文化展览等活动,并利用三下乡、志愿者服务、社会调查、生产劳动等社会实践和公益活动普及廉政知识,宣传廉洁文化,不断创新形式,丰富活动内涵,增强活动的吸引力和感召力。

第二,学生社团组织建设。通过发挥学生廉政社团自我教育、自我管理、自我服务的功能,使廉洁教育和廉洁文化建设更加贴近实际、贴近生活、贴近学生,以达到更好的教育效果。2010 年,北京大学和湖南大学率先成立了大学生廉洁社团,到 2011 年举办首届 12·9 全国大学生廉洁诚信教育月活动时,共有 12 所高校新成立了大学生廉洁社团。截止 2012 年 8 月,全国共成立大学生廉洁社团 22 个,形成了一个全国性的廉洁社团体系。

各高校廉洁社团充分发挥学生社团的优势,开展了一系列丰富多彩的廉洁教育学习、实践和交流活动。例如湖南大学湖湘廉风学社组织社员与香港廉政公署汤显明专员座谈,开展了参观长沙市人民政府、刘少奇故居、雷锋纪念馆等特色活动,举办了全国大学生廉洁知识竞赛、湖南省廉洁征文大赛、廉洁教育专题讲座、廉洁书签推广和首届全国高校廉洁社团领袖夏令营等一系列富有特色的活动;郑州大学中原廉风学社开展了“廉洁刻心间”宣誓大会、“廉洁进校园”沙龙、“廉洁在身边”座谈会等活动;北京航空航天大学知行崇廉学会开展了全国首届 12·9 大学生廉洁诚信周,香港廉政公署首席教育主任严厚蕴女士讲座,与透明国际主席拉贝勒女士座谈等活动;浙江中医药大学杏廉社开展了廉洁文化展览、学雷锋进社区实践活动、参观杭州雷锋纪念馆、廉洁电影展播等活动。这些活动的开展对于落实党和国家关于廉政文化进校园的有关重要精神,提升和培养大学生廉洁诚信的素质,推进反腐倡廉建设具有积极意义。

第三,利用网络新型媒体,大力推进廉洁教育宣传。部分学校开设了以廉洁教育为主题的网站、微博、博客、人人主页等。例如南京市、宁波市江东区、南通市等建立了各自的中小学廉洁教育专题网站,湖南大学建立了中国大学生廉洁教育在线网站、廉政微博和廉政人人主页;东北大学开通了东大廉政网、大连理工大学开通了“大学生廉政教育网”、华南理工大学开通了“清风园”网、山东大学开通了“廉政校园”网、北京林业大学开通了“党风廉政建设”网、辽宁工学院开通了“清风校园”网等。这些网站主要用于普及廉洁教育知识,展现大学生廉洁教育工作的丰硕成果和学生积极参与廉洁自我教育的最新成果,从而营造廉洁诚信的校园文化环境，也是广大同学获得廉洁教育信息的主要渠道之一。

2. 廉政论坛是推动中国廉洁文化发展的重要载体

廉政论坛作为一种集理论研讨、课题攻关、专家讲座、经验交流、协调合作等于一身的廉洁文化宣传和交流平台，对于廉洁文化的传播和发展具有重要的推动作用。

近年来，我国国内的廉政论坛发展迅速，规模不断扩大，地域覆盖面也在不断的扩展。据不完全统计，截止 2012 年 8 月，我国共在北京、长沙、南通、深圳等 13 地举办有影响力的廉政论坛 26 次，累计参加人员 7000 多人次，涌现出了“西湖·廉政论坛”、“浙江·廉政文化论坛”、中华廉洁文化论坛、反腐倡廉南通论坛等一批国内影响力大，知名度高的高水平论坛组织。

我国廉政论坛的产生和发展主要是由社会力量发起，在党和政府的推动下形成和壮大的。多数廉政论坛都是由各级党委和政府主办，例如 2004 年召开的“首届中国深圳廉政文化论坛”由深圳市纪委、深圳市监察局和深圳市文化局共同主办；2006 年召开的首届“中国·浙江廉政文化论坛”由中国社会科学院、浙江省纪委和浙江省委宣传部联合举办；2008 年召开的首届“西湖·廉政论坛”由杭州市委、市政府主办，杭州市纪委和市监察局承办。除此之外，各大高校廉政研究机构、全国性的民间社团等也举办了一些品牌性的廉政文化论坛，最具代表性的是“中华廉洁文化论坛”，该论坛是由全国唯一一家宣传廉洁文化的民间社团——华夏廉洁文化研究会发起主办，截止目前已经在湖南长沙、山东聊城、湖北十堰、北京等地成功举办了 5 届“中华廉洁文化论坛”，取得了强烈的社会影响。

近年来，随着我国廉政论坛的不断发展，规模不断壮大，廉政论坛的辐射效应日益凸显：从微观层面来讲，可以使社会公众对党风廉政建设和反腐败工作增进了解，产生亲和力；从宏观层面来讲，将对中国的先进文化发展进程产生重要的影响。比如 2008 年召开的首届“西湖·廉政论坛”，来自中央和省市有关方面、高校和权威廉政研究机构的纪检监察机关领导和专家学者齐聚西子湖畔，围绕“三十年历程与启示、国内外实践与探索、权力的监督与制约、制度的创新与完善、廉政教育与廉政文化”等专题展开研讨。论坛会上研究新情况、解决新问题、探索新领域，为推动反腐倡廉建设提供了有力的理论支持。[①]

廉政论坛还具有凝聚作用，有利于培养全社会对廉政文化建设和反腐败的共同理念。2005 年召开的首届“中国·浙江廉政文化论坛”就提出了“廉政”文化建设需要全民参与。来自清华大学公共管理学院廉政与治理研究中心的任建明教授在会上指出，在目前的廉政文化建设中，不能忽视社会大众的广泛和有效参与。

① 李雅姆：《浅议网络廉政论坛在反腐倡廉建设中的作用》，《新西部》，2010 年第 12 期，第 71 页。

"如果认为'廉政'只对应于政府,那么以'廉洁'替代'廉政'亦非不可。一个个廉洁孤岛是不可能连结成廉政文化海洋的。"中国社会科学院文化研究中心李德顺主任也认为,廉政文化建设需要群众及全社会的参与。如果单纯依靠"自上而下"的监督,势必面临"以少监多,管不胜管"的困境,使整个监督体系滞后或减弱。①

随着我国廉政的不断发展,作为廉洁文化重要载体之一的廉政论坛,在推动我国廉洁文化传播和发展,推进我国反腐倡廉理论研究和实践方面将发挥更大的作用。

3. 廉洁文化产品是新兴的廉洁文化载体

廉洁文化产品是廉洁文化建设的主体在传播廉洁文化的过程中有意识地将廉洁的内涵赋予某些文化媒介而创造出来的代表廉洁文化价值的承载者和象征。2010年,针对廉政文化建设相对滞后的现状,六部委联合发布的《关于加强廉政文化建设的意见》指出:"要适应时代的发展变化,与健全公共文化服务体系有机结合,把廉政题材纳入文学艺术创作,舞台艺术生产,电影和电视剧制作,报刊、图书、音像电子与网络出版计划。"

廉洁文化产品的创作不仅仅包含了廉政文化产品的发展,还将社会上已经存在的象征着廉洁诚信的物质载体囊括进来,将廉洁意识扩展到社会的各个领域,廉洁文化产品的创作和发展主要集中在三个部分:廉洁文化教育基地的建设、地方特色廉洁文化品牌和企业廉洁文化。

(1)廉洁文化教育基地的建设是廉洁文化发展的重要组成部分

在中华民族传统的廉洁文化中,往往通过蕴含了廉洁文化基本精神的格言、警句、事迹、诗词、典故、戏曲等形式进行廉洁文化的传承,并逐渐形成了廉洁文化教育固有的物化和意识精神形态。

在个人道德修养层面,廉洁文化表现为廉洁的信仰、价值取向和外化的行为方式,如《史记·屈原列传》写道:"其志洁,其行廉"②,表明了古人以廉为美的精神信仰和价值追求。在政治文化层面,廉洁文化与社会政治文明结合,作为一种政治准则而存在,如将"廉非为政之极,而为政必自廉始"③作为为政准则,《周礼》中也提到:"以听官府之六计,弊群吏之治。一曰廉善,二曰廉能,三曰廉敬,四曰廉正,五曰廉法,六曰廉辨。"④中华传统廉洁文化通过这种廉洁思想、廉洁信仰和廉洁文化的载体而传承下来,并且以记录和记载了特定的历史事件、历史故事等廉洁文化知识和信息的物化形态即廉洁文化教育基地形成了当代廉洁文化表现

① 中共四川省纪委、四川省监察厅网站:http://www.scjc.gov.cn/index_moji_1.aspx? id=5628.

② 《史记》卷八十四《屈原列传》。

③ 《揭奚斯文集·送李克俊赴长兴州同知序》。

④ 《周礼·天官冢宰·小宰》。

的重要途径和手段。

廉洁文化教育基地的建设为社会公众亲身感受廉洁,接受廉洁文化的熏陶和感染,树立廉洁诚信的价值取向提供了重要的场所和交流平台,也为举办丰富多彩的廉洁文化教育活动提供了条件。2005 年以来,全国各地充分挖掘和利用本地廉洁文化资源,在古代廉洁奉公历史人物所在地以及监察机关所在地成立廉洁文化教育基地,如 2010 年李大钊故居被列为北京市廉政教育基地,江苏吴江以历史上涌现出的李问等 8 位清正廉洁、勤政为民的官吏的事迹为基点,开辟了包含了鲈乡廉碑、清风亭、廉池和庞山草堂廉洁文化书斋等景点的静思园廉洁文化景区。在廉洁教育基地发展的过程中也创造出来一系列廉洁文化教育的精品项目,如福建省晋江市反腐倡廉警示教育基地、江苏省灌南县廉政警示教育基地、广西壮族自治区纪委反腐倡廉建设成果展等。

与此同时,很多红色文化资源教育基地和爱国主义教育基地被赋予了廉洁文化教育的意义,用于传播廉洁文化,宣扬廉洁自律的价值取向,利用红色廉政事迹和廉政楷模来宣传廉洁文化,以廉政人物的人格力量和崇高的精神境界推动廉洁文化的发展。江西省范围内有革命旧址、旧居和战斗遗址 1200 多处,有著名的中华苏维埃临时政府、长征出发地、井冈山革命旧址、上饶集中营等革命遗址,江西省利用这些红色教育基地中蕴含的廉洁文化事迹来发展廉洁文化,如苏维埃革命时期,江西省苏维埃政府主席刘启耀"自带干粮去办公,腰缠金条去讨米"的事迹就是革命时期廉洁奉公、艰苦奋斗事迹的真实写照。

(2) 地方特色廉洁文化品牌是新兴廉洁文化产品。地方将自身特有的民间文化形式与廉洁文化相融合,赋予地方特色文化以廉洁的内涵和意义,打造出廉洁文化品牌,创造出具有鲜明地方特色的廉洁文化产品。

湖北省通山县将创作山歌、演唱山歌、吟诗作画等具有特色的民间文艺活动融入党风廉洁文化发展之中,当地文化人士组成创作团队创作出《反腐倡廉山歌 50 首》并依托乡镇及村组、社区歌友会、剧团等文艺组织成立 13 个宣传队,在集镇街道、农家庭院开展演唱活动。湖南省湘西自治州充分利用地方民族特色的优势,以富有湘西特色、群众喜闻乐见的民间艺术形式为载体,逐步形成了具有地方民族特色的廉洁文化品牌,如古城凤凰将廉洁文化与山水、民俗、历史、名人四类文化有机结合,走出了一条富有地方特色的"旅游廉政文化"建设之路,并创作出了《〈廉政准则〉顺口溜》、《凤凰"三杰" 廉洁轶事》等廉洁文化产品,营造出浓郁的崇廉尚廉的社会氛围。

2012 年 5 月 17 日,第八届中国(深圳)国际文化产业博览交易会(文博会)现场呈现了深圳光明新区纪检监察局推出的一系列名为"廉洁光明"的廉洁文化创意产品,创意系列作品展现了"廉洁光明"的主题,受到了国内外参展人员的广泛关注。廉洁文化产品的创作与生产拓展了廉洁文化的载体,增强了廉政文化建设的吸引力,营造出了浓厚的廉洁文化氛围,深化了廉政文化的内涵,提升了廉政文化的品位。此外,全国多省市自治区充分利用地方戏曲、民族歌舞以及香包刺绣、窗花剪纸等民俗民间工艺的形式,将廉政的名言警句、纪律规定、历史故事、人物形象等内容巧妙地融入其中,打造出具有地方特色文化产品品牌。

(3) 引导企事业单位开发、创作和推广弘扬廉洁价值理念的文化产品是廉洁文化建设的重要内容之一。2011 年中共国资委第 168 次党委会议审议通过《关于推进中央企业廉洁文化建设的指导意见》(国资党委纪检[2011]11 号)。《意见》的实施目标是把廉洁文化建设纳入构建惩防体系和企业文化建设的总体规划,建立中央企业廉洁文化体系。在此过程中将廉洁文化理念融入制度,将廉洁文化优势转化为企业制度优势,用制度体系保证廉洁精神的弘扬,培育"廉洁从业、诚信守法、行为规范、道德高尚"的理念,营造反腐倡廉的氛围和环境,形成廉洁文化建设的长效机制,促进和保证企业又好又快发展。

企业廉洁文化是融企业制度、企业生产、企业经营、企业管理等为一体的廉洁文化产品,作为一种意识形态支撑并指导企业创作出其他廉洁文化产品。企业的廉洁文化能够形成防止企业管理者变腐的机制和制度,抑制腐败行为,对提升企业领导团队的凝聚力有积极的引导作用,从而全面提升实现企业可持续发展的能力。企业的廉洁文化可以使员工在廉洁公正的工作氛围中树立良好的职业道德和社会公德心,并认知到可以通过合理公正的渠道得到发展和晋升,满足了心理需要,对企业也能形成一定的归属感。

2010 年江西省正式确定江西铜业集团公司下属的主干矿山德兴铜矿为"廉洁文化进企业"的试点单位,德兴铜矿将廉洁文化融入到企业文化中,丰富了企业文化的内涵,在企业内部形成相互监督、相互信任、相互尊重、相互支持的局面。① 中国石油化工集团公司胜利油田推进廉洁文化的深度整合与拓展,持续提升廉洁文化的功能,促进廉洁文化与其他子系统文化渗透融合,在整合渗透中拓展廉洁行为的文化环境和氛围。2010 年 4 月,胜利油田作为国务院国资委唯一的党风廉政教育基地入选全国首批 50 家廉政教育基地。

4. 网络文化资源是媒体传播廉洁文化的主导力量

进入知识经济时代以来,信息技术的进步和发展使得网络辐射到人们文化生活的方方面面。截至 2012 年 6 月底,中国网民数量达到 5.38 亿,互联网普及率为 39.9%,互联网以其不可替代的强大信息力量和优势影响了廉洁文化在当今社会的发展,不仅为廉洁文化的发展提供了新的载体,更加扩宽了廉洁文化的发展

① 洪静:《论廉洁文化在企业文化中的融入发展》,《求实》,2012 年第 1 期,第 172 页。

空间。

基于此,国家也加大了利用互联网络发展廉洁文化的力度,2007 年 1 月 23 日,在中共中央政治局会议上,胡锦涛总书记指出:"加强网络文化建设和管理,充分发挥互联网在我国社会主义文化建设中的重要作用。"2010 年 1 月 11 日,贺国强在十七届中纪委五次全会上的工作报告中指出:"互联网是反映社情民意的重要窗口,是群众参与反腐倡廉建设的重要渠道,要落实和完善人民群众参与反腐倡廉建设的有关规定,健全网络举报和受理机制,发挥群众在惩治和预防腐败中的积极作用。要注重对反腐倡廉舆情网络信息的收集、分析和研判,健全相关工作机制,对网络舆论热点问题及时做出回应,对重大案件适时公布信息。加强正面引导,积极探索利用互联网等传播手段开展反腐倡廉宣传的新途径,努力营造良好的社会舆论氛围。"

网络文化资源在推动廉洁文化发展过程中的作用主要表现在廉洁文化信息的发布,廉洁文化资源的共享和交流,腐败行为的制约、披露。

(1) 网络文化资源是廉洁文化信息发布的有效传播平台。党和政府通过互联网发布廉政建设信息、宣传优秀的廉洁文化,将党和政府加强廉政文化建设的政策和成果加以公布,并在网络平台上与人民群众进行交流,解答加强廉政文化建设的问题并适时宣传优秀的廉洁文化和廉洁典型。

中华人民共和国监察部网站是党和政府发布反腐倡廉重要政策和文件的官方门户网站,并且负责社会民众对腐败案件的检举,发挥着重要的信息交流作用。社会力量通过网络可以将廉洁文化发展的信息以最快的速度展现给社会民众,营造崇尚廉洁的社会氛围。华夏廉洁文化研究会与清风杂志社合力创办的"中华廉洁文化网(清风网)"是廉政监督平台、网络服务平台和互动交流平台,成为中国廉洁文化的门户网站,宣传廉洁文化,鞭笞腐败现象。多年以来,中国廉洁网络的建设取得重大的进展,除党和政府建立的"廉政监督网"、"反腐倡廉网"等网络平台外,各地方政府、企事业单位、高校廉政研究中心也在不同的领域建立了大量的宣扬廉洁文化的网络平台,成为宣扬廉洁文化的重要资源。如力求推动高校大学生廉洁教育发展的"中国大学生廉洁教育在线"在全国高校内发挥了重要的宣传作用。

(2) 网络文化资源更多地是作为一个信息媒介和交流平台而在人们的文化生活中发挥着营造舆论氛围的作用。传统的单向信息传递的传统模式已经不能满足新时代廉洁文化发展的需要了,廉洁文化信息的互动性能够调动广大网民的兴趣,使广大网民参与到廉洁文化的传播中来,逐渐将廉洁意识和廉洁价值观渗透到社会民众中,形成崇尚廉洁的社会氛围。

2005 年 1 月 21 日,宁波市廉政文化研究会正式成立,"中国廉政文化网"也正式开通。其开办引起了全国的广泛关注，以极高的点击率对推动廉政文化的大面积迅速传播起到了积极作用。2006 年，广东省电信公司推出了“广东电信廉洁文化理念大讨论”这一全省性网上专题论坛，点击率达 38057 人次。广州市电信分公司某员工在网上发表的题为“对清和廉的理解”，有 85 人跟帖参与讨论，749 人次点击进入浏览，创造了该论坛一个标题点击率最高的纪录。网络论坛等形式成为廉洁文化推广的一个重要手段和途径。

（3）网络是宣传廉政文化、监督制约腐败发生的重要手段。运用网络手段，可以增强政府工作的公开性和透明度，充分发挥群众的监督作用，建立健全网络测评预警机制，通过网上问卷调查、民意测评等形式，及时了解人民群众对廉洁文化建设的意见和建议。多年来，社会公众通过网络发现、检举党政机关领导干部贪污犯罪的事实不胜枚举，“网络反腐”一词被中央党校出版社 2009 年出版发行的《中共党建辞典》收录，并在一定程度上促进了电子政务的发展和进步。

江苏省南京市江宁区房产局原局长周久耕因声称“低于成本价卖房将被查”激怒网民，被搜索出抽千元一条的高档烟、戴十万元一只的名牌表，2009 年 10 月周久耕被免去职务并以受贿罪判处有期徒刑 11 年。2010 年 10 月时任广东茂名市副市长的陈亚春被其情妇举报，来自情妇的举报信在网络上流传，广东省纪委旋即介入调查，陈亚春因涉嫌严重违纪，接受审查事件。2010 年 11 月，网帖《腐败书记微博》以匿名形式，影射湖北恩施州公安局副局长谭志国在升迁过程中涉及淫乱、权力寻租、行贿受贿等违法违纪行为，随后当地纪委展开调查，核实情况属实后，谭志国即被免去州公安局副局长职务。2004 年至 2007 年，每年网络反腐事件不超过 3 起，而 2008 年猛增到 12 起。2008 年因而被网民称为“网络监督年”。

2008 年至今，每年网络反腐事件都在 10 起以上，而 2010 年尤其突出，相比 2009 年的 15 起增加了 73.3%，达到了 26 起，2011 年的网络反腐事件超过了 40 起。网络反腐逐渐成为反腐败的重要渠道，网民反腐倡廉的信心大为增加，2010 年 12 月 29 日，国务院新闻办公室发布《中国的反腐败和廉政建设》白皮书，中国国家统计局的民意调查结果显示，2003 年至 2010 年，中国公众对反腐败和廉政建设成效的满意度平稳上升，从 51.9% 提高到 70.6%；公众认为消极腐败现象得到不同程度遏制的比例，从 68.1% 上升到 83.8%。[①]

三、中国廉洁文化发展的特点和影响

当代中国廉洁文化在党和政府的主导作用下，通过社会力量的推动以及廉政

① 国务院《中国的反腐败和廉政建设》[EB/OL]：http://news.xinhuanet.com/lianzheng/2010-12/29/c_12930240.htm.

论坛、网络文化资源等载体的发展已经在全社会范围内初步形成了以廉为荣、反对腐败的氛围，在社会生活的各个领域各个层次方面发挥着重要的辐射作用。当代中国廉洁文化在承载了中华传统廉洁文化的基础上，根据时代的形势和需要，重新注入了时代的内涵和特征，有着自身独特的发展特点，产生了积极影响。

（一）中国廉洁文化发展的特点

1. 政策推动

当代中国廉洁文化的发展是依靠党和政府以及社会力量等合力推动的，其中党和政府倡导廉洁，反对腐败则是廉洁文化发展的主要源推动力。党和政府在全社会范围内大力提倡廉洁诚信，通过制定方针政策，引导社会价值取向向廉洁文明的方向发展，使崇尚廉洁成为社会核心价值观念和主流文化舆论导向之一，逐步营造廉洁诚信的社会文化氛围，进而推动中国廉洁文化的发展和进步。

首先，党中央和国务院制定推动廉洁文化发展的方针政策，各地方政府机关、各领域企事业单位等机构根据中央政策的精神，结合自身发展情况和特点，制定符合本行业和地方实际发展需要的政策和准则，将廉洁文化的发展深入到社会基层。2005 年，中共中央制定《建立健全教育、制度、监督并重的惩治和预防腐败体系实施纲要》，同年教育部下发《关于在大中小学开展廉洁教育试点工作的意见》（社政厅[2005]3 号），决定从 2005 年下半年开始，在北京、天津、上海、浙江、湖北、陕西和太原、南京、广州、深圳十省市大中小学开展廉洁教育试点工作。2005 年，最高人民法院制定了《关于贯彻落实〈建立健全教育、制度、监督并重的惩治和预防腐败体系实施纲要〉的若干意见》，提出构筑“不愿为”的自律机制、“不能为”的防范机制、“不敢为”的惩治机制、“不必为”的保障机制。2011 年，国资委第 168 次党委会议审议通过《关于推进中央企业廉洁文化建设的指导意见》（国资党委纪检[2011]11 号），努力将廉洁文化理念融入制度，把廉洁文化建设纳入构建惩防体系和企业文化建设的总体规划，建立中央企业廉洁文化体系。

其次，党和政府制定的推动廉洁文化发展的方针政策支持和帮助社会力量的创立和发展，通过社会力量的推动培育全社会廉洁文化氛围，让廉洁文化成为社会公众的一种生活方式。21 世纪初，在党和政府大力推进反腐倡廉建设的背景下，高校廉政研究机构应运而生。2000 年 4 月，北京大学率先成立了北京大学廉政建设研究中心。2003 年 12 月，时任中央政治局常委、中纪委书记的吴官正在清华大学的座谈会上指出，各级党委政府要充分发挥高校理论工作者的作用，积极和广泛支持社会力量开展反腐败理论研究和治理工作。随后，山西大学、西安交通大学等多所高校成立了廉政研究机构。2012 年 7 月 15 日，湖南省华夏廉洁文化研究会发起，中央党校中国领导科学研究会、清华大学廉政与治理研究中心等联合举办的以“弘扬廉洁文化，构建廉洁社会”为主题的第五届中华廉洁文化论坛在中共中央党校举办。出席本次论坛的有8位省部级领导、全国20多个省区市纪委负责人等党政机关成员。国家政策的推动为民间廉洁组织的发展营造了良好的社会氛围,创造了有利的发展环境,廉洁文化也在社会力量的推动下得到长足的进步和发展。

第三,党和政府制定的推动廉洁文化发展的方针政策推动创造出了校园廉洁文化、廉政文化产品等形式多样的廉洁文化载体,为廉洁文化的发展拓展了发展空间,丰富了廉洁文化发展的内涵。《纲要》指出:"要积极推动廉政文化进社区、家庭、学校、企业和农村。教育行政部门、学校和共青团组织要把廉洁教育作为青少年思想道德教育的重要内容。"2007年3月,教育部颁布的《关于在大中小学全面开展廉洁教育的意见》指出"发挥课堂教学在廉洁教育中的重要作用"。"要把学生课外活动作为廉洁教育的重要载体。"2010年,六部委联合发布《关于加强廉政文化建设的意见》,指出要"重点规划、扶持一批体现廉政主题的创作项目,着力打造一批思想性、艺术性和观赏性相统一的,深受群众喜爱的优秀廉政文化作品,引导文化企事业单位开发和推广弘扬廉洁价值理念的文化产品,推动廉政文化产品的创作生产。"2010年1月11日,贺国强在十七届中纪委五次全会上的工作报告中指出:"互联网是反映社情民意的重要窗口,要落实和完善人民群众参与反腐倡廉建设的有关规定,健全网络举报和受理机制。"党和政府政策推动创造的一系列廉洁文化载体成为廉洁文化发展重要的宣传媒介,极大地推动了廉洁文化的发展。

2. 党政主导

廉洁文化在中华民族历史悠久的发展过程中,形成了鲜明的权力指向性特征,廉洁文化作为政治伦理文化、政治准则文化而存在,它重点的指向对象是社会或者国家权力的拥有者和行使者,即所谓的廉政文化。在这种社会政治文化生活中,权力拥有者和行使者处于绝对的主导地位。

当前中国,公民社会仍处于不断形成的过程中,党和政府在社会的各个领域均发挥着重要的影响,在全社会具有重要的示范和引导作用。在廉洁文化发展的过程中,一方面党和政府通过制定促进廉洁文化发展的各项政策影响着廉洁文化的发展,另一方面执政党自身通过加强先进性建设和执政能力建设,利用自身的主导地位促进廉洁文化的发展。倡导廉洁、利用政治资源弘扬廉洁文化,通过党员干部以身作则,弘扬廉洁文化以形成崇尚廉洁的社会风尚成为党和政府加强廉洁文化建设的重要手段。

尊崇廉洁应当成为社会民众的普遍价值取向,大力发展廉洁文化是社会各阶层的普遍要求,然而在当代社会廉洁文化的发展则主要依靠党和政府的主导作用,促进廉洁文化进步的合力尚未形成,社会力量、社会团体、基层民众仍然处于相对“边缘”的状态，廉洁文化的发展仍然任重而道远。

3. 民间社团先天不足

民间社团组织区别于公共部门如政府部门与行政单位，又区别于企业与事业单位，具有“非营利性”。随着我国市场经济体制的确立，我国的民间社团组织以不同寻常的速度发展，各大高校内很多新的学科和新的专业也应运而生，但在反腐倡廉方面的民间社团组织和学术研究在相当长一段时间呈现空白。虽然近几年来，全国各高校的廉政研究机构、全国性的廉政研究学会和社团组织、各种形式的廉政论坛相继成立，这些社会力量成为了推动中国廉洁文化发展和反腐倡廉的重要力量之一，但是相比于其他类型的民间社团组织，廉洁社团组织还是存在着数量较少，规模不一等问题，民间社团这把“迟到的亮剑”在发展上还是存在着先天不足。

与全球的廉洁社团组织相比，国外的民间社团成立时间较早，数量较多，成为了推动廉洁文化发展和反腐败的一支重要力量。例如韩国有 3000 多个社会团体积极开展对各类公职人员的监督；透明国际（Transparency International）即“国际透明组织”于 1993 年就在德国成立，以推动全球反腐败运动为己任，今天已成为对腐败问题研究得最权威、最全面和最准确的国际性非政府组织。在日本，从 1994 年起全国各地陆续建立起了民间行政观察员制度等。在以色列，专业反腐中介组织“国家廉政运动”（MQG）始创于 1990 年，是一个非政府、非营利、非党派的专业民间反腐败组织，其理事会成员完全由志愿者组成。目前拥有会员 1.3 万余人，是以色列最大、最有影响的一个民间反腐败组织。

与国内的其他民间社团组织相比，廉洁社团组织也存在着成立时间短，力量不足等问题。我国目前具有影响力的廉洁社团——华夏廉洁文化研究会于 2004 年 12 月才成立；全国高校廉政研究与教育学会这一面向中国境内高校内外从事廉政研究与教育的专家学术性团体也才于 2009 年 8 月 15 日成立，成立的时间远远晚于国内其他类型的社团组织，在数量上更是远不如其他类型的社团组织。所以，我国的民间社团组织在前期成立方面，就存在先天的不足。但值得庆幸的是，在党和政府以及民间反腐力量的助推下，民间社团组织在近几年逐步发展，特别是各高校廉政研究机构已经由本世纪初的 2 家发展到现在的近 70 家。截至目前，民间社团组织在中国廉洁文化发展和反腐败理论研究与实践方面，已经成为一支重要的推动力量。

4. 发展不平衡

中国廉洁文化的发展得益于党和政府的支持与参与、社会力量积极发动和媒体的广泛宣传。党的十六大召开以来，党和政府先后出台了《建立健全教育、制度、监督并重的惩治和预防腐败体系实施纲要》、《建立健全惩治和预防腐败体系

2008—2012年工作规划》等文件,在全国范围和全社会的各个领域开展廉洁教育,取得了显著的成绩。但是,中国廉洁文化的发展仍然不平衡,突出地表现为地域发展的不平衡和各领域的不平衡。

地域发展不平衡是指在全国范围内,由于受到各种客观或者主观因素的影响,我国廉洁文化发展存在差异,而不是齐头并进,同步发展。造成部分地方廉洁文化发展不平衡的客观因素主要包括该地区经济和文化发展水平较低,历史积淀不够深厚,廉洁教育资源不发达等,主观因素主要包括部分地方政府在思想上重视程度不够,廉洁文化工作有形式主义倾向,不重视实效等。就目前已统计的68所全国各高校廉政研究机构的数量看,数量最多的省份(不含港澳台地区)是北京、江苏和广东,分别拥有高校廉政研究机构11所、8所、5所。河北、内蒙古、辽宁、海南、甘肃、贵州、新疆、西藏、青海等9个省的高等院校未成立专门的廉政研究机构,全国高校廉政研究机构在全国的分布呈现出东部和中部较多,西部严重缺少的局面。相应的,在廉政研究和教学方面,西部省区也存在着严重不足。再就廉政论坛的举办地区看,大都集中在北京、长沙、杭州等中部和东部地区,发展上存在着严重的地域不平衡。

各领域发展不平衡主要是指廉洁文化在不同行业和领域之间,由于各种因素造成发展的不平衡的情况。2005年,中共中央制定的《建立健全教育、制度、监督并重的惩治和预防腐败体系实施纲要》中明确提出:"反腐倡廉教育要面向全社会,把思想教育、纪律教育与社会公德、职业道德、家庭美德教育和法制教育结合起来。大力加强廉政文化建设,积极推动廉政文化进社区、家庭、学校、企业和农村。"也就是说,廉洁文化的发展应该由全党全社会共同推动,廉洁教育的对象也应该针对的是全党全社会的各个领域。但是在实际中,农村的廉洁教育不如城市,私有企业的廉洁教育不如国有企业,廉洁教育在社区和家庭的贯彻情况也不容乐观。在文件当中提到的学校是廉洁教育开展较为全面,成效较为显著的领域。但是,各大中小学由于地理原因、文化发展水平、廉洁教育资源配置等问题,也存在着差距。以全国大学生廉洁社团建设为例,目前全国性的大学生廉洁社团仅有22个,"985"高校拥有大学生廉洁社团的高校共8所,占全国"985"高校总数的20.5%,"211"高校拥有大学生廉洁社团的高校共10所,仅占全国"211"高校总数的8.8%。各学校在开展廉洁教育活动的种类、形式以及所取得的影响、效果等方面,也存在着差距。

(二)中国廉洁文化发展的影响

1. 宣传廉洁文化

一个廉洁的社会,必然需要有强大的褒扬廉洁、贬抑腐败的社会舆论环境。因此在推动我国廉洁文化发展的过程中,党和政府、社会力量、新闻媒体等采取了各种措施，通过组织学习和参观活动、举办廉政论坛、面向中小学生开展廉洁教育系列活动、组织廉政文化产品创作、加强廉洁文化建设报道等途径，来宣传廉洁思想，普及廉洁知识，营造了良好的舆论环境，对于宣传廉洁文化起到了重要作用。

廉洁文化的宣传作用之一要通过报刊、广播、电视、互联网等大众媒体进行传播和流传，以各式各样的廉洁文化活动为载体，寓廉洁正气于活动之中，使全社会成员在获取各种信息的过程中，正确区分人的行为的正当性和非正当性、合法性和违法性，引导社会成员准确辨识美丑，把握善恶标准，做出正确的判断和取舍，形成崇尚廉洁的社会意识，使廉洁观念深入人心。例如中央电视台曾反复在各频道播放“扬正气，促和谐”的公益广告，就是通过公益广告宣传廉洁文化，用最直观和有效的方式开展警示教育，让人们知道廉洁做事，干净做人的道理；广西曾开展了反腐倡廉歌曲创作和演唱活动，作为宣传廉政思想，加强廉政文化建设的重要工作。在活动中，全区共组织创作反腐倡廉歌曲2509首，其中纪检监察之歌301首，为“八个坚持、八个反对”和“四大纪律、八项要求”谱曲226首，廉政山歌1982首。这些歌曲都是由普通歌曲爱好者创作，他们用普通人的歌声褒扬廉洁，弘扬时代的主旋律。还比如湖南大学针对在校大学生开展的大学生廉洁教育活动至今已经举办了五届，先后开展了知识竞赛、演讲比赛、格言征集大赛、主题征文大赛、廉洁海报设计大赛、廉洁杯主题辩论赛、廉洁文化调查、廉洁案例制作大赛、廉洁书画作品征集、廉洁诗词征集大赛、廉洁教育专题讲座、廉洁话剧大赛、优秀主题班会评选等丰富多彩的校园文化活动，这些活动的举办在全校范围内营造了良好的廉洁教育氛围，使廉洁教育活动受益学生面达到100%，对于廉洁文化的宣传和传播起到了积极作用。

廉洁文化的宣传作用之二是通过自身体现的廉洁文化因素进行宣传。比如高校廉洁社团文化本身就体现着廉洁文化的内容，廉洁社团的名称、徽章、标语、宣传口号等文化因素都将社团文化与廉洁文化紧密地融合起来，突出体现了廉洁文化的内涵和精神。社团是大学生以共同兴趣和爱好为纽带自愿组织起来的群体组织，它具有组织形式的自发性、群体目标的整合性、活动的灵活多样性、社团成员的广泛参与性等特点，这些都将促使社团的活动具有参与度高、辐射面广等显著特点，可以吸引大部分学生主动参加，并形成强大的凝聚力和对社团高度的认同感。高校廉洁社团作为廉政文化建设的载体，既继承了社团文化的精髓又承载着廉政建设的希望，通过廉洁教育活动的开展和廉洁社团的组织管理，有效促进了廉洁文化的传播和发展。

2. 树立廉洁价值

当代中国廉洁文化是在中华传统廉洁文化千百年的积淀的基础上结合时代特征发展起来的，廉洁文化通过不断地弘扬逐渐内化为社会公众的价值观念和道德操守,并表现为人们在日常生活、工作中廉洁从政、廉洁从业、廉洁做人的精神风貌,在全社会范围内树立了"以廉为荣,以贪为耻"的价值理念。

廉洁文化的发展培育了党政机关领导干部廉洁奉公、诚信守法的价值理念。廉洁文化的发展一方面加强了党政机关领导干部的自身廉洁修养,使国家权力的拥有者和执行者将廉洁价值理念与廉洁从政实践结合起来,引导领导干部正确对待和依法行使权力,树立秉公用权、廉洁从政的价值理念,形成有利于廉洁从政行为规范的社会氛围。另一方面,廉洁文化的发展使得社会民众增强了权力制约的意识,有助于公民社会的形成,从而对国家权力进行一定程度的制约,防止国家权力的行使者任意地使用权力,在一定意义上有着监督权力运行、防止腐败的作用。

廉洁文化的发展塑造了公民廉荣贪耻、诚实守信的道德观念。廉洁文化发展的目标之一就是要在全社会范围内营造崇尚廉洁的氛围,培养社会公众廉洁诚信的价值理念,并将这一价值理念外化为社会公众自身的实际行动,使其在工作中廉洁从业,在生活中廉洁修身。

对国家公职人员而言,廉洁奉公的职业道德操守成为国家公职人员的基本道德准则,有利于将廉洁价值理念与廉洁从政实践结合起来,让国家公职人员能够正确对待和依法行使权力,真正地做到廉洁奉公、为人民服务。在社会的各个职业领域中,廉洁教育已经渗入到职业道德和职业纪律教育中,廉洁知识已经在各类职业资格考试内容中有所体现,以公正、诚信、自律、守法为主要内容的行业廉洁文化建设正在不断地发展,弘扬廉洁从业行为、抵制和克服违规从业行为已经在社会公众的求职和职业发展过程中占据了重要地位。

近年来社会上反腐倡廉的形势逐渐高涨,社会民众对反对腐败的信心和热情大为增长,人民群众通过网络文化资源、廉政论坛等廉洁文化载体参与反腐倡廉,监督制约权力的意识也在不断地提高。此外,加上廉政研究机构的推动,廉政理论和廉洁规范逐渐通俗化、大众化,新时期反对腐败、崇尚廉洁的价值理念被人们认可和接受。在此基础上,随着公民社会建设的不断进步,社会各界能够以理性合法的方式表达利益诉求,有序参与到廉洁文化建设中来。社会民众通过对廉洁文化建设内容形式和传播手段的不断创新,扩大了廉洁文化的覆盖面,增强了廉洁文化影响力,在社会组织、家庭、社区等各个领域宣传"以廉为荣、以贪为耻"的价值观念,对腐败"零容忍"和抵制腐败的良好风气已经初步形成。

四、中国廉洁文化发展的趋势

改革开放以来,中国廉洁文化的发展在党和政府的主导作用下,通过社会力量的推动,依托网络文化资源等载体的支撑得到了长足的进步,在全社会范围内初步形成了廉洁文化建设的体系,廉洁文化建设取得了显著的成效。党和政府营造的政策环境越来越有利，廉洁文化建设的主体逐渐扩大，政府、社会力量等主体共同推动廉洁文化发展的合力正在形成。但是，当今中国正处于社会转型期，各种深层次的社会矛盾不断被激化，廉洁文化建设与腐败文化的斗争日趋激烈，人民群众对于廉洁、公正、和谐社会文化生活的要求逐渐提高，中国廉洁文化在发展的过程中缺乏有效的评估机制，加上廉洁文化“先天不足的缺陷”，廉洁文化的发展依然任重而道远。

（一）政策环境越来越有利

中国廉洁文化的发展是党和政府主导的，党和政府通过对廉洁文化建设进行有序的组织安排，将加强廉洁文化建设作为社会发展的一项重要内容来实施，从廉洁文化建设的内容、廉洁文化建设的理论研究、廉洁文化的载体丰富以及廉洁文化的制度体系完善等方面推动廉洁文化的发展和进步。

从中共中央就廉洁文化建设根据社会状况和现实国情明确提出首个纲领性文件——《建立健全教育、制度、监督并重的惩治和预防腐败体系实施纲要》开始，党和政府就一直在不断地加快廉洁文化建设的步伐，2008 年中共中央制定了《建立健全惩治和预防腐败体系 2008—2012 年工作规划》，开始有步骤有计划有序地开展廉洁文化建设。2010 年，中央纪委、中央宣传部、监察部、文化部、广电总局、新闻出版总署联合发布《关于加强廉政文化建设的意见》，这是国家首次将廉政建设作为一种文化意识形态来推广，明确了“廉政文化以培育廉洁价值理念为根本，以廉政制度和规范为支撑，以群众广泛参与的廉政文化创建活动和丰富多彩的廉政文化产品为载体，在反腐倡廉建设中处于基础性地位”。[①]

此后，党和政府更是在经济领域、教育领域、国际反腐等领域颁布了一系列政策文件，如《关于推进中央企业廉洁文化建设的指导意见》、《关于在大中小学全面开展廉洁教育的意见》等，初步建成了促进廉洁文化发展的制度和法规体系。党和政府为廉洁文化的发展创造了良好的政策环境，并且仍然在不断地扩展，将廉洁文化建设深入到基层和社会生活的各个领域，使廉洁文化具有一定的示范效应，让廉洁文化在规范过程中不断地发展和进步。

（二）主体日渐扩大

传统的廉洁文化和廉洁思想的核心内容是人们将社会的稳定与发展寄付于国家权力行使者的廉洁行为，即所谓的“清官”文化。随着时代的发展，廉洁文化本身所拥有的时代内涵决定了原有的狭隘的“清官”文化已经不能适应社会发展的需要，以国家权力行使者为全部内容的传统廉洁文化也在逐步让位于多元主体共同促进的廉洁文化，廉洁文化建设的主体不仅仅是国家权力的所有者和行使

---

① 《关于加强廉政文化建设的意见》，人民网：http://politics.people.com.cn/GB/10702950.html.

者，公民社会中的团体、组织以及社会公众也是廉洁文化的重要主体。

虽然当前廉洁文化的发展仍然是党和政府占据主导地位，但是社会各阶层如工人、农民、知识分子、军人等正在不断地参与到廉洁文化的建设中来，这种建设主体的多行业性和多层次性，决定了认知能力的差异和教育需求的不同，使廉洁文化发展的内容以及方式呈现出多层次性特征。廉洁文化的发展在涵盖社会各个阶层和人群精神文化需求的基础上，形成了一个相互支持与配合的社会文化系统，为廉洁从政、廉洁从业、廉洁从教、廉洁从医、廉洁修身等营造了良好的道德环境和社会氛围。①

以我国香港地区为例，香港廉政公署的社区关系处采取深入社区的策略，和市民面对面的接触，推动市民群体、各界人士共同参与预防贪污的行动。一方面借助市民群体的力量形成崇尚廉洁、反对腐败的社会范围，对社会中的腐败现象进行监督和检举，更好地遏制腐败现象。另一方面，鼓励市民群众亲身参与到反对腐败中去，让市民们以主人翁的身份管理社会，体会到自身对于社会发展的积极作用。2007 年香港廉政公署廉政专员汤显明首次在网上撰写以《与您同行共建廉政》为题的文章，表示很多廉署案件得以揭发（无论是复杂的巨额商业贪污或是牵涉升斗市民日常生活的案件），都是源自市民挺身举报，证明了香港的反贪工作实在包含高度的公民参与。同时他又指出，廉署接获的贪污投诉之中，有九成来自市民直接举报。“具名举报”比例更是屡创新高。2012 年香港特区立法会议员兼贪污问题咨询委员会委员陈鉴林向香港立法会提交的《廉政公署 2011 年年报》中显示 2011 年廉政公署共接获 4010 宗贪污投诉，其中 74% 属具名投诉。

2009 年 10 月 28 日，中央纪委监察部开通了全国纪检监察统一举报网站（www.12388.gov.cn），网站开通当日即引来 1920 万次的点击，引发“塞车效应”。据报道经过一个月的时间，点击率回落，但仍维持在日均 100 万次。网站开通当天就收到 3105 件网络举报；开通后一周共收到 7100 件，一个月内中央纪委监察部共收到网络举报 13800 件。② 2011 年，中央纪委监察部收到 5 万件网上举报，中央纪委监察部网站设置的“向部长建言”栏目收到网民来信 1580 多件，“网友声音”栏目留言达到 2000 多条。③

同时，廉洁文化建设在农村、社区等社会各领域也都取得了一定的发展和进步，社会民众在廉洁文化建设过程中的主体作用日益突出，社会民众正在以主人

① 张国臣：《论社会主义廉洁文化的内涵、特征与功能》，《郑州大学学报（哲学社会科学版）》，2011 年第 5 期，第 16 页。

② 中国评论新闻：http://www.chinareviewnews.com/doc/1011/7/1/9/101171902.html?coluid=7&kindid=0&docid=101171902.

③ 人民网：http://politics.people.com.cn/GB/99014/16480908.html.

翁的身份参与到廉洁文化建设中来,廉洁文化建设的主体在不断地扩大,涵盖了社会各个阶层和人群的廉洁文化系统正在形成。

(三)合力正在形成

中国廉洁文化的发展是党和政府主导的,通过社会力量的推动,依托廉政论坛等载体的支撑而逐渐形成了廉洁文化建设体系。党和政府的支持和参与是中国廉洁文化发展的基本保障,在制度上和组织上为廉洁文化的建设营造良好的发展环境,并创造各种社会条件为廉洁文化的交流构造平台。社会力量借助自身贴近基层、亲近民众的优势促进人民群众对廉洁文化建设的参与,从而扩大廉洁文化建设的覆盖面,进而在全社会形成崇尚廉洁价值理念的社会氛围。廉洁文化论坛等载体一方面充当着廉洁文化发展主体发挥作用的平台,另一方面也在被廉洁文化发展主体不断创造出来。

以廉洁教育为例,2007 年,教育部出台《关于在大中小学全面开展廉洁教育的意见》(教思政[2007]4 号),意见对在中小学开展廉洁教育工作的内容、要求、方法和途径等做了说明。随后全国高校廉政研究与教育学会等社会力量先后成立,从理论研究、开展形式等方面有力地推动了廉洁教育的开展。廉洁教育在国家政策的实施下,通过廉政研究和教育学者的指导在大中小学尤其是全国各高校中经历了从无到有的过程并顺利地发展起来。截止目前,全国已有湖南大学、南通大学等 11 所大学开设了专门的廉洁教育课程,其中 1 所大学面向本科生开设了廉洁教育必修课。同时,廉洁教育的形式也在不断地拓展,大学生廉洁社团等学生组织为廉洁教育在青年学生中的发展提供了可以借鉴的思路,使廉洁价值理念在知行合一的过程中成为青少年学生的价值取向和行为方式,推动廉洁教育的合力正在形成。

廉洁文化的发展不仅仅在于廉洁文化自身的进步和推动廉洁文化各部分形成统一的合力作用,它更在于在发展的过程中将蕴含着廉洁价值理念的文化特征融入社会生活,使得廉洁文化真正成为人民大众的文化。企业的廉洁文化就是企业文化建设和廉洁文化建设相结合的产物,企业廉洁文化的功效在于深化廉洁从业理念、规范廉洁从业行为,为企业改革发展营造良好的氛围,形成企业文化与廉洁文化的合力,最终促进企业管理水平和经济效益的提高。这种合力的作用在大中型国有企业的发展过程中效果较为显著,中国石油化工集团公司胜利油田将企业廉洁文化渗透到日常生产经营管理工作之中,并与队伍建设、党风建设有机结合、相互渗透,为企业发展提供了风清气正的软环境,2005 年通过开展效能监察工作避免经济损失 8144 万元，挽回损失 1.16 亿元，增创效益 8326 万元。[①] 2010 年 4 月，胜利油田作为国务院国资委唯一的党风廉政教育基地入选全国首批 50 家廉政教育基地。

廉洁文化的时代价值在于它所拥有的法治特征，在公民社会崇尚法治的文化氛围中，廉洁文化也得到了不断的发展。2012 年 7 月，以“弘扬廉洁文化，构建廉洁社会”为主题的第五届中华廉洁文化论坛在北京举行。湖南省原纪委书记、华夏廉洁文化研究会名誉会长许云昭在主题报告中提出，廉洁社会建设作为复杂的系统工程，应奠定政府、企业、社会组织和公民“四大基石”。即政府是廉洁社会建设的核心，企业是保证，社会组织是重要环节，公民是基础。公民社会的重要特征之一就是大众传媒强大的制约力量，从 2008 年的“网络监督年”到现在网络反腐逐渐成为反腐败的主渠道，从廉洁论坛的官方主导到现在的全民参与，廉洁文化的发展与公民社会的合力作用正在形成，并在不断地推动社会廉洁价值规范的进步和公众廉洁意识的提高。

（四）途径、方式越来越丰富

中国廉洁文化在党和政府的大力支持以及社会力量、新闻媒体等力量的推动下，已经形成了一股较为强大的社会力量。在推动廉洁文化发展过程中，伴随着科技和文化的发展，人们认知水平的不断提高，廉洁文化建设的途径和方式也越来越丰富。这对于营造良好的社会氛围，推进我国反腐倡廉建设等都产生了积极作用。

传统的廉洁文化教育大多采用枯燥、单调的说教形式，廉洁文化的宣传也大多采用报纸、杂志、宣传单等传统媒体和宣传方式，远不能达到预期效果。随着科技和文化的发展，人民的物质和文化需求日益增高，对加强廉洁文化建设的途径和方式提出了新的要求，不但要扩大廉洁文化的覆盖面，还要不断丰富廉洁文化的途径和方式。

1. 廉洁文化教育活动的形式多样、内容丰富多彩。目前，大部分地区和领域的廉洁教育活动正逐步摆脱枯燥、单调的说教形式，逐渐深入到群众中去，采取各种各样群众所喜闻乐见又印象深刻的文化教育活动形式。例如浙江、湖北、内蒙古等省区市在社会上举行各种以廉洁教育为主题的文艺演出，传承廉政文化，传播廉洁理念。

各级党政机关、工厂、学校等企事业单位也通过形式多样的廉政文化教育活动，宣传廉洁思想，推动廉洁文化发展。例如陕西太白供电分公司定期开展预防

---

① 王立新：《推进中央企业廉洁文化建设研讨暨观摩会议》上的讲话：http://www.slof.com/html/slof/slwh/gzzd/2006/09/3564.htm.

职务犯罪专题讲座,积极参与县委党员干部反腐倡廉形势报告会和廉政演讲赛,在企业管理层组织开展廉洁文化征文和知识竞赛活动,同时加快《企业廉政文化建设机制优化》等管理创新课题开发。扬州市在部分中小学开展了"我与优优共成长"故事、儿歌、漫画创作大赛,"小手拉大手,共建廉洁家庭"活动,廉洁文化探访团、夏令营以及其他"敬廉崇洁"主题活动,各有侧重地开展课题研究工作,积极探索中小学生廉洁文化教育的内在规律。北京、湖南、广州等地的部分高校立足大学生群体,开展了丰富多彩的大学生廉洁教育活动,在活动中不断创新形式,丰富活动内涵。先后开展了廉洁知识竞赛、演讲比赛、格言征集大赛、主题征文大赛、廉洁海报设计大赛、廉洁杯主题辩论赛、廉洁文化调查、廉洁案例制作大赛、廉洁书画作品征集、廉洁诗词征集大赛、廉洁教育专题讲座、廉洁话剧大赛、优秀主题班会评选、参观廉政教育基地等丰富多彩的活动。

2. 廉洁文化的传播途径和方式多样,越来越丰富。传统的廉洁文化的宣传大多采用报纸、杂志、宣传单等传统媒体和宣传方式,但是随着科技的发展,廉洁文化的宣传途径和方式越来越丰富多样。互联网作为现代传媒的重要手段,已经成为传播社会主义先进文化的新途径、公共文化服务的新平台、人们健康精神文化生活的新空间。所以,要在推动廉洁文化发展过程中,全面加强信息化建设,主动占领网络廉洁教育新阵地,建设一批融思想性、知识性、趣味性、服务性于一体的主题教育网站、网页或者廉政微博,积极开展生动活泼的网络廉洁教育活动,通过网络互动,形成廉洁教育的合力,使网络成为弘扬主旋律、开展廉洁教育,推动廉洁文化发展的重要阵地。如南京市、宁波市江东区、南通市等建立的中小学廉洁教育专题网站,大连理工大学开通的"大学生廉政教育网",华南理工大学的"清风园"网、辽宁工学院的"清风校园"网,湖南大学的"中国大学生廉洁教育在线网站",银川市打造的"问政银川"微博问政群等。当然,除了互联网外,长沙、银川等城市还通过手机短信等现代信息传递手段,通过定期发送廉洁教育短信息等方式,向全社会开展廉洁教育,推动廉洁文化传播和发展,营造良好的廉洁文化氛围。

(五)中国廉洁文化发展的不足

1. 缺乏科学的评估机制

建立一套科学的评估机制是廉洁文化建设取得实效的重要保障。目前,我国的廉洁文化快速发展,各地区、各领域的廉洁文化活动也在如火如荼地开展。但是值得注意的是,我国各地廉洁文化建设普遍存在着一定的盲目性,重视廉洁文化活动,而忽视廉洁文化的效果。这也直接或间接导致一些地方的廉洁文化建设缺乏必要的说服力和感染力,成效不显著。缺乏科学的评估机制还使得廉洁文化建设和发展的评估无法有效进行,这就导致一些地区往往片面地以廉洁文化活动的影响或者规模作为评估标准，部分地区为了提高考核成绩，大搞形式主义，面子工程，不但浪费资源，其做法本身就是一种不廉洁行为，造成廉洁文化活动初衷的扭曲。所以要想改变我国目前廉洁文化建设的现状，关键的任务是建立一套科学的评估机制。

建立科学的评估机制，对廉洁文化建设进行评估，必须采取科学的方式方法，从不同方位或角度加以透视和剖析，有利于对廉洁文化建设工作的及时激励或警示，为廉洁文化建设提供改进和完善的参考信息和依据，进而提高廉洁文化建设的实效。对于廉洁文化的评估，在国际上，目前主要采取专项性质的评估模式，如透明国际组织的清廉指数、世界银行的腐败控制指数、全球竞争力报告指标、商业国际组织指标，等等。它们从各自的逻辑起点出发，采取不同的方法，对世界各国反腐败状况进行调查与评估，并得出了若干结论。[①] 虽然各个国家的具体情况不同，接受调查的人群分布也不一样，因而调查结果很有可能存在误差。但是这些评估都十分有参考价值，都值得我们在进行廉洁文化评估时借鉴。

我国现行的廉洁文化评估机制主要是中纪委、监察部与国家统计局联合开展的党风廉政建设问卷调查。该调查自 1996 年以来每年一次。每年选择 10 个省（区、市），采用随机抽样、入户调查的方式调查，共发放调查问卷 12000 份，最后汇总到国家统计局，严格按照统计方法进行综合分析，形成总报告。报告一项很重要的内容是通过反腐败公众印象指数来描述社会公众的意见。这种调查方式，虽然比较符合我国国情，也具有比较高的可信度，但调查问卷的选题内容、抽取的调查样本分布与数量还是有进一步改进和完善的空间。

2. 成效还不够明显

廉洁文化作为廉政建设领域的新生事物和新型文化现象，近些年来在各方力量的大力推动下，取得了快速发展，也使廉洁文化这一概念逐渐为社会各界广泛接受。但由于缺乏科学的评估体系，一些地区在思想上不够重视以及受传统文化不良因素的影响，社会上仍然存在纵容腐败和参与腐败等违反法律和道德的现象，廉洁文化建设的成效还不够明显。

（1）纵容腐败。我们都知道：腐败是侵蚀人类社会肌体的“政治之癌”，它扭曲资源配置，污染道德风气，危及社会稳定，阻碍人类进步。腐败可怕，但是比腐败本身更为可怕的是一些部门、一些人对腐败的纵容，这在一定程度上为腐败推波助澜，造就了腐败。纵容腐败可以分为以下两点：

第一，社会环境对腐败的纵容。全社会对腐败的纵容主要指社会成员思想上痛恨腐败，却又用实际行动在羡慕、利用和参与腐败。羡慕腐败突出表现在：当看

① 戚家静：《我国廉政文化建设研究——以宁波市为例》，2011 年宁波大学硕士论文。

到一些人上下班有公车接送,心生羡慕;看到一些人由父母亲戚通过私人关系安排好了工作,心生羡慕;看到一些人用公款大吃大喝,逍遥自在,心生羡慕;看到一些人经常以考察之名,用公费在国内外旅游度假,心生羡慕;看到一些人家中每逢过年过节就有很多人前来排队送礼,心生羡慕,等等。由于所羡慕之人多为有权力的人,而"一人得道,鸡犬升天"这种"官本位"意识,虽然陈旧落后,流传了几千年,但至今在我国社会生活中仍然有着很深的影响,所以社会上的一些人用尽各种办法买官,做官后贪污腐败,利用公权力而为私人谋利。所以,羡慕腐败表现的是社会成员的价值观的扭曲,是社会氛围的恶化。作为廉洁文化建设的重中之重,营造一种痛恨腐败,崇尚廉洁的社会氛围至关重要。

第二,司法对腐败的纵容。司法对腐败的纵容实际上也是一种司法腐败。司法机关是代表国家行使审判权力、监督权力、侦察权力的机关,主要指人民法院、人民检察院和公安机关。司法腐败是司法机关及其工作人员利用检察权、审判权和侦察权等进行徇私舞弊、枉法裁判,谋取个人或小团体利益的行为,如知法犯法,执法不公,滥用职权,乱罚款,乱办案等,也指司法人员贪污,受贿,徇私枉法等行为。在我国,改革开放以来,随着社会经济和社会体制的转轨,大量的社会冲突产生,造成了社会秩序的破坏,因而作为社会秩序维护者的司法机关被推到了社会改革的历史前沿,司法权得到了极大的膨胀,为司法腐败提供了现实的土壤。清华大学法学院许章润教授在接受记者专访时认为,更令人担忧的是,诸多司法腐败案例显示,腐败已经呈现"权力准黑化"现象,即司法权力持有者同社会上的经济垄断者、"精英寡头"纠结在一起,利用公共权力作为基本的资源,为集团私利提供体制性的保护伞,其表现便是当权力纵向性延伸时,形成串案;而权力横向发展时,体现为窝案。例如,2007 年夏天被纪检部门"双规"的北京市西城区法院前院长郭生贵被提起公诉。郭之"落马",在京城司法系统中引起不小震动,并引发连锁反应。郭生贵在被"双规"后交待出很多人,既有法官也有律师。

(2) 参与腐败。腐败现象要以公共权力的非公共运用为前提,只要一个地方存在着公共权力,那么腐败者就有可能运用它来谋取私利,所以参与腐败之人大多为有权的官员。其腐败主要表现在奢侈浪费、任人唯亲、贪污、挪用公款、受贿索贿、权钱交易、权色交易等方面。

在我国,近年来,腐败现象滋生蔓延的态势依旧存在,重案要案时常发生,个案涉及人员在增多,金额在增大,职务在增高。"一把手"违法违纪的案件往往是窝案,串案,拔出萝卜带出泥,"头羊迷途,群羊不返"。沈阳"慕马"大案一次就牵出 17 个厅局级"一把手";铁道部原部长刘志军案牵出 9 名铁路官员,5 家央企涉案被整治;河南省交通厅长接连三任因腐败倒台等。被查处的贪污腐败官员也较多。仅 2011 年,全国纪检监察机关共就接受信访举报 1345814 件(次),立案

137859件,结案136679件,给予党纪政纪处分142893人,涉嫌犯罪被移送司法机关处理5334人[①],被查处的厅局级以上官员就有205人,其中不乏刘志军等部级重要官员。有权者参与腐败,为了实现个人私利的人则利用腐败,进行行贿,也是参与腐败的一种表现,贿赂中又以商业贿赂为主。2011年,全国就查办商业贿赂案件1.58万件,涉案金额高达48.1亿元,且这些仅仅是官方公布的被查处之后的数据,还有很多行贿尚未被发现或者查处。而更可怕的是社会上有很多人有困难总想找熟人,托关系,通过“走后门”的方式向当权者行贿。这一类人往往只害怕自己的目的达不到,而不怕对方犯错误,更不怕腐败现象越来越严重,严重破坏社会风气,更是一种违法乱纪的行为。

我国的廉洁文化建设在党和政府的支持与参与、社会力量发动、媒体宣传等作用下,取得了快速发展。而且推动中国廉洁文化发展的政策环境越来越有利,主体日渐扩大,合力正在形成,廉洁文化建设的途径、方式等越来越丰富。但是目前,我国廉洁文化建设仍然缺乏科学的评估机制,成效还不够明显,廉洁文化的发展仍然还有很长的一段路要走。道路是曲折的,但是前途是光明的。相信在党和政府的坚强领导下,在社会力量的合力推动下,在新闻媒体的广泛宣传下,中国的廉洁文化建设定会迈上新的台阶,取得更好更快的发展。

五、中国廉洁文化发展对策

(一)继续充分发挥党和政府的核心主导作用

党和政府是廉洁文化发展的核心和主导力量。新时期,在中国廉洁文化发展的过程中,党和政府仍然需要扮演主导的角色,只有党和政府对反腐倡廉长抓不懈,拒腐防变警钟长鸣,才能在社会民众中起到正面的引导作用。

正人先正己,各级领导干部特别是高级干部必须自觉遵守廉政准则,严格执行领导干部重大事项报告制度,既要严于利己,又要加强对亲属和身边工作人员的教育和约束,杜绝特权阶层的出现。同时党员领导干部要以身作则,通过自身清正廉洁的行为形成示范效应,为社会民众树立榜样,使崇尚廉洁成为社会核心价值观念和主流文化舆论导向之一,使廉洁文化从一种政治伦理文化、政治准则文化逐渐转化为社会民众的普遍价值取向。

新时期党和政府发展廉洁文化要加强制度性建设,加大惩治和预防腐败的力度,通过廉洁的党风带动社会廉洁风气的形成。要坚持中国特色反腐倡廉道路,坚持标本兼治、综合治理、惩防并举、注重预防方针,全面推进惩治和预防腐败体

① 贺国强:《统一思想认识 加大工作力度 坚定不移将党风廉政建设和反腐败斗争引向深入——在中国共产党第十七届中央纪律检查委员会第七次全体会议上的工作报告》,2012年1月8日。

系建设，做到干部清正、政府清廉、政治清明。要严格规范权力行使，加强对领导干部特别是主要领导干部行使权力的监督。深化重点领域和关键环节改革，健全反腐败法律制度，防控廉政风险，防止利益冲突，更加科学有效地防治腐败。加强反腐败国际合作。严格执行党风廉政建设责任制。健全纪检监察体制，完善派驻机构统一管理，更好发挥巡视制度监督作用。始终保持惩治腐败高压态势，坚决查处大案要案，着力解决发生在群众身边的腐败问题，对高官、社会精英等的腐败行为严惩不贷。

（二）加强协调合作，形成廉洁文化发展合力

在新的阶段，促进廉洁文化发展的各种力量必须要加强协调合作，摆脱地域发展不平衡、行业领域发展不平衡的状态，在党和政府的主导下形成廉洁文化发展的合力，共同促进廉洁文化的进一步发展。

党和政府作为中国廉洁文化发展的主导，为廉洁文化的发展提供基本保障。首先，在制度上和组织上为廉洁文化的建设营造良好的发展环境，并创造各种社会条件为廉洁文化的交流构造平台，党和政府的主体地位不能动摇，主导作用必须持久地坚持下去。此外，党和政府还肩负着协调各主体力量、指导各方面均衡发展的责任。一方面，在廉洁文化发展相对落后的地区重点推进廉洁意识教育，使社会民众在思想上更加重视廉洁文化的建设，汲取廉洁文化发展成果较好地区的经验，开创符合地方特点、拥有地方特色的廉洁文化推广形式，注重实效，切实使廉洁从业、廉洁从政的理念深入人心，起到指导日常生活行为的作用。另一方面，在私营企业、农村、社区和家庭等行业和领域，地方政府尤其是廉洁文化发展相对滞后的中西部地区政府应当进一步加强推进廉洁文化发展的理论研究，结合行业特点和职业特点，积极探讨如何使廉洁的意识理念进入基层社区、家庭、企业和农村。以私营企业为例，政府可以将大中型国有企业的廉洁文化建设经验与私营企业的企业文化相融合，深化私营企业廉洁从业理念、规范廉洁从业行为，形成企业文化与廉洁文化的合力。同时也可以对廉洁文化建设相对突出的私营企业进行税收和补贴，促进企业管理水平和经济效益的提高。

社会力量作为推动廉洁文化发展的重要力量之一，在自身进行廉洁文化建设的过程中，一方面要配合党和政府大力加强廉洁文化建设以及惩治和预防腐败体系建设，另一方面也要和其他社会力量相互协作、相互借鉴、相互吸收，共同促进廉洁文化发展合力的形成。社会力量在廉洁文化建设的新时期要根据党和国家的方针和政策，加强对领导干部特别是主要领导干部行使权力的监督，并在廉洁教育、廉洁文化产品创作等方面积极发挥推动作用。以高校廉政研究机构为例，目前党对廉洁文化建设的力度大为增强，反对腐败的决心更为坚定，已将“干部清正、政府清廉、政治清明”作为反腐倡廉的未来目标和要求。因此高校廉政研究机

构要适时地根据党和国家的政策，及时调整角色与定位，在自身加强廉洁文化建设的同时，为政府新时期进行廉洁文化建设提出新的建设性意见，从而形成社会与政府的合力，共同推动廉洁文化建设。

（三）深化对廉洁文化教育规律性认识

随着党和政府对反腐倡廉力度的加大，廉洁文化的建设必将有进一步的发展，然而腐败的类型和方式也会越来越多样，因此深化对廉洁意识的理解和规律性认识，保持对腐败现象的清醒判断和掌控，与时俱进地开展反腐倡廉工作是很有必要，也是十分迫切的。

在廉洁文化建设的新阶段，将崇尚廉洁的理念推广到整个社会群体，形成全民反腐的社会氛围是深化廉洁文化教育的目标和重要举措。一方面要让广大社会民众清楚地认识到腐败对于其自身和社会的重要危害，认识到反腐倡廉是自己作为一位公民必须履行的一项职责，从而真正地将反腐倡廉内化为自己在工作生活中的实际行动，改变固有的纵容腐败甚至参与腐败的的态度。另一方面，要学习和借鉴其他国家和地区反腐的成功经验，如香港廉政公署社区关系处通过动员社会民众主动参与到反对腐败的行动中来，使得市民形成以参与和纵容腐败为耻的观念，使得腐败行为无所遁形。1974 年香港廉政公署成立之初，查处的腐败案件基本上是依靠廉署主动调查并且是涉及到重大腐败问题的案件。而 1994 年，香港廉政公署查处的案件有 2/3 为市民举报和检举获得的线索，并且案件的类型已经从政府层面逐步扩展到普通市民的日常生活中，形成了良好的监督和预防机制。

（四）健全科学的廉洁文化评估机制

廉洁文化评估机制的制定因立足点的差异，可以有多种多样的模式，但至少应当包括廉洁文化调查、廉洁文化分析和廉洁文化评估三项基本内容。

一是廉洁文化调查。这是廉洁文化建设的前期工作，它包括调查和研究两个方面。廉洁文化调查有利于准确了解现有廉洁文化基础，找到建设的优势，找出工作的薄弱点，从而提高建设廉洁文化的针对性和实效性。只有搞好调查研究，才能为廉洁文化建设打好基础。同时要特别注意调查中的几个问题：注重综合调查、注重阶层调查、注重科技应用、注重公开透明。

二是廉洁文化分析。廉洁文化分析是在廉洁文化调查的基础上，运用辩证思维和现代科学思维的基本方法，对廉洁文化生成、发展有关问题进行综合思维的过程。廉洁文化分析要坚持综合分析，把原始的材料和零散的思维，经过头脑的思想加工，做到去粗取精、去伪存真、由此及彼、由表及里的归纳和综合，从理论、系统、定性、定量的高度作出分析，产生认识上的深化和升华。廉洁文化分析的意义在于通过对廉洁文化调查的资料、数据进行科学的分析，有利于找出廉洁文化建设的规律以及必须注意的问题，为推进廉洁文化建设进一步指明方向。

三是廉洁文化评估。这是对廉洁文化建设前两个阶段工作的延续，也是水到渠成的重要一环。评估有多种方法，但无论哪一种评估，都是辩证的分析方法，都是既对立又统一，不能完全割裂开来。[①] 在具体实施的过程中，可以借鉴香港廉政公署的经验，定期进行民意调查，深入地了解民众对社会腐败态度的改变和容忍程度，并将得到的意见和建议进行总结，从而促进反腐倡廉工作的改善和进步。

① 戚家静：《我国廉政文化建设研究——以宁波市为例》，2011 年宁波大学硕士论文。

我国高等教育竞争力与提升国家文化软实力发展报告

阳荣威　胡陆英　欧阳慧　左雅丽　邓　勇　郑　思　赵　利

摘要：国家文化软实力是社会各个领域软实力的综合表现，教育软实力是文化软实力建设的基础。可以说教育兴则文化兴，教育强则文化强，在教育领域中尤以高等教育的作用更为明显。高等教育不仅为国家文化软实力建设提供高层次、创新型人才，而且是国家文化软实力建设中知识生产与科技创新的基地，也是人类文化传承与再造的家园，还是国际文化交流与合作的桥梁和社会文化的引领者。

本报告在梳理高等教育与国家文化软实力的关系的基础上，指出国家文化软实力在高等教育领域主要表现为高等教育的竞争力，因此通过分析高等教育竞争力的总体表现，就能展现国家文化软实力在教育领域的存在。高等教育主要有人才培养、科学研究、社会服务等三大职能，本报告分析了我国高等教育竞争力在这三个方面的表现。为了有效地呈现我国高等教育软实力，研究将其放在国际参照系中进行比较，给我国高等教育软实力有一个比较准确的定位。人才培养职能方面的竞争力，包括高等教育规模的国际比较、教育规模国际比较等方面；科学研究职能方面的竞争力，涉及我国与主要国家 SCI 、EI、SSCI 论文发表篇数及名次、论文的被引情况等方面的比较与分析；社会服务职能方面的竞争力，则选取我国科技进步状况及科技服务产业发展的情况进行分析，借以反映我国高等教育在国家软实力的作用。

最后，本报告提出高等教育提升国家文化软实力建议：首先是要重塑大学精神，增强大学软实力的凝聚力；其次是要加强大学国际间的交流与合作，培育大学文化；最后是要增强大学软实力的感召力、建设大学学科，增强大学软实力的生命力以及发挥大学功能积极引领社会文化建设等。

教育是国家发展、民族振兴、社会进步的基石。高等教育是国家软实力强大、民族昌盛、社会文明的重要推动力，承担着培养人才、发展科技、服务社会和传承创新文化的重要任务。高等教育作为科技第一生产力和人才第一资源的重要结合点，在国家发展中具有十分重要的地位和作用。

一、高等教育竞争力在提升国家文化软实力中的作用

决定一个社会文化程度、文明水准的不是物质条件的先进，而是一种整体性的文化生态环境和发展空间，一种深厚的文化底蕴和长久的文化实力。因为任何一个地方的发展，归根结底都在于人，在于人的思想观念、文化水准、专业素养、精神境界，而这些都必须通过文化的熏陶、影响来提升，通过“以文化人”来实现。思想文化是更内在、更持久、更不可替代和模仿的竞争优势。从这个意义上讲，文化的“软实力”其实是发展的“硬功夫”。而教育是文化发展和繁荣的基础，要达到文化大发展大繁荣的目标，则教育必先发展先繁荣。教育使文化成为有源之水，有本之木，可以说教育兴则文化兴，教育强则文化强。

在高等教育日益国际化的今天，高等教育除了具有优秀的培养人才、科学研究和社会服务功能，还承载着人类文化传承和国际合作交流的重要功能，而这些都是国家文化软实力不可缺少的要素。

（一）高等教育是国家文化软实力建设所需的高层次、创新型人才的摇篮

香港科技大学校长、世界著名应用物理学家朱经武说：“一流的学校就是要用一流的老师教出一流的学生，再让一流的学生造就一流的社会。”[①]培养高层次、创新型人才是世界一流大学的核心职能和基本特征。

高等学校是各国乃至世界著名科学家和学者的摇篮，也是社会政治经济文化领军人物的诞生地。培养出社会各个领域的高质量人才是高等教育获得良好声誉的主要来源。MIT 提出“为政治、商业和其他领域的决策层储备更多的毕业生”，培养能用技术手段解决社会系统问题的复合型人才；剑桥大学提出要“吸收中学精华，培养国家栋梁”；巴黎理工学校提出要“培养有教养的官员，有能力的工程师和可从事精密科学研究的学者”；斯坦福大学提出要“造就有文化教养的、有实用价值的公民”；东京大学提出要“以质取胜”，培养国家领导人和各阶层的中坚力量；耶鲁大学提出要保证本科教育，注重培养领导者；哈佛大学要促进学术，使之永恒，造福子孙，培养政治领袖和学术领袖；加州大学伯克利分校要“让这里光芒闪耀”。[②]

---

① 刁明芳：《朱经武奋力拔尖香港科大》，《远见杂志》，2002 年第 11 期。

② 梁志：《世界一流理工大学人才培养特征分析》，《中国地质教育》，1996 年 第 1 期。

正如康奈尔大学首任校长所述:“一所真正伟大的学校,犹如一个核心,聚集着自由开放的学者;它是一个轴点,从这里出发,人才和思想逐步走向四面八方,走向未来。”杨福家先生总结2004年诺贝尔物理学奖三位获奖者的成功经验后指出,诺贝尔奖是青年人的创业史,世界一流大学为青年人提供了创新的舞台。他说:“世界上的一流大学之所以称为一流,除了有大师外,最重要的是有一批从世界范围挑来的、风华正茂、思想敏锐的优秀博士生。他们在充满好奇与激情、充分发挥民主的欢乐集体中,沉醉于科学前沿的难题林海中,日夜奋斗!世界一流大学好像一个旺盛的炉子,好铁进了这样的炉子就会被炼成好钢,有了这样的炉子,有了好铁,我们离诺贝尔奖就不远了,离一流大学也不会太远了。”①

(二)高等教育是国家文化软实力建设中知识生产与科技创新的基地

回顾一千多年的历史可以看到,大学的兴衰与国家的兴衰密切相关。公元1000年左右,意大利半岛上出现了近代最早的大学,很快意大利成了文艺复兴的基地,并萌芽了最早的资本主义经济。13—14世纪,英国诞生了牛津和剑桥大学,英国很快发生了工业革命;法国诞生了巴黎大学,继英国之后成为欧洲学术的中心和世界科学活动中心。至19世纪,德国的洪堡提出大学不仅要传播知识,而且要创造知识。德国大学将科研作为大学的中心活动以及将教学和科研相结合的现代大学模式使得德国很快成了第二次工业革命的领头羊,并在很短时间里取得世界最高经济增长率。当德国大学的理念传到了美国,出现了现代最为成功的研究型大学群的雏形,美国很快在20世纪初超越德国,成为了整个工业化国家最大的经济中心和科技中心。可见,世界一流大学对国家发展与强盛具有重要意义。正如美国著名学者托夫勒所言:“哪里有文化,哪里早晚就会出现经济繁荣,而哪里出现经济繁荣,文化就更快地向哪里转移。”

二战期间,研究型大学成了战争的前线。四大国防研究项目——雷达、原子弹、固体燃料火箭、无线电引信雷达——主要依靠研究型大学进行研究开发。战后,美国及时总结经验,认识到研究型大学和基础研究在国家科技发展、国家安全和国际竞争力中的中心地位,通过制定国家科技政策和将数十亿美元投入到研究型大学的基础研究和应用研究中,使大学走上了国家科技创新和安全战略的核心舞台。

大学往往拥有高水平的科学研究,特别是在基础学科方面能够取得划时代意义或影响本学科研究方向和研究趋势的科学研究成果。截至20世纪90年代,足以影响人类生活方式的重大科研成果70%诞生于一流大学。② 世界一流大学拥有的雄厚科研力量,是其知识生产、科技创新进而推动国家发展的基础和前提。美

① 翁朝健:《杨福家院士:一流大学靠什么》,《海南日报》,2004年11月21日。

② 陶爱珠:《世界一流大学研究——透视、借鉴、开创》,上海交通大学出版社,1993年,第21页。

国一流私立大学平均拥有 1000 名左右教师、900 名左右博士后、6000 余名研究生。而美国一流公立大学平均拥有 2000 余名教师、700 名左右博士后、10000 名左右研究生。此外，一流大学的本科生也参与一定量的科研活动。[①]

（三）高等教育是人类文化传承与再造的家园

詹姆斯·杜德斯达在《21 世纪的大学》中提到："社会不断变化，大学这样的社会机构也必然随之改变，这在历史上是经常发生的。变革一直在塑造着大学，并赋予它特有的风格，同时大学也在寻求保留和传播其学术成就、文化观念和人类文明的价值。大学在近一千年里保持了它重要的社会地位，也许是由于大学以深刻的方式服务于现代化的社会。""大学不仅是知识的坚守者与传承者，曾经改变了它所在的社会，甚至成为变革中的巨大力量。"[②]文化的传承与再造，是一流大学的基本使命。

大学传递和传播着社会价值规范，规定着受教育者的文化行为。年轻一代从教育活动中获得本民族已有的价值观念、思想情感和知识经验，这种文化认同感使得他能够与周围的人共享一种文化并结成不同的文化群体。大学教育不仅造就了新的社会成员，而且维持了文化系统，保证了文化的延续和相对稳定。正是基于这一点，大学教育成为文化传递和发展的重要手段，是文化再生和繁衍不可或缺的工具，没有教育就没有文化的传递、保存与发展。教育正是通过不断传递着文化中最重要的习惯、传统和经验，并将这些转化为个人的精神财富，促进个体的成长与社会的发展，也使文化始终维持着有始有终的循环发展状态。教育也正是通过发挥其文化传递功能，使文化得到了再生和继承，并使其自身成为文化工具。同时，教育不仅传递文化，而且还创造新文化。在一定程度上，教育过程就是一个创造文化的过程。教育在传递、传播文化的过程中，从来就不是简单地复制文化，它或因社会变革、受教育者的身心状况以及教育者自身价值观念的差异，赋予已有文化以新的涵义；或因融合、汇集本土文化与外来文化，使原有文化发生功能与性质方面的变化，从而衍生出新的文化要素。这些新的文化要素往往会成为先进文化的萌芽。教育的文化创新功能还体现在人才的培养上。文化是人类社会在历史发展实践中所创造的物质财富和精神财富的总和，是人类社会生活与生产实践的结晶，没有人就没有文化可言。同样，没有人的存在就没有了文化创造的主体，人类文化也就不可能创新、变革和发展。作为文化创造的主体，人正是通过不断接受教育来完善自身的。教育特别是学校教育通过以文化人来激发人体的各种潜能，从而为文化创造与文化发展提供原动力。

---

① 刘念才等：《名牌大学应是国家知识创新的体系核心》，《高等教育研究》，2002 年第 3 期。

② 詹姆斯·杜德斯达：《21 世纪的大学》，刘彤等译，北京大学出版社，2005 年，第 6 页。

大学在本质上是功能独特的文化机构,承担着文化传承、文化启蒙、文化自觉、文化创新的职责和使命。现代大学承担着人才培养、科学研究和社会服务这三种职能:人才培养即育人,本质上是以文化教育人,是文化的传承提升活动;科研,本质上是发现或验证新知识,是文化创造和创新活动;社会服务,就大学来说最主要和最根本的也是为社会提供文化服务。文化功能是大学统摄一切具体功能的本质功能,而人才培养、科学研究、社会服务等,则是文化功能的具体化及其得以体现的三个基本途径。大学教育重在通过文化教化和文化启蒙,对人的能力、素质、精神境界进行全方位的文化提升。有学者指出,大学归根结底的本质规定性,就在于通过一系列文化传承和文化启蒙活动,把那些在"自在的文化"如传统、习俗、经验、常识、天然情感等自在自发的生存状态和活动图式中生存的个体,提升到在"自觉的文化"活动图式中自由自觉的生存状态,并使他们以自觉的文化创新去推动社会的文化进步,乃至社会各个方面的进步。

(四)高等教育是国际文化交流与合作的桥梁

高等教育担负着国际交流和沟通的重要责任。最早的博洛那大学就是来自各国的教师和学生聚集的地方,教学的内容也是国际性的。德国的大学建立之前,大批德国学生到巴黎大学留学。19 世纪中叶到 20 世纪初,近万名美国人到德国留学,将德国大学的制度传回美国。可见,世界主义和普遍主义是大学自诞生起就具有的精神气质。丁学良先生指出:"世界一流的大学,它虽然坐落于某一个城镇,在地理上限于一个国家,但在精神上从来不局限于一个国家,它是属于世界的。它的教师和学生来自世界各地,走向世界各地,影响世界各地,这就是它普遍主义活的载体。用纽曼那篇雄辩的经典之作《大学的理念》中的话来说:"一所大学就是一个群英会集的殿堂,天下各处的学子到这里来,以寻求天下各种各样的知识。"①

通常来讲高等教育的国际交流与合作包括如下四个方面:(1)活动的国际化,这些活动包括课程的国际化、与培训和研究有关的学者和学生的国际活动、国际技术援助与合作计划等。目的在于提供一种融入全球意识环境中的教育经验。(2)培养发展学生、教师和其他雇员的新技能、态度和知识,使之具备国际视野。(3)注重和支持跨文化的国际观点、文化氛围和精神气质,树立全球意识。(4)把国际化融入到高等学校的各主要功能中的过程。

(五)高等教育是社会文化引领者

大学是文化传承和发展的重要场所。它不仅具有人才培养、科学研究、社会服务三大功能,在举办之初就具有传播和创造先进文化、引领社会文化的重要功

① 丁学良:《什么是世界一流大学》,北京大学出版社,2004 年,第 27 页。

能。大学对文化的作用和人才培养一样，是大学与生俱来的功能。

第一，引领社会文化发展是大学与生俱来的功能。欧洲大学的起源和中国书院的起源很相像，最初成立时并不需要基金，也不需要校舍，只是一位大师走出来讲述他的学问和思想，吸引了许多人去听，从而发生一定的思想文化影响。从中世纪大学对文艺复兴运动的影响，到近代欧洲大学对资产阶级思想启蒙运动的影响，都可以见证到大学对整个社会文化引领的巨大价值。在中国，"五四"运动所宣扬的"民主"、"科学"思想深入人心，成为现代中国社会共同的文化价值取向，而这些思想发源地也正是大学。南京师范大学的前身——成立于 1902 年的三江师范学堂在创立之初，就采用了张之洞"中学为体，西学为用"的新学思想，求变图强，注意吸收西方先进的理念。作为南京师范大学另一重要源头的金陵大学，把我国传统文化中"诚、真、勤、仁"思想作为校训，把"沟通中西文化，介绍西方新进科学"作为办学方针，力求实现中西文化的融合。正是这些大学主动沟通中西文化，积极引领社会发展，使得中国人对西方文化由排斥到逐步区别对待并汲取其营养。上世纪 20 年代，南京高等师范学校在全国首开女禁，实行大学男女同校，此举为推动社会文明进步发挥了巨大的作用。改革开放之初，由南京大学教师发表文章引发的"真理标准"大讨论，带来了思想解放的春天。

第二，继承民族优秀传统，沟通中西文化交融。我国现代大学制度是西方文化的产物。在内忧外患的近现代中国，大学制度的引入，是我国主动学习西方的结果，更是变法图强、励精图治的现实需要。因而这一时期的中国大学，不仅担负着西方式的传承知识、探求新知、追求真理的重要职责，还承载着救亡图存、民族振兴的伟大使命。在我国大学校训中，由体现传统学术思想的"求是"和体现西方文化色彩的"求真"这两个词语的广泛使用，可以看出在中西文化思想的双重影响下，中国现代大学追求科学、追求真理与创新的复杂的心路历程。可以说，中国现代大学自诞生之日起，就自觉、勇敢地立在了民族发展的潮头，担当起保护和发展民族文化的重任，并掀起了向西方学习的热潮，努力推动中国传统文化向近代文化的转变。

第三，与时俱进，不断创造和发展先进文化。任何文化，只有不断推陈出新，才能源远流长、生生不息，才能充满活力、历久弥新、发展壮大。大学因为有科学、民主、创新的精神理念，有开放、平等、自由的学术氛围，有几十年甚至数百年的文化积淀，因此不断激励着新思想、新学术的产生，为人类社会的文化发展作出了重要贡献。辛亥革命后，新文化运动的发展，在中国掀起了一场教育改革热潮。近代后期，中国共产党带领中国人民进行了新民主主义革命。这一时期，大学积极宣传进步、反对落后，追求民主、抨击独裁，讴歌民族独立、反抗外来侵略和本国投降势力，弘扬近代文化领域的主旋律，为社会和时代发展树立起了"争民主"、"求自由"的新文化。新中国成立后,大学不仅在培养社会主义建设人才等方面作出了重要贡献,同样在思想文化方面也一直发挥着特殊的作用。在"新时期"三十年的社会转型、变革中,大学的思想、哲学社会科学的学术成果一直站在时代的前列,对社会文化的进步发挥了积极的推动和引领作用。其中南京大学哲学系教师撰写完成的《实践是检验真理的唯一标准》一文,引发了热烈的思想大讨论,对全社会的思想解放起到了有力的引导和促进作用。

二、高等教育竞争力发展的总体表现

(一)高等教育竞争力发展的基本状态

近几年,我国高等教育开始步入保障和提高质量的内涵式发展阶段。以人才培养为中心提高质量是我国高等教育改革发展最核心最紧迫的任务,通过改革创新、加强领导,为提高高等教育质量提供强有力的保障。教育部颁发的《关于全面提高高等教育质量的若干意见》提出了高等教育内涵式发展的总体要求,这就是,稳定规模、优化结构、强化特色、注重创新。

2011 年,我国高等教育规模适度增长、结构持续改革和优化,国家加大高等教育总投入、加大科研创新投入、支持生源国际流动等等,以提高和保障高等教育质量,提高高等教育竞争力,推动高等教育在促进经济发展、提升国家文化软实力、增强国际竞争综合实力方面发挥更大的作用。

规模:2012 年 3 月 16 日,教育部发布的《关于全面提高高等教育质量的若干意见》明确提出:"稳定规模,保持公办普通高校本科招生规模相对稳定,高等教育规模增量主要用于发展高等职业教育、继续教育、专业学位硕士研究生教育以及扩大民办教育和合作办学。"

2011 年,全国有高校 4347 所(包含高职高专),同比去年减少 9 所,其中普通高校数与 2010 相比基本持平,2011 普通本专科年招生人数达 681 万,各级高等学校在校学生总数为 3167 万人。专职教师为 140 多万,师生比有所提高。

而近几年研究生招生人数持续升高。2011 年招生总人数为 56.04 万人(其中:博士生 6.53 万人,硕士生 49.52 万人),比上年增加 2.24 万人,总增长 3.9%,博士招生增长率为 2.29%,硕士招生增长率为 4.39%。而硕士研究生有 151 万人报考,增长率为 7.47%。2012 年,全国硕士研究生报名人数再创历史新高,达到 165.6 万,连续三年年增超 10 万人。经过 30 多年发展,我国硕士生招生规模已是 1978 年的近 50 倍,与 1984 年我国普通高等学校本专科招生规模相当,约为 1977 年全国普通本专科招生规模的 2 倍。

2011 年高等教育毛入学率达到 26.9%,相比 2010 年 25.6% 上涨 1.3 个百分点。而 1978 年全国高校招生数为 40 万人,毛入学率只有 2.7%。2002 年毛入学率达到 15%,进入大众化阶段。近 10 年又增长 11.9 个百分点。

专业:2012 年,教育部颁发的《高等学校本科专业目录》中的本科学科分类,学科门类由原来的 11 个增加到 12 个,新增了艺术学门类。专业类由原来的 73 个增加到 92 个;专业由 352 种基本专业、154 种特设专业构成,与从前相比,专业增加了 94 种,同时特色专业为新增。

毕业生:2011 年我国普通高校毕业生为 660 万人,比上年增加 30 万人,2010 年应届毕业生规模是本世纪初的 6 倍,"十二五"时期应届毕业生年平均规模将达到近 700 万人。为缓解就业形势,国家采取更多措施:一是推进体制机制改革,畅通毕业生到城乡基层、中西部地区、中小企业就业的渠道。采取鼓励性政策,引导更多的毕业生到城乡基层、中西部地区特别是祖国建设最需要的地方就业创业。二是强化服务培训,挖掘更多适合毕业生特点的就业岗位。三是创造公平就业环境,努力解决好家庭困难毕业生、残疾人毕业生等群体的就业问题。四是鼓励创业。

国家财政投入:《国家中长期教育改革和发展规划纲要(2010—2020)》明确提出,2012 年要实现国家财政性教育经费支出占国内生产总值比例达到 4% 的目标,2001—2010 年,我国公共财政教育投入从约 2700 亿元增加到约 14200 亿元,年均增长 20.2%,高于同期财政收入的年均增长幅度。国家加大对高校科研创新和人才培养的投入,并鼓励社会资金对高等教育的支持。

(二)我国高等学校 R&D 活动基本情况

高等学校是科技人力资源培养的核心部门,也是进行知识创新、开展科学研究活动的重要基地。高等学校的科技活动在我国科技活动中占有重要地位。2010 年,高等学校 R&D 人员全时当量占到全国总量的 11.3%,R&D 经费占到全国总量的 8.5%,其中基础研究经费已占到全国总量的 55.4%。

1. 高校 R&D 人员和经费持续增加,占全国的比重继续下降

高等学校 R&D 人员和经费已持续多年增长,2010 年均达到历史新高。2010 年高校 R&D 人员为 29.0 万人年,比 2009 年增长 5.3%,增速较上年有所提高。2010 年高等学校 R&D 经费为 597.3 亿元,较上年增加 129.1 亿元,增长 27.6%。

近年来,企业已逐渐成为我国 R&D 活动的投资主体和执行主体。由于企业 R&D 活动规模增长较快,且基数较大,高等学校 R&D 人员和经费占全国总量的比例也呈相对下降趋势。高等学校 R&D 人员占全国的比例由 2004 年的 18.4%,逐年下降到 2010 年的 11.3%。高等学校 R&D 经费占全国的比重在"十五"期间基本保持在 10% 上下,近几年连续缓慢下降,2010 年为 8.5%,略高于上年的 8.1%。

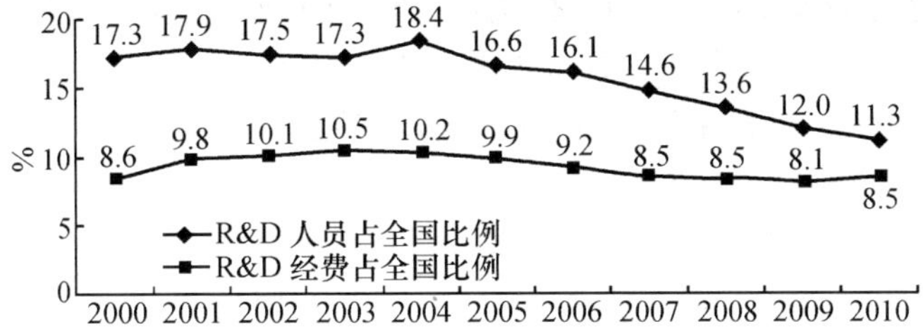

图 1　高等学校 R&D 人员及经费占全国的比重(2000—2010)

资料来源:http://www.sts.org.cn/sjkl/nbsjj/data11Q/X1-1.htm

2. 高等学校基础研究活动规模继续扩大

高等学校 R&D 活动的主体部分是科学研究(包括基础研究和应用研究),高等学校的基础研究活动多年来一直是我国科学研究活动的重要组成部分。2001 年以来,高等学校基础研究呈现出持续增强的态势。从 2006 年起,其基础研究经费规模超过政府研究机构,成为我国最大的从事基础研究活动的部门。

2010 年,高等学校 R&D 人员继续向基础研究活动聚集,达到 12.0 万人年,较上年增长 6.2%,占到高等学校 R&D 人员总量的 41.4%,人员规模和比例再创新高。同年,高等学校基础研究人员已占到全国基础研究人员总量的 69.1%。

高等学校的基础研究经费也表现出较好的增长态势。一是基础研究经费增长较快。2010 年,高校基础研究经费为 179.9 亿元,比 2009 年增加 34.4 亿元,增长 23.7%,高出全国基础经费增速 3.7 个百分点。二是高校基础研究活动占全国的份额继续上升。2010 年该比例达到历史最高值 55.4%。

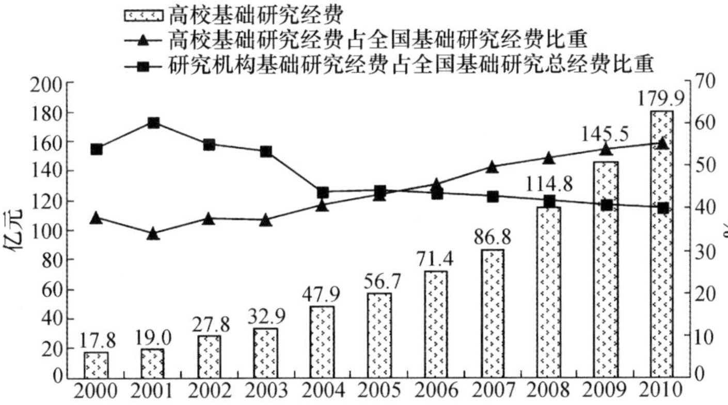

图 2　高等学校的基础研究经费(2000—2010)

资料来源:http://www.sts.org.cn/sjkl/nbsjj/data11Q/X1-1.htm

3. 政府加强了对基础研究的资助,企业投资促进了与产业界的合作

2010 年,高等学校 R&D 经费依然主要来源于政府和企业。其中,政府资金

358.8 亿元,企业资金 198.5 亿元,分别比 2009 年增长 36.9% 和 15.6%,国外资金和其他来源的资金 40.0 亿元,较 2009 年增长 16.5%。

高等学校 R&D 经费来源结构的改变,反映出高等学校 R&D 活动特征的变化。20 世纪 90 年代以前,高等学校的 R&D 活动绝大部分依赖于政府的资助,企业投资较少。2003 年以后,高等学校 R&D 资金来源逐渐形成较为稳定的结构,即政府资金占 54%—58%,企业资金占 35%—37%,国内其他来源资金和国外资金占 7%—10%。与上年相比,2010 年高等学校 R&D 经费来源于政府的比例有所回升,而来源于企业的比例略有下降,分别为 60.1% 和 33.2%。在目前我国基础研究主要依赖政府支持的阶段,政府增加对高校的投入促进了高等学校的基础研究活动。高等学校 R&D 经费中来源于企业的经费逐年增加,也表明高等学校在 R&D 活动方面与产业界的联系进一步密切,知识创新逐渐显现出对产业技术发展的支撑作用。

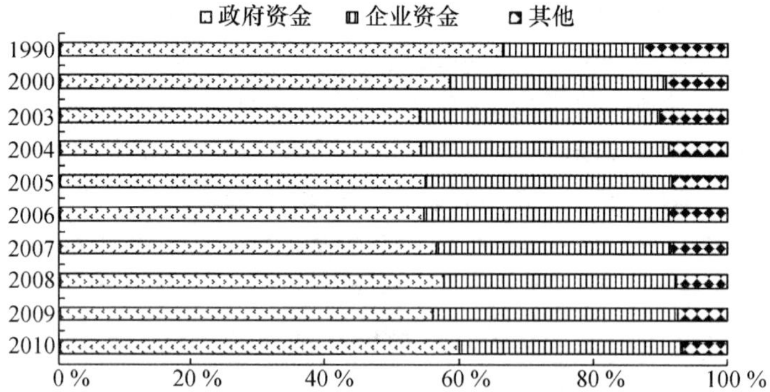

图 3 高等学校 R&D 经费来源构成(1990,2000,2003—2010)

资料来源:http://www.sts.org.cn/sjkl/nbsjj/data11Q/X1-1.htm

4. R&D 课题人员和经费继续增长

2010 年高等学校投入 R&D 课题的人员为 28.9 万人年,R&D 课题经费为 467.0 亿元,分别比 2009 年增长 5.2% 和 28.5%。R&D 课题人员人均经费强度为 16.2 万元/人年,比 2009 年人均增加 2.9 万元。

从学科分布来看,自然科学项目经费 78.0 亿元,占 16.7%;农业科学项目 36.7 亿元,占 7.9%;医药科学项目 49.9 亿元,占 10.7%;工程科学与技术项目 273.6 亿元,占 58.6%;人文与社会科学项目 28.6 亿元,占 6.1%。各学科领域的 R&D 课题经费较上年增幅均在 20% 以上,其中农业科学项目增幅最大,为 45.4%。与 2009 年相比,各领域 R&D 课题经费所占比例,除自然科学、工程科学与技术领域的继续下降外,其他领域所占比例均有所提高。

5. 发明专利申请量和授权量大幅增长

2000 年以来,高等学校专利申请数和授权数快速增长。2010 年,专利申请数达到 79332,比 2009 年增加 17753 件,增长 28.8%。其中发明专利申请量为 48294 件,比 2009 年增加 10329 件,增长 27.2%。"十一五"以来,高校发明专利申请量占高校专利申请数比重持续下降,2010 年降到近十年来的最低点 60.9%。

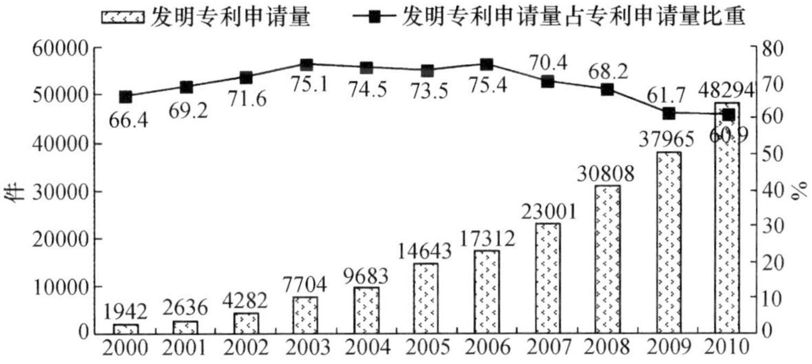

图 4　高等学校发明专利申请情况(2000—2010)

资料来源:http://www.sts.org.cn/sjkl/nbsjj/data11Q/X1-1.htm

2010 年高等学校专利授权数为 43153 件,比 2009 年增加 15206 件,增长 54.4%。其中发明专利授权数为 19036 件,比 2009 年增加 4625 件,增长 32.3%。2004 年以后,发明专利授权数所占比重也呈现出持续下降态势,2010 年降为 44.1%,该值也是 2004 年以来的最低点。

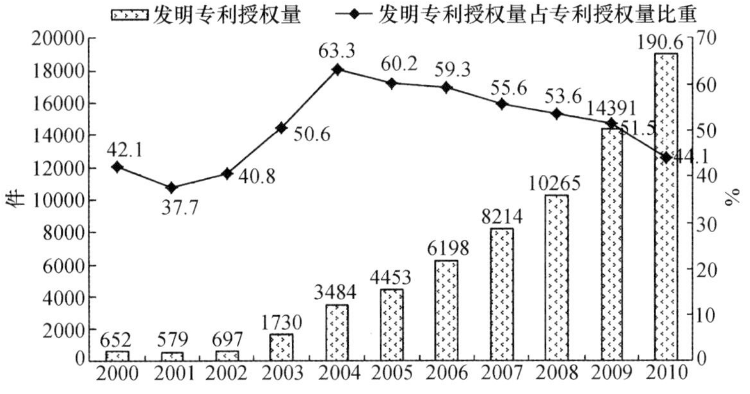

图 5　高等学校发明专利授权情况(2000—2010)

资料来源:http://www.sts.org.cn/sjkl/nbsjj/data11Q/X1-1.htm

(三)高等教育竞争力的基本表现

如何评价高等教育的竞争力是一个比较复杂的问题,我们可以以世界范围内的大学排名作为参考来简单地判断高等教育的竞争力。近年来,大学排名在社会上引起了广泛反响。大学排名不仅为学生选择学校选择专业提供了很好的参考,同时学校教学发展决策的制定及其管理等方面也受到大学排名的影响,甚至政府在制定教育政策时也能从排名中得到借鉴。可见通过大学的国际排名来评估一个国家高等教育竞争力是可行的。但是各个排名的评价指标是有所区别的。本文仅选取了英国泰晤士高等教育世界大学排名来进行分析说明。

作为全世界范围内影响最大的一项大学排名,泰晤士高等教育世界大学排名是由英国泰晤士报与路透社合作,集齐了来自世界 137 个国家的 17500 多所学校的相关指标数据,由来自 15 个国家的顶级专家及其广泛的民意调查经过精心评估而来的。

从 2011 年秋季发布的 2011—2012 世界大学排名来看,能够进入前两百名的大学在数量上美国占据绝对优势,有 76 所高校入榜,英国以 32 所紧随其后,之后德国与荷兰居并列第三位,均是 12 所。而我国只有三所大学进入了前二百名(详见表 1)。同时欧美国家上榜的学校居多,其他地区的学校相对较少。

表 1　部分国家 2011 年进入泰晤士高等教育国际大学排名前 200 的数目

国家	数目
美国	76
英国	32
德国	12
荷兰	12
加拿大	9
瑞士	7
澳大利亚	7
日本	5
瑞典	5
法国	5
中国	3
韩国	3
比利时	3

数据来源:泰晤士报高等教育世界大学排名网站 http://www.timeshighereducation.co.uk/world-university-rankings/2011-12/world-ranking/range/001-200

泰晤士报高等教育世界大学排名主要从教学、科研、引文、行业收入及其国际视野五项主要评价指标出发,最终以其综合实力的结果来排名。从数量上来看,我国进入榜单的高校仅有三所,这可说是给我国高等教育的发展现状敲了一记警钟。虽说相较建国前,我国的高等教育有了量与质的大幅度发展。但是,从国际水平来看,我国高等教育与世界高等教育水平还是存在着很大的差距。能够进入泰晤士报世界大学排名榜单,本身就是一种实力的体现,可见其在教学、研究、引文、行业收入和国际视野上都是有一定建树的。但是目前我国高等教育总体水平与世界上其他一些国家相比较还存在不小差距。

2009 年我国入榜的有 6 所大学,分别为清华大学、北京大学、复旦大学、南京大学、上海交通大学、中国科技大学。2010 年入榜的有北京大学、中国科技大学、清华大学、南京大学、中山大学、浙江大学。但是到了 2011 年,中国入榜前 200 名的就只有北京大学、清华大学、中国科技大学。不得不说,这中间的原因可能是来自多方面的,但是有一点是不容忽视的。那就是我国的高等教育在某种程度上存在着一定的滑坡,在国际标准下的发展还不够稳定。也就是说我国的高等教育还处于蓬勃发展的初期,其竞争力还有待大大提高。

2011 年,美国加州理工学院以总分 94.8 分居于榜首,各项主要指标均达到相对先进的水平。我国北京大学居第 49 位,评价指标下的数据有可观的,也有需要大大提升的。入榜的欧美大学综合实力相对强于其他地区,像英国的牛津大学、瑞士的苏黎世瑞士联邦理工学院等,但是其他地区也在紧随其后,像加拿大的多伦多大学、日本的东京大学等,各方面的实力也不弱。但纵观各国,每个排名靠前的大学均有其相对占优势的方面,同时又存在相对较弱需要提升的地方(详见表 2)。

表 2 部分进入泰晤士高等教育国际大学排名前 50 名的大学评价指标细表

名次	学校	国家	总分	教学	科研	引文	行业收入	国际视野
1	加州理工学院	美国	94.8	95.7	98.2	99.9	97	56
4	牛津大学	英国	93.6	89.5	96.6	97.9	62.1	91.9
15	苏黎世瑞士联邦理工学院	瑞士	85	79.1	85.8	87.2	—	97.5
19	多伦多大学	加拿大	81.6	76.9	87.4	86.5	44.9	69
30	东京大学	日本	74.3	86.1	80.3	69.1	76.6	23
32	卡罗林斯卡学院	瑞典	73.1	69.9	73.8	73.1	78.5	82
37	墨尔本大学	澳大利亚	71.9	62.2	72.4	80.7	44.4	82.5
40	新加坡国立大学	新加坡	70.9	65.7	79	63.4	60.7	93
45	慕尼黑大学	德国	67.6	63.8	59.9	84.6	40.7	54.3
49	北京大学	中国	65.6	82.3	64.1	51	99.9	51.7

资料来源:英国《泰晤士报高等教育副刊》2011—2012 世界大学排行榜 http://blog. sina. com. cn/s/blog_47779aa30100ugc3. html

从综合实力来看,我国最好的大学北京大学目前还只是排在相对较靠前的位置(第 49 位),跟那些世界一流大学还存在一定的差距。所谓行业收入,就是学校的科研成果能够运用于企业生产，使知识转换成社会产值，实现其实践意义。也就是说，一个学校的科研机构能够吸引企业的投资能力。从行业收入来看，北京大学达到了 99.9%，几乎居于世界大学的前列，可见其研究成果与行业接轨的程度是相当高的，所做的科学研究均是与社会实践生产相结合的。从教学和国际视野来看，我国高等教育竞争力还处于中等偏上的水平。教学质量及其国际师生与本国师生的比例、研究的国际合作度等均在一个可观范围内，需要在保持的基础上稳步上升，以期可以接近，甚至达到与世界先进大学持平。但是再纵观各国的科研与引文因素，北京大学就处于较弱的位置，尤其是引文方面。科研成果直接关系到一个学校高等教育的发展规模，而引文则是一个学校国际影响力的有力说明。从这两方面来看，我国的高等教育现状还是堪忧的。

总的来说，我国高等教育竞争力还处于中等水平。但要达到真正世界精英大学的水平，我国的高等教育还有一段很长的道路。通过国际大学排名，我们能够了解到我国高校发展一个大概的综合实力。细化其评价指标，找到正确的定位，这为我国高等教育的发展指明了方向。勇于承认差距，正确看待差距，努力缩小差距，这是增强我国高等教育竞争力的重要任务。

（四）我国高等教育竞争力发展的国家行动

提高质量是高等教育的生命线，是《国家中长期教育改革和发展规划纲要（2010—2010）》确定的重要方针。2011 年 4 月 24 日，胡锦涛总书记在清华大学建校 100 周年大会上提出“高等学校要把提高质量作为教育改革发展最核心最紧迫的任务”，明确了我国高等教育未来的主攻方向。2011 年，为贯彻落实这一指示，国家采取一系列行动，以下简单介绍其中几项重大措施。

1. “2011 计划”

为落实胡锦涛在清华大学百年校庆大会上提出的“要积极推动协同创新，通过体制机制创新和政策项目引导，鼓励高校同科研机构、企业开展深度合作，建立协同创新的战略联盟，促进资源共享，联合开展重大科研项目攻关，在关键领域取得实质性成果”指示，教育部、财政部联合启动“2011 计划”。

“2011 计划”，也即“高等学校创新能力提升计划”，以“国家急需、世界一流”为根本出发点，培养一流创新人才，加速建立能够冲击世界一流的新优势和新实力，是继“985 工程”、“211 工程”之后国家提出的又一重大推进建设世界一流大学的举措。这项计划于 2011 年开始制订，2012 年启动。

“2011 计划”以“协同创新”为主题。主要内容可以简要地归纳为“1148”，即一个根本出发点、一项核心任务、四类协同创新模式的探索和八个方面的体制机制改革的推进。以“国家急需、世界一流”为根本出发点；以人才、学科、科研三位一体的创新能力提升为核心任务；以协同创新中心为载体，构建四类协同创新模式；以创新发展方式转变为主线，推动高校深化机制体制改革。

2. 颁布《普通高等学校本科专业目录》和《普通高等学校本科专业设置管理规定》

2012 年 9 月，教育部对 1998 年印发的普通高等学校本科专业目录和 1999 年印发的专业设置规定进行了修订，正式颁发《普通高等学校本科专业目录》和《普通高等学校本科专业设置管理规定》。

新《目录》对高等教育的学科专业、类型、层次结构做出优化调整。学科门类由原来的 11 个增加到 12 个，新增了艺术学门类；专业类由原来的 73 个增加到 92 个；专业由 352 种基本专业、154 种特设专业（目前）构成。新《目录》最大的变化是构建了新的目录体系。新《目录》由基本专业和特设专业两大部分组成。基本专业是学科基础比较成熟、社会需求相对稳定、布点数量相对较多、继承性较好的专业；特设专业是针对不同高校办学特色，或适应近年来人才培养特殊需求设置的专业。

新《目录》和《规定》旨在贯彻落实教育规划纲要提出的要适应国家和区域经济社会发展需要，建立动态调整机制，不断优化学科专业结构的要求，由此进一步推动高等教育质量，促进内涵发展。

3.《高等学校哲学社会科学繁荣计划(2011—2020 年)》

"高等学校哲学社会科学繁荣计划"（以下简称"繁荣计划"）是教育部、财政部贯彻落实中央精神，推进高等学校哲学社会科学繁荣发展的重大举措，自 2003 年开始实施。2011 年 11 月 7 日，教育部、财政部颁布《高等学校哲学社会科学繁荣计划(2011—2020 年)》。

当前，高等学校哲学社会科学进入了新的发展阶段，面临新的机遇和挑战。深入实施"繁荣计划"，大力提升人才培养、科学研究、社会服务、文化传承创新的能力和水平，全面提高高等教育质量，积极推进高等学校哲学社会科学创新体系建设，为建设国家哲学社会科学创新体系，构建以当代中国马克思主义为指导，具有中国特色、中国风格、中国气派的哲学社会科学提供有力支撑，为全面建设小康社会作出新贡献，是未来十年的主要任务。

2011—2020 年的重点建设内容有八项：积极参与马克思主义理论研究和建设工程、推进人文社会科学重点研究基地建设、加强哲学社会科学基础研究、加强哲学社会科学应用对策研究、加强哲学社会科学优秀成果推广普及、推动哲学社会科学优秀成果和优秀人才走向世界、加强哲学社会科学基础支撑和信息化建设、开展哲学社会科学优秀成果评奖和表彰。

4. 设置工程博士学位

为适应创新型国家建设需要，完善我国工程技术人才培养体系，培养工程技术领域领军人才,经过积极探索和充分论证,2011 年 2 月,国务院学位委员会第 28 次会议审议通过《关于设置工程博士专业学位的报告》。

工程博士是一种专业学位,与学术学位中的工学博士属同一层次,都属于我国高等教育的最高阶段,没有高低之分,只有规格不同,培养目标不同,质量评价标准侧重不同。工程博士的培养目标,是培养具有相关工程技术领域坚实宽广的理论基础和系统深入的专门知识,具备解决复杂工程技术问题、进行工程技术创新以及规划和组织实施工程技术研究开发工作的能力,在推动产业发展和工程技术进步方面作出创造性成果的工程技术领域领军人才。

工程博士专业学位设有电子与信息、先进制造、能源与环保、生物与医药等 4 个招生领域。这些领域都是依据国家科技重大专项领域而设置。

2011 年 10 月,国务院学位委员会批准清华大学等 25 个学位授予单位作为首批招收培养工程博士专业学位研究生试点单位,于 2012 年开始招生,试点阶段,工程博士培养必须紧密结合国家科技重大专项开展。

积极推进工程博士专业学位研究生教育,是贯彻落实国家人才和教育规划纲要,促进协同创新,推动教育、科技和产业紧密结合的重要举措,对完善我国学位制度,改革人才培养体系和人才培养模式意义重大,影响深远。

三、我国高等教育竞争力的分项表现

(一) 高等教育经费投入的国际比较

教育作为一种准公共物品,其投入需要政府和社会的大力支持,只有雄厚的教育经费才是教育事业取得发展的坚强后盾,也才能有望提升国家文化软实力水平,特别是承担为国家培养高级人才及服务社会的职能的高等教育更需要各种经费的投入。改革开放三十多年以来,我国政府对高等教育的投入逐年上升,通过"211 工程"和"985 工程"建设了一批具有较高水平的大学,自主创新及科研能力不断得到提升,在增强国家综合实力,特别是文化软实力方面取得了显著的成就。但从总体看,我国高等教育经费的投入跟国际上的发达国家还存在较大差距。

1. 高等教育经费占教育总投入的比例

自 1999 年高校扩招开始,我国高等教育迅速进入到大众化阶段,随之而来的是教育经费投入不足的问题,尽管政府逐年在加大对高等教育的投入,但是增长的幅度有限,且在近几年占教育总投入的比例呈下降趋势(如表 3 所示),限制了高等教育的发展。高等教育经费的不足必然会引发各种问题,如科研经费短缺、教学资源无法更新及充实、师生福利较差等等,这些问题不仅会影响到我国高等教育的质量,还会拉大与国外教育的差距。

表 3　2004—2011 年我国高等教育经费占教育总投入比例的情况

年份	高等教育经费投入(万元)	教育总投入(万元)	高等教育经费占教育总投入比例(%)
2011	m	161160000[a]	—
2010	m	146700700[b]	—
2009	23273842.4	122310935	19.03
2008	20624560.4	104496296	19.74
2007	16481188	82802142	19.9
2006	13025185	63483648	20.52
2005	11285356.1	51610759	21.87
2004	10098391.7	44658575	22.61

注:1. 2004—2009 年数据来自各年《中国教育统计年鉴》;(a) 数据来源:新闻稿《4% 为什么会有望实现》,财政部教科文司司长赵路的讲话,http://jingji. cntv. cn/20120308/110114. shtml;(b) 数据来源:《2010 年全国教育经费执行情况统计公告》;

2. 表中数据均只包括国家财政性教育经费投入;m 表示数值缺失。

表 4　2009 年部分国家的高等教育经费占教育总投入的比例(%)

国家	澳大利亚	加拿大[a]	法国	德国	日本	英国	美国	意大意	俄罗斯[b]	奥地利
比例	26.67	40.98	23.81	24.53	30.77	21.67	35.62	20.41	32.73	23.73

注:1. 数据根据 *Education at a Glance 2012* 中的相关统计计算得出;

2. (a) 表示数据参考 2008 年;(b) 表示数据只包括公共开支。

从表 3 与表 4 的对比中可以看出,我国在高等教育方面的投入与国外一些国家相比相差较大,加拿大在 2009 年的高等教育投入占到教育总投入的 40.98%,美国也达到 35.62%,而同年中国的比例才 19.03%,这样的数据也表明了一个状况,即很多发达国家比国内更为重视高等教育的发展和投入。从表 3 可以看到,虽然我国高等教育投入的总量是在增加,但是所占比例却在下降,而且还不到教育总投入的 1/4。在高等教育职能不断多元化的背景下,教育经费投入的不足会影响高等教育整体发展状态。

胡锦涛总书记也在清华大学百年校庆上指出要"建设若干所世界一流大学和一批高等教育,是我们建设人才强国和创新型国家的重大战略举措",这些都说明了高等教育对国家发展的重要性,也表明政府对高等教育的发展愈加重视。因此,需要政府加大对高等教育方面的投入,同时鼓励社会资金的支持,这样才有望增强我国高等教育竞争力,进而提升国家文化软实力,缩小与国际水平的差距。

2. 高等教育经费占 GDP 的比例

早在 1993 年,中共中央、国务院制定的《中国教育改革和发展纲要》中就明确指出:"逐步提高国家财政性教育经费支出占国民生产总值的比例,在本世纪末达到 4%。"但到目前为止,这一目标还没有实现,教育经费总投入增长缓慢(如图 6)。

发展到 2011 年教育总投入的比例才 3.42%，甚至还低于 2010 年 3.66%，照此看来要达到 4% 的目标还是需要一定时间，因此，高等教育作为我国教育事业的重要组成部分，其发展也不可避免地受财政性教育经费的制约。这样的现实是与我国教育事业迅速发展的趋势不相适应的，如果长期下去必定会影响教育质量的提升。

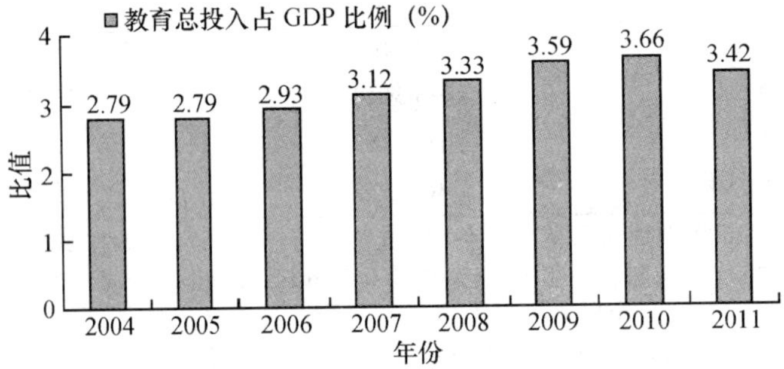

图 6　我国 2004—2011 年教育总投入占 GDP 的增长情况

表 5　2004—2011 年我国高等教育经费占 GDP 比例的情况

年份	2004	2005	2006	2007	2008	2009	2010	2011
比例	0.63	0.61	0.60	0.62	0.66	0.68	—	—

注：数据根据《中国统计年鉴》及《中国教育统计年鉴》计算得出。

表 6　2009 年部分国家的高等教育经费占 GDP 的比例（%）

国家	澳大利亚	加拿大[a]	法国	德国	日本	英国	美国	意大意	俄罗斯[b]	奥地利	中国
比例	1.6	2.5	1.5	1.3	1.6	1.3	2.6	1.0	1.8	1.4	0.68

注：1. 国外数据均来自 *Education at a Glance 2012*；

2. (a) 表示数据参考 2008 年；(b) 表示数据只包括公共开支。

毋庸置疑，我国近年来的 GDP 总值是保持较高速度增长的，但这并不意味着高等教育经费所占 GDP 比值迅速增长，相反，只是一个相当缓慢的增长速度（见表 3 可知）。虽然 2010 年与 2011 年的数据还没有，但是从已知的教育总投入的数据及增长情况可以推算（见表 12），高等教育经费占 GDP 的比值不会相差太大。在 *Education at a Glance 2012* 一书中统计了 OECD 多个国家 2009 年（也是目前已知最近年份的数据）的高等教育占 GDP 比例，选取了十个国外与我国的数据进行对比，可以看出我国与其他国家的差距是较大的，也只有我国的比值是在 1% 以下的。其实不只是列举的这十个国家，在此书中列举的三十几个 OECD 的国家，除了斯洛伐克的为 0.9%，其他都是在 1% 这个数值以上的，最高的是美国，达到 2.6%，这也是为什么美国的高等教育能够一直领先于国际的原因所在，教育经费的投入总是会与教育质量呈正相关关系。

3. 生均经费投入

自我国高等教育扩招并进入到大众化阶段，高校在校学生人数迅速增长，这不仅是我国高等教育发展的趋势，也说明人们对高等教育的需求很旺盛，这也有利于提高我国国民的整体素质。但目前我国的高等教育也面临着一个现实问题，即生均经费较低，这样一来整个高等教育的量虽然有很大提升，但是其质却提升不大，甚至有学者认为扩招政策是导致高校学生质量下降的主要原因，因为我国高校目前的数量和规模无法满足扩招后学生的要求，就难以保证高校的教育质量。纵观我国2004—2011年以来的生均经费投入（详见表7）可以看出，总体来说呈现缓慢上升趋势，但是在2006年却出现回落的状况，从2005年的4680.06元下降到4568.72元，这也说明了我国高等教育从精英化走大众化后，资金需求量与供给量的矛盾较突出。

表7　我国2004—2011年高等教育生均经费投入情况

年份	高等教育经费投入[a]（万元）	在校学生人数[b]（人）	高等教育生均经费[c]（元）
2011	m	30205900	—
2010	m	34168470	—
2009	23273842.4	32832077	7088.75
2008	20624560.4	30929010	6668.35
2007	16481188	30453484	5411.92
2006	13025185	28509455	4568.72
2005	11285356.1	24113676	4680.06
2004	10098391.7	21335646	4733.11

注：1.（a）表示只包括国家财政性教育经费投入，数据来源《中国教育统计年鉴》；

2.（b）表示包括硕士生，普通本专科，成人本专科，其他高等学历教育；1998—2010年数据来自《中国教育统计年鉴》；2011年数据来自《2011年全国教育事业发展统计公报》；

3.（c）学生数只包括在校学生人数；

4. m表示数据缺失。

再对比部分国外高等教育生均经费的数据，从图7中我们可以明显看出，我国与发达国家数额的差距是相当大的；同时 *Education at a Glance 2012* 一书统计到OECD国家的高等教育生均经费的均值都已达到13728美元，美国数额最大，达到29201美元，最少的爱沙尼亚也有6373美元，而我国同年的值才1037.58美元，这已足以说明我国高等教育经费投入不足，在国际上处于较落后的状态。

通过前文对我国近年来高等教育经费投入状况及与国外数据进行的分析比较，可以看出我国高等教育经费占总教育经费投入方面呈下降趋势，在2007年跌

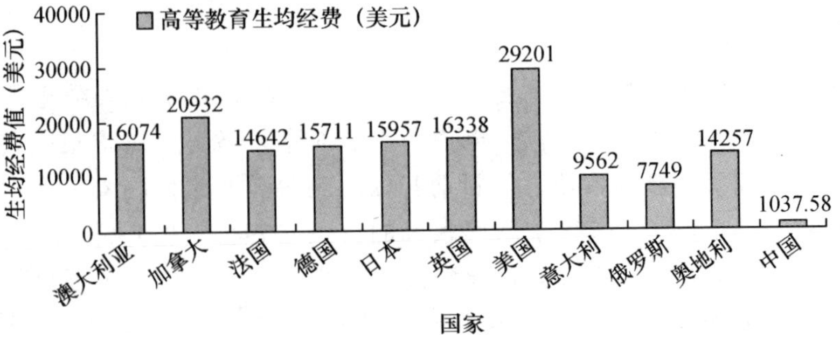

图7 部分国家高等教育生均经费情况

注：国外数据来源 *Education at a Glance 2012*，中国数据根据表5的2009年生均经费按当年美元汇兑率的平均值计算得出。

破20%，到2009年已只占到19.03%；而在这一年OECD国家的数据，高的已达到40%以上，低的也基本上在20%以上。这样的状况说明我国政府对高等教育的投入跟国际上的发达国家相比还存在很大差距，这样一个不利的现实，必定会影响高等教育竞争力的提升。

近年来随着我国GDP的增长，政府对高等教育方面的投入也在逐年加大，占GDP总值的比例也在缓慢上升，如果按照2004至2009年增长的趋势，2011年有望达到0.7%以上，这将缓解我国高校教育经费不足的问题，进一步提升我国高等教育质量；但跟国际上一些发达国家相比，我国高等教育占GDP比例还太低，以2009年的数据为例，我国的比例值仅为0.68%，相比OECD国家比例均值1.6%足足差了0.92%。

在高等教育生均经费投入方面，我国至2004年以来也是呈上升趋势，到2009年生均经费已达人民币7088.75元，但跟国外相比差距还是很大。按照2009的汇率换算成美元，我国生均经费才1037.58美元，跟美国的29201美元相比，只是它的3.6%。因此，从这一点上来说，我国高等教育的整体水平要想跻身世界前列，依然还有很长远的路要走。

（二）我国高等教育竞争力之人才培养

1. 高等教育规模的国际比较

高等教育不仅能够培养人才，为社会发展提供人力资源，服务科技，促进社会高速发展，而且高等教育深厚的文化底蕴、学习氛围、价值取向等会对社会产生强大辐射作用。高等教育所传播的文化是一种深层次的精神文化，是一种理念、观念等核心层面的文化，对社会的影响深刻而久远，为我国文化软实力的建设和发展作出了重大贡献。

1999年，党中央、国务院审时度势，做出了扩大高等教育招生规模的重大决策。之后，我国高等教育规模迅速扩大，美国著名高等教育社会学家马丁·特罗在20世纪70年代以高等教育毛入学率为指标，将高等教育分为三个阶段：15%以下为精英教育阶段；15%—50%为大众化教育阶段；超过50%为普及化阶段。2005年，我国高等教育毛入学率达到21%。我国高等教育已步入大众化阶段。各种形式的高等教育在校生、高等院校个数及高校教师总规模壮大起来，我国的高等教育实现了历史性的跨越。如图8、图9、图10。

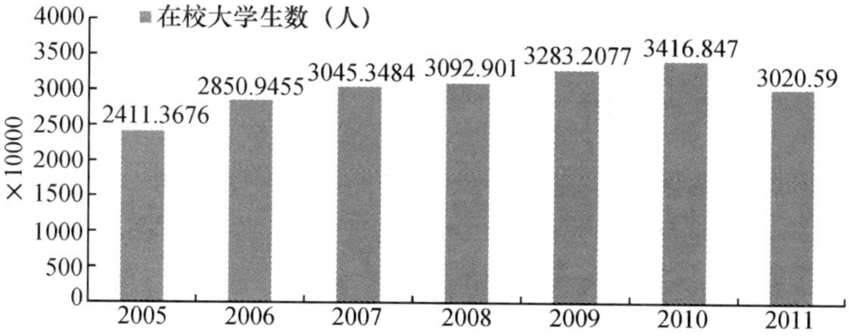

图8 2005—2011年我国高等教育在校大学生数

注：1. 2005—2010年数据来自各年《中国统计年鉴》；
2. 2011年数据来自教育部发布《2011年全国教育事业发展统计公报》。

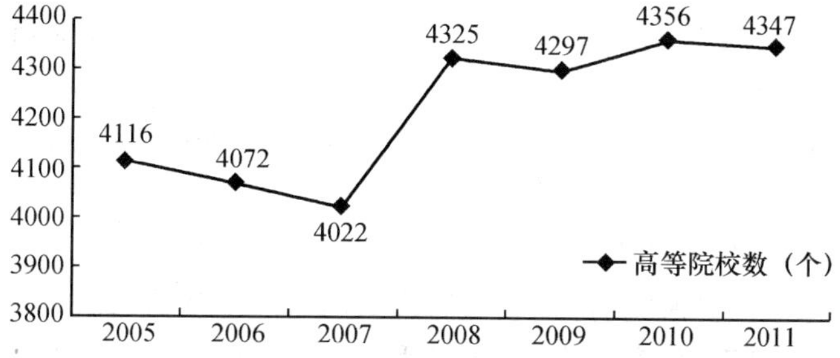

图9 2005—2011年我国高等院校数

注：1. 2005—2010年数据来自各年《中国统计年鉴》；
2. 2011年数据来自教育部发布《2011年全国教育事业发展统计公报》。

高等教育的发展是有其自身规律的，发展速度上存在一定的高原现象，从世界高等教育发达国家的发展历程来看，高等教育大众化发展到一定程度都将经历一个较为平稳的调整型发展时期，而当进入高等教育普及化阶段后高等教育的提高速度相对较快。因为在进入高等教育大众化阶段初期时，如经费、学校容量等和社会环境等资源会制约高等教育的进一步快速发展，使得高等教育发展速度减缓，而当一个国家高等教育进入普及化阶段后，整个国民的素质和经济社会结构已经处于一个较高的水平，高等教育发展所需要的人力、物力、财力资源等将较为充足，高等教育的发展才更为容易。

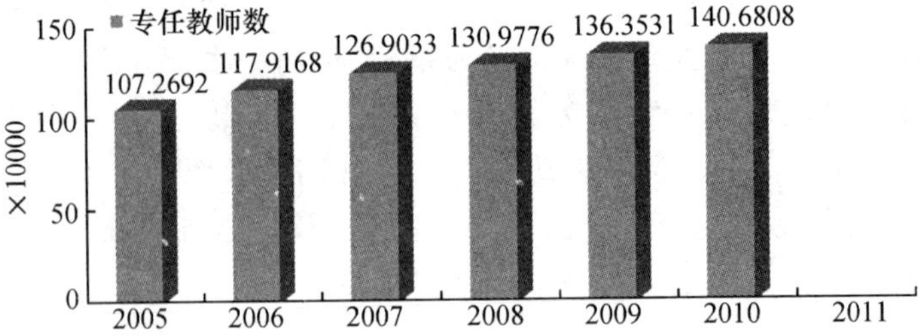

图 10 2005 年—2011 年我国高等院校专任教师数

注:1. 2005—2010 年数据来自各年《中国统计年鉴》;

2. 2011 年数据来自教育部发布《2011 年全国教育事业发展统计公报》。

2005 到 2011 年我国高等院校在校大学生数整体变化幅度不大,保持稳步增长,这说明我国高等教育正在或已经进入高等教育大众化发展中的平衡调整时期。其中 2005 到 2008 年人数逐年增加,2005 年,高等学校在学人数达 2400 多万人,高等院校在校大学生人数规模居世界第一。2006 年我国高等教育在校大学生人数较之 2005 年增长了 4395.779 万人,增长率为 18.2%,增长幅度相对较大。但当时我国高等教育质量还不能完全适应经济社会发展的需要,高校教师队伍水平亟待提高,高等教育投入增长跟不上规模发展,部分高校办学条件不足,高校毕业生就业面临较大压力。所以,国家开始适当控制招生增长幅度,相对稳定招生规模。2006 年到 2008 年增长较少。而 2010 年在校大学数为 3416.847 万人,达到近年来最高值。近期,高校缩招经教育部批准,2011 年 3 月,在国务院发展研究中心"双月学术报告会"上,教育部部长袁贵仁演讲时称,我国"用 9 年时间实现高等教育毛入学率从 5% 到 15%",走过了许多西方发达国家几十年的高等教育大众化发展历程。并指出:"大而不强"是当前我国高教的基本情况。"我国教育正处于'由大到强'的历史新起点"。2011 年高等教育在校学生人数较之 2010 年减少 396.257 万人。我们要努力在不断扩大规模的同时提高质量,保持我国高等教育竞争力。

由图 9 可以看出:高等院校数变化不大,高等教育稳步发展。数据显示,2005—2007 年我国高等院校数量有小幅度减少,由 2005 年的 4116 所减少到 2006 年的 4072 所,减少了 94 所,2007 年减少了 50 所,2008 年高等院校数出现回升,由 2007 年的 4022 所增长到 2008 年的 4325 所,增长了 303 所,2008 年之后增长速度缓慢。其中 2007 年,全国共有普通高等学校和成人高等学校 2321 所。其中,普通高等学校 1908 所,比上年增加 41 所,成人高等学校 413 所,比上年减少 31 所。普通高校中本科院校 740 所,高职(专科)院校 1168 所。全国共有培养研究生单位 795 个,其中高等学校 479 个,科研机构 316 个。民办的其他高等教育机构 906 个。

自1998年我国高校扩招以来，我国高等教育开始了大众化进程。10年来，在规模扩张的过程当中，高校的主要精力放在了解决规模扩张所带来的硬件条件方面的不足，其重点之一就是解决教师数量严重不足的问题。我国高等教育优质教师资源一直是短缺的。由图10可以看出：2005年到2011的6年间，高校专任教师数量持续增长，这与我国连续13年的扩招政策是紧密相关的，连续的扩招政策使得我国高等院校在校学生数不断增长，在一定程度上摊薄了教育资源、导致教育质量缩水，其中，生师比和教师教学量变大，而高校教师对高等教育质量起着至关重要的作用，这自然会增加对教师的需求，但从上面数据中我们可以看到，其增长幅度并不是很大，为了促进我国高等教育发展，提高我国高等教育竞争力，国家要致力于培养更多优秀的高等院校教师。

2. 教育规模国际比较

一个国家高等教育学生规模在一定程度上体现出其高等教育的规模。如图9示：2009年我国高等院校在校大学生数为2929.6万人，我国和美国是当今世界上高等教育学生数量最多的两个国家，两国间高等教育学生规模进行比较具有一定的意义，高校在校学生人数的增加，使得高等教育系统的绝对规模日益扩大，美国高等院校在校大学生数达到了1910.3万人，而世界第五和第六大人口大国高等院校在校大学生数分别为611.5万人和944.6万人。从绝对数上来看，我国高等院校在校大学生数远远高于其他国家，说明我国高等教育在国际上有一定的竞争力，但我们必须清楚，我国人口基数大，要同其他国家比的不能只是绝对数，而应该比较相对数，衡量高等教育学生规模常用的相对指标有两个，即高等教育毛入学率和每十万人口在校大学生数。只有这两方面我们居于领先地位我国的高等教育才能保持较高的竞争力。

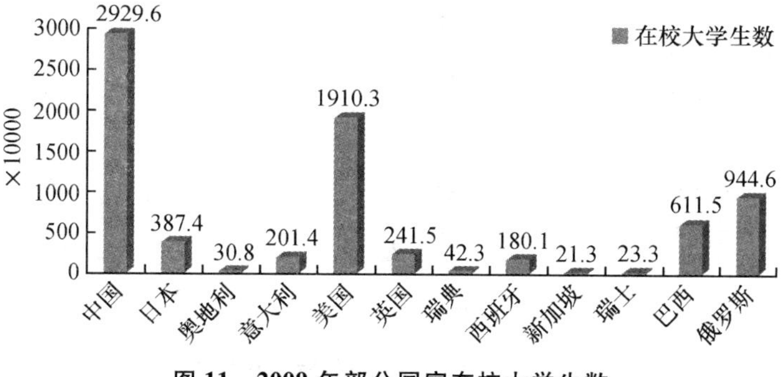

图11 2009年部分国家在校大学生数

数据来源：*Global Education Digest 2011*

如图10所示：2009年我国高等院校专任教师数达到了149.4万人。而美国、巴西和俄罗斯高等教育在校大学生数分别为:140.5 万人、34.1 万人和 69.2 万人。在数量上我国仍然位居第一,但我国高等教育生师比为 19:6,而美国、巴西和俄罗斯高等教育生师比分别为 13:6、17:9 和 13:7。日本高等教育生师比更低,为 7:4。这样我们就很清楚看到影响我国高等教育竞争力的一个问题:学生太多,教师太少,生师比很难达标。这也是目前学生过多、教师不够导致的一个问题,这是导致高等教育质量下滑的一个重要原因。为了提高高等教育质量,教育部把承担本科教学任务作为教授聘用基本条件。虽然新规定的出发点获得不少教育界人士的认可,但他们也对其可操作性表示质疑。现在硕士生博士生很多,有一部分教授既要做课题,又要给硕士生上课,完成这任务之后基本上就不可能再给本科生上课了。所以,以现在的在校生规模,很难做到每个教授都给本科生上课。为了提高我国高等教育的国际竞争力,我们必须努力解决这一问题。

总之,我国高等教育在专任教师数、在校大学生数上较之其他国家有绝对优势,表明我国高等教育具有一定的竞争力,但同时我们也应该明白我国是世界第一大人口大国,人口基数大,所以,为了更真实地反映我国高等教育竞争力,我们不仅要比较绝对数,更要重视相对数,另外,我国高等教育的竞争力不仅反映在量上,教育质量更为重要。近年来我国高等教育规模的快速扩张,有效地缓解了高等教育对社会长期形成的供给不足,但也引起了社会各方对于高等教育质量的关注。我们要保持高等教育规模和质量协调发展,这也是高等教育发展的一个永恒主题。通过以上对高等教育在校大学生数、专任教师数据的分析我们已经知道,我国高等教育规模已经很大,到了大众化发展阶段,并且已经到达平稳发展阶段,那么,下一个阶段的主要任务就是努力提高质量。

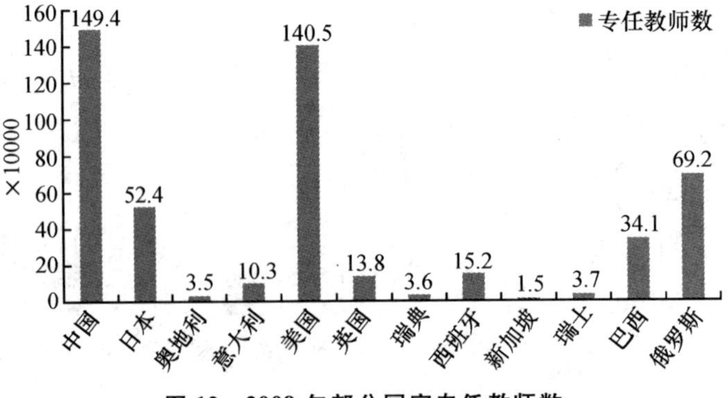

图 12　2009 年部分国家专任教师数

数据来源:*Global Education Digest 2011*

表 8　我国在校大学生、高等院校、专任教师情况

年份	在校大学生数(人)	高等院校数(个)	专任教师数
2005	24113676	4116	1072692
2006	28509455	4072	1179168
2007	30453484	4022	1269033
2008	30929010	4325	1309776
2009	32832077	4297	1363531
2010	34168470	4356	1406808
2011	30205900	4347	

注:1. 在校大学生包括:硕士生,普通本专科,成人本专科,其他高等学历教育;

2. 专任教师包括:普通高校、成人高校、民办的其他高等教育机构中的正高级、副高级、中级、初级、无职称教学人员。

表 9　在校大学生、专任教师情况国际比较

国家	中国	日本	奥地利	意大利	美国	英国	瑞典	西班牙	新加坡	巴西	俄罗斯	瑞士
专任教师数	1494	524	35	103	1405	138	36	152	15	341	692	37
在校大学生数	29296	3874	308	2014	19103	2415	423	1801	213	6115	9446	233

表 10　高等教育人才培养相关数据的国际比较

国家	年份(年)	毛入学率(%)	在校大学生数/十万	生均数(人)	生师比
中国	2011	26.9	2963	1.24 万	17.3
美国	2011	84.41	6293	4000	15.5
瑞士	2010	66.6			12.5
英国	2010	59			13.7
法国	2010	54.58			15.8
挪威	2010	48.7			9.2
冰岛	2010	83.2			10.5
澳大利亚	2010	77			14.9
日本	2010	58.04			13.2
韩国	2010	98.1			15.9
巴西	2010	32.6			23

数据来源:*Education at a Glance 2010* 整理计算的结果;《国际教育统计年鉴 2009》

(三) 我国高等教育竞争力的科研表现

1. 我国高等教育科研论文发表情况

2011 年我国机构作者为第一作者的国际论文共 12.15 万篇,其中有近 2 万 4 千篇论文的被引用次数,也就是发表后的影响高于学科平均水平,这些被称为“表现不俗"的论文占我国论文总数的 19.7%，比 2010 年提高 4.2 个百分点。从统计结果看，目前我国科技论文无论品质、影响力都在逐年提高。

表 11　2001—2011 年间发表科技论文数 20 万篇以上国家论文数及引用情况

	论文数	被引用次数	篇均被引用次数
美国	3049662	48862100	16.02
德国	784316	10518133	13.41
英国	697763	10508202	15.06
日本	771548	8084145	10.48
法国	557322	7007693	12.57
加拿大	451588	6019195	13.33
中国	836255	5191358	6.21
意大利	429301	5151675	12.00
荷兰	252242	3974719	15.76
澳大利亚	304160	3681695	12.10
西班牙	339164	3588655	10.58
韩国	282328	2024609	7.17
印度	293049	1727973	5.90
巴西	212243	1360097	6.41
俄罗斯	265721	1282281	4.83

资料来源：中国科学技术信息研究所：http://www.istic.ac.cn/tabid/640/default.aspx

在 2001 至 2011 年间发表科技论文累计超过 20 万篇以上的国家共有 15 个，按平均每篇论文被引用次数排序，我国排在第 13 位，每篇论文被引用次数大于 10 次的国家有 10 篇，美国以论文篇均被引用 16 次而位居绝对优势，其发表的论文数量与第二名的国家不在一个数量级上。

表 12　2001—2011 年我国各学科产出论文与世界平均水平比较

主题学科	论文（篇）		被引用（次）			篇均被引（次）		
	数量	占世界份额%	次数	占世界份额%	世界排位	位次变化趋势	次数	与世界平均值的差距
农业科学	11064	5.25	57526	3.86	10	↑1	5.2	-1.87
生物与生物化学	34004	6.05	264725	2.80	9	↑4	7.79	-9.06
化学	194652	16.27	1411351	10.45	2	↑2	7.25	-4.04
临床医学	71554	3.36	572062	2.09	14	—	7.99	-4.82
计算机科学	26481	9.93	64432	6.22	4	↑2	2.43	-1.46
工程技术	92353	11.11	397043	9.78	2	—	4.3	-0.59

（续表）

主题学科	论文(篇)		被引用(次)				篇均被引(次)	
	数量	占世界份额%	次数	占世界份额%	世界排位	位次变化趋势	次数	与世界平均值的差距
环境与生态学	19827	7.23	141572	4.55	8	↑2	7.14	-4.20
地学	27433	9.69	195705	7.14	6	↑1	7.13	-2.54
免疫学	4517	3.65	36804	1.39	16	↑2	8.15	-13.27
材料科学	93562	20.05	493070	14.53	2	—	5.27	-2.00
数学	33662	12.62	105497	11.38	2	↑1	3.13	-0.35
微生物学	8665	5.15	69598	2.67	12	↑3	8.03	-7.45
分子生物学与遗传学	13988	4.94	150037	2.14	14	↑1	10.73	-14.07
综合类	1752	9.78	5064	5.56	4	↑2	2.89	-2.20
神经科学与行为学	10056	3.33	86388	1.50	14	↑1	8.59	-10.56
药学与毒物学	13869	7.35	96426	4.19	8	—	6.95	-5.24
物理学	123162	14.02	730478	9.51	5	↑1	5.93	-2.82
植物学与动物学	30021	5.37	168518	3.91	9	↑1	5.61	-2.09
精神病学与心理学	3697	1.48	28171	1.00	17	↑1	7.62	-3.63
空间科学	7789	6.29	54875	3.05	15	—	7.05	-7.47

资料来源：中国科学技术信息研究所：http://www.istic.ac.cn/tabid/640/default.aspx

我国各学科论文数量及被引用次数及其占世界的比例，有12个学科论文被引用次数排在世界10位以内，其中化学、材料科学、工程技术、数学等4个领域论文的被引用次数排在世界第2位，被引用次数排名进入在世界前5位的还有计算机科学、综合类和物理学。相对落后的仍然是生物医学领域，与2010年相比，除5个学科领域以外，其他学科论文被引用频次的排位有所上升，其中跃升4位的是生物与生物化学，上升3位的是微生物，另外5个学科领域上升了2位。

2. 我国与主要国家SSCI论文发表篇数及名次

SSCI即Social Science Citation Index(社会科学引文索引)，收录世界上不同国家和地区的社会科学期刊和论文，进行一定的统计分析，并划分为不同的因子区间，是当今社会科学领域重要的期刊检索与论文参考渠道。

表13　各国论文发表篇数及名次

	2008年		2009年		2010年		2011年	
	篇数	排名	篇数	排名	篇数	排名	篇数	排名
美国	82375	1	91864	1	118386	1	88734	1
英国	23456	2	26456	2	35484	2	27005	2
加拿大	11011	3	12488	3	16985	3	12627	3

（续表）

	2008 年		2009 年		2010 年		2011 年	
	篇数	排名	篇数	排名	篇数	排名	篇数	排名
澳洲	9403	5	11332	4	14949	5	12382	4
德国	10480	4	10381	5	15273	4	10430	5
中国	3881	9	5015	9	9903	7	5901	8
法国	4306	8	5319	8	8798	9	5103	9
意大利	3702	10	4791	10	8254	10	4643	10
日本	2928	13	3175	13	6920	11	2858	16
南韩	1551	22	2056	18	3918	17	2281	18
芬兰	1538	23	1802	23	2518	23	1809	24
印度	1146	26	1368	25	2770	21	1527	25

资料来源：台湾地区教育当局统计处网站 http://www.edu.tw/statistics/index.aspx

由上表可以得知：在 SSCI 上发表的论文数量一定程度上反映了一国的高等教育质量、科研实力和文化软实力。从 2008 年到 2011 年美国一直稳居第一，其论文发表篇数也保持在位居第二的英国的 4 倍，前 10 名几乎被欧盟和北美的发达国家所垄断，亚洲发达国家日本和韩国徘徊在 15 名左右，而我国的科研成果由 2008 年的近四千篇波动增加到 2011 年的近 6000 篇，赶超日本，2010 年成果最出色，近万篇，但是仍和美国相差 11 倍多，2011 年更甚，相差 15 倍之多。

这说明我国高等教育科研发展虽然取得了一定成绩，但是和欧美等发达国家的差距还是很大的，国际竞争力尤其是文化软实力相差也不小，我国还需要多研究借鉴它们的教育模式、教学理念和教育管理方面的先进经验，结合中国国情，优化我国的高等教育，提升高校反哺社会经济的能力，大力发展文化创新产业，进而增强我国文化软实力的国际竞争力。

3. 我国与主要国家 SCI 论文发表篇数及名次

SCI 即 Science Citation Index（科学引文索引），运用科学的引文数据分析和同行评估相结合的方法，综合评估期刊的科学和学术价值。它已成为国际上公认的反映基础学科研究水准的代表性工具，因此，世界上的大部分国家和地区的科学界、学术界将其收录的科技论文数量，视为一个国家的基础科学研究水平及其科技实力的指标之一。

表 14 SCI 各国论文发表篇数及名次

	2008 年		2009 年		2010 年		2011 年	
	篇数	排名	篇数	排名	篇数	排名	篇数	排名
美国	335720	1	331790	1	330339	1	391225	1
中国	113102	2	127176	2	134697	2	160466	2
英国	89685	3	89472	3	90004	3	107384	3
德国	86486	4	88056	4	86978	4	104383	4
日本	79594	5	78564	5	72607	5	82966	5
法国	63627	6	63970	6	62324	6	72145	6
加拿大	52776	7	54156	7	53519	7	62053	7
意大利	50056	8	50798	8	50691	8	60141	8
印度	38778	10	40135	10	40711	10	47207	10
南韩	35448	12	38226	11	39397	11	47066	11
澳洲	36542	11	37869	12	38753	12	45581	12

资料来源:台湾地区教育当局统计处网站 http://www.edu.tw/statistics/index.aspx

由上表可知:从 2008 年到 2011 年各国的高等教育研究成果都呈稳定增长的趋势,美国一直稳居第一,中国赶超英国蝉联第二,而且发表的论文数量和美国相差越来越小,由 2008 年的 2.96 倍到 2011 年缩小为 2.43 倍;同时位列第 12 名的澳洲和中国的论文发表数相差越来越大,由 2008 年的 3.09 倍到 2011 年扩大为 3.52 倍,也就是说我国的高等教育发展迅速,10 年高校扩招,师生数量大增,教授发表的论文也迅速增加,从 2008 年开始一直赶超英、法、德、日等发达国家。

但是,实际上我国的高等教育质量落后于欧美及韩日等发达国家几十年,甚至上百年。论文发表数量在某种程度上反映了一国的高等教育的产学研能力,但是论文的质量更重要,而我国的论文被引用率却极低,对实践的影响也甚微。所以,对于我国的高等教育我们必须保持清醒的头脑,不要只看论文发表的数量位居第二,就盲目乐观。

4. 我国与主要国家 EI 论文发表篇数及名次

EI 即 The Engineering Index(工程索引),收录的文献几乎涉及工程技术的各个领域,一定程度上反映了一国的应用与发展型研究成果与科研实力。EI 公司在 1992 年开始收录中国期刊。

表 15 各国 EI 论文发表篇数及名次

	2008 年		2009 年		2010 年		2011 年	
	篇数	排名	篇数	排名	篇数	排名	篇数	排名
中国	137153	1	174307	1	206099	1	231608	1
美国	101130	2	99235	2	123774	2	112109	2
日本	37154	3	41297	3	44097	3	38672	3
德国	26327	4	29273	4	32515	4	32037	4
英国	23738	5	24172	5	26709	5	27034	5
印度	17891	9	20820	8	25040	6	24707	6
法国	21484	6	22383	6	24366	7	23552	7
南韩	20515	7	21850	7	24339	8	23320	8
加拿大	17940	8	18826	10	20129	10	18617	10
意大利	16390	11	17249	11	19049	11	18017	11
澳洲	9951	14	10266	14	12377	13	12830	13

资料来源:台湾地区教育当局统计处网站 http://www.edu.tw/statistics/index.aspx

由上表可知:从 2008 年到 2011 年,我国在 EI 上发表的论文数赶超欧美日韩等发达国家稳居第一,而且增幅较快,2011 年比 2008 年增长了 0.69 倍;而美国的增幅很小,2011 年比 2008 年只增长了不到 0.11 倍。另外,我国的论文发表数在 2008 年是经济发达的澳洲的 13.78 倍,到 2011 年则是澳洲的 18.05 倍。

美国和英、法、德、日、韩等 OCED 国家的高等教育质量世界领先,科研成果举世瞩目,教育投入超过平均,而我国的还不足 6%,而且欧美等国的高等教育发展历史长,教育管理、教学模式以及教育理念都比较先进、科学,符合人的身心发展的规律。高等教育反哺经济,科研成果促进社会经济领域,如影视业、印刷业、新闻广播及漫画等文化产业繁荣,高等教育在 GDP 中的贡献率比较高,国家的文化软实力、国际竞争力强。我国的教育发展还远未达到世界发达国家的平均水平,加大教育投入、提升高等教育质量,是增强我国文化软实力的必由之路。

5. 我国国际科技论文的被引情况

论文影响系数即是一国各高校发表在重要期刊如 EI、SCI、SSCI 等上的论文被引用的概率,它反映了论文的有用性,对学术界和实业界的影响力,也在一定程度上说明了一国高等教育的质量。

如果我们考察近 10 年来我国国际科技论文的被引情况(见表 16)。我们发现 2001 至 2011 年(截至 2011 年 11 月 1 日)我国科技人员共发表国际论文 83.63 万篇,排在世界第 2 位,比 2010 年统计时上升 2 位;论文共被引用 519.14 万次,排在世界第 7 位。比上一年度统计时提升了 1 位。我国平均每篇论文被引用 6.21 次,比上年度统计时的5.87次提高了5.8%，相比之下，世界平均值为10.71次，比上年提高了1.3%。我国平均每篇论文被引用次数与世界平均值还有不少的差距，但提升速度相对较快。

表16　我国各十年科技论文被引用次数时间排位变化

时间	1994—2004	1995—2005	1996—2006	1997—2007	1998—2008	1999—2009	2000—2010	2001—2011
世界排名	18	14	13	13	10	9	8	7

资料来源：中国科学技术信息研究所：http://www.istic.ac.cn/tabid/640/default.aspx

（四）我国高等教育竞争力之社会服务

高等教育之所以能成为国家文化软实力的基础，不仅是因为有科研和教学两大职能，还有其社会服务功能。高等教育与高科技产业往往紧密相连。我们选取我国科技进步状况及科技服务产业发展的情况进行分析，借此反映我国高等教育在国家软实力中的作用。

1. 我国2011年科技进步情况

根据科技部2011年全国及各地区科技进步统计监测结果显示，2011年，我国加快转变经济发展方式和经济结构战略性调整，深化重点领域和关键环节改革，各项社会事业取得新的进步，科学研究与技术创新领域也取得了新进展。

首先从我国专利情况来看，我国专利战略的实施促进了专利数量的提高。专利申请量达到122.2万件，比上年增长25.1%，授权量达到81.5万件，比上年增长40.0%，专利拥有量达到221.6万件，比上年增长45.8%，其中发明专利申请量39.1万件，比上年增长24.4%；发明专利授权量13.5万件，比上年增长5.2%；发明专利拥有量56.5万件，比上年增长28.9%。据对全国各省、自治区、直辖市技术市场统计，2010年度共签订技术合同23.0万项，比上年增加了1.6万项。合同成交金额3906.6亿元，比上年增长28.6%，平均每份技术合同成交金额增长迅猛，达到170.1万元，比上年增长19.7%。

从高技术产业和知识密集型服务业增长情况来看，我国高技术产业规模不断扩大。我国规模以上高技术产业增加值达到17757.7亿元，比上年增长21.7%。高技术产业总产值达到74708.9亿元，比上年增长23.6%。高技术产品出口额达到4923.8亿美元，比上年增长30.6%，占商品出口总额的31.2%。新产品销售收入增长明显，总量达到72863.9亿元，比上年增长25.7%，占主营业务收入的16.8%。知识密集型服务业增加值达到45170.7亿元，比上年增长18.2%，知识密集型服务业劳动生产率也显著提高，比上年增长7.4%。

2. 科技促进经济社会发展进一步提高

劳动效率进一步提高。全社会劳动生产率4.5万元/人,比上年提高1.0万元/人。综合能耗产出率由上年的9.3元/千克标准煤提高到9.7元/千克标准煤。

表17　全国科技进步统计监测主要指标与上年比较

指标	2010年	2009年
万名就业人员专利申请量(项/万人)	14.58	10.95
万名就业人员发明专利授权量(项/万人)	1.05	0.75
万名就业人员发明专利拥有量(项/万人)	3.39	2.02
万人技术成果成交额(万元/万人)	291.34	227.68
高技术产业增加值占工业增加值比重(%)	8.80	9.12
知识密集型服务业增加值占生产总值比重(%)	11.26	11.22
高技术产品出口额占商品出口额比重(%)	31.21	31.37
新产品销售收入占主营业务收入比重(%)	16.82	17.34
高技术产业劳动生产率(万元/人)	12.18	12.16
高技术产业增加值率(%)	23.77	24.14
知识密集型服务业劳动生产率(万元/人)	21.42	19.94
劳动生产率(万元/人)	4.50	3.49
资本生产率(万元/万元)	0.35	0.36

注:1. 包括国家科学技术进步奖和国家技术发明奖;

2. 高技术产业增加值和工业增加值均为"规模以上"数据。

资料来源:中国科学技术信息研究所:http://www.istic.ac.cn/tabid/640/default.aspx

从我国的高技术产品进出口来看,2011年我国高技术产品贸易在产业结构调整中稳中有进,进出口总额共计10211亿美元,较上年增长11.8%。其中出口额为5488亿美元,较上年增长11.5%;进口额为4632亿美元,较上年增长12.2%。同时,贸易顺差进一步扩大,达到856亿美元,再次创出历史新高。

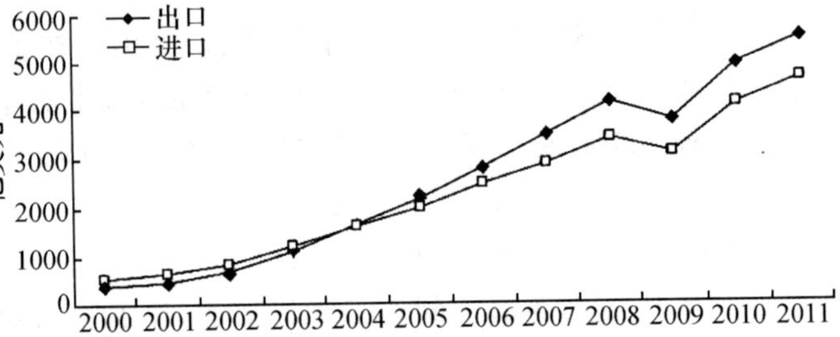

图13　我国高技术产品进出口额(2000—2011年)

资料来源:http://www.sts.org.cn/tjbg/gjscy/documents/2012/20120702.htm

（五）高等教育的国际文化交流情况

近年来，以国家交流与合作为标志的高等教育国际化日益成为不可阻挡的趋势，大学在其中发挥了重要的作用。所谓高等教育国际化，是指一个国家的高等教育或某所具体的大学在国际意识、开放观念指导下，通过开展国际性的多边交流合作活动而不断促进对国际社会理解，提高国际学术地位，参与国际教育事务，促进世界高等教育改革与发展的动态发展的过程或趋势。高等教育要面向世界，以具体多样的高等教育国际交流与合作为载体，吸收、借鉴世界各国的高等教育办学理念和办学模式，从而达到提高人才培养质量、推动本国高等教育现代化进程、促进本国和世界经济发展、实现人类相互理解与尊重的目的。世界高等教育作为国际交流和沟通的重要途径，表现在数量众多来源广泛的留学生和访问学者，来自不同文化背景和国家的教师队伍，课程国际化与合作教学，与国外大学和学术机构有着广泛的联系和交流，以及开展国际合作的科研课题等诸多方面。这里我们选取留学教育作为分析点。

社会科学文献出版社和中国与全球化研究中心联合发布的国际人才蓝皮书《中国留学发展报告(2012)》指出，目前，中国留学生规模空前，成为世界上最大的留学生生源国。出国留学正逐渐从精英教育演变成大众化教育。专家预测，中国的留学热不会在短期内降温，还将保持逐年增长的势头。2012 年我国出国留学人员预计将达 41.36 万人次。蓝皮书指出，中国留学生规模空前，是世界上最大的留学生生源国。同时，也是美国、英国、澳大利亚、加拿大、日本等国留学生的最大生源国。1978—2011 年，中国共送出了 224.51 万留学生，出国留学人数占全球总数的 14%。自 2008 年开始，我国出国留学学生人数保持在 20% 左右的年增长速度。而 2011 年，中国出国留学人数更是达到史上最大规模，留学人数达 33.97 万人，比上年增长 19.32% 左右。

进入 21 世纪之后，随着中国加入 WTO，与国际接轨日益增多，许多人都把出国留学作为提升竞争力的必要过程，所以中国出国留学人员数量急剧上升。目前，我国的多数出国留学人员还是会选择美国、英国等主流英语国家留学。究其原因还是因为这些国家和地区整体教育质量比较高。在美国的留学生中，中国学生自 2009 年以来一直占据着第一的位置，以 2010—2011 学年为例，中国在美留学生达到了 157558 人，比第 2 名的印度要多出 5.4 万人左右，而排在第 3 位的韩国留学生仅仅 5.4 万人而已。（见表 18）

表 18 留学美国人数前 20 名的国家和地区

	2010/11		2009/10		2008/09		2007/08		2006/07	
	人数	排名	人数	排名	人数	排名	人数	排名	人数	排名
中国大陆	157558	1	127628	1	98235	2	81127	2	67723	2
印度	103895	2	104897	2	103260	1	94563	1	83833	1
韩国	73351	3	72153	3	75065	3	69124	3	62392	3
加拿大	27546	4	28145	4	29697	4	29051	5	28280	6
台湾地区	24818	5	26685	5	28065	6	29001	6	29094	5
沙特	22704	6	15810	7	12661	10	9873	9	7886	12
日本	21290	7	24842	6	29264	5	33974	4	35282	4
越南	14888	8	13112	9	12823	9	8769	13	6036	20
墨西哥	13713	9	13450	8	14850	7	14837	7	13826	7
土耳其	12184	10	12397	10	12148	8	12030	8	11506	8
尼泊尔	10301	11	11233	11	11581	11	8936	11	7754	13
德国	9458	12	9548	12	9679	12	8907	12	8656	10
英国	8947	13	8861	13	8701	15	8367	14	8438	11
巴西	8777	14	8786	14	8767	13	7578	17	7126	16
泰国	8236	15	8531	15	8736	14	9004	10	8886	9
香港地区	8136	16	8034	16	8329	16	8286	15	7722	14
法国	8098	17	7716	17	7421	18	7050	18	6704	18
尼日利亚	7148	18	6568	20	6256	20	6222	20	5943	
印尼	6942	19	6943	18	7509	17	7692	16	7338	15
马来西亚	6735	20	6190	5942	5428	5281				

注：由于各年参加排名之前 20 名国家和地区并不一致，故本表排名系 2010—2011 年度为主。

资料来源：美国国际教育研究所（Institute of International Education）。

四、高等教育提升国家文化软实力建议

（一）重塑大学精神，增强大学软实力的凝聚力

“大学精神是一所大学的生命力和创造力的源泉，是大学文化的核心、支柱和灵魂。它影响着每个大学生的成长过程和人生轨迹，决定着一所大学的发展与影响力。”①面对我国大学精神普遍失落的现象，我们应该怎样立足现状来重塑大学

① 吕其庆，李乐：《大学精神，守望在民族航行的船头》，《政工研究动态》，2008 年第 1 期，第 13—15 页。

精神，增强大学软实力的凝聚力呢？

其一，大力推进教育创新，努力培养创新精神。“创新精神主要是由奉献精神、求实精神、奋斗拼搏精神这三部分组成”，这是我国大学在软实力建设上开展创新教育的主要着力点。在如今的信息时代，世界上真正的强国就是教育强国，就是具有创新能力的强国。同时，国家的竞争也逐渐转为国家创新能力的竞争，以及创新能力培养的竞争。因而我国大学必须以创新能力的培养为核心，大力推行教育创新，采取创新的教学方式，树立创新观念，坚定学生的创新信念，增强其创新意识。

其二，在科研活动中培育和提升大学精神。浓郁的科研氛围和强大的科研实力是大学精神的重要体现。要提升大学的科研水平，一方面需要大力弘扬科学精神，努力营造人人关心科研、积极投身科研、认真开展科研的良好氛围。另一方面要制定科研奋斗目标、改善科研条件、明确科研任务、规范科研管理制度，鼓励教师在学术上敢于创新。同时，开展科学研究所必需的严谨的治学精神、实事求是的科学态度以及不畏艰险的探索精神也是需要培育的优良的大学精神。

其三，发挥教师在培育大学精神中的作用，重视提高教师的人文素养。正如梅贻琦先生所言：“凡一校精神之所在，不仅仅在建筑设备之增加，而实在教授之得人。”[①]教师是大学精神的主要依托或载体，大学精神体现在具有一定大学教育理念的教师的价值准则、心理状态和行为方式上。总之，“大学精神应当是大学在长期的发展过程中，经过岁月淘洗凝结而成的约束大学行为的价值和规范体系，以及体现这种价值的独特精神气质”[②]。它是一所大学赖以生存和发展的精神支撑，具有凝聚力、号召力、向心力的作用。因此，塑造大学精神是大学软实力建设的一个重要关口。

（二）加强大学国际间的交流与合作

在当今社会，学术交流与国际间开展合作已成为各大学推动科学技术发展不可缺少的有力手段，是大学发展、学科建设及师资培训的一条重要途径，是大学软实力建设的肥沃“土壤”。我国大学要加强国际间的交流和合作，可采用“引进来、走出去”的方式。“引进来”即聘请外国专家讲学、接受外国师生访学、扩大留学生教育等多种形式的国际交流与合作；“走出去”即表现在我国大学可积极选派骨干教师学者参加国际学术研讨会、交流会，参加跨国合作研究，以课题为中心召开国际研讨会，开展国际之间的合作交流等形式的国际学术交流。这可展示我国大学的最新学术成就及科研成果，使更多的国外科学家了解我国大学。对扩大我国大

---

① 黄延复，刘述理：《梅贻琦教育论著选》，人民教育出版社，1993 年，第 24 页。

② 朱哲，吴四海：《从现代性论现代大学精神》，《高教发展与评估》，2007 年第 9 期，第 4 页。

学在国际上的学术影响，提高学术知名度和我国大学在国际上的学术地位极为有利。同时，还有利于我国大学学习国外大学发展的先进经验，建立一批新学科，改造一批老专业，提高教师的专业素质，加强师资队伍和实验室建设。以缩短与世界先进水平的差距，提高我国教育科研水平，软实力自然也随之增强。

（三）培育大学文化，增强大学软实力的感召力

“大学文化是高校的精髓和灵魂，是激发高校活力的源泉，是构成高校办学实力和竞争力的重要组成部分。大学文化的力量，深深地熔铸在高校的生命力、创造力和感召力之中，是一种不可或缺的软实力。”①，因此，一所大学若没有大学文化的充盈，那顶多是一个无用的“空壳”。培育大学文化，不是指大兴土木、圈地造楼，而是指培育大学的政治文化、道德文化、制度文化等等。如湖南大学秉承了岳麓书院的优良传统，在文化建设方面具有得天独厚的优势，湖南大学一直重视如何发挥这些优势，把岳麓书院的历史文化气息扩散至整个校区，使学校能够成为长沙的名片、中国的骄傲和世界的财富。

（四）深化高校内部管理改革，增强高校办学的自主权

高校应加大人事分配制度改革力度，建立符合高等教育规律的现代大学人事制度，形成人才辈出、人尽其才的制度环境；探索与建立有利于人才培养与科学研究密切结合、学科交叉融合的基层学术组织结构，以及有利于提高创新能力和人才培养质量的管理模式；推进科学决策、教授治学的制度建设，推行制度化、程序化的行政管理模式，鼓励和倡导公平公正的学术评价、民主平等的学术争鸣；以创新人才培养为目标，建立以学生为中心的科学、现代、规范的教学管理制度及质量监控保证体系。

提到办学自主权，容易被误认为是取消或弱化政府对高校的管理，其实不然。政府对高校进行宏观管理，是高校有序运作的必要前提。学校谋求办学自主权的关键是在政府宏观指导下，实现管理和制度上的创新。作为高水平大学应摆脱大众化的管理和评测机制，在院校充分调研的基础上，制定一套自我约束机制。自我约束机制是高水平大学办学自主权的核心，是学校快速、健康、持续发展的重要保障。

由政府主导建设世界知名的高水平大学，在世界范围内还没有成功或失败的先例可供借鉴，这为政策的制定和实施带来了难度，同时也使得这项伟大的工程面临着难得的历史机遇。如何立足本国国情，走出一条具有中国特色的高水平大学建设、发展之路，是摆在我们面前的一项重要战略使命，也是增强我国文化软实力必由之路。

---

① 田建国:《名校建设》，山东人民出版社，2008 年，第 162 页。

（五）发挥大学功能，积极引领社会文化建设

作为对高校职能的新发展，引领社会文化建设的职能如何才能切实促进高校在文化传承与创新中发挥积极作用，值得我们认真思考。结合高等教育哲学中认识论、政治论与人本论多种视角以及高校的三大传统职能，笔者认为，发挥大学功能引领社会文化，至少应遵循以下几点：

第一，实施高校人才战略，加强对高层次创新型人才的培养。文化的传承与创新离不开人才，因此，高校要牢固树立人才资源是第一资源的观念，坚持贯彻尊重劳动、尊重知识、尊重人才、尊重创造的方针，坚定不移地实施高校人才战略，加强对高层次创新型人才的培养。坚持在创新实践中发现人才、在创新活动中培育人才、在文化的传承与创新中凝聚人才。在创新型人才培养的过程中，高校要确立明确的培养目标，建立科学的培养模式，发掘有潜质的培养对象，吸引优秀的施教者。

第二，促进高校与产业的结合，带动传统文化领域的技术更新。文化的传承与创新靠高校一己之力是难以完成的，要注重高校与相关产业的结合，形成优势互补，以期推动文化更好的发展。首先，高校要把现代科技作为文化创新的强大动力，及时将信息技术、网络技术、数字技术应用到文化建设的各个领域，努力构建以高新技术为基础的文化创新体系；其次，要推进文化与高新技术的集成创新和融合发展，促进高校与相关产业的有效结合，加快培育具有高新技术特征的文化创新平台，引导文化科技力量聚焦若干重点领域，突破关键技术；再次，要广泛运用高新技术解决文化创新实践中出现的问题，提升文化产品和服务的科技含量，带动传统文化领域的技术更新。

第三，激活高校文化传承创新的主体，营造良好文化生态环境。真正的大学教育应能够促使人格的完善和潜能的挖掘。文化传承与创新的关键是要激活主体，高校的师生由于掌握着先进的科学文化知识并深受先进文化的感染，理应站在文化传承创新的最前沿，充分释放其创造精神和进取精神。同时，人格的塑造与人本的关怀需要良好的社会环境为依托。因此，高等教育要为文化的传承与创新提供充足的人力、物力、财力支持，建立起有效的保障机制，破除各种不利于创新人才脱颖而出的机制，研究制定鼓励探索、激励创新的政策制度，努力营造尊重人才、崇尚创新的社会氛围和舆论环境。

我国文化咨询与服务发展报告

谢玉华　谢文波

摘要:文化咨询与服务是为实现文化产品生产所必需的辅助生产活动和文化管理活动,包括文化活动咨询与策划服务、版权服务、文化经纪代理服务、文化贸易代理与拍卖服务、会展和其他商务服务等五个大的方面。文化咨询与服务业以提供中高端服务为主,其在社会主流意识形态建设、先进文化产品生产、文化消费需求拉动、文化产业品牌塑造、文化艺术传播等方面均发挥着引力和推力的战略作用,已成为文化产业的核心领域之一。虽然我国文化产业正呈现出蓬勃发展的态势,但文化咨询与服务业依然存在诸多问题。一是文化活动咨询与策划的市场开发不足、文化品牌策划能力欠缺、专业策划人才匮乏。文化活动策划脱离市场、脱离实际,导使了文化产品的供给数量和质量难以满足广大人民群众日益增长的精神文化需求;缺乏精心策划的文化品牌使我国文化产业发展遭遇了瓶颈,难以打入国际市场。二是知识产权保护制度缺位,使国内文化衍生品开发遇到盗版、侵权等障碍;版权服务的层次低,也使很多高端服务尚未触及。三是文化市场中介服务组织少,文化经纪代理运营模式不规范、功能发挥不全,使得我国文化经纪代理已远远不能满足文化各类文化事业发展的需要。四是文化贸易代理服务国际竞争力弱、拍卖监督机制不完善、企业间恶性竞争频繁等。五是会展活动主体单一,市场化程度低,场馆基础设施薄弱,从业人员素质不高等。鉴于文化产业发达国家完善的文化咨询与服务体系,我们应重视文化活动咨询与策划服务,使文化活动的经济效益和社会效益并举;花大力气培育既懂文化产业专业知识,又具文化艺术底蕴的文化咨询和服务人才;建立切实可行的知识产权保护体系,积极拓宽版权服务的业务渠道;从推动文化市场中介服务组织发展、规范运营模式建立健全文化经纪代理服务;大力推进文化贸易代理与拍卖服务;改变政府职能、加强宏观调控和会展基础设施建设、制定会展服务区域协调平衡发展战略规划等方面加快发展会展服务。

文化产业在各个国家和地区呈现出良好的发展势头，已逐步成为国民经济的新的增长点，其增长速度也远高于GDP的增长速度。随着各个国家地区及其企业组织间的经济竞争从传统的硬实力进入到软性的文化领域，文化产业在这种竞争中将发挥重要作用，并终将成为国民经济中的支柱性产业。我国也将文化产业上升到了国家的战略性产业，但并没有像在一些发达国家一样，文化产业已经成为推动经济发展的重要力量，还存在文化的产业化程度低，市场经营秩序混乱，文化资源挖掘和利用不够等问题。怎样为文化产业更好的发展提供咨询与服务？本报告认为发展文化咨询与服务业是解决问题的关键。

一、文化咨询与服务的概念界定

联合国教科文组织将文化产业分为：文化商品核心层——文化遗产，印刷品，音乐和表演艺术，视觉艺术，视听媒介；文化商品相关层——音乐，影院和摄影，电视和收音机，建筑和设计，广告，新型媒介。文化服务核心层——视听及相关服务，特许使用税和（文化产业）许可费，娱乐、文化和运动服务，个人服务；文化服务相关层——广告、市场研究和民意调查，建筑、工程和其他技术服务，新闻机构服务[①]。我国国家统计局2004年制定的《文化及相关产业分类》中指出，我国文化产业分为文化服务和相关文化服务两类。文化服务包括新闻服务；出版发行和版权服务；广播、电视、电影服务；文化艺术服务；网络文化服务；文化休闲娱乐服务；其他文化服务七项。其中第七项其他文化服务又分为文化艺术商务代理服务——文化艺术经纪代理，其他未列明的商务服务（模特服务，演员、艺术家经纪代理服务，文化活动组织、策划服务）；文化产品出租与拍卖服务——图书及音像制品出租，贸易经纪与代理（艺术品、收藏品拍卖服务）；广告和会展文化服务——广告业，会议及展览服务。2012年8月1日，国家统计局《文化及相关产业分类2012》取消原大类“其他文化服务”，不再保留文化产业核心层、文化产业外围层和相关文化产业层三个层次的划分，将文化产业分为“文化产品的生产”和“文化相关产品的生产”两部分。

总之，国际上和我国相关文献中，并没有文化咨询与服务业的概念界定。我们综合联合国教科文组织及我国国家统计局两次对文化产业的分类，从文化相关产品的生产这个角度来定义文化咨询与服务，即文化咨询与服务指为实现文化产品生产所必需的辅助生产活动和文化管理活动。具体来说，主要包括：

1. 文化活动咨询与策划服务。主要指影视节目策划咨询服务，文化艺术交流

① 邓安球：《论文化产业概念与分类》，《湘潭大学学报（哲学社会科学版）》，2008年第9期，第145页。

策划咨询,文艺演出策划组织,节庆、会展等策划组织服务,其他文化活动策划咨询服务(不包括企业文化咨询)。

2. 版权服务。主要指知识产权服务,及其延伸层的版权和文化软件服务。

3. 文化经纪代理服务。主要指文化娱乐经纪人和其他文化艺术经纪代理服务。

4. 文化贸易代理与拍卖服务。主要指:第一,文化贸易代理服务,包括文化用品、图书、音像、文化用家用电器和广播电视器材等国际国内贸易代理服务。第二,文化艺术商务代理服务,包括文化服务贸易;第三,文化产品出租与拍卖服务,包括图书及音像制品、娱乐、体育设备出租,各种艺(美)术品、文物、古董、字画拍卖服务。

5. 会展和其他商务服务。主要指会议及展览服务、公司礼仪和模特服务、票务服务。

二、文化咨询与服务的战略地位

以提供中高端服务为主的文化咨询与服务业是文化产业的核心领域之一,在文化产业的发展中起着引力和推力的战略作用。

1. 文化咨询与服务是社会意识形态的导航仪。在当前我国多元文化共生的状态下,文化咨询与服务引领着社会主流意识形态建设。第一,通过文化活动咨询与策划,在文化创作阶段即控制着文化产品的意识形态建设,而文化创作阶段正是意识形态控制的重点环节。经济全球化在促进经济开放与交流的同时,也引起了不同国家、民族思想文化的碰撞与激荡。一方面,我们借鉴、共享了国外优秀的文化和文明成果。另一方面,一些腐朽的西方文化冲击本土文化,威胁着意识形态的安全。因此,在我国推动文化产业大发展、大繁荣的背景下,如何抵制西方文化的渗透和意识形态的入侵,保障马克思主义意识形态的文化领导权显得尤为重要。要取得文化领导权,不是通过行政命令去控制文化产品生产,也不是生产一些一味迎合和迁就某些消费者庸俗、偏执和荒诞心理需求的文化产品,而是通过精心策划,把文化产品的文化内涵艺术化地、自然地表现出来,使民众在潜移默化中受到意识形态的影响。第二,在文化艺术代理、会展等服务中,通过各种灵活有效的宣传方式和市场途径,把民众引向正确的方向,实现文化产品的经济效益和文化教化作用。

2. 文化咨询与服务是先进文化产品的助推器。文化事业要实现以科学的理论武装人,以正确的舆论引导人,以高尚的精神塑造人,以优秀的作品鼓舞人。在快节奏、高效率的今天,文化活动已成为为广大人民群众提供精神产品、思想动力和娱乐休闲的重要方式。因此,用健康向上的文化活动和文化产品占领文化阵地,提高人民群众的思想道德水平和科学文化素质对构建和谐社会起着重要的作用。而高质量的文化产品因其专业性强,往往需要周密、细致的统筹和策划,所以随着我国文化事业的蓬勃发展,文化咨询与服务业对于助推先进文化产品发挥着越来越重要的作用。

3. 文化咨询与服务是推动文化产业产品消费需求的需要。文化消费是指用文化产品或服务来满足人们精神需求的一种消费,对文化产业发展起着决定作用,同时文化消费的水平可以体现文化产业发展的程度。与物质消费相比,文化消费属于非刚性需求。很多时候在推动市场拓展方面,供给比需求发挥更大作用。只有产品和服务更多更好、更符合消费习惯,才能唤起消费的愿望[①]。

为贯彻落实党的十七届六中全会精神和《国家"十二五"时期文化改革发展规划纲要》,今年2月,文化部提出《"十二五"时期文化产业倍增计划》,"倍增计划"共确定了11个重点行业,包括演艺、娱乐、动漫、游戏、文化旅游、艺术品、工艺美术、文化会展、创意设计、网络文化、数字文化服务业。从扶持的11个重点行业来看,这些文化产品大多具有最终需求导向的特点。因此要扩大文化消费的长效机制,除了加强文化产品的供给,更要提供有效的文化咨询服务,通过各种大型活动的策划组织服务、展览展会等,引导文化消费,提高大众的文化素质和审美趣味,使文化消费的品位和价值得到提高。同时在世界范围内推介中华民族优秀文化,培植中华文化理念,为扩大文化出口贸易打下基础。

4. 文化咨询与服务业是文化产业走品牌之路的诉求。文化在市场经济条件下,已不是单纯的意识形态领域的公益性、服务性事业,而是一种具有商品属性的文化产业。既为一种产业,其产品也必然要同工业或农业一样拥有自己的品牌。没有品牌的产品,没有进行品牌宣传的产品,就会没有市场,也无从谈国际竞争力。国家《文化产业振兴规划》明确提出要打造一批具有核心竞争力的知名文化品牌。这意味着文化产业的发展必须走品牌之路。文化咨询与服务业是促成文化产业品牌的主要推手。首先它通过文化策划与宣传服务进行文化消费需求调研、市场业务分流设计、文化产品市场潜力评估、公关等一系列前期工作,及衍生品开发设计等后期服务。其次,通过提供以保护知识产权为主的版权服务来助推文化产品品牌的成功运作。品牌,对于文化、精神产品而言,实际上就是知识产权。对知识产权的开发和服务从某种程度上说就是品牌的塑造。

5. 文化咨询与服务是文化艺术传播的重要途径。发展文化产业,在实现经济效益的同时更要实现社会效益,以促进文化艺术传播,增强中华文化在国际上的影响力。从广义的角度来说,文化咨询与服务本身就是促进文化传播的途径。各

---

① 乔申颖:《消费多元、技术引领 我国文化消费已呈现新趋势》,《经济日报》2011年10月11日。

种会展、拍卖活动服务中，在进行产品交易的同时，促进了文化艺术的交流和传播。而文化艺术商务代理更为中国优秀传统文化走入国际文化市场提供了便捷、高效的平台。

三、中国文化咨询与服务业现状

根据国际经验，人均 GDP3000 美元以上时，文化服务业进入发育阶段；人均 GDP10000 美元以上时，文化服务业进入加速发展阶段，本土文化服务业进入成长阶段；人均 GDP20000 美元以上时，文化服务业在经济和社会生活中占绝对优势地位，本土文化服务业开始进入全球化扩张阶段。国际货币基金组织（IMF）公布数据显示，2011 年中国人均 GDP 为 5414 美元，根据国际经验，应该正是文化产业迅速发育生长时期，我国文化服务业正呈现出勃兴的发展态势。

1. 文化活动咨询与策划服务。策划是一个从调查、加工、整理，到分析、综合、运用的系统工程，它的完成最终以其实际效果来作为检验的依据。文化活动的各个环节均存在着咨询与策划服务工作。二战后，策划业在西方国家迅速崛起。有关资料显示，策划创意业已成为发达国家和地区的重要产业，策划创意力正在成为国家竞争力①。2000 年英国的策划业产值超过 5000 亿英镑，2005 年全世界策划创意业产值每天达 220 亿美元，2006 年以 5% 的速度递增②。中国的策划作为一项产业形成于 20 世纪 90 年代，它脱胎于广告、公关业，源自美国的咨询业和日本、德国的策划业。随着中国加入世界贸易组织步伐的加快，各类策划、公关、咨询公司蓬勃发展，其服务范围包括企业产品策划、商业活动策划及影视节目、文化艺术交流、会展、节庆等各种文化活动的咨询与策划。近年来，我国策划业的产值不断增加，文化活动的咨询与策划也相形见长，产生了客观的经济效益和社会效益。2005 年夏天，由湖南卫视举办的“超级女声”，让老百姓喜闻乐见。中国社科院 2006 年 1 月份发布的“文化蓝皮书”追踪了超女的整个产业链条，并估算出这个节目各利益方直接总收益约 7.66 亿元。按照上、下游产业链间倍乘的经济规律分析，“超女”对社会经济的总贡献至少达几十亿元③。

虽然取得长足进展，但文化活动咨询与策划作为策划业的一个新兴业态，潜在着诸多问题。

第一，市场开发不足。社会主义文化建设的根本目的是为最广大的人民群众

---

① 刘庆华：《崛起的策划人将推动 21 世纪的进程——关于“21 世纪属于谁”的预测》，《武汉交通职业学院学报》2007 年第 1 期，第 33 页。

② 赵德荣：《在 2006’策划年会暨颁证典礼上的讲话》，http://www.chinacehua.com/pxzs/662.html，2007-01-16.

③ 董伟：《社科院解读“超女”：为社会经济至少贡献数十亿》，《中国青年报》2006 年 1 月 11 日。

提供丰富优质的文化产品，满足人民群众的精神文化需求。在物质生活水平大力提升，百姓消费由生存型向发展型转变的背景下，文化产品的供给数量和质量成为影响民众幸福感的重要因素。但很多时候文化活动的策划脱离了实际，脱离了群众的受欢迎度。据国家广电总局发布的数据显示，2012 上半年全国共公映电影 140 余部，其中，38 部进口影片票房为 52.7 亿元，同比增长 90.4%；其余 100 余部国产影片票房才 28 亿元，同比下降 4.3%，出现近年来罕见的负增长。从单部影片来看，国产片一直到 7 月份才首次进入票房榜前十名(《画皮 II》)，但远远落后位居前茅的美国电影《泰坦尼克号 3D》(9.34 亿元)、《碟中谍 4》(6.79 亿元)[①]。从以上数据显示，相对于进口影片，国产电影的上映率及票房收入不尽如人意，观众更青睐进口影片。

有研究表明，当人均 GDP 超过 3000 美元的时候，文化消费会快速增长；而当人均 GDP 接近或超过 5000 美元时，文化消费则会进入“井喷时代”[②]。根据国际的经验，按中国当前人均 GDP 为 4000 美元测算，文化消费总量应当在 5 万亿元左右。但事实却非如此，2010 年我国文化消费总量在 1 万亿元左右。《2012 年浙江文化蓝皮书》指出，浙江如今的人均 GDP 已超过 9000 美元，按理说已进入文化需求旺盛期。然而，浙江每年文化消费约 1035 亿元，在消费总额中只占一成，这个数字只相当于发展中国家平均文化消费水平的 60% 左右[③]。尽管居民收入水平提高，但文化消费总量却偏低。导致消费偏低的原因之一是电影票价、正版音像制品价格和图书价格等文化产品的消费价格“偏高或太高”，部分展馆门票和各类演出票价已脱离了百姓的实际消费能力。《上海 2005 文化统计概览》中有关主要年份电影综合情况的数据显示，尽管影剧院的数量在增加，但观众人数却在减少。此外，文化活动的咨询策划缺乏创意，产品仅为简单的复制、加工，无法激起居民的消费欲望也成为抑制文化消费的一个重要因素。

第二，品牌影响力小。文化产业的核心应该是品牌的概念，而不是一个产品[④]。由于没有完整的策划，凭经验行事，导致我国文化活动的随意性大。同时，因缺乏精心的策划，独特的创意及广泛宣传，难以打造文化精品，创造文化品牌。在影视方面，我们缺乏韩国电视剧、好莱坞大片、日本动漫这样的特色产业，也没有时代华纳、迪士尼乐园、美国好莱坞这样让人耳熟能详的公司。中国电影让外

---

① 周宁、柳建云：《深度解析：国产片“肉搏”进口片缘何再次落败》，《经济参考报》，2012 年 8 月 17 日。

② 许小丹、祝伟：《中国居民文化消费总量偏低 人人享受文化意识普遍》，《半月谈》，2012 年第 7 期，第 62 页。

③ 胡键：《文化泡沫，何以满足文化消费?》，http://www.guancha.cn/hu-jian/2012_08_23_92712.shtml，2012-08-23。

④ 匡宇齐、沈顺荣：《动漫产业应树立高端品牌》，http://www.ce.cn/culture/whcyk/gundong/201111/01/t20111101_22803075.shtml，2011-11-01。

国人能记住的可能仅仅是成龙、李连杰等几个国际影星。从全球角度看,世界上95%的娱乐市场是被全球最大的50家媒体娱乐公司占据着,90%以上的新闻制作被美国和西方的文化集团所垄断。我国还没有一家年收入超过百亿元人民币的文化企业,最大的中国广播电影电视集团年收入也只有80多亿元人民币[①]。文化品牌尤其是国际品牌缺失,致使我国文化产业发展遭遇瓶颈。

第三,文化咨询和策划专业人才稀缺。保守估计,现在中国专业策划公司超过1万家,策划从业人员100万人左右[②]。但活跃在市场上的策划人参差冗赘,优秀的策划人比较缺乏,而优秀的文化活动咨询与策划人才更少;缺少既懂市场运作、消费者心理又懂文化艺术的综合性人才。

2. 版权服务。知识产权服务业是国家高技术服务业发展中重点培育的行业之一。据世界知识产权组织统计,无论在发达国家还是在发展中国家,国内生产总值中核心版权产业所占份额都约占6%左右,全部版权产业约占10%以上[③]。根据WIPO与国家版权局合作完成的《中国版权相关产业的经济贡献》调研项目报告显示,中国版权相关产业行业增加值占全国GDP比重已从2004年的4.94%(7884.18亿元)增加到2009年的6.55%(22297.98亿元)。核心版权产业的行业增加值及其占当年GDP的比重增长较快,2004年为2%,到2009年已增至3.5%。2011年,以核心版权产业为基础资源的我国文化创意产业收入突破了千亿大关。北京、上海、深圳等地版权产业增长率更是远高于同期GDP增幅,已占属地GDP比例高达9%—12%。深圳市2010年版权产业增加值达1770多亿元,占其当年GDP比重高达15.39%,这甚至超过了美欧国家的整体水平[④],成为推动经济和社会又好又快发展的重要力量。截至2008年底,知识产权服务业法人单位拥有资产总计为138.9亿元,占全国服务业单位拥有资产总计的0.04%。其中经营性单位拥有资产总计为138.6亿元,占全部法人单位的99.8%。同年,我国知识产权服务业法人单位的全年营业收入为74.3亿元,其中主营业务收入为73.9亿元,占全年营业收入的99.5%;经营性单位主营业务收入为73.3亿元,占其全年营业收入的99.5%[⑤]。

加入世界贸易组织以来,我国先后修改了著作权法、商标法、专利法等法律,知识产权的保护水平得到不断提高。但是从总体看,我国知识产权服务发展与经

① 欧阳友权:《中国文化产业需要文化品牌支撑》,http://www.cnci.gov.cn/news/Policy/news_6580_p4.htm,2007-07-22。

② 《我国十个新职业的发展前景》,《时事资料手册》,2005年第2期。

③ 柳斌杰:《加强版权保护 发展文化产业——祝贺世界知识产权组织音像表演外交大会在京召开》,《人民日报》,2012年6月21日。

④ 赖名芳:《版权产业:中国经济新增长点》,《中国新闻出版报》,2012年10月10日。

⑤ 毛昊、刘磊:《我国知识产权服务业现状分析》,《知识产权报》,2010年12月21日。

济社会发展仍然不协调,在服务能力和水平方面亟待提高,问题主要表现在:

第一,知识产权保护制度的缺位,文化衍生品开发难。文化产品根据不同的作品内容,进行有效的使用,可以衍生出不同的商业产品。文化产业的大多数产品是创意产品,一旦面世便极容易被模仿。版权通过授权实现收益。在知识产权保护体系完整的西方发达国家,文化产品主要靠版权赢利。目前,相关知识产权保护制度的缺位,使得国内文化衍生品开发中遭遇到的各种盗版、侵权问题并不在少数。特别是电影衍生品的开发中,法律体系并未具体到电影衍生品所涉及的多种权利,导致道具、场景、情节等电影要素被商业化后甚至找不到对应的法律条文加以保护①。据统计,在目前国内的电影衍生品市场中,盗版产品占80%,主要来自粗劣的手工作坊和批发市场。如本土动画片《喜羊羊与灰太狼》的卡通造型相关产品,80%都是盗版②。相关知识产权保护制度的缺位成为制约我国电影衍生品发展的瓶颈之一。在国内,电影收入的90%—95%都来自票房和植入式广告,很多电影的衍生品收入竟然是零。而在美国,衍生品的收入高达电影总收入的70%,远远高于电影票房。美国电影《星球大战》三部曲全部票房收入为18亿美元,其衍生品却超过45亿美元。迪士尼一直处于电影衍生品产业中的巨无霸地位。迪斯尼动画电影《狮子王》前期投资仅4500万美元,却收获了7.8亿美元票房,衍生品收入更高达20亿美元。有人甚至戏称,《狮子王》是迪斯尼造出的“印钞机”③。

第二,版权服务层次低,高端服务能力薄弱。目前,知识产权服务一般多局限在专利代理、商标代理登记等服务,而能提高附加值服务的知识产权经营机构数量很少。知识产权关注的重点更多的是法律维权,大部分服务机构的业务以代企业申请专利、商标等服务内容为主,而知识产权保险、信托投资、证券化等相对高附加值的业务偏少,提供知识产权战略分析及产品市场战略、风险评估和预警等高端信息服务的能力和水平欠缺。

3. 文化经纪代理服务。文化经纪作为文化市场中的一种中介机构,是文化产品交换的重要桥梁和纽带。《国家“十一五”时期文化发展规划纲要》从完善文化要素市场角度提出“发展文化经纪代理、评估鉴定、技术交易、推介咨询、担保拍卖等中介服务机构,引导其规范运作,向品牌化、专业化方向发展”的要求。随着我我国文化行政管理体制改革的深入,政府的管理职能逐渐从直接管理向间接管理转化,文化经纪代理在监督文化企业行为,调节文化市场纠纷,维护和规范文化市

① 于帆:《电影衍生品开发:掘金勿忘知识产权》,《中国文化报》,2012年5月14日。

② 吴学安:《电影衍生品版权保护不该被遗忘》,《中国新闻出版报》,2012年6月1日。

③ 韩维宇:《电影衍生品:银幕背后一座隐藏的钻石矿》,《大连日报》,2011年9月2日。

场经济秩序方面发挥了诸多作用,极大提高了文化产品和服务的市场化程度。如洛阳市孟津县平乐镇平乐村的"小牡丹画出大产业"。郭泰森、郭治威、徐来信等几位具有市场意识的农民画家,借助洛阳市委、市政府提出的"建设特色突出的文化强市"发展战略,通过积极举办培训班、拓展营销渠道等措施壮大牡丹画创作队伍,发展牡丹产业,形成了书画、装裱、营销一体化的产业链条,2008 年销售收入达 900 余万元,实现了经济效益和社会效益的双丰收,带动了当地农村文化特色产业的发展[①]。在影视经纪领域,国内已经出现了橙天拾捌经纪文化有限公司、华谊兄弟文化经纪有限公司、北京荣信达影视艺术有限公司、海润影视集团等优秀的影视演艺经纪机构。

我国内地的文化经纪行业肇兴于 20 世纪 80 年代,虽然发展快,但因起步晚,已远远不能满足各类文化事业发展的需要。

第一,文化市场中介服务组织少。目前,直接生产文化产品的部门组织很多,但市场流通中的中介服务组织很少。现代艺术市场的运作事实证明,艺术市场竞争,其核心是市场中介的竞争,是市场中介实现艺术价值的不同手段、举措的较量[②]。只重视文化艺术中的生产环节,忽视实现社会经济效益过程中的营销环节是不符合现代生产规律的。如在出版经纪代理这一块,真正合格规范的文化经纪代理商在出版市场上几乎是空白。一些民间出版经纪机构,虽然运作灵活,市场程度高,但因运作时间短,市场比较混乱,所以势力稍显微薄。出版经纪代理的缺乏,导致作家们一边要忙于写作品,一边还得亲自把作品推向市场。即使像余秋雨、刘恒、余华等具有市场号召力的作家也不例外。而如果作家花大量时间和精力在营销和竞争上,势必本末倒置,降低创作水平,最终影响市场竞争力。

第二,运营模式不规范,文化经纪代理服务功能发挥不充分。以演艺经纪为例。首先,中国的演艺经纪运营模式大多是借鉴和学习国外的经验,没有一个完整的行业体系,缺少专业的行业协会,缺乏规范化的制度约束。一个规范成熟的演艺经纪,需要一套环环相扣的机制来保障运行:艺人选拔—培训—经营管理—市场营销—二度开发。我国演艺经纪还处在自发性阶段,各个环节不成熟,因此纠纷不断[③]。其次,在经纪人和经纪公司之间并没有一个明确的定位,大多数二、三线的经纪公司以艺人财务、宣传协助、经纪人联合体的形式运作,缺乏经纪公司的体系化、全局化,使经纪人的桥梁、纽带作用得不到充分发挥。最后,经纪人的水

---

① 韩筱旭:《文化产业人才观——浅析我国内地的文化经纪》,《东方艺术》,2011 年第 1 期,第 70 页。

② 朱虹青:《发展云南民族文化产业要大力发展文化经纪业》,《云南财贸学院学报(社会科学版)》,2003 年第 18 期,第 64 页。

③ 徐馨:《演艺经纪的现状与忧思》,http://www.cnci.gov.cn/content/20061117/news_21210_p2.shtml,2006-11-17。

平良莠不齐，大多数经纪人依旧停留在生活助理这个单一的职业经纪角色，很少同时扮演艺人的商务代表、法律顾问、艺术指导等角色。而对于经纪人的管理，也没有一部专门的配套管理法规，一般都依靠各地工商行政部门对文化经纪人进行管理。

4. 文化贸易代理与拍卖服务。这里主要从文化贸易代理服务和拍卖服务两个方面进行分析。

（1）文化贸易代理服务。随着我国经济实力的显著增强和国际影响力的不断扩大，我国的文化发展规模备受关注、文化魅力日益凸现，国际社会对我国文化产品与服务的需求也在大幅增长。近几年，我国艺术表演团体赴国外演出规模不断扩大。2010 年，全国共有 940 家文艺演出团体赴外演出 9.37 万场次，比上年增长 25.4%。另据商务部的统计，2010 年我国核心文化产品进出口总额 143.9 亿美元，增长 15.1%①。衡量一国的贸易竞争力方法通常用市场占有率、显示性比较优势指数（RCA）、贸易竞争力指数（又称可比净出口指数 TC）等指标，从已有的研究来看，国内学者（朱文静，2010；魏雪莲，2010）也都采用了这类方法对我国文化产业的竞争力进行了衡量。从市场占有率方面来看研究结果表明：在文化服务贸易方面已形成了以美国为中心格局，第二层级有竞争力的国家是英国、日本、法国等，而中国处于比较落后的状态；贸易竞争力指标方面，我国文化产品方面具有比较优势，而在文化服务贸易方面不具有比较优势；显示性比较优势指数表明我国文化服务贸易的国际竞争力很弱②。以演艺产品为例，我国全部海外商业演出的年收入不到 1 亿美元，还不及国外一个著名马戏团一年的海外演出收入③。2009 年，我国文化贸易占世界文化市场比重不足 4%。在世界文化市场，美国独占鳌头，占 43% 的份额；欧盟紧随其后，占 34%；人口最多、历史悠久的亚太地区仅占 19%。这 19% 中，日本占 10%，澳大利亚占 5%，剩下的 4% 才属于包括中国在内的其他亚太地区国家④。

（2）拍卖服务。2010 年中国艺术品市场再次走高，全球知名财经杂志《经济学人》刊文指出，得益于中国藏品热和全球当代艺术市场大跃进，以及中国政府关于艺术品的交易政策的改变，中国已取代法国，成为继美、英之后世界第三大艺术品市场⑤。

---

① 中华人民共和国文化部：《全国 2010 年文化发展基本情况》，《2011 文化发展统计分析报告》，文化艺术出版社，2011 年，第 1—13 页。

② 杨文兰：《中国文化服务贸易发展现状、问题及对策分析——以电影、音像为例》，《经济论坛》2011 年第 2 期。

③ 蔡武：《我国海外商演年收入不及国外著名马戏团一年海外演出收入》，http://news.xinhuanet.com/politics/2010-04/28/c_1262094.htm，2010-04-28。

④ 《文化软实力蓝皮书：中国文化软实力研究报告（2010）》，社会科学文献出版社，2011 年，第 37 页。

⑤ 尹晓琳：《〈经济学人〉：中国已成世界第三艺术品市场》，《中国文化报》，2009 年 12 月 10 日。

2011 年中国艺术品拍卖市场拍卖规模迅速扩张,举办拍卖会的拍卖公司数量、拍卖会数量、专场数量、作品上拍量等各项指标均创历史新高,使得成交结果颇为惊人。据雅昌艺术市场监测中心(AMMA)不完全统计,本年度成交总额从 2010 年的 596.53 亿元人民币飙升至 968.46 亿元人民币,同比去年增长了 62.35%(图 1)。

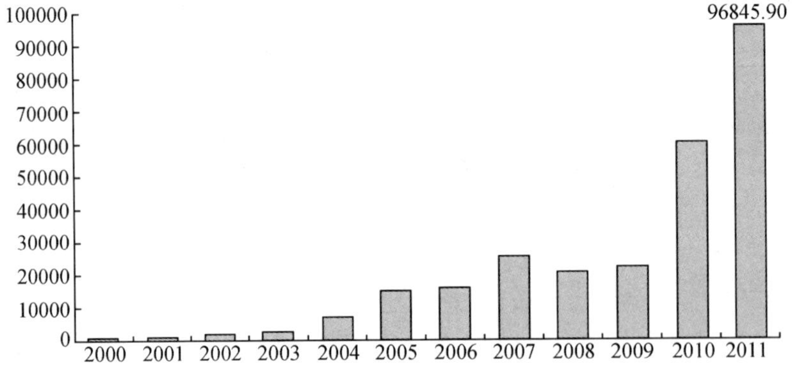

图 1　2000—2011 年中国艺术品拍卖成交总额变化图(单位:人民币,百万)

本年度参拍的拍卖公司数量达 357 家,同比 2010 年增加了 136 家;专场数量多达 3112 场,比去年增加了 1,418 场,专场划分更为精细,在推出新的专场门类,特色类、创新类和专题类专场增加的同时,各类专场均更为注重藏品传承来源。中高端价格区间的拍品数量有所增加:亿元以上拍品为 21 件,比去年增加了 4 件;5000 万至 1 亿元拍品的数量为 52 件,比去年增加 4 件;1000 万至 5000 万拍品为 1003 件,同比增加 69.43%。从这些数据可以反映出市场价格两极分化的态势更加明显(表 1)[①]。

表 1　2005—2011 年中国艺术品拍卖市场情况

项目	2005	2006	2007	2008	2009	2010	2011
拍卖公司数量	108	162	143	146	148	221	357
拍卖会数量	230	313	295	308	297	506	778
专场数量	665	863	881	911	963	1694	3112
上拍件数	193570	227313	218167	234494	241331	422820	663653
成交件数	113302	111968	129626	127105	146778	244480	327212
成交比率(%)	59	49	59	54	61	58	49
总成交额(人民币,百万)	15593.14	16546.75	25705.91	20420.03	23145.69	59652.51	96845.90

① 雅昌艺术市场监测中心:《2011 年中国艺术品拍卖市场调查报告》,雅昌 2011 年版,第 53 页。

在中国拍卖行业迅猛发展、拍卖天价迭出的同时，假拍拍假、私下交易、不付款、暗箱操作等各种违规操作层出不穷，如张晓刚《小女孩》赝品上拍事件，艺术赝品问题已经随着艺术品价格攀升愈演愈烈。这些问题使拍卖行的公信力受到了前所未有的挑战。拍卖市场中买家拖欠、不付款的现象屡见不鲜，买家的诚信问题也凸显。

为何存在这些问题？

第一，监督机制不完善。由于我国的拍卖服务尚处于起步阶段，法律对市场的监管力度还较薄弱，没有形成一套完善的监管机制。在缺乏政府及第三方监管的情况下，艺术品拍卖行业的发展只能依靠拍卖行自身的可信度和口碑积累。面对买家的拖欠、不付款，法律法规的制约作用较弱。

第二，拍卖企业之间恶性竞争。我国拍卖企业数量多、规模小，以中小型企业居多，存在着典型的"小公司效益"，没有实现规模化的经济效益。企业的年拍卖成交额达到几亿元以上的很少，且佣金比例较低，拍卖成交额不稳定。由于多家拍卖企业争有限的资源，很多企业因受自身的局限，在应对诸如市场竞争、外部环境限制等市场风险时显得束手无策，只能降低服务质量。因此，企业发展中的不确定性因素很多，企业抵御市场化竞争风险的能力弱。

5. 会展和其他商务服务。"十一五"期间，我国会展项目从2006年的4050个增长为2010年的5040个，绝对数量增长为990个，增长率为24%；我国展会面积从2006年的4100万平方米增长到2010年的5050万平方米，五年增长了23%；增长速度逐年增高，四年同比增速分别为4.9%、5.3%、5.4%、5.6%；增长态势比较平稳，大体保持了每年5%左右的递增速度①。据中国会展经济研究会的官方数据显示，2011年全国共举办展会7333场，同比增长18.21%，居世界第二位；总展出面积8173万平方米，同比增长5.59%。布局上，会展业正从一线城市迅速向二、三线城市扩散，除北京、上海、南京等一批会展业传统发达城市外，宁波、成都、西安、深圳、沈阳、武汉等会展业后起城市也纷纷建设新的展馆②。被称为"全球最佳会议及展览中心"的香港会展中心，可租用作展览、会议、商务及文化娱乐活动的场所有6.4万平方米，并能同时提供国际级的后勤支援、保安、先进科技、资讯以及完善的餐饮服务③。2010年，13项纪录入选世界纪录协会世界之最的上海世博会，其园区在市中心占地5.29平方公里，共有190个国家、56个国际组织参展，共

① 冯玉超：《首届中国会展业年会暨北京国际会展产业高峰论坛》，http://news.youth.cn/sh/201012/t20101203_1418323.htm，2010-12-03.

② 孙超逸：《去年中国会展数量居世界第二》，《北京日报》，2012年6月1日。

③ 钱海平：《会展建筑前期规划策略研究》，《新建筑》，2002年第5期，第6页。

7308 万人次，创造了世博会历史上的新纪录①。

表 2 2006—2011 年中国会展项目和会展面积情况

项目	2006 年	2010 年	2011 年
会展项目(个)	4050	5040	7333
会展面积(万平方米)	4100	5050	8173

虽然我国会展业正以前所未有的速度发展，会展经济成为我国经济发展的加速器和新的增长点，但基础设施建设、专业人才队伍的储备等仍困扰着我国会展服务的发展。

一是场馆规模小，基础设施不足。场馆是会展的基础。发展现代会展业必须具备一定规模的场馆。国际博览会联盟(UFI)规定的注册标准是：展出面积应在 2 万平方米以上。目前，我国会展发展比较好的城市都在不同程度上存在会展场地小、散、旧等问题，多数场馆缺乏食宿交通设施，不适应大型国际展览的需要。深圳会展业规模以年均 20% 增速持续发展，但未来发展却受到硬件不足的制约，酒店、停车位、餐饮等配套设施亟待完善②。

二是主体单一，市场化程度低。在国外会展业的发展中，一般遵循"政府主导、市场运作"的原则，而中国许多大型会议或展览的活动主体是政府，都由政府或半官方机构主导。许多大型活动特别是中央和省级以上政府机构或全国性商协会主办的展览，其承办往往是下级政府机构，其中有许多主办方是由各种不同机构共同组成。政府主导型展会项目数世界第一。我国对展览主办企业并没有特别规定入行门槛，各地新注册的与展览相关的企业数日益增多。尽管其中大部分都有主办展览的资格。但是，目前真正能独立主办或与其他机构联名主办的民营企业还是很少③。因此，单一主体的发展模式制约了我国会展产业的发展。

三是从业人员素质不高。会展业具有政策性强、专业化程度高、涉及面广等特点，对会展人才的综合素质要求高。在我国会展业的从业人员中，操作经验丰富、熟悉业务的高素质专业人才十分匮乏，与会展业的快速发展极不相适应。据统计，在会展业条件最好的上海市，会展业有经验的高级项目经理不足 50 人，复合型会展人才全上海市未必能找到 100 个，而通常举办一个大型国际会展至少需专业人才 80 至 90 人，人才缺口极大。从全国范围上看，专业的会展人才至少缺口

---

① 赵承、许晓青、李斌：《上海世博会闭幕，接待游客 7308 万人次》，http://expo.163.com/10/1031/23/6KC2PF7K00943RJS.html，2010-10-31。

② 陈玲飞：《产业转型条件下会展业发展的机遇与对策》，《开放导报》，2012 年第 3 期，第 86—88 页。

③ 沈丹阳：《从"十五"期间中国展览业的基本数据看中国展览业的主要特点》，http://www.mofcom.gov.cn/aarticle/s/200605/20060502295237.html，2006-05-26。

达 200 万之多①。与此同时，我国现有会展业的从业人员大都没有接受过专门培训，缺乏系统的会展知识和相应的操作技能。由于我国会展起步较晚，虽然有些高校开设了会展专业，但培养出的人才与市场要求还存在一定的差距。

四是区域发展不平衡。我国展览业主要集中在制造业和经济发达省市，位居前五位的省份是广东、北京、上海、浙江、江苏，北京、上海、广州则是目前认的三大展览城市。总体来说，东南沿海地区会展业较为发达，而中西部地区会展产业发展相对滞后。

四、我国文化咨询与服务发展的对策

在文化全球化和世界各国都十分重视文化产业发展的大背景下，文化咨询与服务已成为促进文化产业发展的关键。完善的文化咨询和服务体系是文化产业发达国家的共同特点，“一站式”的文化咨询与服务业体系保证了这些国家文化产业持续健康稳定的发展。鉴于此，我们提出推动文化咨询与服务发展的对策，以引领文化产业更好更快地发展。

1. 重视文化活动咨询与策划服务。文化活动咨询与策划的过程，就是一个通过文化资源创造经济价值，同时创造文化、发展文化的过程。提升策划意识，加强文化活动策划服务，不但产生经济效益，更是推动文化产业健康发展的必要之举，不但经营性文化活动需要策划；公益性文化活动也需要策划，使文化活动更紧密地贴近市场，贴近人们的需求。

2. 培育文化咨询和服务人才。文化咨询和服务人才需要综合素养，既要懂得市场运作基本规律，又懂文化产业专业知识；既具有深厚的文化艺术底蕴，又具有企业家创新精神和敏锐的市场意识。首先要对本土文化咨询和服务人才进行培育，在大学开设文化咨询和服务专业或专业方向，培养既具有经济学、管理学知识又具有文化创意专业知识的人才。对现有的文化咨询和服务从业人员，加大培训力度，对文化企业，要落实培训经费的提取，占职工工资总额的 2.5% 的培训经费主要应用于职工培训。文化企业规模小，人员待遇低，人才晋升机制不畅通。针对文化企业的这一特点，建议建立地方文化产业人才培养基金；健全文化产业人才职称评定制度。其次，大胆引进国际优秀文化咨询和服务人才，用引进的人才来带动国内文化咨询和服务团队的建设；随着人才的引进而引进国际先进的咨询策划和服务理念。

3. 完善版权服务。2008 年 6 月 5 日颁布的《国家知识产权战略纲要》明确提

① 贺迪清：《会展人才瓶颈凸显 北上广三地供岗与求职比例》，http://www.jyb.cn/job/jyzd/201009/t20100926_390655.html，2010-9-26。

出到2020年,把我国建设成为知识产权创造、运用、保护和管理水平较高的国家,这给版权服务的发展提供了大为有利的政策背景。当前完善版权服务,应该进一步健全知识产权法律体系,加大执法力度,拓宽版权服务的业务,促进版权的市场化,充分利用知识产权制度维护国家发展的竞争优势。第一,建立切实有效的知识产权保护体系。一是针对目前知识产权法律中存在的问题,应及时修订专利法、商标法、著作权法等知识产权专门法律及有关法规,增加对盗版、侵权等方面加以约束的法律条文,增强法律法规的可操作性,缩小知识产权制度同国际标准的差距。二是增强版权保护意识。版权意识和版权制度是相辅相成的关系,版权意识的发展推动版权制度的形成,版权制度的形成又反过来强化版权意识[①]。因此,增强公众的版权意识显得尤为重要。应在公众中广泛宣传版权法律意识,普及著作权法的相关知识,形成良好的学习、使用、尊重著作权法的氛围。此外,版权保护客体应积极运用法律规定的救济途径保护自身的合法权益。三是加大知识产权行政执法的力度。在美国,侵犯知识产权的犯罪行为都要受到不同程度的刑罚,其著作权刑法保护的一个重要特点就是刑罚日益严厉,如适用较重刑罚(即25万美元罚金与5年监禁的这一法定定刑幅度)的范围已从录音、影片或音像作品扩展到所有其零售价超过2500美元的版权作品,而且其侵权复制品数量只需复制或发行10份以上,就可能受到严厉的制裁;对于重犯或再犯的侵权行为制裁措施更为严厉,即最多可判处10年监禁[②]。因此,在我国知识产权执法过程中,可以借鉴经验,创新工作方法,综合治理、分类管理,联合协调有关部门,积极引导加强市场监管,严厉打击大规模制售、传播盗版产品的行为,对于违法者给予不同程度刑罚处罚。通过提供及时、全面的版权保护和服务,促进文化衍生品的开发,繁荣版权产品市场。第二,拓宽版权服务的业务渠道。在做好知识产权维权的基础上,应结合我国知识产权发展事业的现状,鼓励和支持中介组织创新知识产权经营模式,积极拓展知识产权保险、信托投资、证券化等业务,促进音乐、电影、演艺等与文化产业相关联的知识产权的保值和增值;建立知识产权预警应急机制,培育和发展知识产权经营机构的信息服务能力,满足不同层次知识产权的信息需求。

4. 建立健全文化经纪代理服务。文化经纪代理服务是推动文化产品进入市场,实现艺术品自身价值的重要途径。实现社会主义文化大繁荣大发展,有必要从发展文化中介服务组织、规范运营模式等方面建立健全文化经纪代理服务。第一,大力推动文化市场中介服务组织发展。《中共中央关于深化文化体制改革 推

---

① 周杨:《中外版权代理市场起源比较》,《东南传播》,2011年第7期,第27页。

② 马兆虎、马辉:《对外贸易中知识产权执法保护的国际经验》,《国际经贸探索》,2009年第2期。

动社会主义文化大发展大繁荣若干重大问题的决定》明确提出要“加强行业组织建设,健全中介机构”。根据现阶段文化市场发展的实际,应统一规划和协调,严格准入门槛,培育和引入经纪、代理、评估、鉴定、推介、咨询、拍卖等文化中介组织,逐步系统地建立配套的法律法规体系,引导文化中介服务走上法制建设轨道,为文化中介组织的发展营造一个公平竞争、有序发展的市场环境。第二,规范运营模式。一是建立行业协会,立足本行业的发展,制定行业规范;充分发挥行业组织的优势,规划实施行业的发展策略,整合资源,打造完整的文化经纪代理服务产业链。二是完善经纪代理管理制度。西方国家的文化经纪业相当发达,有各类文化经纪代理公司,一些著名的经纪人往往都接受过相当好的教育,素质非常高。在这些国家,艺人的一切对外事物都由经纪人代劳。文化人要出自己的作品、要有影响力,一般不会直接找文化机构,而是找经纪商。名作家一般都由特定的代理公司为其代理作品出版事宜,选择什么出版社,进行作品出版合同谈判,都由经纪商代劳,而不是由作家自己去找。一些无名作家要出版作品,也是先把稿件投寄给代理公司,由代理公司审定后再推荐给出版社①。而对于包括版权在内的作品相关权益的转让,也都由出版经纪全权代理操作。在我国的经纪代理活动中,可以借鉴西方经验,明确划分各方权责,制定完善的利益分配机制,切实保障各方利益,从而充分调动经纪人的积极性;出台相应政策法规,规范经纪人的行为,使经纪活动有章可循,减少恶性竞争。

5. 大力推进文化贸易代理与拍卖服务。发达国家有着成熟的文化贸易代理服务。在有些国家,文化产品的出口额已经超过传统制造业的出口额,如美国。从 90 年代起,美国的故事片、电视节目和家庭录像带的出口就有了显著增长。在 1996 年,美国文化产品(如电影、电视、音像制品、出版物、软件等)的出口额就已超过传统的航空、汽车业出口额,成为美国最大宗的出口产品,被称为“美国贸易皇冠上的明珠”。其中,好莱坞的电影是美国仅次于武器的最大出口项目②。这一成就的取得与好莱坞制片人积极开拓海外市场是密不可分的。20 世纪初开始,好莱坞就就设立了国外市场办事处,随后更是以资金投入或合作经营等方式进入国外电影市场,实施建立电影制作发行放映机构控制国外电影市场等国际化重要策略。推进我国的文化贸易代理服务,首先也要具有国际化的视野,要大力培育大型跨国文化企业,将国内文化企业和产品做大做强,之后走向国际,尤其在具有中国特色的武术表演、京剧艺术表演、民族风情、乡土文化旅游方面,可以做好品牌,做强企业。其次,发展对外文化中介机构,重点发展从事广播影视、新闻出版、展

① 魏道培:《中国文化经纪业:亟待挖掘的金矿》,《新经济》,2007 年第 3 期,第 56 页。
② 阳明华:《发展我国对外文化贸易的思考》,《湖北日报》,2010 年 6 月 18 日。

览演出等业务的对外文化中介机构,增强与国际知名电影、出版、演艺、展览经纪人或中介机构合作交流,向品牌化和规模化的方向发展,吸收国外中介机构工作机制,改进中介机构的服务。

在拍卖服务方面,首先,完善监管市场机制。加强对拍卖行准入的审批控制,提高拍卖企业的水平和质量;建立赝品认定程序,引进先进、精密的鉴定仪器,组建职业鉴定评估专家队伍对拍品进行评估鉴定工作。如果拍卖行知假拍假,要承担法律责任。其次,建立行业协会,通过制定行业内部的自律规定,并根据协会的章程和行业道德准则规范会员的行为,预防不正当竞争。拍卖企业也应自觉遵守行业规律,规范操作。对于违纪违规现象要予以严厉制裁,任何拍卖行只要出现一次涉嫌故意拍卖虚假古董的行为,均将其强行逐出此行业。再次,建立拍卖诚信体系,建立拍卖企业诚信档案和违背诚信原则的惩处机制,抑制信用危机。

6. 加快发展会展服务。欧美一些国家的会展业发展、市场化运作已经趋于成熟。首先,会展经济发达的国家均拥有大型的现代化展馆,在世界展览王国德国共有 22 个展览场馆,室内展览面积达 270 万平方米,可供国内外商展使用。其次,会展人才培养体系成熟,并在长期的实践中形成了完善的会展理论。在美国、德国、英国等国家,大专院校都设有展览专业。最后,组展企业实力雄厚。在国际上,欧美组展商凭借实力领跑世界。强大的组展企业不但给本国带来了客观的经济效益,还提供了一大批的就业岗位。如英国国内约有 400 家私人组展公司,创造工作机会 13.7 万个,占就业岗位总数的 0.5%,每年为公共财政贡献税收 10 亿英镑①。

结合我国会展服务的现状,需要转变政府职能,加快基础设施建设和专业人才培养,多点联动,促进地区发展平衡。第一,转变政府职能,加强宏观调控。政府应该明确自身角色,逐步从会展组展者的角色向管理者和调控者的角色转变,为会展服务的发展提供政策和资金支持,制定会展行业运行机制,支持会展基础设施和配套设备的建设和完善。第二,加快会展基础设施建设。扩大展览场馆规模,更新展馆设施,增加展览容量;加快完善创意策划、场馆管理、会展传播、招商代理、广告代理、布展设计、展览搭建、设备租赁等配套服务产业链,扶持会展经营主体并完善配套服务设施与平台,推进会展业的市场化运作。第三,制定会展服务发展战略规划,促进地区协调平衡发展。为增强我国会展业的竞争力,国家应该从宏观层面制定我国会展业的发展规划,设立公开透明的产业准入机制和淘汰机制,扶持中西部地区会展业的发展,努力缩小中西部地区会展产业的差距。

---

① 张敏:《国内外组展商成长报告》,《中国对外贸易》,2011 年第 10 期,第 84 页。

中国区域文化软实力发展报告

许和连　徐伟平

摘要：区域文化软实力是区域文化的价值观念、社会制度、发展模式等的影响力、感召力和渗透力的综合体现，是国家文化软实力的基础，是区域竞争力的重要组成部分。

中国作为一个文明古国，各地区的文化基础、文化资源和文化发展水平差异性较大，发展极不平衡。在改革开放以前，各地区的文化基础设施相对落后，文化对社会经济的促进作用十分有限。改革开放以来，各地区的文化基础设施建设、文化产业发展、文化消费水平、文化创新和辐射能力等，都发生了质的变化，成为了提升区域竞争力的主要手段和标志。

本报告构建了一个包括区域文化基础力、保障力、生产力、传播力、创新力、竞争力、吸引力、消费力、潜在力等九个一级指标、三十六个二级指标在内的体系，运用各地区 2010 年实际数据对区域文化软实力评估测算，结果发现：全国区域文化软实力的总体态势是：区域文化软实力地区差异明显；区域文化软实力呈东中西部阶梯分布；区域文化软实力的绝对差距较小；区域文化软实力的地区特色各不相同。

对于提升区域文化软实力的共同愿景，建议各地区要因地制宜采取有效措施：一要正确认识提升区域文化软实力的重要性；二要增加投入，不断加大对区域文化建设的扶持力度；三要正确处理好软实力与硬实力的关系；四要科学规划，正确选择提升区域文化软实力的路径；五要统筹发展，实现区域文化软实力的全面提升；六要注重实效，将提升文化软实力作为推动区域经济发展的强大动力。

区域文化软实力是国家文化软实力的基础和源泉,国家文化软实力是区域文化软实力的综合体现。随着国家间文化软实力竞争的加剧,国内地区间文化软实力的培养和提升也日益受到重视,成为了实现区域经济社会可持续发展的重要推力。如何认识区域文化软实力的内涵和构成要素,如何建立区域文化软实力评价体系以反映不同区域间文化软实力的发展现状和差异,如何根据不同地区文化软实力水平确定进一步提升区域文化软实力的对策和途径,就成为了普遍关注的一个主题。

一、区域文化软实力及对区域发展的意义

(一) 区域文化软实力的含义

约瑟夫·奈(1992)最初所提出的"软实力"概念是指一种能力,即通过吸引,而不是以强迫或收买为手段来达到目的的能力,不是靠武力威胁、武力报复、经济制裁等手段。这种软实力来自于一个国家的文化、价值观以及政策对他国、他人的吸引力。它所体现的是国家的凝聚力,是文化被普遍认同的程度和参与国际活动的程度,是让他人自愿地按你的意图做事的力量。随着人们对"软实力"研究的不断深入,"软实力"概念在广度和深度方面发生着深刻的变化。国家层面的"软实力"逐步衍生出了区域软实力和企业软实力[①]。

区域文化软实力这一概念是区域软实力、文化软实力概念的综合,三个概念既有内在联系,也有不同的含义。其中"区域软实力"一般是指在区域竞争中,建立在区域文化、政府公共服务、人力素质等非物质要素之上的区域政府公信力、区域社会凝聚力、特色文化的感召力、居民创造力和对区域外吸引力等力量的总和[②]。文化软实力包括意识形态和价值观念等精神要素所外显的支撑力、凝聚力,文化发展模式及文化交流体现出的吸引力、影响力和感召力,可渗透到政治、经济、军事、教育等实体要素中体现隐性的间接生产力,推动社会和精神文明可持续健康的发展[③]。或者说文化软实力是一个系统因素的整体体现,取决于政治制度和价值体系、科技与教育的实力、文化遗产和文化产品、国民素质与道德水准,也包括知识、体制的创造力和决策、外交等方面的智慧与实践等因素[④]。

区域文化软实力是国家文化软实力概念的延伸。一个区域的文化软实力是区域发展的重要竞争力。区域文化是一个区域的群体意识、价值观念、精神风貌、行为模式和管理方式等因素的总和。一方面,区域文化不断变化且随发展常常逐

---

① 约瑟夫·奈:《美国定能领导世界吗?》,何小东、盖玉云译,军事译文出版社,1992 年。

② 马庆国、娄阳生:《区域软实力的理论与实施》,中国社会科学出版社,2007 年。

③ 李洪雄、梁艳芬:《文化软实力与民族区域文化产业协同发展研究》,《兰州学刊》,2011 年第 1 期。

④ 贾海涛:《"文化软实力"理论的演进与新突破》,《社会科学》,2011 年第 5 期。

渐丰富；另一方面，它又相对稳定，往往通过代际关系世代递传，始终保持一些使之区别其他区域的独特品质。区域文化软实力是指区域文化的价值观念、社会制度、发展模式等的影响力、感召力和渗透力①。

区域文化软实力的内涵十分丰富，主要包括：以区域精神为核心的文化凝聚力；以创意产业为核心的文化创造力；以文化输出为核心的文化辐射力；以区域形象、区域品牌和历史风貌为核心的文化识别力。在工业化的起飞阶段，区域间的竞争首先表现为经济和物质财富积累的比拼；在工业化的中高级阶段，是管理与制度建设；而到了后工业化阶段，文化软实力则成为区域竞争的最重要的因素之一，成为经济社会可持续发展的一种深层动力②。

区域文化软实力是国家文化软实力的组成部分，是局部和整体的关系。一方面，区域文化软实力与国家文化软实力有所不同，但它的提出背景与国家文化软实力有着千丝万缕的联系，可以说它是国家文化软实力的衍生概念，体现着国家文化软实力的主流、方向和要求，负有提升国家文化软实力、增强国家综合实力和核心竞争力的责任。另一方面，区域文化软实力也是区域软实力的组成部分，是区域软实力的子概念，其在区域综合实力和核心竞争力中具有统领和支撑功能。区域文化软实力离不开文化事业和文化产业，但将区域文化软实力仅仅限定为一个区域的文化事业和文化产业是失之偏颇和简略的，应当从更高站位、更广视野进行考察，特别是应把其还原为一种力量，要揭示其作为"力"的本质特性，揭示这种"力"对区域本身、相关区域、相关领域乃至整个国家的作用。可以说所谓区域文化软实力，应当是这样一种"力"，它依托区域文化资源和文化自身的发展而产生，以无形和有形的态势，成为推动区域文化创新发展的持续动力，成为促进区域综合实力和核心竞争力提升的一种持续的辐射力和支撑力，并由此与更多的区域一起形成合力，成为提升国家文化软实力的重要源泉和推动力量③。

区域文化软实力是一个具有中国特色的概念，它在我国的出现是两种趋势作用的结果。首先，区域文化软实力是在我国地方政府纷纷实施文化强省战略的过程中提出的。党的十七大召开前后，北京、广东、上海、浙江、江苏、湖南、山东、陕西、云南、重庆、河北等20多个省市都制定并实施了文化强省（市）战略。地方政府文化强省战略可以说是国家文化发展战略在区域层面的贯彻实施，它是区域文化软实力概念提出的现实基础。其次，区域文化软实力是在我国学术界对软实力

---

① 曾德贤、何伟军：《文化软实力：区域经济发展的强大动力》，《前沿》，2012 年第 13 期。

② 张建民：《提升文化软实力：实现区域经济社会可持续发展》，《淮海工学院学报（人文社会科学版）》，2012 年第 4 期。

③ 沈昕、凌宏彬：《区域文化软实力：概念、愿景、路径》，《转型期的中国未来——中国未来研究会 2011 年学术年会论文集》，2011 年。

的深入研究中提出的。进入新世纪新阶段,我国学术界对软实力问题的研究呈现向纵深发展的趋势[①]。

(二) 区域文化软实力的构成要素

基于对区域文化软实力内涵的不同认识,关于区域文化软实力的构成要素也有许多不同观点。如有人认为区域文化软实力中的文化,主要指"人类在社会历史发展过程中所创造的精神财富",既包括世界观、人生观、价值观等意识形态,又包含自然科学、文学艺术、语言文字等,表现为思想、理论、信仰、道德、教育、科学、文学、艺术等具体形式[②]。有人认为"文化软实力由内在核心与外在形式构成。内在核心是指精神文化,如社会主义核心价值体系、中华民族优秀传统文化;外在形式主要表现为物态文化,如文化产业、文化事业等"。认为文化软实力是由人类精神活动及其行为结果的总和而产生的综合影响力,既包括政治、外交、意识形态、价值体系,又包括哲学、法律、语言、宗教、艺术等等[③]。也有人认为文化软实力主要表现为 4 个方面:文化凝聚力,即文化创造的重要源泉;文化影响力,即文化吸附的强大力量;文化生产力,即经济发展的强力推动;文化服务力,即公民享有的基本权力[④]。还有人认为"文化软实力是指该国传统文化、价值观念、意识形态等文化因素对内发挥的凝聚力、动员力、精神动力和对外产生的渗透力、吸引力和说服力。可见,文化软实力在行为层面体现为一种能力,这种能力在一个国家或民族内部体现为国家或民族凝聚力和创造力,在外部体现为渗透力、说服力和吸引力"[⑤]。也有人主张文化软实力水平应该包括以下十个要素:文化投入、文化设施、文化产业、文化信息、文化消费、文化交流、文化科技、文化遗产、文化法制、群众文化[⑥]。还有"六要素说":发展模式软实力、核心价值观软实力、国家(地区)形象文化软实力、文化生态软实力、对外交往软实力、文化传播软实力[⑦]。作为一个特殊区域的城市,有人提出其文化软实力是建立在文化传统、文化现实、文化制度环境、文化影响等非物质要素之上的城市文化基础力、城市文化保障力、城市文化生产力、城市文化传播力、城市文化吸引力、城市文化创新力等的总和。并认为城市文化软实力是一个由若干子系统组成的有机整体,其资源层可以由六个子系统构

---

① 王小拥:《试论区域文化软实力概念的提出背景》,《河南工业大学学报(社会科学版)》,2010 年第 2 期。

② 傅梅蓉:《泉州"文化软实力"及其战略路径选择》,《鸡西大学学报》,2009 年 8 月第 4 期。

③ 方志:《文化软实力呼唤"硬指标"》,《出版参考》,2008 年第 15 期。

④ 文略:《提升国家文化软实力——记"中国文化发展战略与国家文化软实力"学术研讨会》,《中华文化画报》,2009 年第 1 期。

⑤ 魏恩政、张锦:《关于文化软实力的几点认识和思考》,《理论学刊》,2009 年第 3 期。

⑥ 陈依元、王益澄:《宁波文化现代化指标体系的制定及评价》,《宁波大学学报(人文科学版)》,2001 年第 4 期。

⑦ 孙亮:《"文化软实力"指标体系的建构原则与构成要素》,《理论月刊》,2009 年第 5 期。

成,分别是:文化基础力、文化保障力、文化生产力、文化传播力、文化吸引力、文化创新力①。

通过对上述不同观点的比较和分析,我们可以清楚地认识到,文化是软实力的核心构成和重要载体,是体现文化软实力的价值根基。但是,文化不等同于软实力。只有先进文化在有效的传播过程中,才能彰显和体现出文化软实力。就文化本身角度来讲,文化软实力主要包括价值观和思维方式以及文化载体、文化传播能力四个层面;就文化作用角度来讲,文化软实力主要体现在对外交往层面的文化软实力、区域内部层面的文化软实力。其中,对外交往层面文化软实力的主要表现形态,集中体现在价值观具有普世性、文化载体和文化传播能力具有先进性、善待他国家和民族文化、国家形象具有强大的魅力、国家发展模式具有影响力、在国际上具有公信力与支持力等方面;国家内部层面文化软实力主要表现形态,既体现在国家文化力、区域文化力、组织文化力上,又体现在国家竞争力、民族凝聚力、社会稳定力、制度文明力、发展持续力、国民发展力上。因此文化软实力在发展战略上应当着眼于先进价值观和制度文明建设、文化事业和文化产业建设、文化传播媒介建设与文化传播艺术研究以及提高经济社会发展水平②。

通过认识区域文化软实力的多层次内涵,我们认为文化软实力主要应由以下要素构成:文化基础力、文化保障力、文化生产力、文化辐射力、文化创新力、文化竞争力、文化吸引力、文化消费力、文化潜在力。各要素的基本内涵和表现形式简述如下:

1. 文化基础力。主要体现一个地区发展文化软实力的基础和资源条件。这些基础和条件一般通过旅游景点(含风景名胜区、世界文化和自然遗产)、重点文物保护单位、图书馆、博物馆、群众文化馆等为开展各种文化活动提供基础条件的设施和物质基础所体现。

2. 文化保障力。主要体现一个地区在经济发展水平、人员投入、资金投入等方面为文化软实力的健康、长期、持久发展提供经济和人员保障的条件。一般通过人均 GDP 水平、第三产业从业人数、全社会固定资产投资规模、政府对文化建设的投入等方面反映。

3. 文化生产力。主要体现一个地区文化产业提供文化产品和文化服务的能力,是推进文化软实力整体水平提高的产业支撑。一般通过文化产业所提供的产品和服务数量、文化产业的从业人数,以及对国民经济的影响程度来反映。

4. 文化传播力。主要体现一个地区文化信息的传递、扩散能力。是文化产品

---

① 陶建杰:《十大国际都市文化软实力评析》,《城市问题》,2011 年第 10 期。

② 吴桂韩:《文化软实力基础问题与发展战略新探》,《天府新论》,2011 年第 2 期。

和服务通过相关物质载体，最终得以使广大受众接受文化影响的传导机制与中介要素。一般通过互联网普及率、广播电视覆盖率、人均图书报刊购买量等方面反映。

6. 文化创新力。主要体现一个地区对文化各方面要素的不断变革和创新的能力。以寻找相对其他地区的差异化优势和比较优势。一般通过科学研究与开发投入规模、技术市场的成交规模、专利技术授权量等方面来反映。

5. 文化竞争力。主要体现一个地区文化市场的发达程度，以及与其他地区文化开展市场竞争的能力，以体现本地区文化的市场影响力和市场拓展力。主要通过文化市场机构数、资产规模、从业人数和交易量来体现。

7. 文化吸引力。主要体现一个地区文化对国外和其他地区消费者的吸引能力。是一个地区文化软实力发展水平的外部显现。一般通过吸引国内外旅游者的人数和旅游收入规模来体现。

8. 文化消费力。主要体现一个地区居民消费文化产品和服务的能力。以反映一个地区文化产品和服务的市场规模和消费者需求特点。一般通过居民收入水平、居民消费水平、居民对文化产品的消费量来体现。

9. 文化潜在力。主要体现一个地区实现文化持续发展的潜在能力。以反映一个地区文化可持续发展的后劲。一般通过人口的受教育程度、在校学生规模、政府对教育投入的规模、人口城市化水平等体现。

正是区域文化从以上几个层面，互相补充、互相渗透，共同汇聚成对经济社会发展起着巨大作用的“软实力”。

（三）提升区域文化软实力的意义

正确认识区域文化软实力的含义，全面系统地评价本地区区域文化软实力的真实水平，客观衡量其与发达地区的差距，确定进一步提升本地区文化软实力水平，对本地区社会、经济、文化、科技的全面发展，具有十分重要的意义。

一是全球性的地区间竞争形势变化的需要。

随着文化和文化产业发展成为世界各国普遍关注的重点和热点问题，对文化软实力的研究不断深入，加强文化软实力建设成为综合国力竞争的一个重要领域。文化与经济、政治、科技紧密结合，越来越成为民族凝聚力和创造力的重要源泉，越来越成为促进经济社会发展的重要因素。尤其是现代社会凭借发达的信息技术、便利的交通条件、紧密的市场联系，不仅国家间相互合作，而且地区间也形成了纷繁复杂的经贸关系和科技文化交流。从国外经验来看，20 世纪 90 年代以来，随着对文化软实力在提升本国国际竞争力中重要作用的认识，发达国家和新兴工业化国家为了占领“文化经济高地”，纷纷制定了文化发展战略，他们重视文化软实力的影响和渗透作用，通过文化产业化加快文化的发展和传播，依托文化创意和文化人才,致力于满足本国精神文化需求和增强文化在全球范围内的竞争力。其中文化产业化是基于效率的增强文化软实力的最重要途径,也是文化发达国家近年来所努力践行的①。

从区域发展的角度看,文化软实力就是将区域内外文化资源进行优化整合、开发利用、吸收转化、传播交流的文化生产力,其产出的产品物化为相应的物质形态或非物质形态,效用主要通过提升人的生活质量、满足精神需要和彰显文化影响力的形式来体现。对区域和国家而言,能够扩大影响力、主导话语权,形成强大的凝聚力、向心力和吸引力。在经济全球化、社会信息化日益强化的当今时代,文化不仅是软实力,也是促进科学发展的硬实力、硬资源。文化软实力主要是通过加强文化建设、开发文化资源、发展文化产业、壮大文化经济、提高物质产品的科技文化含量来实现,将社会意识形态、核心价值体系和行为生活方式转化为精神文化产品影响世界②。

二是国内区域间社会经济文化协调发展的要求。

改革开放以来,中国文化软实力得以不断提升。继十四届六中全会提出文化属于综合国力的新判断之后,十五大把社会主义文化建设作为一项战略任务。十六大又提出“发展文化事业和文化产业,推动文化创新”的要求,并把发展先进文化作为党的执政能力建设的根本内容。2006 年《国家十一五文化发展规划纲要》发布,第一次把文化发展制订成五年计划。随后,十七大明确提出“提高国家文化软实力”的任务,突出了文化在全面建设中国特色社会主义事业中的重要地位和作用。正因为国家对文化软实力的重视,其后大多数省市都制定并实施了文化强省(市)战略。地方政府文化强省战略的实施,又进一步推动了国家文化发展战略的贯彻实施。这样如何挖掘本地区的文化资源,打造具有本地区特色的文化软实力,实现本地区社会经济文化协调发展,又成为了不同地区思考和研究的主题。因为区域文化软实力与区域经济社会可持续发展存在紧密的关联性:一是文化软实力的强弱,直接关系着区域之间竞争力的强弱,从而对区域经济社会的可持续发展产生持久影响;二是文化软实力的强弱,直接关系着区域人文精神的创新,从而在精神的层面上影响着区域的可持续发展;三是文化软实力的强弱,直接关系着区域文化由量变向质变的发展进程,从而在转变经济发展方式的广阔视角上影响着区域的可持续发展;四是文化软实力的强弱,直接关系着区域生产要素的集聚与集约,从而从资源与环境的永续利用层面影响着区域的可持续发展;五是文化软实力的强弱,直接关系着区域的文化自觉与文化自信,从而从理念与规律的

① 刘志华、刘慧:《基于效率的文化软实力研究:国外经验及借鉴》,《地方财政研究》,2008 年第 10 期。
② 刘纪兴:《全面提升湖北省文化软实力的战略思考》,《学习与实践》,2010 年第 2 期。

高度影响着区域的可持续发展①。

三是适应现代社会发展需要和提升区域竞争力的要求。

现代社会的经济发展越来越依赖于文化的魅力和文化的张力及竞争力。越来越多的现象表明:社会财富越来越向拥有文化软实力优势的国家和地区聚集,在区域经济竞争群雄并起的背后,是区域文化软实力百舸争流般的竞争。一个地区要赢得区域竞争的优势,一个城市要实现可持续发展,不仅需要强大的经济实力、科技实力等硬实力,更需要有强大的文化软实力。硬实力建立在软实力的基础上,软实力是硬实力赖以生成、发展和壮大的强大的精神支撑。一个区域具有强大的文化软实力,才能做到刚柔相济,软硬结合,从而推动该区域协调均衡地持续发展。一个地区的文化底蕴、文化氛围,一座城市的文化品位、文化内涵、文化精神,越来越成为城市对外开放、增强区域竞争力和推动区域经济发展的重要条件和内驱力。当资源、资本等有形要素在经济全球化进程中可以通过交易和流通及时获取时,区域文化中的精神素养、价值追求和制度体系等却不可轻易地位移与嫁接,使得文化成为区域自生能力的源泉和竞争力的核心。一种良好的区域文化软实力是良好的人文素养的内在体现,能够形成全民共识的价值追求,从而推动制度的创新、降低制度的实施成本,提高社会资源的使用效率。只有具有优良的区域文化软实力才可能有优良的人文素养、优良的价值观念、优良的行政效率、优良的社会秩序和持续优良的经济发展氛围。区域文化软实力作为助推经济发展的结构性因素成了区域经济发展的重要凭借,这是一个地区综合实力和可持续发展能力的重要组成部分,也是发展品位的体现,更是区域产生创造性变迁的动力源。没有繁荣的文化,就没有真正的发展,没有强大的区域文化软实力,就没有真正的区域综合竞争力②。

二、中国区域文化软实力提升的基本过程

(一)中国区域文化软实力的形成基础

现代中国区域文化软实力的形成,是基于中华文明五千年传承所铸就的中国传统文化。由于地理环境和自然条件不同导致文化背景存在差异,传统文化在中华大地上经过长期的历史过程,形成了明显与地理位置有关的文化特征,这种文化就是区域文化。区域文化由于本身具有深厚的产生根基和传承发展的倾向,从而也就产生了不同的区域文化特性,并且源远流长,代代相传。

---

① 张建民:《提升文化软实力:实现区域经济社会可持续发展》,《淮海工学院学报(人文社会科学版)》,2012 年第 4 期。

② 曾德贤、何伟军:《文化软实力:区域经济发展的强大动力》,《前沿》,2012 年第 13 期。

根据已发现的考古遗址，早在新石器时代的中华大地，就大体形成了黄河流域文化区、长江流域文化区、珠江流域文化区和北方（以燕山南北、长城地带为重心）文化区。在那时，已经奠定了后来农耕文化区和游牧文化区的基础。

中国区域文化的形成经历了特定的道路，具有不同的特点。春秋战国时期的区域文化格局形成，基本上发生在东部汉族区域的内部，到隋唐以前，共同性渐增，差异性渐减。但在隋唐以后，以少数民族文化为主的新的区域文化又加入其中，走上共同性渐增，差异性渐减的轨道。

在中国传统文化中，主要的区域文化包括：

1. 江淮文化。江淮文化区又称两淮文化区，以巢湖为中心，其范围大致包括今天长江以北的江苏、安徽两省境地。北与黄河文化的齐鲁文化区、中原文化区接壤，南与两湖文化区、吴越文化区隔长江相望。它处在长江文化与黄河文化交流的过渡地带，是连接中国南北文化的走廊与桥梁。江淮地区有着悠久的历史文明和丰富的文化遗存。江淮文化，在古代是随着大运河的开凿而发展起来的，是由商业发达催生形成的。

2. 徽文化。徽文化即徽州文化。指古徽州一府六县物质文明和精神文明的总和。徽州指今安徽黄山市、绩溪县及江西婺源县。徽州文化是一个极具地方特色的区域文化，其内容广博、深邃，有整体系列性等特点，深切透露了东方社会与文化之谜，包含了中国后期封建社会民间经济、社会、生活与文化的基本内容，被誉为是后期中国封建社会的典型标本。徽文化具有开放性，既吸收也辐射。处于徽文化熏陶中的人们既兴文又重商，胡雪岩、朱熹等名人毫无疑问地体现着徽文化的魅力。

3. 齐鲁文化。齐鲁文化是齐文化和鲁文化的融合。春秋时期的鲁国，产生了以孔子为代表的儒家思想学说，而东临滨海的齐国却吸收了当地土著文化（东夷文化）并加以发展。两种古老文化存在差异，相对来说，齐文化尚功利，鲁文化重伦理；齐文化讲求革新，鲁文化尊重传统。两种文化在发展中逐渐有机地融合在一起，形成了具有丰富历史内涵的齐鲁文化。齐鲁文化具有自强不息的刚健精神、崇尚气节的爱国精神、经世致用的救世精神、人定胜天的能动精神、民贵君轻的民本精神、厚德仁民的人道精神、大公无私的群体精神、勤谨睿智的创造精神等。

4. 燕赵文化。燕赵之地主要是指今天的河北和山西、陕西的中北部地区。燕赵地区气候相对干冷，农业以粟、豆类为主，畜牧业也占相当地位，城市商业也比较发达。燕赵文化虽属汉族农业文化地区，但由于燕赵处在当时的农牧分界线地区，因此燕赵文化与边外游牧文化关系密切。自十六国和北朝、辽、金、元、清等朝以来,一直处在胡汉交融的状态;为了抵御外侵,形成勇武好搏击的特点,具有悠久的武术传统。自金开始,历代统治者在北京建都,都市文化的特点也在很大程度上影响了燕赵文化,文化特点具有一定的"正统性",文化娱乐等方面受宫廷和北京市民文化影响较大。

5. 三秦文化。三秦之地,即今陕西地区和甘肃、宁夏的东南部。秦人以法家思想治国,文化上具有鲜明的功利主义特点,加之其地理位置便于与北方和西域的文化交流,使其在农耕文化的基础上,具有包罗万象、兼容并蓄的特点,不仅留下了历史上各民族文化、各种宗教、各种艺术形式的痕迹,商业文化也很发达。由于文化中心逐渐向东南转移,这里的社会经济文化发展逐渐滞后,原有文化开放性日益减弱,保留了较为传统的文化心态。

6. 三晋文化。三晋之地主要包括今天的山西大部、河南的北部和中部。三晋文化实际上可以说是"中原文化"的代称。由于地处中州,各种文化碰撞交流于此,使该地区的文化呈现出一种共享性。商业的流动性和因水患、战乱和灾荒引起的人口流动一起,造成这里的人口频迁特点。特别是地处平原,四通八达,因此区域文化的特点不如其他地区明显。

7. 楚文化。楚文化的分布包括今天两湖、安徽、江西的西北部和河南的南部,其中以两湖和安徽的部分为核心地区,淮河流域和鄱阳湖流域等作为其边缘地区。在上古的三苗文化基础上,华夏文化的主流汇合了当地蛮夷文化的支流,共同构成了楚文化。由于这里以丘陵和江湖为主要自然地理特征,加上民族文化源流的丰富,使楚文化极具特色。

8. 吴越文化。吴越文化以太湖为中心,包括今天的江苏、浙江、上海地区,影响到安徽东部和江西的东北部。该地区气候温和,土地肥沃,水网密布,雨量充沛,农业极为发达。经过长时期的历史发展,中国经济和文化重心逐渐从北方转移到这里。到明清时期,沿海的地理优势充分显露出来,商业贸易迅速发展起来,城市极为繁荣。吴语是汉语七大方言之一,构成有独特的语言文化系统,强化了这里的区域文化特征。文化风格细腻、恬淡、婉转、雅致、清新,与北方各区域文化形成鲜明的对比。

9. 巴蜀文化。巴蜀文化以四川和重庆为中心,辐射到陕南、鄂西和云贵部分地区,由川东的巴文化和川西的蜀文化共同构成。由于该地区与中原地区存在自然阻隔,有助于强化地域色彩浓厚的文化传统。巴蜀文化的风格以热烈、诙谐、高亢为特征。四川和重庆虽同属于巴蜀文化,也因为地理不同而有差异。

10. 河洛文化。河洛文化是指产生在河洛地区的区域性文化。大量考古发现资料和古代文献记载说明,华夏文化是汉文化、中华民族文化的母体文化。华夏文化主要源自中国古代早期国家夏商文化及其更为久远的河南龙山文化，考古发现与研究已经证实河南龙山文化是夏文化形成的直接源头。河洛地区是河南龙山文化的重要分布地区，河洛地区可以说是夏文化、华夏文化的发源地及其形成、发展的核心地区，也可以说是以后汉文化、中华民族文化的发源地。

11. 岭南文化。岭南文化从较宽泛的意义上说，包括广东、海南、福建和广西的部分地区性文化（台湾、香港、澳门地区文化基本上属于这一地区的移民文化）。岭南文化为原生性文化。基于独特的地理环境和历史条件，岭南文化以农业文化和海洋文化为源头，在其发展过程中不断吸取和融汇中原文化和海外文化，逐渐形成自身独有的特点。岭南文化务实、开放、兼容、创新。岭南文化带有浓厚的域外色彩，家庭组织和区域性组织较发达，具华洋混合的新文化风格。岭南文化大体分为广东文化、桂系文化和海南文化，主要以属于广东文化的广府文化、客家文化和潮州文化为主。

12. 东北文化。东北文化是指东北地区，包括大兴安岭以东，外兴安岭以南，包括今黑龙江省、吉林省、辽宁省和内蒙古的东四盟及河北省的东北部地区的文化。在辽、金、元、清时期具有浓厚的游猎文化特色，但在不断与汉族文化融合过程中，在辽东地区形成了农耕文化与游猎文化交融的特征。东北文化主要包含着三种文化类型：一是少数民族的文化；二是中原文化、汉文化；三是异国文化。

（二）新中国成立到改革开放前中国区域文化的艰难探索

1949 年新中国成立，开启了我国文化建设的新航程，但由于受政治、经济因素的制约和影响，我国国家文化和区域文化建设都是在探索中前进，在曲折中发展。一般可以将 1949—1978 年的中国区域文化发展过程划分为三个阶段：

第一个阶段：1949 至 1956 年。这一阶段是社会主义文化的基本确立和初步建设时期，其主要特征是改革旧有文化事业，建设新的文化事业；在社会性质转变过程中，新民主主义文化转变为社会主义文化。

第二个阶段：1956 至 1966 年。这一阶段是全面探索社会主义文化建设时期，其主要特征是中国共产党在探索社会主义建设道路的同时，也在探索中国特色文化发展道路，社会主义文化事业取得可喜成就，也出现严重失误。

第三个阶段，1966 至 1976 年。这一阶段是社会主义文化事业陷入“文革”的灾难时期。其主要特征是“左”的指导思想占据文化领域的主导地位，文化事业遭到严重破坏，处于万马齐喑的低谷。

直到改革开放初期，我国的文化基础设施和条件、文化队伍建设水平都还相当落后。

表 1　改革开放前全国文化事业机构统计表

年份	艺术表演团体（个）	艺术表演场馆（个）	文化馆（个）	公共图书馆（个）	博物馆（个）	广播电台（个）	电视台（个）
1949	1000	891	896	55	21	49	
1950	1676	1083	1693	63	22	65	
1951	1855	1319	2226	66	31	74	
1952	2084	1510	2430	83	35	72	
1953	2267	1862	2455	93	49	63	
1954	2424	2064	2417	93	46	61	
1955	2414	2159	2437	96	50	58	
1956	2720	2173	2584	375	67	58	
1957	2884	2296	2748	400	72	61	
1958	3181	2573	2616	922	360	91	2
1959	3504	2565	2699	1011	480	122	7
1960	3309	2333	2480	1093	452	137	17
1961	3233	2237	4767	873	300	135	20
1962	3320	2249	3767	541	230	94	14
1963	3428	2980	4069	490	215	89	13
1964	3478	2902	4435	543	228	86	13
1965	3458	2943	4785	577	214	87	12
1966	3374	1785	4846	523	193	78	13
1967	3223	1677	4681	470	187	78	13
1968	3030	1651	4546	448	179	79	15
1969	2683	1497	4239	400	171	81	19
1970	2541	1432	4126	323	182	80	31
1971	2514	1420	4375	392	184	81	32
1972	2681	1407	4405	460	195	85	31
1973	2731	1448	4716	523	210	86	32
1974	2760	1430	5123	583	217	88	32
1975	2836	1464	5387	629	242	88	32
1976	2906	1458	5575	768	263	89	32
1977	2941	1448	5743	851	300	90	32
1978	3150	1095	4569	1218	349	93	32

资料来源：国家统计局国民经济综合统计司《新中国六十年统计资料汇编》，中国统计出版社，2010 年。

全国整体文化发展水平的落后，同样也代表着各地区文化发展水平的低下。直到改革开放前期的 1980 年，全国各地区的文化基础设施仍然不足，文化队伍规模偏小，文化产品不仅种类少，产量也不大，尤其是文化发展水平在地区间极不平衡。

表 2　1980 年全国各地区文化发展情况

	艺术表演团体（个）	公共图书馆（个）	博物馆（个）	图书出版总印数（万册）	杂志出版总印数（万册）	报纸出版总印数（万份）
北京	42	20	1	62817	57960	845000
天津	21	19	5	9282	4299	15248
河北	206	80	9	23014	716	15043
山西	162	72	19	9055	1905	17590
内蒙古	176	83	2	7200	580	
辽宁	132	85	8	17900	6300	46600
吉林	107	48	11	10900	2900	13000
黑龙江	120	83	6	11108	2151	15324
上海	48	23	7	56207	12209	85520
江苏	157	82	19	21235	2373	26815
浙江	170	69	19	14510	1829	27695
安徽	137	80	12	12026	1118	22956
福建	107	26	15	8246	960	14913
江西	118	49	52	8474	584	17048
山东	156	88	10	19728	3643	33212
河南	280	70	11	21672	1368	28849
湖北	127	101	33	169982	989	31289
湖南	138	77	22	21745	1169	34801
广东	195	97	26			
广西	121	87	8	9532	878	209
海南	24	15	1			
四川	183	71	11	31370	3036	50627
贵州	32	44	2	6928	1144	9878
云南	154	80	4	8106	738	17570
西藏	10	1		359	83	2073
陕西	137	69	32	10390	2124	19318
甘肃	98	39	9	5822	334	10540
青海	28	23		2231	65	3160
宁夏	23	14		1433	51	2279
新疆	94	27	1	3789	138	9196

注：北京数据未包括国家和中央机构部分。

资料来源：国家统计局国民经济综合统计司《新中国六十年统计资料汇编》，中国统计出版社，2010 年。

（三）改革开放三十年中国区域文化的大发展

1978年中共十一届三中全会的召开,全国各地区文化建设进入新的发展阶段。文化领域深入推进改革,实现全面开放,找到了一条中国特色社会主义文化发展的道路。在带来新时期的思想解放、经济繁荣、社会稳定、科技进步、国际交往加强和国家地位提高的同时,也极大地激发了当代中国的文化创造力,为中国文化发展开辟了广阔的道路。改革开放的前三十年,是我国区域文化发展最稳定、成果最丰富的时期之一。全国各地区文化总体的发展情况,可以概括如下:

1. 文艺创作日益繁荣。30年间,我国文艺各个门类百花竞放、异彩纷呈,文艺创作更加积极活跃,文艺氛围更加融洽和谐,文艺队伍更加意气风发。重在建设、锐意创新成为文化发展主潮。精心组织筹划中国艺术节、中国京剧艺术节、全国美展等文化活动,设置"文华大奖"等重大艺术奖项,实施国家舞台艺术精品工程,对艺术创作产生积极明显的引导作用。传统艺术在继承、弘扬与创新中薪火相传。扶持全国重点京剧院团,实施中国京剧音配像工程,实施昆曲艺术抢救、保护工程,开展了一系列卓有成效的工作。

2. 公共文化服务体系初具规模。30年间,社会文化工作理念逐步深化,公共文化服务职能得到凸显,人民群众的文化权益保障问题日益受到关注,以基本阵地、基本队伍、基本内容、基本活动方式为重点,以重大文化工程为抓手,公共文化服务体系建设扎实推进。覆盖城乡的公共文化服务网络初步形成,服务能力得到提高。以国家大剧院、国家博物馆为代表的一大批标志性骨干文化设施在大中城市建成使用的同时,加大对农村地区、西部地区、少数民族地区文化基础设施建设的扶持力度。"十五"期间基本实现"县县有图书馆文化馆"目标,"十一五"规划基本实现"乡乡有综合文化站"的建设目标。实施重大文化工程,带动社会文化工作的开展。全国文化信息资源共享工程,运用现代科学技术,实现优秀文化信息资源在全国范围内共建共享,在丰富广大人民群众特别是经济欠发达地区群众的精神文化生活、缩小城乡之间文化发展上的差距等方面发挥了重要作用。

3. 文化市场和文化产业蓬勃发展。30年间,我国文化市场以"一手抓繁荣,一手抓管理"的方针为指引,基本形成了由娱乐市场、演出市场、音像市场、电影市场、网络文化市场、艺术品市场等组成的统一、开放、竞争、有序的文化市场体系,初步建立起以综合行政执法、社会监督、行业自律、技术监控为主要内容的文化市场监管体系。文化市场形成多样化、多层次、多渠道的文化产品供给新格局和传播快、覆盖广、容量大的文化产品流通新网络。各类资本发展文化产业的积极性日益高涨,大量资本和人力资源涌入文化产业领域,一个以公有制为主体、多种所有制共同发展的文化产业新格局正在逐步形成。演艺、音像、艺术品等传统文化产业较快增长,网络、游戏、动漫、流媒体等新兴文化产业迅速崛起,一批有较强实力、竞争力、影响力和自主创新能力的大型文化企业和企业集团脱颖而出，一批具有民族特色、自主知识产权和原创性的知名文化品牌应运而生。

4. 文化遗产保护成效显著。随着时代的发展和观念的进步，文化遗产保护领域逐渐拓宽，以《文物保护法》和《文物认定管理暂行办法》等法律规章为基础，保护体系日臻完善。国务院自2006年起设立“文化遗产日”，文化遗产保护宣传深入人心，保护文化遗产的意识逐渐增强，成为全社会的文化自觉。国家分别于1981年和2007年开展了第二次和第三次大规模文物普查，国务院先后公布5批全国重点文物保护单位，公布国家历史文化名城共109座，中国历史文化名镇名村共157处。西藏布达拉宫、故宫等历史建筑的保护和修缮工程、三峡大坝、青藏铁路等国家重点工程的考古发掘与保护、四川汶川大地震后文物保护等工作取得显著成效。博物馆体系日臻完善，1978年底全国文物系统博物馆只有349个，截至2008年末，全国文物系统有博物馆1893个，增长了近6倍。各部门、各系统、各行业和民间兴办的博物馆也取得了长足进步，目前全国博物馆总数已超过2400个，初步形成了门类丰富、特色鲜明的博物馆发展新格局。自1987年中国的第一批6项遗产进入《世界遗产名录》以来，2008年已拥有世界遗产37处。民间文物收藏快速发展，收藏的规模、范围、品质和社会影响都达到了前所未有的高度，文物市场逐步走上健康快速发展的轨道。随着文化遗产保护观念的逐步深入，我国非物质文化遗产保护工作进入了一个新的阶段。国家、省、市、县四级非物质文化遗产保护名录体系已经初步建立。

5. 中外文化交流日益活跃。文化外交已经成为我国继经济、政治外交之后的第三大支柱，成为国家整体外交战略的一个重要组成部分。目前，我国同世界上160多个国家和地区保持着良好的文化交流关系，先后与145个国家签订政府间文化合作协定和近800个年度文化交流执行计划，全方位的对外文化交流的新格局已经形成。各地区的对外文化交流渠道逐渐拓宽。实施品牌战略，从深度和广度上拓展活动的影响力，成为在世界上广泛传播中华文化的重要载体。

6. 文化体制改革不断深化。30年间，文化体制改革从局部到整体，从机制调整到体制创新，不断探索，不断推进，不断深化。党的十六大以后，文化体制改革以“区别对待、分类指导，循序渐进、逐步推开”的方针为指导，不断向面上扩大，向纵深拓展。积极探索艺术院团改革的有效途径，探索多种资源整合的形式，实现优势互补，发挥存量资源的效用，使艺术资源的配置和院团的布局结构得到优化。按照“成熟一个转一个”的要求，完成了一批艺术院团的转企改制工作。积极塑造市场主体，一批经营性文化事业单位实现转企改制。

7. 文化建设的保障体系更加完善。30年来，国家出台了一系列促进文化建设的政策，加大财政文化投入、开征文化事业建设费、引导文化公益捐赠、支持社会力量兴办文化事业、扩大市场准入等,使长期困扰文化建设的投入不足、资金短缺等难题得到一定程度的缓解。新中国成立后的第一个五年计划期间,我国文化事业费投入为 4.97 亿元,1978 年增长到 22.04 亿元,到 2008 年,达到 248.05 亿元,分别是"一五"期间和 1978 年的 49.91 倍和 11.25 倍。在全国文化事业费增加的基础上,中央和省级财政设立了专项扶持资金,加大对农村地区,特别是老、少、边、穷地区文化建设的扶持力度。文化政策进一步完善,文化法规进一步健全,文化法律框架体系初步形成。2006 年国家首次颁布了文化发展专项规划——《国家"十一五"时期文化发展规划纲要》。国家制定并修订了《文物保护法》、《著作权法》,国务院制定文化行政法规十余部,文化部发布了一系列部门规章,为文化的健康发展提供了根本保障。

改革开放前三十年各地区文化事业的发展,也可以从一系列统计数据中得到充分反映。

表 3　1980—2010 年间中国区域文化事业发展情况

地区	艺术表演团体(个)				公共图书馆(个)				博物馆(个)				图书出版总印数(万册)			
	1980	1990	2000	2010	1980	1990	2000	2010	1980	1990	2000	2010	1980	1990	2000	2010
北京	42	43	31	34	20	23	26	25	3	12	112	49	62817	61695	96300	213000
天津	21	23	16	36	19	30	31	31	5	10	14	18	9282	13048	5881	4000
河北	206	143	121	284	80	121	145	165	9	22	43	65	23014	24391	31022	17000
山西	162	169	159	342	72	111	121	126	19	67	76	89	9055	12166	10105	13000
内蒙古	176	124	116	123	83	104	108	113	2	10	25	54	7200	7948	7423	6000
辽宁	132	97	77	239	85	123	128	128	8	27	30	61	17900	20300	17082	15000
吉林	107	74	65	68	48	47	60	65	11	16	16	57	10900	13900	8100	20000
黑龙江	120	99	89	89	83	96	97	107	6	20	41	76	11108	12342	9944	7000
上海	48	38	29	89	23	51	31	28	7	10	11	27	56207	29849	25372	28000
江苏	157	137	133	408	82	91	101	111	19	51	86	213	21235	34369	34746	55000
浙江	170	90	79	471	69	80	83	97	19	51	65	100	14510	19596	27014	28000
安徽	137	99	92	1255	80	84	84	88	12	26	37	120	12026	22117	30992	24000
福建	107	91	96	449	26	74	81	86	15	58	81	94	8246	16312	20298	8000
江西	118	86	79	99	49	104	104	108	52	82	81	108	8474	19216	20300	16000
山东	156	119	118	119	88	115	133	149	10	41	59	114	19728	33173	41336	34000
河南	280	231	205	371	70	127	134	142	11	53	70	111	21672	29373	35077	20000
湖北	127	108	99	204	101	101	103	107	33	85	94	120	169982	402517	288416	28000
湖南	138	91	91	201	77	116	115	124	22	42	71	81	21745	32134	24844	31000
广东	195	130	138	397	97	103	125	132	26	106	131	169	—	28070	26978	23000
广西	121	115	118	141	87	90	94	108	8	28	39	64	9532	13360	23691	25000
海南	24	22	22	67	15	19	19	20	1	10	15	16	—	946	3288	7000
重庆	—	—	38	381	—	—	42	43	—	—	14	37	—	—	11198	16000
四川	183	109	98	348	71	109	129	161	11	34	50	108	31370	21152	27315	19000

（续表）

地区	艺术表演团体（个）				公共图书馆（个）				博物馆（个）				图书出版总印数（万册）			
	1980	1990	2000	2010	1980	1990	2000	2010	1980	1990	2000	2010	1980	1990	2000	2010
贵州	32	33	28	52	44	84	89	93	2	4	8	59	6928	11191	10289	8000
云南	154	137	129	142	80	148	148	150	4	20	30	120	8106	12329	13414	15000
西藏	10	25	46	37	1	18	1	4	—	—	—	2	359	435	524	1000
陕西	137	119	118	127	69	113	114	112	32	53	67	106	10390	14962	15958	20000
甘肃	98	85	76	82	39	83	91	94	9	46	65	102	5822	7235	7218	7000
青海	28	20	19	32	23	41	38	44	—	6	14	18	2231	1082	586	1000
宁夏	23	19	15	45	14	20	22	20	—	—	4	6	1433	1890	1649	2000
新疆	94	95	88	132	27	62	80	103	1	8	23	71	3789	4794	7287	5000

资料来源：国家统计局国民经济综合统计司：《新中国六十年统计资料汇编》，中国统计出版社，2010 年。国家统计局：《中国统计年鉴 2011》，中国统计出版社，2011 年。

（四）近十年“文化强省”战略推动中国区域文化实现质的飞跃

中共十六大以来的十年中，以胡锦涛同志为总书记的党中央高度重视社会主义先进文化建设，在科学判断国际国内形势，全面把握当今世界文化发展趋势，深刻分析我国基本国情和战略任务的基础上，加深了对中国特色社会主义文化建设规律性的认识，提出了新的文化发展观，解放和发展文化生产力，提高建设社会主义先进文化的能力，建设社会主义和谐文化以及提高国家文化软实力等新思想、新观点和新论断，进一步丰富了文化发展战略思想的内容。特别是党的十六届四中全会明确提出要“深化文化体制改革，解放和发展文化生产力”。《国家“十一五”时期文化发展规划纲要》指出要“坚持树立新的文化发展观，不断深化对文化发展的地位、方向、动力、思路、格局和目的的认识，冲破一切束缚文化发展的思想观念、做法、规定和体制机制性障碍，不断解放和发展文化生产力，促进文化与经济、政治、社会协调发展”。党的十七大报告中明确提出，在“当今时代，文化越来越成为民族凝聚力和创造力的重要源泉、越来越成为综合国力竞争的重要因素”。“要坚持社会主义先进文化的前进方向，兴起社会主义文化建设新高潮，激发全民族文化创造活力，提高国家文化软实力，使社会文化生活更加丰富多彩，使人民精神风貌更加昂扬向上。”激发了全国各省（区、市）日益重视区域文化发展战略。自山西省于 2002 年在全国率先提出建设“文化强省”以来，全国大多数省、市、区相继提出“文化强省（市、区）”的建设目标，同时在公共文化服务体系构建、文化体制改革、文化产业发展等方面取得了一系列成就，积累了丰富的经验①：

1. 战略定位明确文化强省建设的目标和方向。文化战略定位是否科学，将直接关系文化强省的目标指向、发展布局和建设进程。因此，各地首先把战略定位

① 潘捷军等：《全国各地“文化强省”建设的实践与思考》，《中国发展观察》，2012 年第 1 期。

摆在重要位置，并从丰富的传统文化资源、鲜明的区域文化特色和浓郁的民族文化色彩等各自不同特点出发进行设计定位。广东 2009 年提出建设“文化强省”口号后，从其在全国文化发展格局中的地位以及中国文化走向世界的特殊作用等角度出发，提出要打造成为在全国具有重要影响力的区域文化中心，社会主义先进文化的排头兵，提升我国文化软实力的主力省和中国文化“走出去”的生力军的建设目标。

2. 政策举措提供文化强省建设的保障和支撑。各省市区依据《国家“十一五”时期文化发展规划纲要》、《文化产业振兴纲要》等指导性文件，相继出台政策。有在宏观层面整体推进的，如建设文化强省的规划纲要、关于推动文化大发展大繁荣的意见等；有从微观层面加大力度的，如关于加快文化产业振兴、深化文化体制改革等方面的实施意见等等，并力求细化可操作。

3. 体制改革激发文化强省建设的活力和生机。2003 年中央文化体制改革办公室确定了首批“文化体制改革 9 个试点省市、35 家试点单位”，其中以“文化强省”建设为目标的省份，成绩尤令人瞩目。江苏、河北 2011 年 4 月底已经全面完成了文化体制改革的路线图、时间表、任务书。陕西全面完成省市两级文化体制改革任务。安徽全面完成转企改制。通过积极推进文化体制改革，这些省份“公益性文化事业”和“经营性文化产业”双翼齐飞，极大地解放和发展了文化生产力。

4. 文化惠民凝聚文化强省建设的人心和力量。文化惠民不仅是文化强省建设的出发点和落脚点，也是一项惠及全民、凝聚人心，促进文化大发展大繁荣的重大举措。目前河南、安徽、江苏、广东等省“文化惠民工程”实施进度快，成效显著。河南的公共文化主要设施总数位居全国第一。安徽提前实现广播电视村村通、文化信息资源共享、农村数字电影放映的目标。江苏在“市有三馆、县有两馆、乡有一站、村有一室”的基础上，累计建成农家书屋 17158 个，在全国率先实现行政村全覆盖。广东则在探索实施“文化消费补贴计划”和“国民文化消费卡工程”。

5. 文化产业提升文化强省建设的影响力和竞争力。20 世纪 90 年代以来，文化产业迅速成为新的全球经济增长驱动轮，我国文化发展模式已由事业型转向事业和产业并举，《文化产业振兴规划》等政策相继出台后，文化产业已然成为各省市文化强省建设的战略重点。浙江全省 2010 年有民营文化企业 4 万多家，涉及影视、印刷、演艺娱乐、艺术品经营、旅游、广告、会展等 10 个行业，从业人员 75 万人，投资总规模在 1300 亿元以上，比 2009 年增长近 6 倍。

6. 文化精品凸显文化强省建设的优势和特点。各地在勾画文化强省宏伟蓝图的过程中，非常重视培育区域独特的文化特质，在尊重当地历史和文化的基础上固本求新，传承历史文化，构建现代文明，打造区域文化整体形象。一方面注重延续地域文脉，打造历史（民族）文化品牌。另一方面注重弘扬主旋律，打造红色

(革命)文化品牌。这些红色文化精品,用社会主义核心价值体系引领社会,大大增强了社会主义文化的吸引力和凝聚力。

7. 文化创新加快文化强省建设的进度和步伐。文化创新是推动社会主义文化大繁荣大发展、提高文化软实力的核心元素和不竭动力。某种意义上讲,文化强省就是文化创新的"高地",是新思想、新理论、新技术、新产品的发源地、产出地和权威的认证地。为了加快文化强省建设的进度和步伐,各省在"创新"方面下足功夫。如江苏特别注重科技在文化创新中的引领和先导作用,仅省科技厅投入文化产业费用一项就达 3.2 亿元,并进而带动社会投资约 15 亿元。同时,该省在实践中创建的"加减乘除"产业政策创新,使新兴业态文化增加值占全省文化产业增加值的 21%。

8. 指标体系增强文化强省建设的宏观调控和动态管理。分析和评价一个地区的文化强省建设状况如何,定性与定量的描述和分析同等重要,不可偏废。而定量分析就是要寻找或建立一个尺度去监测和评价该省(市)文化强省建设的进程和效果,进而增强文化强省建设的宏观调控和目标动态管理。这方面,河南、江苏走在了全国前列。河南在 2006 年提出"加快文化资源大省向文化强省跨越"的战略任务后,运用模糊层次分析法和德尔菲法的基本原理,构建了文化强省建设的指标评价计算体系,并建立了相应的测度配套措施。

9. 文化"走出去"彰显文化强省建设的辐射力和影响力。"推动中华文化走向世界",是实现文化强国的必要路径。各地在开展多渠道多形式多层次的对外文化交流中,注重发挥优势、创新理念、因地制宜,走出了各具特色的文化"走出去"之路。如江西的"鄱阳湖国际生态文化节"、山东的"国际孔子文化节"和湖南的"张家界国际乡村音乐周"等,都已成为这些地区文化"走出去"的一张亮丽名片。

10. 人才队伍体现文化强省建设的后劲和远见。各地在文化强省建设过程中,十分注重发挥建设宏大文化人才队伍作为推进文化大发展大繁荣的支撑保障作用。江苏除"十一五"期间每年拿出 1 到 2 亿资金引进包括文化在内的高层次创新人才外,还专门设立"紫金文化奖章",用以奖励优秀文化人才。

可以说,正是由于国家中长期文化发展战略的推出,由于文化软实力的作用不断突显,全国各地区通过"文化强省(市、区)"战略的实施,大力推进文化资源的开发、文化产业的发展、文化基础设施的完善、文化消费水平的提高、文化影响力的拓展,使区域文化成为了推动区域社会经济发展的重要手段和动力,同时也使区域文化软实力在近十年中实现了质的飞跃。

三、中国区域文化软实力的现状和区域差异

在国家提升文化软实力的政策指引下,各地区在如何提升本地区域文化软实

力方面取得了明显成效。

（一）文化基础设施日益完善，项目建设规模空前

文化基础设施是文化发展的物质载体，是文化活动的主要场所，精神文明建设的重要阵地，也是一个地域文明程度的象征，是社会主义先进文化建设的一项重要内容。近十年来，在党中央、国务院的高度重视下，在中央财政资金的带动和引导下，我国各地区对文化建设的投入力度逐年加大，公共文化设施建设总体呈现健康向上、蓬勃发展的良好态势，日益成为推动社会主义文化大发展大繁荣的重要引擎。据统计，2002—2011 年的十年间，全国竣工公共文化设施（这里所说的公共文化设施，是小文化的概念，主要是指各级文化行政部门及其所属单位的设施，不包括新闻出版、广电这些系统的文化设施）项目共 32854 个，其中公共图书馆 1128 个，文化馆 1279 个，乡镇综合文化站 30238 个，公益性艺术表演场馆 209 个。竣工项目总面积 2448 万平方米，项目总投资约 480 亿元。各级各类文化设施建成投入使用，有力地支撑了文化事业文化产业的快速发展。2010 年全国各省市区的文化基础设施使用情况如下：

表 4　2010 年全国各地区文化基础设施建设和使用情况

地区	国家级风景名胜区（个）	全国重点文物保护单位（个）	公共图书馆（个）	博物馆（个）	群众艺术馆（个）	文化馆（个）	文化站（个）	艺术表演场馆（个）
全国	225	2352	2884	2435	374	2890	40118	2112
北京	2	98	24	41	1	19	317	73
天津	1	14	31	18	1	18	237	37
河北	11	163	165	65	13	164	2142	113
山西	5	270	126	89	12	119	1402	103
内蒙古	1	77	113	54	13	103	901	26
辽宁	9	52	128	61	22	100	1428	58
吉林	6	33	65	57	14	63	888	32
黑龙江	1	28	107	76	17	129	1508	44
上海	0	19	28	27	1	26	213	96
江苏	5	119	111	213	14	104	1324	201
浙江	20	130	97	100	12	89	1511	242
安徽	10	56	88	120	15	105	1389	60
福建	18	85	86	94	10	85	1095	57
江西	14	51	108	108	12	103	1809	57
山东	5	95	149	114	18	140	1855	91
河南	10	189	142	111	18	184	2264	150
湖北	6	91	107	120	13	100	1263	68
湖南	19	60	124	81	15	125	2421	63

（续表）

地区	国家级风景名胜区(个)	全国重点文物保护单位(个)	公共图书馆(个)	博物馆(个)	群众艺术馆(个)	文化馆(个)	文化站(个)	艺术表演场馆(个)
广东	8	66	132	169	22	122	1594	124
广西	3	42	108	64	15	107	1162	24
海南	1	14	20	16	3	18	209	10
重庆	5	20	43	37	1	40	1000	46
四川	15	127	161	108	22	182	4448	94
贵州	18	39	93	59	8	87	1429	7
云南	12	76	150	120	17	131	1369	36
西藏	4	35	4	2	8	74	239	21
陕西	5	138	112	106	11	109	1707	97
甘肃	3	71	94	102	16	86	1315	27
青海	1	18	44	18	9	42	358	20
宁夏	2	18	20	6	7	19	224	15
新疆	5	58	103	71	14	97	1097	15

资料来源:《中国文化文物统计年鉴》2011,《中国旅游统计年鉴》2011。

(二) 文化产业不断做大做强,有力推进地方经济发展

文化产业是区域文化建设当中一个重要组成部分。近十年来,全社会对文化产业的地位、作用和功能的认识逐渐取得了共识。在党中央、国务院的高度重视下,各地区的文化产业发展势头良好,也取得了显著的成绩,初步显现出成为国民经济支柱性产业的潜力。根据国家确定的打造政策支撑、公共服务、投融资、贸易合作、人才培养五大平台建设的思路,通过不断完善文化产业政策体系,努力营造良好的市场环境,有效地推动了我国各地区文化产业的加快发展。根据文化部门的相关统计,全国文化部门的文化产业增加值近十年的年均增长速度都在20%以上,2000、2005和2009年的文化产业增加值分别为205.95亿元、389.71亿元和1037.70亿元。据国家统计部门统计,2010年我国文化产业增加值达到1.1万亿元(包括文化部门及其他部门的文化产业),占同期GDP的2.75%。过去五年,文化产业在国民经济中所占的比例也在逐步增加,在满足人民群众精神文化消费需求、促进文化发展和繁荣、加快经济发展方式转变等各个方面发挥了重要作用。

2010年全国各省市区的主要文化产业机构发展情况如下:

表 5　2010 年全国各地区主要文化产业机构发展情况

地区	公共图书馆		文物业		艺术表演团体机构		群众文化机构		娱乐场所		图书报纸杂志
	从业人数（人）	藏书总量（万册）	从业人数（人）	年度收入（万元）	从业人数（人）	演出收入（万元）	从业人数（人）	总支出（万元）	从业人数（人）	营业收入（万元）	出版种类（种）
全国	53564	61726	102471	1870427	220653	342695	141002	93195	703520	4772098	187554
北京	1307	1715	5043	188570	2355	14829	2359	2559	11093	66959	5878
天津	1077	1258	941	41119	2123	2657	1027	1094	6495	45250	4835
河北	1789	1611	6530	62937	8302	10540	6336	2543	17866	85593	2560
山西	1575	1208	5798	86540	13775	13191	4229	1886	14455	56384	2944
内蒙古	1804	940	1946	33696	5939	3434	3872	2376	12039	91222	3095
辽宁	3152	2953	3391	52666	6002	5887	4898	2817	23254	119246	9461
吉林	1661	1380	1421	19754	4101	3274	3437	2333	10731	82758	15841
黑龙江	1846	1644	1703	18273	5211	2018	4324	1735	12086	47190	3899
上海	2180	6809	1233	50948	6766	20878	4702	7065	36482	368937	19961
江苏	2838	4370	4884	102404	9080	23588	6457	6019	41870	371860	14944
浙江	3040	3761	4559	167927	15279	63247	5881	10139	56644	516575	8375
安徽	1239	1236	2434	36781	17579	13567	5295	2355	26797	256952	5881
福建	1190	1682	1528	29225	14568	24958	2655	2756	32866	273914	3637
江西	1406	1520	3187	29721	4288	2894	4360	1728	22531	154242	4070
山东	2680	3636	5162	72881	6268	6740	7598	4622	27890	152339	7346
河南	2762	1837	7994	89866	16751	14112	10500	2840	17348	92358	5205
湖北	2151	2361	3222	41205	7284	6370	4921	2626	22545	127577	10961
湖南	1993	1961	3681	56631	7095	6182	6937	2791	36375	230683	7697
广东	3761	4615	3808	90839	13600	24807	9696	10136	95825	588163	6841
广西	1509	1881	1515	24313	4946	3678	4075	1664	30004	157849	7584
海南	374	285	308	5086	2465	6735	660	408	7730	35849	2685
重庆	854	1031	1895	35510	4423	6759	3726	3234	18350	94845	4855
四川	1972	2599	5567	110536	8302	19504	8181	4918	40363	299261	7081
贵州	937	812	1665	16794	2201	649	4790	1566	12376	74620	943
云南	1760	1566	1844	30207	5370	2556	5181	2534	25088	116102	4768
西藏	64	53	4094	25861	2013	322	311	593	4302	14856	629
陕西	1988	1127	8472	114871	7162	4966	5802	2605	11523	100653	6708
甘肃	1306	1042	3443	45270	4451	4048	3416	1296	9505	57109	2124
青海	398	358	371	4910	1279	1034	772	1320	1590	7498	502
宁夏	543	462	561	10437	1772	972	1012	592	5554	28006	956
新疆	978	1113	1626	37548	4843	898	3592	2033	11943	57235	5288

资料来源:《中国文化文物统计年鉴》2011。

表 6　2009 年全国各地区文化部门文化产业增加值分项情况　　　单位：亿元

地区	总计	艺术业			图书馆	群众文化	艺术教育	文化市场经营机构	动漫企业	文艺科研	文物业	其他文化产业及相关产业
		合计	艺术表演团体	艺术表演场馆								
总计	1037.56	108.89	78.41	28.94	33.95	48.32	10.13	692.18	17.30	3.40	57.57	65.79
中央	18.08	4.29	4.12	0.07	2.57	—	0.13	—	—	1.17	3.99	5.91
北京	21.11	7.99	2.76	5.09	1.28	0.79	0.54	3.93	1.78	—	3.64	1.13
天津	13.39	2.79	1.58	1.20	0.88	0.65	0.48	5.87	0.60	0.04	0.89	1.15
河北	25.86	2.40	1.97	0.40	0.77	1.57	0.51	15.17	0.16	0.12	3.07	2.06
山西	19.56	2.66	2.26	0.33	0.70	1.11	0.81	10.79	0.17	0.13	2.00	1.15
内蒙古	22.61	2.37	2.17	0.18	0.82	1.25	0.20	15.22	0.02	0.08	1.09	1.52
辽宁	34.07	2.76	2.39	0.33	1.96	1.74	0.28	23.30	—	0.13	1.99	1.87
吉林	20.03	2.17	1.77	0.29	0.85	1.23	—	13.77	0.04	0.14	0.82	0.99
黑龙江	19.71	2.69	2.51	0.11	0.99	1.10	0.29	12.01	0.34	0.06	0.98	1.20
上海	108.62	6.12	3.50	2.60	2.90	2.93	0.06	88.94	2.97	0.05	1.91	2.70
江苏	73.41	7.65	3.99	3.31	2.37	3.59	0.91	43.98	2.88	0.13	3.80	8.06
浙江	82.42	9.35	6.69	2.66	2.35	3.93	0.96	56.01	0.70	0.18	4.32	4.57
安徽	36.86	5.16	4.39	0.71	0.69	1.34	0.45	25.32	1.43	0.06	0.87	1.50
福建	37.33	3.71	3.27	0.43	0.72	0.95	0.36	28.22	1.25	0.08	0.67	1.32
江西	26.49	1.56	1.33	0.19	0.57	0.94	0.16	21.12	—	0.06	0.95	1.09
山东	54.78	3.66	3.08	0.40	1.60	2.61	0.26	39.92	1.33	0.10	2.72	2.53
河南	39.77	5.22	4.64	0.57	0.91	2.13	0.54	24.72	0.40	0.15	3.36	2.29
湖北	37.92	3.28	2.78	0.49	0.93	1.41	0.42	27.08	0.84	0.10	1.58	2.23
湖南	46.46	2.00	1.54	0.40	0.79	1.63	0.36	37.43	0.63	0.03	1.64	1.91
广东	74.66	8.99	4.11	4.86	3.27	4.63	0.71	46.51	1.18	0.10	3.07	6.16
广西	27.31	1.91	1.70	0.20	0.78	1.14	0.18	20.82	0.29	0.05	0.60	1.48
海南	5.50	0.70	0.51	0.19	0.11	0.20	0.10	3.79	—	—	0.12	0.44
重庆	20.01	1.27	1.10	0.15	0.45	1.25	0.11	14.54	—	0.03	1.16	1.17
四川	58.34	4.08	3.10	0.86	0.87	2.18	0.46	44.32	0.19	0.03	3.37	2.81
贵州	14.81	1.10	0.98	0.09	0.41	1.21	—	10.05	—	0.01	0.72	1.29
云南	23.20	2.44	2.19	0.25	0.84	1.74	0.17	15.24	—	0.07	0.77	1.90
西藏	4.55	0.80	0.74	0.05	0.06	0.18	—	2.71	0.01	0.02	0.39	0.35
陕西	32.01	3.80	2.26	1.53	0.77	1.63	0.27	19.77	—	0.09	3.95	1.71
甘肃	13.17	1.90	1.63	0.19	0.63	1.04	—	6.95	—	0.01	1.61	1.01
青海	5.02	0.82	0.70	0.12	0.24	0.35	0.07	2.72	—	0.01	0.25	0.52
宁夏	6.65	0.97	0.64	0.31	0.27	0.41	0.07	4.06	0.01	0.02	0.33	0.46
新疆	13.69	2.12	1.86	0.24	0.46	1.28	0.12	7.73	—	0.02	0.76	1.16

资料来源：《中国文化文物统计年鉴》2010。

（三）文化市场空前繁荣，传统文化与现代文化交相辉耀

近十年以来，我国各地区的文化市场管理工作全面推进，文化市场在规范有序中快速发展。文化市场规模扩大，日益繁荣，成为人民群众文化消费主渠道。全国文化市场主体得到快速培育，市场结构不断优化完善。据文化部统计，截至2011年底，全国共有文化市场经营单位25.6万家，从业人员157.3万人，演出、娱乐、艺术品、网吧、网络音乐、网络游戏六大市场总规模达到4155亿元。目前我国各地的文化市场呈现出空前繁荣的态势。

一方面，传统市场在转型中发展。娱乐、演出、艺术品等传统文化市场在转型中求发展，市场主体、经营模式多样化，跨界融合求创新，使传统行业焕发出新的生机与活力，演出市场总量显著增长。2011年，全国演出市场规模达233亿元。演出与旅游、网络、动漫等领域跨界融合趋势日益明显，演艺集聚区建设出现热潮，演出市场国际化趋势开始显现。

另一方面，新兴市场在崛起中壮大。以网吧、网络游戏、网络音乐等为代表的新兴市场异军突起，势头迅猛，2011年市场规模达到1397亿元。网吧成为低收入人群主要文化消费场所。全国现有网吧14.6万家，市场规模619亿元。网吧连锁化取得重大进展，全国网吧连锁率已近40%，市场秩序进一步规范。网络音乐带动音乐产业转型升级。2011年，网络音乐相关企业452家，网络音乐总体市场规模309亿元，其中，服务和内容提供商收入27.8亿元。网络游戏在争议中发展与规范。2011年网络游戏市场规模468.5亿元。现有网络游戏运营企业1293家，网络游戏虚拟货币交易服务企业37家。客户端游戏扁平化、网页游戏移动化、移动游戏规范化成为网络游戏主要发展趋势。《网络游戏管理暂行办法》的实施，规范和引导了行业的健康发展。

与此同时，娱乐市场经营管理更加规范。2008年以来实施的“娱乐场所阳光工程”规范了市场主体，优化了市场结构，提升了行业形象。2011年，歌舞娱乐场所5.4万家，游戏游艺娱乐场所3.6万家，市场规模达到566亿元。娱乐场所转型升级蔚然成风，大众型消费场所成为市场主流。艺术品市场发展迅猛。2011年我国艺术品市场交易总额为1959亿元，艺术品市场的快速发展，带动了社会资本及普通民众参与艺术品投资、收藏的热潮，促进了优秀文化的传承和艺术创新发展。

表 7　2010 年全国各地区文化市场发展情况

地区	文化市场经营机构数（个）	文化市场从业人数（人）	文化市场资产总额（万元）	文化市场营业收入（万元）	地区	文化市场经营机构数（个）	文化市场从业人数（人）	文化市场资产总额（万元）	文化市场营业收入（万元）
北京	244697	1388868	16150844	10696257	湖北	9535	55421	524678	305281
天津	1937	16468	226171	93025	湖南	10447	56748	587327	354529
河北	1415	12116	194638	87483	广东	15469	88700	821776	549405
山西	9498	43193	368699	191407	广西	14202	158248	1643816	1094496
内蒙古	5758	28020	271177	143729	海南	8278	51973	345740	261078
辽宁	8157	26474	324613	202784	重庆	1722	13181	126122	83593
吉林	12300	53746	577059	280969	四川	6672	34156	319035	195756
黑龙江	8101	30367	352049	218908	贵州	15874	78995	893423	642573
上海	8930	29455	253163	163900	云南	4828	23478	225534	148964
江苏	4647	60358	1959022	1692298	西藏	8765	37248	336877	178061
浙江	15410	78852	1172138	741585	陕西	1731	7936	58689	27023
安徽	10832	86147	1153088	808362	甘肃	5261	35119	466355	252703
福建	9979	51244	548143	440367	青海	2912	17186	170945	101408
江西	5836	52862	691599	508046	宁夏	1359	5731	43252	29259
山东	8247	43143	416040	291417	新疆	1898	9403	74644	49028
河南	17120	78839	768362	444275					

资料来源:《中国文化文物统计年鉴》2011。

（三）文化服务体系日臻完善，服务网络遍布城乡

近十年来，党中央、国务院高度重视公共文化服务体系建设，制定了一系列重要的政策措施，各级党委政府和文化部门按照中央的部署，以建立覆盖全社会的公共文化服务体系为目标，以保障群众的基本文化权益为着力点，以重点文化惠民工程为抓手，以文化设施为载体，以文化服务为核心，加大建设力度，公共文化服务体系建设呈现出蓬勃发展、整体推进、重点突破的良好态势。我国覆盖城乡的公共文化设施网络基本形成，为“十二五”时期基本建立覆盖全社会的公共文化服务体系奠定了非常好的基础。为此，全国各地区完成了大量的卓有成效的工作：

一是文化投入力度不断加大，覆盖城乡的公共文化服务网络基本建成。2011 年，全国文化事业费为 392.62 亿元，与 2007 年的 198.96 亿元相比，增幅达 97.33%。人均文化事业费从 2007 年的 15.06 元增加到 2011 年的 29.14 元，增幅为 93.49%。在基层文化设施建设方面，乡镇综合文化站建设项目等一系列面向基层、面向农村的重大文化设施建设项目顺利实施，显著改善了基层文化设施的整体面貌。截止到 2011 年，全国共有县级以上独立建制公共图书馆 2952 个，比 2007 年增加 153 个，文化馆（含群艺馆）3285 个，乡镇（街道）文化站 40390 个，基本实现了“县有图书馆、文化馆，乡有综合文化站”的建设目标。覆盖城乡的公共

文化设施网络已经基本建立。

二是实施公共文化设施免费开放,服务能力明显提高。公共文化机构免费开放是近年来公共文化服务创新的一项重要举措。从 2004 年开始,我国各级各类国有博物馆、纪念馆、美术馆、有条件的爱国主义教育基地等公共文化设施逐步实行了免费或者优惠开放制度,最大限度地发挥了公共文化资源的社会效益。2011 年,全国各级文化文物部门归口管理的公共博物馆、纪念馆有 2115 座陆续向社会免费开放。2011 年文化部联合财政部推动了全国公共图书馆、文化馆(站)、美术馆免费开放。据不完全统计,免费开放政策落实后,2011 年 3 月至 10 月,全国各级文化馆免费开放服务人次 514.45 万,比 2010 年全年 429.8 万服务人次的数量增长 19.7%,各级公共图书馆到馆人次 4.27 亿,比 2010 年全年 3.28 亿人次的数量增长 30%。

2010 年全国各地区文化投入及服务网络建设情况如下:

表 8 2010 年全国各地区文化投入及服务网络建设情况

地区	政府财政文化服务投入额(亿元)	文化事业费占财政支出比重(2009)(%)	人均文化事业经费(元/人)	文化事业费(千元)	实际完成文化项目基建投资(万元)	互联网普及率(%)	电视节目综合覆盖率(%)	广播节目综合覆盖率(%)
全国	1392.57	0.38	24.11	3230646	751392	34.3	97.62	96.78
北京	79.36	0.60	82.44	152787	767	69.4	99.99	99.99
天津	24.28	0.53	43.55	3077858	21957	52.7	100.00	100.00
河北	37.09	0.29	9.78	161693	30647	31.2	99.26	99.32
山西	31.24	0.44	21.84	56348	18624	36.5	97.54	93.29
内蒙古	52.96	0.47	45.73	70307	59702	30.8	95.38	96.60
辽宁	56.76	0.39	25.93	78000	9275	44.4	98.59	98.48
吉林	32.93	0.55	32.89	112982	11932	32.2	98.59	98.47
黑龙江	39.50	0.35	19.48	113430	19659	29.5	98.76	98.56
上海	54.95	0.62	80.92	90327	4931	64.5	100.00	100.00
江苏	88.67	0.39	20.74	74631	42282	42.8	99.88	99.99
浙江	77.15	0.79	44.46	186266	54873	53.8	99.35	99.17
安徽	51.68	0.32	12.91	163123	19565	22.7	97.50	97.31
福建	27.10	0.63	27.61	242002	40563	50.9	98.45	97.80
江西	28.38	0.43	16.47	76813	56580	20.2	97.96	96.78
山东	74.03	0.39	14.50	101855	26305	35.2	97.88	98.09
河南	54.99	0.32	10.12	73401	52948	25.5	97.39	97.30
湖北	36.67	0.47	19.98	138876	24094	33.3	98.11	98.10
湖南	39.66	0.40	13.11	95143	18104	27.3	96.43	91.99
广东	166.16	0.52	25.88	114389	58894	55.3	98.00	98.00

（续表）

地区	政府财政文化服务投入额（亿元）	文化事业费占财政支出比重（2009）（%）	人均文化事业经费（元/人）	文化事业费（千元）	实际完成文化项目基建投资（万元）	互联网普及率（%）	电视节目综合覆盖率（%）	广播节目综合覆盖率（%）
广西	32.77	0.42	17.40	86133	14573	25.2	96.50	94.50
海南	11.61	0.53	31.55	269940	13254	35.1	95.41	96.44
重庆	24.04	0.40	26.81	80097	13548	34.6	97.39	95.71
四川	59.37	0.33	17.89	27356	60288	24.4	97.33	96.22
贵州	23.98	0.39	15.45	77350	3061	19.8	92.55	87.59
云南	35.53	0.39	18.90	143902	16483	22.3	96.39	95.37
西藏	12.48	0.27	70.12	53676	1217	27.9	91.41	90.28
陕西	47.86	0.39	23.97	86881	7145	34.3	97.70	96.71
甘肃	29.78	0.38	21.73	21050	16227	24.8	93.72	93.47
青海	11.57	0.53	73.07	89457	1592	33.6	95.03	90.03
宁夏	16.09	0.57	38.85	55563	1631	28.0	98.20	92.92
新疆	33.92	0.45	32.67	41114	7276	37.9	95.28	94.90

资料来源:《中国文化文物统计年鉴》2011,《中国统计年鉴》2011。

（五）文化影响力不断扩大，文化消费蔚然成风

文化消费作为文化产业链的终端环节，既是文化发展的现实基础，也是文化发展的目的。增加文化消费总量，提高文化消费水平，对于扩大内需、推进产业结构升级、提高国民素质、构建和谐社会等具有重要意义。特别是在当前全球一体化进程不断加速的时代，区域文化的辐射力和影响力远远超越了国境和区域范围。不仅各地区对外文化交流日益增加，对外经贸联系日益密切。国内外的文化消费规模也在不断扩大，推动文化产品和服务的不断创新。

一般来讲，文化消费是指人们为了满足精神文化生活需要而以各种方式消费精神文化用品和服务的行为。随着人们收入水平的不断提高和物质生活质量的逐步改善，城乡居民越来越重视文化生活，城乡居民人均文化消费逐年增长，文化消费占消费支出的比重整体上呈现提高趋势。并且现代文化消费不再局限于读书、看报、上网，而是不断升温的国内外旅游和各具特色的大型节庆活动、主题游乐活动。

2010 年全国各地区文化影响和文化消费情况如下：

表9 2010年全国各地区文化影响和文化消费情况

地区	旅游景区（个）	国家重点文物保护单位（个）	旅游景区接待总人数（人）	接待入境旅游者人数（人）	入境旅游外汇收入（万美元）	旅游景区营业收入（万元）	城镇人均文化服务消费额（元/人）	平均每百人每年订报刊数（份/人）
北京	194	98	2242766875	96589776	504461	39608050	2901.93	37.0
天津	43	14	212155255	4900661	141951	477313	1899.50	16.3
河北	240	163	24775414	1660682	35071	134943	1001.01	7.1
山西	78	270	85322712	977447	46460	193387	1229.68	9.7
内蒙古	164	77	32928508	1302856	60190	361098	1641.17	7.7
辽宁	195	52	18421001	1428015	225933	115377	1495.90	8.8
吉林	103	33	116142707	3617999	30492	3170294	1244.56	6.7
黑龙江	155	28	17791006	820062	76250	523695	1001.48	9.6
上海	55	19	26878447	1724238	634092	125828	3363.25	42.6
江苏	366	119	55218897	7337216	478343	240095	2133.25	13.9
浙江	257	130	327737799	6535498	393020	134428	2586.09	19.3
安徽	276	56	196031908	6847102	70898	1200468	1479.75	10.1
福建	83	85	71475188	1984174	297824	932372	1786.00	13.6
江西	99	51	46036445	3681353	34603	208076	1179.89	8.1
山东	408	95	54123693	1139683	215504	1261382	1401.77	16.9
河南	192	189	234097366	3667909	49877	1377764	1137.16	8.5
湖北	193	91	98119469	1468355	75116	325439	1263.16	9.7
湖南	184	60	53483143	1817416	90622	750796	1418.85	10.9
广东	136	66	81351261	1898698	1238261	335415	2375.96	18.3
广西	128	42	133683453	31409300	80615	556056	1243.71	7.8
海南	33	14	58966628	2502363	32236	220131	1004.62	9.7
重庆	91	20	18969160	663284	70320	115210	1408.02	39.3
四川	188	127	51041556	1370231	35409	4679807	1224.73	7.2
贵州	80	39	64321055	1049300	12958	18325306	1254.56	5.6
云南	137	76	18264541	500052	132365	151278	1014.40	6.5
西藏	—	35	63954621	3291532	10359	320744	477.95	13.9
陕西	93	138	—	228321	101596	—	1595.80	13.9
甘肃	133	71	29246925	2121721	1481	123513	1136.70	8.2
青海	10	18	27768548	70167	2045	305492	908.07	8.4
宁夏	31	18	2928138	46740	599	3506	1286.20	44.1
新疆	176	58	7433516	17990	18542	1911145	1012.37	14.1

资料来源：《中国统计年鉴》2011，《中国旅游统计年鉴》2011，《中国文化文物统计年鉴》2011。

四、中国区域文化软实力评价

区域软实力评价是以统计资料为依据，借助一定的手段和方法，对区域软实力评价指标体系进行综合，得出概括性结论，揭示区域软实力的水平及发展规律的一种工作。中国历史悠久，地广人多，区域间的文化特色和经济发展水平差异很大,可持续发展的能力也不同。为了真实地反映不同区域的文化软实力,分析不同区域的差异程度,需要根据客观数据和资料,进行区域文化软实力的评价,以便为进一步探索提升区域文化软实力的对策提供依据。

(一)区域文化软实力评价的原则

为了科学地评价区域文化软实力,首先需要确定基本的评价原则。对此,许多学者各自提出了一些原则体系。我们认为区域文化软实力的评价应根据区域文化软实力的内涵和评价目的,在构建指标体系、选择评价方法、进行实际评价操作时,遵循以下主要原则:

1. 系统原则。按照文化元素多重性,区域文化软实力必须涉及到区域文化基础、文化产业、文化消费、文化市场等等多方面。要把区域文化软实力本身看做一个系统工程,在其指标考察上必须注意到文化软实力的构成要素及之间的相互关联,还要从系统的功能上,区分文化软实力自身的系统功能及其发挥作用的相关条件。指标体系尽可能系统、全面和综合,体现现阶段区域软实力的真实状况。

2. 区域原则。文化的属性赋予了文化软实力在国家层面和地区层面具有不同的目标和要求。国家文化软实力主要体现国家的国际影响力和国际形象;区域文化软实力主要体现本地区的文化资源和文化特色。区域文化软实力的指标设置必须要反映区域文化特点,同时兼顾其在国内和国际两方面的影响力和辐射力。

3. 关联原则。文化软实力不是一种凝固的实体,文化本身就具有很强的流动性与生成性。要突破和超越以往人们仅从传统的文化部门研究文化的“小文化”思路,而要从一个全新的多维视角、从“大文化”的高度来探讨提升文化软实力的途径和机制,以期找到文化软实力的实质性关联要素,从多个方面来勾勒当代文化软实力的多维图景,从而为当代文化软实力的定位和发展寻找到合理的根据。

4. 层次原则。对区域文化软实力的评价要分层进行。首先从文化软实力的内涵出发,选择从几个不同的维度进行观察和评价,形成第一层次的评价指标(一级指标),然后在每个一级指标下面再设置适当的二级指标,依此类推。同时要在指标的选取中避免指标的相互交叉,尽可能用少而精的指标来反映要素的特质。

5. 实用原则。提升区域文化软实力是各地区共同追求的目标。在设计区域文化软实力评价体系时,一要确保所选指标的数据能够准确、有效地收集;二要确保指标体系契合区域经济发展的要求,同时具有一定的稳定性,可以在一定时期内适用;三要确保可比性,评价指标的含义明确,口径一致,在各地区间以及同一地区的各年份之间均具有可比性。

(二)区域文化软实力评价指标体系设计

由于对区域文化软实力概念的认识不同,导致对区域文化软实力评价体系的构成有不同的主张,从而形成各具特色的区域文化软实力评价体系。通过对已有评价体系的分析和我国区域文化发展实际的研究,我们设计了一套比较全面、系统的区域文化软实力的评价指标体系。该体系包括9个一级指标(区域文化基础力、区域文化保障力、区域文化生产力、区域文化传播力、区域文化创新力、区域文化竞争力、区域文化吸引力、区域文化消费力、区域文化潜在力)、36个二级指标,可以较真实地反映各地区文化软实力的水平,并可进行区域间的比较分析。

表10 区域文化软实力评价体系设计

一级指标	二级指标	评价目标
1. 区域文化基础力	旅游景区数量	主要反映区域文化资源及利用情况
	国家重点文物保护单位数量	主要反映区域文化资源的质量情况
	公共文化场馆数量	主要反映文化基础设施建设情况
	主要文化机构数量	主要反映文化机构的服务能力
2. 区域文化保障力	人均GDP	主要反映本地区的经济发展水平
	第三产业从业人数所占比重	主要反映本地区服务业的发达程度
	全社会固定资产投资总额	主要反映本地区发展的规模和实力
	政府财政文化服务投入额	主要反映政府对文化建设的投入规模
3. 区域文化生产力	文化产业从业人数	主要反映本地区文化产业就业规模及生产能力
	文化产业增加值	主要反映本地区文化产业的发展规模
	文化产业增加值占GDP比重	主要反映本地区文化产业在整个经济中的地位
	图书、报纸、杂志出版量	主要反映本地区主要文化产品的生产水平
4. 区域文化传播力	互联网普及率	主要反映本地区互联网建设情况和网络条件
	电视节目综合覆盖率	主要反映本地区电视节目的影响范围
	广播节目综合覆盖率	主要反映本地区广播节目的影响范围
	平均每百人每年订报刊数	主要反映本地区报刊的影响程度
5. 区域文化创新力	科学研究与开发经费投入额	主要反映本地区对研究和开发的投入力度和规模
	技术市场成交额	主要反映本地区技术创新成果的市场供求状况
	专利授权数	主要反映本地区技术创新的能力和水平
	城镇文化系统就业人员平均工资	主要反映本地区对科技创新人才的吸引力
6. 区域文化竞争力	文化市场经营机构数	主要反映本地区文化市场经营主体的竞争程度
	文化市场从业人数	主要反映本地区文化市场的人员规模
	文化市场资产总额	主要反映本地区文化市场的资产实力
	文化市场营业收入	主要反映本地区文化市场的繁荣程度
7. 区域文化吸引力	旅游景区接待总人数	主要反映本地区文化资源的国内外影响力
	景区营业总收入	主要反映本地区文化资源的开发程度和品质水平
	接待国际旅人数	主要反映本地区文化资源在国外的影响力
	国际旅游外汇收入	主要反映本地区文化资源对境外游客的吸引力
8. 区域文化消费力	城镇人均可支配收入	主要反映本地区城镇居民文化消费能力
	城镇人均文化服务消费额	主要反映本地区城镇居民文化消费的实际水平
	农村人均纯收入	主要反映本地区农村居民文化消费的能力
	居民消费水平	主要反映本地区居民生活质量和水平

（续表）

一级指标	二级指标	评价目标
9. 区域文化潜在力	每十万人拥有大专及以上受教育程度人口数	主要反映本地区文化发展的后备力量和人才保障
	本地区高校在校学生人数	主要反映本地区文化教育的发达程度和水平
	本地区教育经费总额	主要反映本地区为文化发展进行前期投资的规模
	人口城市化率	主要反映本地区文化消费水平提高的潜力

（三）区域文化软实力评价的方法和数据

1. 区域文化软实力评价方法的选择

目前应用于区域文化软实力评价的方法有多种多样，如层次分析法、主成分分析法、模糊综合分析法、数据包络分析法等等，都能应用于区域文化软实力的评价。我们为了全面、系统、准确地了解我国不同区域文化软实力差异，特选择"无标准排序评价法"对我国不同区域的文化软实力进行排序。该方法是欧洲货币基金组织综合评估国家竞争力的方法。它是将被评价地区（或单位）的每一个指标，按指标值的大小依次排队，然后根据公式计算各地区每一个指标的得分，计算各地区的每一类指标的平均得分；将各地区的各类指标平均得分再加权求出算术平均分，求得各地区的总得分，然后进行综合评价。该方法的最大优点在于不受不同指标计量单位和数值大小的影响，只考虑不同地区的各项指标在所有地区中的地位或排序。其具体步骤为：

（1）按照评价基准，将各评价地区的每一项指标依次排序。

（2）计算评价地区每项指标的得分。具体计算方法为：第一名为 100 分，最后一名为 0 分，中间名次的各项指标得分为：$100-(n-1)/(N-1)*100$，其中 n 为评价地区该指标的序号（或排名），N 为参加排序的单位数。

（3）计算各评价地区各类指标的平均得分。

（4）将各地区的各类指标平均得分再进行算术平均，求得各地区的总分。

（5）将各地区的总得分和每类指标的得分，按照分值的大小依次排队，确定各地区总的名次和在各类指标中名次。

2. 区域文化软实力评价的数据资料

为了保证对我国各地区文化软实力评价的客观、公正，我们选择的评价数据主要来源于《中国统计年鉴》、《中国文化文物统计年鉴》、《中国旅游统计年鉴》中的相关数据。根据指标体系的要求，对部分数据进行了计算处理。包括对部分没有专项数据的指标，如"城镇人均文化服务消费额"用"城镇居民教育文化娱乐服务消费额"替代；"政府财政文化服务投入额"用政府财政支出中的"文化体育与传媒支出"替代；"城镇文化系统就业人员平均工资"用"城镇文化、体育和娱乐业就业人员平均工资"替代。由于相关部门没有对 2010 年文化产业的相关指标单独统计,在评价时利用 2008 年和 2009 年的相关数据进行了测算。"图书、报纸、杂志出版量"按照行业换算标准进行了折算。

(四) 中国 2010 年区域文化软实力评价的结果

根据上述指标体系、数据资料和方法,我们对中国 31 个省、市、区 2010 年的区域文化软实力进行了测算和排序,其结果如下:

表 11 2010 年全国各地区文化软实力综合评价结果

地区	区域文化基础力	区域文化保障力	区域文化生产力	区域文化传播力	区域文化创新力	区域文化竞争力	区域文化吸引力	区域文化消费力	区域文化潜在力	综合总分	综合排名
北京	96.72	93.69	83.33	98.23	98.48	100.00	99.49	98.99	93.69	95.85	1
天津	73.48	88.13	78.03	97.22	91.92	75.25	92.93	96.46	86.87	86.70	12
河北	84.34	85.61	83.33	86.62	80.56	72.98	79.04	81.82	86.87	82.35	21
山西	91.67	81.82	80.56	83.59	78.28	85.10	82.07	80.30	84.09	83.05	19
内蒙古	88.13	89.39	84.60	78.54	81.57	78.54	82.58	89.90	84.85	84.23	16
辽宁	83.33	95.20	94.95	90.15	92.68	81.31	80.81	92.17	93.43	89.34	8
吉林	82.83	86.87	83.33	85.10	78.79	90.15	89.65	84.85	85.10	85.19	14
黑龙江	79.04	86.11	83.59	87.63	83.59	82.83	81.06	80.05	87.12	83.45	18
上海	80.81	91.92	97.47	99.49	97.47	81.06	84.09	100.00	91.92	91.58	5
江苏	85.10	95.96	91.16	94.70	98.23	91.92	90.66	95.45	97.22	93.38	4
浙江	93.43	93.69	93.69	95.96	95.20	95.96	91.67	97.98	93.18	94.53	2
安徽	91.16	82.58	87.88	82.07	84.34	95.71	92.68	84.60	83.33	87.15	11
福建	87.37	83.33	82.58	90.40	87.88	89.39	91.16	93.69	86.36	88.02	9
江西	81.31	80.05	80.30	79.80	80.56	88.64	83.33	80.81	82.07	81.87	22
山东	93.94	91.16	87.12	89.90	94.95	85.86	87.63	91.16	92.17	90.43	6
河南	94.44	85.35	87.88	81.06	84.34	94.44	91.92	80.81	85.10	87.26	10
湖北	94.95	89.90	92.17	87.37	89.90	89.39	86.62	86.11	90.66	89.67	7
湖南	85.10	83.59	87.12	78.79	86.62	91.16	87.37	87.12	86.36	85.91	13
广东	90.91	96.21	91.67	92.42	96.97	95.71	90.91	95.96	93.94	93.86	3
广西	87.37	77.02	84.09	76.77	77.78	97.47	92.93	80.81	79.04	83.70	17
海南	76.01	78.28	75.51	82.83	72.98	85.61	83.59	77.53	78.54	78.98	25
重庆	73.48	83.84	77.27	86.87	86.62	72.73	76.52	87.37	83.59	80.92	23
四川	85.61	86.36	94.70	77.02	89.39	81.31	85.35	79.80	84.85	84.93	15
贵州	88.38	77.78	78.03	69.95	73.99	95.96	84.85	74.75	73.23	79.66	24
云南	84.85	76.26	83.59	74.49	75.25	77.02	79.04	76.77	77.02	78.25	28
西藏	79.80	75.25	77.53	77.78	76.26	83.08	83.84	72.22	69.95	77.30	29
陕西	80.56	83.84	91.41	86.62	86.87	70.96	75.51	82.83	88.64	83.02	20
甘肃	87.88	76.26	80.81	75.00	78.28	83.33	78.28	71.97	75.51	78.59	26
青海	76.52	76.26	78.28	77.02	77.78	75.25	76.26	71.97	76.01	76.15	31
宁夏	73.99	77.78	77.27	85.86	75.76	69.95	70.45	81.82	79.29	76.91	30
新疆	78.28	81.06	81.06	83.84	77.02	72.22	78.03	74.24	80.30	78.45	27

（五）中国2010年区域文化软实力评价结果的分析

通过对我国2010年各省、市、区区域文化软实力的综合评价，我们可以发现，现阶段我国的区域文化软实力的总体态势：

一是区域文化软实力地区差异明显。其中综合排序前五名的北京、浙江、广东、江苏、上海等省市不仅近三十年一直保持经济高速发展，而且文化建设的投入也高于全国平均水平，区域文化竞争力都很强，从而导致其区域文化软实力也明显高于全国其他地区。山东、湖北、辽宁、福建、河南、安徽、天津、湖南、吉林、四川这十个省市，属于区域文化软实力的第二梯队，其文化建设取得了相当成就，但仍有上升的空间。新疆、云南、西藏、宁夏、青海等西部省区，受经济发展水平、文化资源和文化市场开发程度较低的影响，其区域文化软实力相对较弱。

二是区域文化软实力呈东中西部阶梯分布。在排名前十的地区中，东部地区的浙江、广东、江苏、上海、山东、福建等发达省市都名列其中。相反，西部地区的贵州、甘肃、新疆、云南、西藏、宁夏、青海则都是名列后十名。海南和重庆由于成立时间不长、区域面积不大，相应的文化资源数量相对较小而影响其排名。因此，国家应在今后的文化投资建设方面加大对广大中西部地区的投资力度。

三是区域文化软实力的绝对差距较小。通过对全国31个省市区的综合评价，我们可以发现综合得分的最高分为北京的95.85分，最低得分为青海的76.15分，二者分差的程度并不特别大。尤其是有23个省市区的得分都在80分以上。这说明全国各地区都较重视文化软实力对地区社会、经济、科技和文化发展的影响，对开发文化资源、加强文化基础设施建设、发展文化产业等方面都进行了科学规划，全力推进。

四是区域文化软实力的特色各不相同。通过对区域文化基础力、保障力、生产力等九类指标的分类评价，可以发现全国31个省市区各有特点。主要表现在九类指标中，北京在区域文化基础力、创新力、竞争力和吸引力等四类指标中排名第一；上海在区域文化生产力、传播力、消费力等方面排名第一；广东在区域文化保障力上排名第一；江苏在区域文化潜在力方面排名第一。即使在属于西部地区的广西，其区域文化竞争力和吸引力在全国都名列第二，从而说明其区域文化软实力不可小视。

当然，通过对区域文化软实力的评价和研究，我们可以看到各省市区为提高区域文化软实力，增强自身的文化吸引力和竞争优势所进行的各种努力都取得了较好的成就。但我们也应认识到，从总体上讲，我国各地文化软实力的发展仍然处于起步阶段，存在着诸多现实问题，制约着文化软实力的提高。

一是有的地区拥有丰富的文化资源，但地方文化特色没有得到充分凝炼和广泛弘扬。我国是一个具有悠久文明史的国家，全国各地积淀着众多的历史文化遗产,文化资源丰富并具有地方特色,为区域文化软实力的形式创造与内容创新提供了不竭的源泉。但是现代经济发展中的文化产业和产品又并不单纯依赖已有的文化资源。如果在文化资源开发利用中不科学、不合理,更无助于提高区域文化软实力的努力。因此在全国各地大力提高文化软实力的竞争中,要认识到有的地方特色文化没有得到充分开发,特色文化的凝炼略显被动和迟钝,造成文化资源大量闲置和浪费,并通过科学规划、合理开发的思路,充分利用好本地区的特色文化资源。

二是有的区域在整体上的文化品位不够高,传统的农业文化形态较为浓重,文化软实力的现代潜质有待于进一步开发和传播。由于受到农业社会形态及其文化的影响,我国部分地区在一定程度上存在着因循守旧、安于现状、进取心和开创性不强的问题,不适应现代市场经济竞争和创新的文化要求,民主、效率、竞争、开拓等现代意识不够鲜明和强烈,这关系到我国不同区域的文化形象与文化影响力。

三是有的区域公共文化服务体系不够完善,公共文化产品的供给还不能适应和满足人民群众日益增长的精神文化需求。公共服务是区域文化软实力的真实体现。构建公共文化服务体系是提高文化软实力的基础性工程,它可以促进公共文化资源的公平配置,保障公民文化权利的顺利实现,推进公众科学文化素质的不断提高。从现实来看,我国有的地方公共文化服务体系还不够完善,文化资源与财富的供给和保障能力比较脆弱,不能满足人民日益增长的精神文化需要。

四是有的区域现代文化生产、传播与消费同高新技术结合程度不高,文化软实力的现代化元素和信息化形态发育不够成熟。上世纪 90 年代以来,以数字技术、互联网技术、信息通信技术为主要特征的科技浪潮,对文化生产与传播产生了深刻的影响,文化领域结合最新科技开始产生新的文化业态。而我国在高新科技浪潮中没有处于优势地位,文化创造和加工与高新科技的运用存在着结构上的巨大差距,初级文化产品多而高科技含量、高附加值文化产品少,文化产业部门的技术水平普遍比较低。

五是有的区域文化产业的整体水平和市场竞争力不够强大,文化软实力缺少强大的产业经济载体。文化软实力的影响力和竞争力要发挥“硬”作用,必须具备成熟的经济条件、扎实的产业基础和强大的企业规模,为文化软实力提供较高的发展平台和强有力的经济科技要素保障。当前我国很多地方文化产业得到较快发展,但存在着组织化、集约化程度低,产业规模小的现象,缺少龙头企业的带动作用,没有实现规模效益和竞争优势。

四、提升区域文化软实力的主要途径与对策

对于提升区域文化软实力的共同愿景,我们应该通过对不同区域文化软实力的客观实际的分析研究,找出差距和差距形成的原因。利用全国上下大力提升文化软实力的良好契机,采取有效措施。同时各地区要为提高中华文化的世界影响力,在国家文化发展和对外形象塑造上做出应有贡献,实现国家的文化软实力和区域文化软实力的共同提升,相辅相成。为此,特提出以下对策建议:

(一)正确认识提升区域文化软实力的重要性和紧迫性

面对国际国内日趋激烈的竞争和我国区域文化软实力的严峻形势,针对我国当前区域文化软实力建设方面存在的问题和不足,为推动我国区域文化软实力的全面健康发展,必须把提高我国区域文化软实力作为一项关系我国经济社会发展和区域综合实力提升的重大社会战略任务来抓。根据我国社会经济持续健康发展的需要,各地区要在已有成就的基础上,进一步掀起社会主义文化建设新高潮、推动社会主义文化大发展大繁荣,对实现全面建设小康社会的目标、开创中国特色社会主义事业新局面、实现中华民族伟大复兴具有重大而深远的意义。

从人类发展的历史和经济发展的态势来看,传统社会中的疆域辽阔、资源丰富、人口众多等物质要素在现代经济发展中的决定作用已显示出相对下降趋势。相反,影响人们行为的思想观念、制度体系等文化元素在现代经济发展中的功能则在不断提高,使得文化软实力成为区域发展的重要竞争力。一个地区要赢得区域竞争的优势,不仅需要强大的经济实力、科技实力等硬实力,更需要有强大的文化软实力。一种良好的区域文化软实力是良好的人文素养的内在体现,能够形成全民共识的价值追求,从而推动制度的创新、降低制度的实施成本,提高社会资源的使用效率。只有具有优良的区域文化软实力才可能有优良的人文素养、优良的价值观念、优良的行政效率、优良的社会秩序和持续优良的经济发展氛围。一个区域具有了强大的文化软实力,才能做到刚柔并济,软硬结合,从而推动该区域协调均衡地持续发展。没有强大的区域文化软实力,就没有真正的区域综合竞争力。越来越多的事实表明:社会财富越来越向拥有文化软实力优势的国家和地区聚集,在区域经济竞争群雄并起的背后,是区域文化软实力百舸争流般的竞争。

与时同时,我们还要在提升区域文化软实力过程中,从以下三方面提高其自觉性:

一是思想认识上的高度自觉。文化自觉,就是区域的发展绝对不能只见物不见人,不能仅仅关注物质财富的增长、居民收入的提高,而是要更加关注文化与经济、政治、社会以及生态文明的协调发展。

二是工作推进上的高度自觉。我们国家和各个地区目前都把文化发展列入

国民经济和社会发展的总体规划，把文化不仅作为推动经济社会发展的手段，而且作为社会进步的重要目标，作为区域可持续发展的支撑，通过规划引领经济社会的可持续发展。这就要求全社会在实际工作中，要自觉遵守和实施相关的规划和政策，产生推动区域文化发展的合力。

三是责任承担上的高度自觉。责任本身就具有自觉约束的要求，提升区域文化软实力内含着许多责任，如公共文化服务由政府主导，文化产业发展由政府扶持等等。这就要求在国家的统一规划下，各地区，各部门、各企业都要真实履行其文化发展的责任，共同为国家文化软实力和区域文化软实力的提升，多作贡献。

（二）增加投入，不断加大对区域文化建设的支持力度

文化软实力的提升，关键在投入。对文化建设的投入不仅包括资金投入、人才投入、政策投入，还包括政府引导工作的投入。要加快文化体制改革，不断加大对我国区域文化软实力的投入力度，正确扶持和引导区域文化软实力的发展方向和发展途径，大力倡导文化自主创新，吸引资金、技术、人才进入文化产业，缩小地区间的文化软实力差距。

一要积极推进文化体制改革。要通过文化体制改革，努力构建充满活力、富有效率、更加开放、有利于文化科学发展的体制机制。前期已经进行的文化体制改革实践表明，推进文化体制改革，必须做到思想解放到位，勇于探索、敢于碰硬、善于突破，真正以思想的大解放打开改革的新局面；必须做到体制创新到位，坚持最重要的领域通过改革增强活力，最关键的环节通过创新取得突破，着力构建充满活力、富有效率、更加开放、有利于文化科学发展的体制机制，最大限度解放和发展文化生产力；必须做到工作落实到位，把原则要求具体化、长期目标阶段化、重要任务项目化，强化政策执行，加大考核力度，推动改革举措落到实处、取得实效。

二要加速文化产业升级换代。我国文化软实力发展存在的首要问题就是文化产业严重滞后。从国际对比来看，我国文化产业发展在国民生产总值中所占的比例，大大低于西方发达国家已经达到的 10% 以上的水平，而且文化产业本身也存在着集约化程度低、文化出口能力弱、文化贸易逆差严重等方面的问题。要充分发挥本地区的优势，积极培育本区域的突出点和赢利点，以扩大区域文化产品和文化服务的出口力度，增强区域文化竞争力和影响力。要大力发展具有本地区特色的文化产业，增强区域文化产业市场的竞争力。要按市场经济的要求，通过资产重组等方式培育大型文化产业集团和文化产业集群，走文化产业化、规模化的道路。综合利用国内国外两种资源，提高原创文化产品的比例，积极推动我国文化产业向产业链上游方向发展，以提高文化产品和服务的附加值。要推动文化企业的资产重组配置，支持大型国有和国有控股文化企业实施兼并、重组、联合，做大做强。

三要保证文化建设的资金投入。各级财政部门要继续加大对文化建设的支持力度,构建文化建设财政保障机制,确保每年对文化建设投入增幅不低于同级财政经常性收入增长幅度,确保中央和省级财政转移支付资金用于文化建设的比重逐年增加。继续推进文化领域投融资体制改革,积极探索文化投入新模式,逐步形成多元化文化资金筹措机制;推进公共文化事业均衡发展。积极探索通过贷款贴息、风险投资等方式,鼓励和引导社会资本投资文化产业,利用资本市场拓宽文化产业融资渠道,加快推进投资主体的多元化。继续将新增文化经费主要用于农村和基层,加快推进基本公共文化服务均等化。支持覆盖城乡公共文化服务体系建设,优先保障广大人民群众享受基本公共文化的权利。尤其是要加大对中西部地区的资金、技术、人才等方面的倾斜力度。通过政策导向引导文化软实力要素的输入方向和流量,实行中西部地区优先的政策。

四要加大文化市场的开发力度。要充分借鉴西方发达国家开发文化市场的经验,加快我国文化市场的开发步伐。要转变观念,大力培育和开拓国际市场,培育一批具有较强实力和国际竞争力的外向型文化企业。要让更多的文化产品通过商业渠道走出国门,扩大国际文化市场占有率。要研究市场,重视市场调研,摸清文化消费市场需求,充分考虑外国受众的欣赏习惯和审美情趣,提供适销对路的文化产品和服务。要做好市场营销,建立稳定的销售市场,扩大文化产品传播的渠道,加大市场宣传力度。要扩大"走出去"的渠道,充分利用通信、网络、软件、直播卫星、影视等技术和产品。要鼓励文化产品的输出,逐步缩小文化产品贸易逆差,使我国从文化产品输入大国转变为文化产品出口大国,让我们的文化产品占有更多的国际市场份额。

五要建立和完善促进文化建设的政策体系。很多事实表明,西方经济发达国家之所以以文化产业逐步取代传统产业而成为支柱产业,很重要的一个因素在于文化政策法规起到了重要的作用,文化政策法规的制定也就成为文化产业发展的关键因素。但我国在文化政策法规建设方面明显落后于西方国家。尽管目前随着人们法制观念的加强,国家陆续制定出台了一些法律法规,但远远满足不了文化产业发展的需要。而且在执行法律法规方面,我们一定要做到有法可依,有法必依。要转变政府职能,创新发展观念,着力改革文化宏观管理体制。要适应文化发展新形势,积极推进政府职能转变,把不属于政府职能的部分还给市场、让给企业、放给协会,推动文化行政部门由主要管微观向管宏观转变,促进工作重心由主要管理直属单位转到市场监管、社会管理和公共服务上来。制定和完善扶持文化产业发展的财税政策和投融资政策,努力发挥财政资金和政策的示范性、导向性作用。

通过持续不懈的努力和创新，充分发挥我国区域文化的比较优势，从根本上解决目前我国文化软实力的落后状况和区域间发展不平衡等现实问题。

（三）正确处理好软实力与硬实力的关系

软实力与硬实力之间是相辅相成、相互制约的两个方面。硬实力是软实力的物质基础，软实力是硬实力的延伸拓展。软实力的形成，一方面固然与文化以及蕴含文化元素的载体力量直接相关，另一方面也与硬实力是否强大有着密切关联。一般说来，强大的硬实力，既会为软实力的提升提供坚实的物质基础，又会使软实力具有更大的吸引力。文化软实力既与文化及其载体的先进性有关，又与文化传播能力、文化现实作用力有关。因此，发展文化软实力的战略定位，应当着力加强先进价值观建设和制度文明建设、文化事业和文化产业建设、文化传播媒介建设、文化传播艺术研究以及提高经济社会发展水平。为此，一要大力加强先进价值观和制度文明建设，着力增强文化的吸引力与感召力；二要大力发展文化事业与文化产业，着力夯实文化传播的人才基础和载体基础；三要大力加强文化传播媒介建设与传播艺术研究，着力增强文化传播的效率；四要大力提高经济社会发展水平，着力增强文化的现实推动力和感染力。

具体在研究制订本地区文化软实力建设的策略时，应特别强调本地区的特色与资源条件：一是要弘扬人文精神，提升文化品格，增强文化凝聚力；二是要树立和谐理念，构建文化创新体系，激发文化创造力；三是要执行规划要求，发展文化产业，提高文化竞争力；四是要采取多种方式，打造文化品牌，推进文化影响力；五是要坚持人本观念，加强文化管理，健全文化保障力；六是要加强国际交流，推出文化名片，打造文化吸引力；七是要整合媒体资源，丰富文化内涵，提升文化传播力。

（四）科学规划，正确选择提升区域文化软实力的路径

区域文化软实力的提升是一项系统工程，一定要坚持统筹兼顾的基本方针，着眼于区域文化软实力的客观实际和需要解决的问题，从而正确选择提升区域文化软实力的发展路径。

一是落实区域特色文化资源保护、开发和利用政策，运用市场手段和技术手段弘扬特色文化，树立区域特色文化品牌。提高文化软实力需要坚持文化自觉，全面认识各地文化在中华文化体系中的重要地位和影响，完整把握地方文化的历史成果和内在特质。对于地方特色文化基础性项目进行评估、研究和立项，通过实施若干重大基础性文化资源开发项目，促进文化资源的有效利用，培育和弘扬一大批知名文化品牌，增强各地文化软实力的特色和影响力。

二要制定文化传播的发展战略，构建综合型的文化传播体系，扩大区域文化在全国和世界的传播范围。提高区域文化软实力需要树立“大传播观”，为培育具有地方特色的人文精神营造浓郁的氛围。我们需要在电视、广播、报纸、网络等大众媒体中扩大对于区域现代文化的传播，通过戏剧、电影、电视、音乐、舞蹈等各种文艺形式和文艺作品，创造在全国有较大影响的地方特色文化精品，借助会展、广告、促销等经济活动，运用经济文化高度整合的先进方式，表现地域文化的时代特征，扩大区域文化软实力的知名度。

三要加快建立和落实公共文化服务，进一步满足人民群众的精神文化需要，提高人们的文化素质和文化涵养。发展公益性文化事业，建立覆盖全社会的比较完备的公共文化服务体系，是提高文化软实力的基础性工程。我们需要坚持文化民主，利用各级地方的图书馆、博物馆、群众文化馆等公益文化设施和公共文化空间，开展多渠道、经常性的文化服务和文化传播活动，使人民基本文化权益得到更好保障，让人民有更多机会享受到先进文化的建设成果，为提高区域文化软实力做好基础性工作。

四要改进文化领域的科技创新工作，建立健全文化领域的科技创新机制，形成和发展新的文化业态。提高文化软实力需要充分利用高新科技力量，制定和落实科技成果激励机制和转化机制，引导文化企业开发具有世界先进技术水平的高科技文化产品，推进文化生产和文化传播模式向信息化、数字化、智能化和集约化转变。要加强文化建设领域的人才工程建设，培养和使用高素质文化人才，改进人才管理和用人制度，建立规范的人才有偿转让和自由流动机制，创造有利于人才成长和发展的良好环境，为提高文化软实力提供丰富的人力资源。

五要按照先进文化的根本要求科学发展文化产业，增强区域文化产业的市场竞争力。文化产业是朝阳产业，体现了当今经济文化一体化的必然趋势和客观要求。要加强文化体制改革，按市场经济的要求实现政府职能的科学化和合理化，推动文化管理部门由领导本位向服务本位转变，真正形成一个行为规范、运转协调、廉洁高效的文化行政管理体制，为区域文化产业的发展繁荣创造良好的环境。要形成以公有制为主体、多种所有制共同发展的文化产业格局，按照现代企业制度培育大型文化产业集团，发展具有全国优势的文化产业集群，通过文化的经济形态和技术形态提高地方文化的竞争力，促进区域文化软实力的增强和提高。

（五）统筹发展，实现区域文化软实力的全面提升

区域文化软实力的提升是一项复杂的、长久的任务。要在全面、系统、准确把握区域文化软实力内涵和本地区特色的基础上，实现文化软实力各要素的普遍提高。对此，要从以下方面共同努力：

一要提升文化基础力。提升区域文化软实力离不开区域文化资源的开发和利用，离不开传统文化的传承与创新。要坚持有效保护和科学利用的有机结合，物质文化遗产得到有效保护和利用，非物质文化遗产得到传承和发展，初步建立比较完备的文化保护制度,逐步完善文化保护体系,文化保护成为全社会的自觉行动。应在加强研究、保护的基础上继承创新,着力提升区域传统文化在当代的影响力,赋予区域传统文化以新的生命力,把丰富文化资源优势切实转化为现实发展优势。如一些地方组织的"一地一品"的特色文化资源开发,使区域传统文化焕发出新的光彩和活力。

二要提升文化保障力。现代社会中经济文化一体化已是大趋势,经济文化化和文化经济化成为发展的鲜明特点。为此要创新政府对公共文化服务投入体系,主要是以公共财政直接投资、产业政策扶持、政府采购、特许经营、委托生产、公共文化项目外包等多种途径,打造链条完整、渠道多样、功能卓越的公共文化服务投入体系,要保证公共财政每年对文化建设投入的增长不低于财政经常性收入的增长幅度,人均文化事业费逐步达到全国平均水平,保障文化事业的持续快速发展。

三要提升文化生产力。我国目前整体的文化软实力水平还不高,最核心的文化产业还比较落后。如何振兴和发展本地区的文化产业,各地区必须在认识上高度重视,在行动上注重实效。文化产业的高度发展,不但能够促进国民经济水平的提高,而且在客观上为国家文化的传承、保护和创新提供了雄厚的资金基础和有效的运作方式,从而提升了国家文化的生命力与创造力。政府部门主要是在宏观上进行调控,真正做到让文化成为一种产业。同时要强化精品意识,推出一批具有地域特色、民族精神,经得起历史、时代、群众、市场检验的文化精品。

四要提升文化传播力。文化的传播能力已经成为国家或地区文化软实力的决定性因素,提升区域文化软实力,必须不断提高区域文化的开放度和融合度,不断提升区域文化传播能力,切实增强区域文化的国际影响力与感召力,使区域形象实现全方位提升。应把提升主流媒体影响力作为提高文化传播能力的战略重点;应积极推进网络文化建设,提升网络文化供给能力,加强网上舆论引导,形成正面舆论强势。

五要提升文化创新力。创新是不竭的动力源泉,提升区域文化软实力,必须以构建完善的文化创新体系为重点,提升文化发展创新能力。应大力推进文化观念、体制、机制、内容、形式、传播手段、业态、科技等方面创新,特别是加强数字技术、网络技术和安全播出技术的研发和运用,努力掌握一批具有知识产权的核心技术。要加强文化创新人才的培养与集聚,激发全社会的文化创造活力,让一切有志于文化创造的建设者的积极性得到充分发挥,打造文化创新人才高地,形成区域文化人才竞争优势。

六要提升文化竞争力。重点是坚持政府主导、社会参与、群众共享共建的原则,加快构建结构合理、发展均衡、网络健全、运行有效、惠及全民的公共文化市场体系,使公共文化服务实现城乡全覆盖、功能更完善、服务上水平。现阶段主要应加强城乡公共文化市场体系建设,构建数量合理、层级有序、功能完备、适于开展群众性文艺活动和演出的公共文化设施体系;构建覆盖城乡的公共文化活动体系,扩大服务供给能力;进一步完善公共文化产品生产供给体系,增强生产供给能力;创新公共文化服务方式体系,提升服务质量,主要是鼓励和支持社会力量以兴办实体、捐助、免费提供设施等方式参与公共文化服务,健全公共文化设施服务公示制度,提高公共文化服务的信息化、网络化水平。

七要提升文化吸引力。区域文化的影响力决定着区域文化未来。各地区要大力推进文化展示,搭建展示平台,丰富展示内容,打造具有浓郁地方特色、广泛影响力和持久竞争力的地方文化会展品牌;应大力提升区域文化形象,在区域规划建设和管理的细节中显现文化品位,塑造一批代表区域形象、展示区域风貌的标志性区域品牌,打造一批具有区域文化个性的文化街区;应坚持"走出去"与"引进来"相结合,加强对外文化交流与合作,推动区域文化乃至中华文化更好地走向世界,使一些文化区域成为我国重要的对外文化交流中心和对外文化经贸合作中心。

八要提升文化消费力。不同的区域文化,展示着不同的区域价值观。文化的根本载体是人的素质,文化的核心是人的价值观,有什么样的文化,就有什么样的价值观。价值观决定着人的思维方式和实践方式。一方水土养一方人,实际上指的是一方文化的滋养。要提高居民的素质和修养,最有效的方式是增加居民的文化消费。让居民尽可能多地接受现代文化的熏陶,接受先进文化的洗礼。政府既要为居民的文化消费创造条件,鼓励文化企业提供符合人民群众需要的文化产品,也要通过提高居民收入水平,缩小居民收入差距,使居民在满足物质消费的同时,增加文化消费的支出。

九要提升文化潜在力。文化需要在传承中丰富和发展。在文化软实力的影响下,不同的区域群体所形成的文化传统、风俗习惯、伦理道德、价值观念等的差异往往导致人们对客观世界的认识不一致。区域文化氛围和熏陶的过程必然会影响人们的生产经营观、生活消费观、社会责任观、竞争意识、合作意识和责任意识,同时也会形成不同的创造精神、开拓意识等等,由此必然导致不同的经济选择和社会行为,从而引起不同的经济社会发展成效。因此,为了地区社会经济的发展,需要加大对文化教育的投入,加强对青少年的培养和教育,使其从小就树立正确的文化观,长大后成为推动区域文化发展的新生力量。

(六)注重实效,将提升文化软实力作为推动区域经济发展的强大动力

文化软实力是一个区域发展的动力,开拓着区域发展的未来。区域文化是一个区域的印记,凝结着区域发展的历史。强大的区域文化软实力促进经济的发展,只有大力建设区域文化软实力,才能促进区域经济的极大发展。

各地区要对本区域文化进行挖掘整理,保持区域文化的鲜明特色。一定的区域文化,是一定区域历史发展的结晶,必然有其时代的烙印,其形成有其历史必然性和区域合理性。不可否认,每一区域文化在历史的长河中创造出了瑰丽多彩的文明成果,曾熠熠生辉。但是随着时代的变迁,某些积极的文化因素也可能变成消极的因素,特别是在进入商业社会后,传统农业社会形成的许多区域文化在现代商业社会中没有很好地被赋予时代价值适应现代工业社会的变迁,很大程度上影响了要素投入、技术进步和制度变迁。现代文化的基础是现代经济,离开了现代经济谈论文化就脱离了时代需求。一个区域的文化到底有哪些精神思想值得继承和弘扬,需要人们对区域文化进行全面的挖掘整理,通过挖掘整理,吸收精华,去其糟粕。要弘扬区域文化中符合时代特征的价值观念。要想充分发挥区域文化中的价值观对人们的经济行为的引导作用,就必须努力弘扬区域文化中蕴涵的经济思想和价值观念。要树立全球开放的视野,对区域文化软实力进行丰富发展。一个社会从农业文明转向工业文明,表象的是工业化、商品化和城市化,其实深层转向是文化,这种转向内涵在人的精神价值取向等的变迁上。在社会走向开放,经济步入全球一体的态势下,任何一个区域的文化都不可能完全封闭。区域间要突破狭隘的区域视野,树立全球开放的视野,将本区域置身于世界、国家或地区先进文明潮流之中,借鉴吸纳各区域的优秀文化、思想观念和制度体系,为我所用。通过吸收区域外的文化所长,不断丰富自己的区域文化软实力,促进经济发展和人的发展。

总之,文化是软实力,但提升文化软实力是“硬任务”,我国各地区应以科学发展为指导,加快转变经济发展方式、全面建设小康社会的进程,必然也是立足自身文化优势、不断提升区域文化软实力的进程。面向未来,提升区域文化软实力应当作为一项重大的战略任务来落实,成为区域发展的一种文化自觉、文化自信、文化自强的实践行为。

金融支持我国文化产业发展研究报告

杨胜刚　吴志明　黄　海　戴慧芳　廖丽莎　熊小灵　陈　星　晏培羿

摘要：本报告以金融支持文化产业发展为根本出发点，首先从文化产业不同阶段的金融需求、金融支持文化产业发展的内容和代表性国家金融支持模式及启示这三个方面来展开分析金融支持与文化产业发展的关系。其次从财政支出、文化产业投资基金、银行信贷投放、资本市场、保险业和文化产业信托等五个方面来综合分析金融支持文化产业的发展状况，通过对金融支持份额、金融支持速度和金融支持效率等金融支持度指标的分析，本报告认为目前财政支出、文化产业投资基金、银行信贷投放和文化企业上市融资是金融支持文化产业发展的四种主要方式。本报告认为，财政支出具有金融支持速度稳步增长以及积极扶持文化产业顺利发展的特点，是金融支持文化产业发展的根基力量；文化产业投资基金具有金融支持份额和金融支持速度急剧增长的优势，是金融支持文化产业发展的上升力量；银行信贷投放具有金融支持份额连续位列首位和金融支持速度增速较快的优势，是金融支持文化产业发展的主导力量；文化企业上市融资具有金融支持份额平稳和良好的运营模式的特点，是金融支持文化产业发展的关键力量。这四种金融支持方式在文化产业的发展进程中相互补充、协调发展，成为共同促进文化产业更快更好发展的关键。最后，鉴于金融支持文化产业发展中存在财政投入资金不足、融资渠道受限、对金融支持文化产业重要性认识不足和文化企业融资担保体系缺乏等问题，本报告提出深化对金融支持文化产业发展的观念认识、转变文化企业的发展模式、构建完善的融资担保体系与公共服务平台和加大政府财政对文化产业的扶持等政策建议。

一、问题的提出

（一）背景及意义

国际上并没有对文化产业概念的统一界定。美国将其定义为通过工业化和商品化的方式进行的文化产品和文化服务的生产、交换、传播；欧盟认为文化产业是制造、开发、包装和销售信息产品及其服务的产业，包括“各种媒介上所传播的印刷品内容、音像电子出版物内容、音像传播内容、用做消费的各种数字化软件等”。国内权威部门对文化产业概念进行了严格界定。2003 年 9 月，我国文化部颁布《关于支持和促进文化产业发展的若干意见》，提出文化产业是指从事文化生产和提供文化服务的经营性行业，包括演出业、影视业、音像业、文化娱乐业、文化旅游业、网络文化业、图书报刊业、文物和艺术品业以及艺术培训业等行业门类。2004 年，国家统计局发布制定《文化及相关产业分类》（国统字［2004］24 号），将文化产业的概念界定为：为社会公众提供文化、娱乐产品和服务的活动，以及与这些活动有关联的活动的集合，分为核心层、外围层和相关层。近年来，文化产业在调整我国经济结构、扩大内需、增加就业、推动精神文明建设中发挥着越来越大的战略作用。据统计，2003 年，中国文化产业增加值占 GDP 的比重为 1.5%；2010 年，这一比重上升到 2.75%；“十二五”末期，该指标预计将达到 5% 以上。“十二五”时期，考虑到 GDP 7% 左右的年复合增长率，文化产业的年复合增长率可达 20%—25%。

文化产业对经济发展的重要性不言而喻，我国政府也制定了一系列法律法规以振兴文化产业发展。2007 年 10 月，党的十七大报告明确提出“激发全民族文化创造活力，提高国家文化软实力”的发展战略；2009 年 9 月，国务院颁布了《文化产业振兴规划》，文化产业开始成为国家重点扶持的战略性产业；2010 年 3 月，国家九部委联合发布《关于金融支持文化产业振兴和发展繁荣的意见》，对文化产业进行具体扶持；2011 年 3 月，我国“十二五”规划明确提出要推动文化产业成为国家支柱性产业，增强文化产业整体实力和竞争力；2011 年 10 月，党的十七届六中全会提出加快发展文化产业，推动文化产业成为国民经济支柱性产业的战略目标。文化产业逐渐成为 21 世纪最具发展前途的朝阳产业之一，文化产业的振兴成为繁荣社会主义文化的重要载体。

众所周知，现代经济中金融发挥了促进资源配置、调节经济运行的核心作用，文化产业的发展与振兴离不开金融手段的支持。金融支持是指通过产品的创新、机制的创新以及服务模式创新给文化产业的发展以融资支持，通过金融支持这一有效手段，可以拓宽文化产业资金来源渠道，提高文化产业市场活力与竞争力，加快文化产业发展步伐。金融支持促进了文化产业的发展与繁荣。首先，金融支持为文化企业发展提供了股票、债券等多样化的融资渠道，扩大了资金来源，促进了文化企业发展;其次,金融支持带动了文化产业内竞争,促进了产业内的优胜劣汰与优化组合;最后,金融支持满足了我国居民对文化产品及服务的需求,促进了经济结构转型,满足我国提高"文化软实力"的战略需要。

但是,目前金融对我国文化产业发展的支持尚处在起步阶段,文化产业投融资市场发展不完善,相关金融服务平台还在建设过程中,具体表现为文化产业投融资总额较少,融资渠道有限,投融资效率低下。我国文化产业金融支持程度不足的原因有很多,其中以下述几点最为显著:政府和金融机构对金融支持文化产业的重要性认识不足;文化企业的无形资产评估困难,融资缺乏担保抵押品,与之配套的融资担保体系不健全;金融支持环境欠佳,我国金融支持文化产业发展相关的政策法规与监督机制存在缺失。如何加大金融支持文化产业力度,实现金融与文化产业的全方位对接,以现代金融业的优势推动文化产业发展,成为当今中国亟需研究并加以解决的问题。

(二) 文献综述

1. 国外研究动态

国外对文化产业投融资情况的研究。Lidia Varbanova①(2003)描述了东南欧一些国家金融支持文化产业的实践,提出文化融资的一个重要趋势是区域化和分散化,指出东南欧国家可以通过专门彩票或其他方式获得资金,建立国家或地区层面的特别文化基金。Biyana Tomova②(2004)研究分析了保加利亚、匈牙利、立陶宛文化产业多元化的投融资政策,指出不成熟的市场是文化产业投融资机制的主要障碍,它导致文化资本与公共福利的浪费。他从全球、国家和区域三个层面分析了三个国家文化产业投融资的机制,提出政府、企业和民间团体的合作是解决文化产业投融资问题的保障。Laura Clayton 和 Hugh Mason③(2006)研究了英国创意产业中中小企业的融资情况,分析了英国中小文化创意企业使用的债务融资方式,包括透支、设备租赁或租购、权益融资、银行长期贷款以及票据贴现等。Chris Higson, Oliver Rivers 和 Martin Deboo④(2007)通过产业分析、无形资产探寻以及风险衡量三步对创意产业进行了价值分析,指出创意产业融资之所以存在困难是因为创意产业风险较多,因此创意产业需要通过控制需求风险、商业模式选择风险、时间风险来提高自身的投资吸引力。Chris Chandler 和 Kay Henning⑤(2009)分析

① Lidia Varbanova: "Financing cultural practices in South East Europe", *A cultural policy paper commissioned by Policies for Culture*, 2003.

② Bilyana Tomova: "Market Mechanisms of Financing Culture in Accession Countries", 2004.

③ Laura Clayton, Haugh Mason: "The financing of UK Creative Industries SMEs", http://www. pembridge. net.

④ Chris Higson, Oliver Rivers, Martin Deboo: "Creative financing", *Business Strategy Review* 2007, 49—53.

⑤ Chris Chandler, KayHenning: "Access to Finance For the Cultural and Creative Industries In the South East of England", *Report of South East of England Development Agency (SEEDA) on Behalf of the Creative Economy Partnership*, 2009.

了英国东南部地区文化创意产业在获得资金支持时具有无形资产难以评估、保护以及高风险增长模式的特点，阐释了文化创意产业发展的三个缺口即缺乏创意知识产权、缺乏资金支持下的非技术创新以及投资者和被投资者的信息不对称，并进一步提出为创意知识产权设计专门的投资基金并建立一个高度集中的模式。

国外对金融支持文化产业发展主要模式的研究。Choi Young Ho①(2001)指出韩国文化产业吸收了美、日、欧盟等的大量投资，此外，韩国政府和企业对文化企业的投资额年增长率高达35%，这对促进韩国文化产业的发展具有重要意义。金禅智②(2006)对韩国文化产业考察后发现，韩国以国家性的非盈利机构通过提供廉价的场地、公共信息平台以及优惠的贷款和税收政策等方式，对中小文化企业的成长提供支持。意大利佛罗伦萨市文化发展委员会③(2001)认为文化产业的发展取决于文化产业政策，其核心内容是文化投融资政策，它决定了文化市场准入程度等。Berger④(1998)通过对中小企业的融资方式分析，指出发达的债券市场和私人股权投资可以为中小文化企业快速发展提供有力的支持。Robert and Merton⑤(1992)、Riding and George⑥(2001)指出美国和日本等发达国家完善的中小文化企业担保、再担保体系为文化企业信贷融资问题提供了重要保障。Binkman⑦(2005)认为国外保险业在文化产品不同阶段提供的完善保险服务，为文化企业投融资提供有力保障。P. Cooke and L. De Propris⑧(2011)认为文化创意产业的发展促进了经济的活力，金融支持文化产业的基础是平衡的文化产业结构，新的知识或技术平台以及能够承担风险、渐进的金融支持模式。

2. 国内研究动态

(1) 关于金融支持文化产业发展的主要模式

首先，对国外金融支持文化产业发展主要模式的研究。高颖⑨(2005)总结了西方发达国家文化产业发展的主要投融资方式，包括银行贷款融资、并购重组、无形资本融资、跨国融资和投资基金融资。英国政府对创意产业的融资支持政策主

---

① Choi YoungHo，吴正译：《韩国文化产业走势》，上海译文出版社，2005年，第89、90页。

② 金禅智：《韩国文化产业发展及其对中国的启示》，对外经济贸易大学，2006年。

③ 佛罗伦萨市文化发展中心：《佛罗伦萨文化实务》，中国经济出版社，2004年。

④ Berger A, Udell G: "The ecnomics of small business finance: The roles of private equity and debt markets in the financial growth cycle", *Journal of Banking and Finance* 1998(22).

⑤ Robert C., Merton: "On the Management of Financial Guarantees", *Financial Management* 1992.

⑥ Riding A. L and George R: "Loan Guarantees: Costs of Default and Benefits to Small Firms", *Journal of Business Venturing* 2001.

⑦ Brinkman J: "Understanding Insurance Customer Dishonesty: Outline of a Situational Approach", *Journal of Business Ethics* 2005.

⑧ P. Cooke, L. De Propris: "A policy agenda for EU smart growth: the role of creative and cultural industries", *Policy Studies* 2011.

⑨ 高颖：《疏通中国文化产业投融资渠道》，《中外文化交流》，2005年第6期，第16、17页。

要包括政府对创意产业实施税收优惠等扶持政策、培养文化企业有效利用政府资源和金融资源的能力、推动相关机构对创意产业的投资三个方面。韩国政府按照"集中与选择"的原则,有目的、有重点地对文化产业发展实施资金支持。如设立文艺振兴基金、文化产业振兴基金、信息化促进基金、广播发展基金、电影振兴基金等文化产业基金,并运作"文化产业专门投资组合"。形成动员社会资金为主,官民共同合作的投融资模式。谢耘耕①(2004)指出韩国政府进行巨额投资助推韩国文化产业迅猛发展。一方面,加大文化产业投资;另一方面,成立文化产业振兴院,专门管理、推动文化产业发展等。马衍伟②(2008)指出英国、法国、澳大利亚三国均对文化产业实行税收优惠政策使投资者尽可能地降低投资成本与风险,以保障文化产业融资需求。余晓泓③(2008)指出美国文化产业的投资主题和融资方式主要是:其一,政府除直接对公益性的文化领域提供支持外,还积极地引导配套的社会资金(财团资助)及产业资金形成多元化的混合资助方式;其二,通过金融制度的创新筹措资金(股权融资、夹层融资、优先级债务贷款、发行 AAA 级债券);其三,利用国际直接投资。史丽华④(2008)指出日本文化产业是其支柱产业,通过政府和民间企业共同融资,建立文化产业投资基金,完善文化设施建设来保障文化产业的发展壮大。欧培彬⑤(2009)指出法国对文化产业的金融支持主要采取政府支持方式,中央政府针对文化产业直接提供赞助、补助和奖金,地方政府提供财政大力支持,同时大量吸引外商大量投资。

其次,对我国金融支持文化产业发展主要模式的研究。高凌霁⑥(2010)指出我国产业投融资方式主要有政府拨款、银行贷款、二级市场融资、风险投资和私募股权投资、债券融资等方式。吕倩⑦(2011)指出过去我国文化产业融资渠道相对比较单一,主要依靠政府财政拨款。随着文化体制多元化,资金来源不断拓宽。文化产业投融资渠道主要有财政拨款和社会投资两种,这其中包括银行融资、直接投资、风险投资、产业投资基金等方式。余含章⑧(2011)指出产业基金成为了推动文化产业发展的主导力,统计得出在 2009 年至 2010 年间,我国共组建了 10 只文化产业投资基金,已募集及已设立的文化产业投资基金超过 300 亿元。同时,作者指出目前我国文化企业的资本主要来源于债权融资、股权融资、寻求政府资金及政府基金的支持这三种融资模式。

---

① 谢耘耕:《文化产业投资机制改革两个突破》,《新闻界》,2004 年第 2 期,第 54、56 页。
② 马衍伟:《税收政策促进文化产业发展的国际比较》,《涉外税务》,2008 年第 9 期,第 57、59 页。
③ 余晓泓:《美国文化产业投融资机制及启示》,《改革与战略》,2008 年第 12 期,第 153、155 页。
④ 史丽华:《日本文化产业发展的几个特征》,《理论与现代化》,2005 年第 5 期,第 78、80 页。
⑤ 欧培彬:《产业投资基金支持文化产业发展研究》,武汉理工大学,2009 年。
⑥ 高凌霁:《文化产业投融资模式研究》,中南大学,2010 年。
⑦ 吕倩:《文化产业金融支持模式创新研究》,天津财经大学,2011 年。
⑧ 余含章:《文化产业投资风起云涌》,《科技智囊》,2011 年第 11 期。

(2) 关于金融支持我国文化产业发展状况

陈清华[①](2009)认为目前中国文化产业投资以政府为主、非政府投资较少,投资门槛与其他产业相比较高,投资方式相对单调。李德[②](2011)指出近年来金融与文化的融合日益深化,具体表现在:一是银行创新信贷产品,并提供文化产业的信贷服务,二是证券市场成为文化产业新的融资平台,三是保险业积极尝试支持文化产业,四是银政合作共同扶持文化创意企业。但是,与加强金融支持文化产业的要求和文化产业快速发展的金融需求相比还存在不小的差距。文化部文化产业司司长刘玉珠[③](2011)对《关于金融支持文化产业振兴和发展繁荣的指导意见》出台一年多来的情况进行了总结,认为金融支持文化产业的工作局面迅速打开,文化产业规模创历史新高,文化企业直接融资初具规模,保险业支持文化产业发展顺利起步,文化产业投资基金等多渠道多元化的社会资本支持文化产业,这表明文化产业发展跃上了时代的新台阶。张青超、李学文[④](2012)基于目前我国文化产业融资存在的问题及文化产业具有的投资特性,围绕我国文化产业金融支持的投资体系建设这一核心命题,从政策和金融市场两个角度分析了我国金融对文化产业的支持。曹晶[⑤](2012)指出目前我国文化产业的发展现状表现为:整体快速发展,但区域差异和产业差异较大;金融部门对文化产业发展的信贷支持力度虽有所加大,却仍然供不应求,表现为信贷规模偏低,信贷产品偏少。我国商业银行应积极参与文化产业投资基金项目,选择文化产业示范园区提供金融支持,推出金融创新产品全面服务文化企业,对具有较强实力的项目直接授信。范建华[⑥](2012)以自2002年十六大召开到2011年十七届六中全会提出建设社会主义文化强国十年历史进程中,文化产业宏观调控、文化体制改革、文化产业业态创新与商业模式创新、文化产业重大活动及平台建设、区域和特色文化产业发展经验与典型案例作为研究对象,系统梳理了十年间文化产业实践的成败得失。

(3) 关于金融支持文化产业发展存在的问题

喻文益、向勇[⑦](2008)认为文化创意产业资金短缺,中国文化产业的特殊性和社会主义市场经济的制度框架,国内银行业管理向国际看齐的趋势,决定着中国文化产业金融支持的走向。罗靓[⑧](2008)指出文化企业自身规模比较小,无形资

---

① 陈清华:《中国文化产业投资机制创新研究》,南京航空航天大学,2009年。

② 李德:《文化产业发展中的金融支持》,《中国金融》,2011年第22期。

③ 刘玉珠:《金融支持文化产业发展的现状和展望》,《中国金融》,2011年第22期。

④ 张青超,李学文:《支持文化产业发展的金融政策》,《地方财政研究》,2012年第1期。

⑤ 曹晶:《商业银行支持文化产业发展问题探讨》,《农村金融研究》,2012年第1期。

⑥ 范建华:《理论与实践:中国文化产业十年总揽(下)》,《学术探索》,2012年第3期。

⑦ 喻文益,向勇:《中国文化产业融资的冷静思考》,《投资北京》,2008年第3期,第22、23页。

⑧ 罗靓:《发展文化产业与金融支持》,《农村金融研究》,2008年第5期,第21、25页。

产的价值较难确定、同时缺少合格的抵押品，收入波动性比较大，是文化企业融资难的主要原因。国世平[①](2007)认为导致文化企业融资难的主要原因是媒介资产的产权关系模糊不清，政府主导的模式缺乏充足市场竞争以及严重的地域和部门发展壁垒。孙斌[②](2008)指出制约金融支持文化产业发展的主要因素在于地方政府重视不够，文化企业单体规模偏小、信用程度较差，文化企业体制改革不到位、政企不分以及金融支持服务意识不强。李德[③](2011)指出文化产业高速发展中资金需求不足的主要原因在于：一是受文化产业自身发展和配套政策等因素影响，二是我国金融机构对文化产业还比较陌生，三是风险投资、创业投资、私募股权等民间资本尚未充分发挥应有的作用。常晔[④](2009)认为中国金融服务不完善、文化产业改革和发展还处于初步阶段是导致金融对文化产业的支持不足的原因。张立波，杨英法[⑤](2009)指出我国各级政府财政大多紧张，加之金融市场发育不充分，筹资渠道单一，使得文化产业的发展面临着严重的资金短缺问题。唐友伟[⑥](2012)指出金融业支持文化产业的难点主要有文化体制改革尚未完全到位、文化产业投资风险高、政府推动文化产业融资方面的作用有待加强、金融机构针对文化产业特点的服务创新不足和中介服务及相关配套措施亟待完善等五个方面。

(4) 关于金融支持文化产业发展的对策

花建[⑦](2002)指出要积极培育文化投资的两大形式，即产业投资和风险投资，并根据具体的投资对象和投资条件，加以灵活的运用。鼓励金融介入文化领域，以拓宽文化投资的渠道和来源，提高资本市场融资的作用。高颖[⑧](2005)在对我国文化产业发展状况及融资现状分析的基础上，从文化产业的特点出发，在银行贷款、发行债券或股票等融资方式的基础上，提出并购重组融资、无形资产融资、跨国融资、产业投资基金融资等适合于文化产业发展的融资策略。吕庆华[⑨](2005)分析了包括文化资源产业开发投资结构的发展趋势，指出必须根据文化资源产业开发投资结构的发展趋势，充分运用文化实业投资和文化风险投资两大形式，借助资本市场筹措资金。张伟、周鲁柱[⑩](2006)提出建立"国民结合、以国资

---

① 国世平：《投资文化产业，凸显金矿价值》，《探索与争鸣》，2007 年第 8 期，第 25、26 页。

② 孙斌：《金融支持文化产业发展中面临问题及建议》，《金融经济》，2008 年第 6 期。

③ 李德：《文化产业发展中的金融支持》，《中国金融》，2011 年第 22 期。

④ 常晔：《金融支持文化产业发展问题研究》，《经济研究导刊》，2009 年第 12 期，第 84、85 页。

⑤ 张立波，杨英法：《我国文化产业发展的资金短缺问题及其破解》，《中国商贸》，2009 年第 5 期，第 194、195 页。

⑥ 唐友伟：《对我国金融业支持文化产业发展的几点思考》，《金融会计》，2012 年第 2 期。

⑦ 花建：《探索有中国特色的文化投资战略》，《探索与争鸣》，2002 年第 12 期，第 24、26 页。

⑧ 高颖：《我国文化产业的融资策略研究》，首都经济贸易大学，2005 年。

⑨ 吕庆华：《文化资源产业开发的投资结构及融资渠道拓展》，《经济研究导刊》，2009 年第 10 期。

⑩ 张伟，周鲁柱：《我国文化产业投融资存在的问题及基本对策》，《现代传播》，2006 年第 4 期。

为引导、以民资为主体"的多元化投融资体系。周正兵、郑艳[①](2008)论证了发展文化产业投资基金的必要性,探讨了文化产业投资基金的发展模式,考虑到我国文化投资基金还处于尝试阶段,需要在市场选择的基础上综合考虑国情,在设立模式、基金规模、投资范围方面慎重选择。朱晗[②](2011)提出应构建一个以市场运作为主,政策扶植和政策导向为辅的融资机制,建立多层次、多元化、多渠道的资金供给模式,由政府、企业、金融机构、民间资本、国际资本广泛参与的融资体系。袁江[③](2012)指出我国尚未构建起高效合理的文化产业投融资体系,建议我国应继续深化信贷市场和资本市场对文化产业的支持力度,培育建立文化产业的保险市场,并探索文化产业进一步发展的政策协调配套机制。陆岷峰、张惠[④](2012)建议集金融政策支撑体系、金融运作支撑平台、金融组织支撑模式、金融要式支撑条件为一体的适应性金融服务体系将是我国文化产业发展的战略性举措。

(三)主要内容

本报告采用定性分析与定量分析相结合的研究方法。报告的重点在于金融支持我国文化产业发展的状况,报告的亮点在于根据产品生命周期理论分析金融支持与文化产业发展之间的内在机理,通过大量的数据分析金融支持我国文化产业的发展状况,并建立金融支持度指标,分析文化产业金融支持度的现状及变化趋势。在定性分析方面,进行相关概念界定,阐述金融支持文化产业发展的内容,分析金融支持模式及国外经验,并深入探讨我国各金融支持模式发展情况,根据金融支持文化产业发展中存在的问题进一步提出促进文化产业金融支持的政策建议。在定量分析方面,以数据为基础,探讨我国财政、文化产业投资基金、商业银行、资本市场以及保险、担保等其他金融方式支持文化产业发展的情况。本报告旨在对金融支持我国文化产业发展状况进行系统且全面的统计和分析,总结金融支持我国文化产业发展的特点,发现金融支持我国文化产业发展中存在的问题,在此基础上提出具有针对性和适用性的对策建议。

本报告其他部分的主要内容如下:

第二部分　文化产业不同发展阶段的金融需求　首先,依据生命周期理论阐述文化产业发展的各阶段离不开金融支持;其次,分析金融支持文化产业发展的内容,包括文化产业发展的金融支持体系以及文化产业发展的金融支持配套措施两方面;最后,探索金融支持文化产业发展的国际借鉴,包括国外金融支持文化产业发展的主要模式以及金融支持文化产业的国际经验。

---

① 周正兵,郑艳:《发展文化产业投资基金的思考》,《宏观经济管理》,2008 年第 4 期,第 56、57 页。

② 朱晗:《中国创意产业融资机理研究》,东华大学,2011 年。

③ 袁江:《中国文化产业发展与金融支持的政策研究》,《农村金融研究》,2012 年第 1 期。

④ 陆岷峰,张惠:《文化产业大发展的金融支持系统研究》,《江西财经大学学报》,2012 年第 2 期。

第三部分　金融支持我国文化产业发展状况　首先，分析财政支持文化产业发展状况；其次，从行业分布与地域分布两方面分析文化产业投资基金如何对文化产业发展进行支持；第三，从银行贷款规模逐年增加、银行信贷产品不断创新、银行金融服务进一步完善以及银政企合作日益加深四方面分析银行支持文化产业发展；第四，分析资本市场支持文化产业发展，具体从IPO上市、VC/PE融资、债券融资等三方面进行；第五，分析保险业支持、文化产业信托、民营资本等其他金融方式对文化产业发展的支持；第六，评价文化产业发展的金融支持度，金融支持度的评价指标体系由金融支持份额指标、金融支持速度指标以及金融支持效率指标构成。

第四部分　金融支持文化产业发展中存在的问题　根据前文的研究结果，剖析金融支持文化产业发展中存在的问题，主要包括以下几方面：对金融支持文化产业重要性认识不足；文化企业自身性质导致融资困难；缺乏完善的文化企业融资担保体系；政府财政对文化产业投入不足；文化企业融资渠道受限。

第五部分　进一步发挥金融对文化产业支持作用的对策　主要针对金融支持文化产业发展存在的问题提出相关的对策建议，以此进一步发挥金融支持对文化产业的作用。

二、金融支持与文化产业发展

（一）文化产业不同发展阶段的金融需求

资金是文化产业赖以生存和发展的血液，金融支持对文化产业的发展至关重要。产业生命周期理论表明，在产业成长的不同阶段，随着信息、资产规模等约束条件的变化，其对资金的需求和结构也会随之发生较大变化。因此，根据文化产业成长生命周期的阶段特征，分析不同成长阶段金融支持的特征，探索合适的金融支持模式，对于文化产业的培育发展具有重要的现实意义。

产业生命周期指产业中具有阶段性和共同规律性的厂商从产生到衰亡（特别是进入和退出行为）的演变过程，而产业生命周期理论是在实证基础上对其进行系统研究的现代产业组织学的重要理论分支之一。一般而言，产业的生命周期可分为四个阶段，即初创阶段、成长阶段、成熟阶段以及衰退阶段。这四个阶段的融资方式特征见表1。

表1　生命周期不同阶段各种融资方式特征

产业生命周期	产业性质	融资方式
初创期	产品市场前景不明，经营风险很大；企业缺乏业务记录和财务审计，信用制度没有建立，企业信息封闭、不完整；无形资产作为资产存在的主要表现形式，缺少抵押担保品	自有资金
		政府拨款
		天使投资

（续表）

产业生命周期	产业性质	融资方式
成长期	不确定因素的影响逐渐减少，产业投资的风险比初创阶段明显降低，风险相对可控；自身规模扩大，可用于抵押的资产增加，企业信息信用逐步建立和提高	私募股权 风险投资 银行信贷
成熟期	技术较为成熟，产品趋同且质量较高，经营管理趋于成熟，资金运用效率较高	上市融资 产业投资基金
衰退期	新产品和大量替代品的出现，市场需求开始减少，产业竞争力下降；市场风险越来越高；资源配置失败的可能性增多。处于这一阶段的行业难以成为金融体系的重点支持对象，外源融资的机会减小	

资料来源：作者编制。

1. *初创期*

在初创期，企业数量少且集中程度高；产品市场前景不明，经营风险很大；技术不成熟，产品品种单一且质量较低；企业缺乏业务记录和财务审计，信用制度没有建立，企业信息封闭、不完整；市场规模小，产品缺乏认同，需求增长缓慢；无形资产作为资产存在的主要表现形式，缺少抵押担保品。此阶段文化企业的融资特征表现为以内源融资为主，以外源融资为辅。内源性融资以自有资金、创业者自筹资金为主。一般来说，文化企业创业者的自有资金是初创期的主要资金来源，关系借贷和天使投资是此阶段的辅助性资金来源。就外源融资而言，商业金融机构一般不大愿意对处于该阶段的文化产业提供金融支持。因此，此阶段不仅需要国家相关产业政策的扶持，更需要建立一个综合性的政策性金融体系来满足其融资需求，并以关系借贷和天使投资作为辅助性资金来源。

2. *成长期*

在成长期，大量厂商进入，企业具备一定规模，产业内部集中程度低；生产技术日渐成熟和稳定，产品呈现多样化且质量提高，文化产品已逐步获得消费者的认可；不确定因素的影响逐渐减少，产业投资的风险比初创阶段明显降低，风险相对可控。这一时期，由于企业自身规模扩大，可用于抵押的资产增加，企业信息信用逐步建立和提高，外源性资源配置逐步增多。因此，企业开始更多地依赖金融中介的外源融资——银行信贷和其他的融资手段，如债券融资、权益融资等。其中金融系统开始愿意对文化产业提供金融支持，甚至会主动通过金融创新手段来为该产业提供量身定制的优质服务。此外，政府设立的产业投资基金或风险投资基金将继续发挥作用，对其进行金融扶持，同时还辅以相应的产业政策。此阶段，产业发展与金融体系的发展同步，相互支持、相互促进，是产业与金融发展较为协调的时期。

3．成熟期

在成熟期，产业集中度高，出现了一定程度的垄断；技术较为成熟，产品趋同且质量较高；经营管理趋于成熟，资金运用效率较高；市场需求增速明显放缓；产业的利润达到很高水平，行业进入壁垒较高。该阶段是产业发展的稳定阶段。此阶段，文化企业融资的主要特点是债券融资、权益融资等手段逐步超越了银行信贷，表现为资本市场为主，内源融资为辅。同时，产业中出现大量剩余资本，使得产业对金融的需求由融资需求逐渐转为投资需求。

4．衰退期

在衰退期，新产品和大量替代品出现，市场需求开始减少，产品的销售也开始下降，产业竞争力下降，产业开始萧条；厂商的数目开始减少，利润率停滞或不断下降，市场风险越来越高；资源配置失败的可能性增多。此阶段，企业或者造成银行呆坏账损失，或者经过蜕变阶段，重新获得发展空间。这一阶段是否给予融资支持，是包括商业银行在内的金融机构最难于判断和抉择的。因此处于这一阶段的行业难以成为金融体系的重点支持对象，外源融资的机会减小。

（二）金融支持文化产业发展的内容

过去我国文化产业融资渠道相对单一，主要依靠政府财政拨款。随着文化体制多元化，资金来源不断拓宽，初步形成了由平台建设、投融资渠道建设组成的金融支持体系。与此同时，政府也推出了一系列完善金融支持文化产业发展的政策和配套措施。金融支持体系与配套政策措施相互作用，共同发展，最大限度地发挥金融服务功能，助推文化产业的蓬勃发展。

1．文化产业发展的金融支持体系

通过多年对适合我国文化产业发展的金融支持体系的探索，我国已对市场经济条件下的政府、企业、金融机构、国际投资机构等在文化产业发展中的角色进行了合理定位，进而初步形成了多层次、多元化、多渠道、全社会广泛参与和运作规范的金融支持体系。文化产业的金融支持体系由平台建设和融资渠道建设两部分组成，图1对该体系进行了汇总。

（1）文化产业金融平台建设

金融服务平台建设有利于降低信息成本，有效地解决交易中存在的信息不对称等问题，极大地降低交易成本。文化产业的金融服务平台能够从根本上解决文化企业和资本市场之间信息与资源的不对称。目前，我国最典型的平台建设是文化产权交易所和投融资公共服务平台。

① 文化产权交易所。文化产权交易所是文化企业投融资渠道的突破口，同时也是政府推动建立健全文化产业投融资体系的核心。文化产权交易所能够建立文化产业多层次资本市场和金融服务体系，搭起一座嫁接文化与资本的桥梁，促

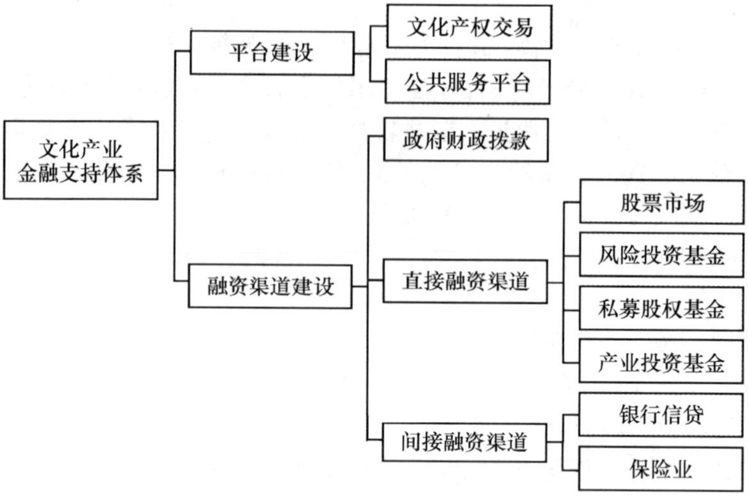

图 1　文化产业发展的金融支持体系

资料来源:作者编制。

进文化产业快速发展。

② 文化产业投融资公共服务平台。当前,该公共服务平台推出文化企业和各地文化产权交易机构网上项目对接机制,进一步拓宽了文化企业的投融资渠道,可以有效整合各资本市场资源,意在建设成集政府指导政策对外发布、文化产业投融资信息交流、金融业务在线办理、金融产品发行、项目咨询投资、产品展示交易、行业知识普及培训等各类投融资服务于一体的综合性公共服务平台。

(2) 文化产业融资渠道建设

文化产业融资渠道包括政府财政拨款、直接融资渠道、间接融资渠道。

① 政府财政拨款。因历史原因,我国的文化单位大部分是从文化事业单位改制而来,政府以国家财政拨款和地方政府拨款的方式进行了支持。随着政府越来越重视文化产业的发展,政府拨款的力度也相应增强,税收优惠、政府补贴等项目更加完善,成为文化产业发展的巨大推动力。财政拨款主要针对那些公益性的公共产业和准公共产品,同时对于那些投入大风险高、收益低、回收期较长的文化产业基础设施进行投资,以满足人们对文化公共产品的需求。

② 文化产业的直接融资渠道。目前,文化产业的直接融资渠道主要包括股票市场融资、风险投资基金融资、私募股权基金融资、产业投资基金融资等。

一是股票市场融资。随着我国的资本市场建设逐渐完善,直接融资在社会中所占比例不断扩大,利用既有的资本市场为文化产业融资成为合理的选择。文化企业上市可以满足企业发展资金需求,为公司持续发展提供稳定的融资渠道。

二是风险投资基金融资。这种方式与文化产业投资的特点较为匹配。文化企业的风险投资是对企业管理能力和盈利能力的一种投资,风投资金看中的是企业市场价值的迅速提升,通常是一种中短期的投资。而风投资金退出的方式主要是将股权在二级市场或产权交易市场上出售,还有一种方式就是私下自行转让股份,实现投资收益。

三是私募股权基金融资。私募股权投资是一种无担保、高风险、高利率的非公开化的融资方式。私募股权投资采用股权投资方式,而非债权债务关系,其着眼点不在于投资对象当前的盈亏,而在于它们的发展前景和资产的增值,是适合我国文化产业中小企业的一种融资方式。

四是产业投资基金融资。文化产业投资基金是指直接投资于文化产业,即主要对未上市文化企业提供资本支持的集合式投资方式。文化产业投资基金,不仅符合产业投资基金的经营原则,而且能有效地解决文化产业的融资困境。文化产业类企业若能够获得文化产业基金的投资,既可以大大削弱该企业对银行信贷资金的依赖性,又能改善银行贷款结构,避免长时间、高风险的资金占用,化解金融风险,同时还减轻了政府财政的事业性支出压力。

③ 文化产业的间接融资渠道。目前,文化产业的间接融资渠道主要通过银行、保险等金融机构满足资金需求。

一是银行的信贷支持。随着国民经济的发展和文化产业的进步,银行业和文化产业的合作已不满足单项目、低层次的领域,双方积极努力谋求向纵深发展。银行针对文化产业的特性也做出了一系列的创新,其中包括创新信贷产品,并提供专业化的信贷服务。商业银行通过"版权质押"、"版权+票房收益担保"等方式为文化创意公司提供贷款,支持文化产业的发展。

二是保险业金融支持。保险业作为现代金融服务业的重要组成部分,具有经济补偿、资金融通和社会管理功能,是市场经济条件下风险管理的基本手段。我国保险业支持文化产业发展已顺利起步,文化产业具有高风险的特性,需要保险机构对文化产业进行风险保障。同时政府鼓励保险公司探索创新信用保险业务,弥补现行信用担保体制在支持服务业融资方面的不足,并进一步加强和完善针对文化出口企业的保险服务,积极提供出口信用保险服务。

2. 文化产业发展的金融支持配套措施

(1) 产业政策制度支持

政策性服务包括国家对大力发展文化产业的税收优惠政策和对进出口企业的外汇信贷融资政策、地方政府对文化产业园区和高新科技园区的企业孵化优惠政策和相关资金奖励政策、政府为文化企业提供信用担保政策服务等税收优惠政策,鼓励银行业金融机构开发适合文化产业特点的信贷产品、完善授信模式,加强和改进对文化企业的金融服务等方面提出的监管政策等。逐步加强信贷政策和产业政策的协调，建立多部门信息沟通机制，搭建文化产业投融资服务平台，建立金融支持文化产业发展的专项信贷政策导向效果评估制度。

（2）法律法规支持

政府逐步建立健全规范文化产业的法律法规，以此完善配套法律体系，推动文化产业投融资环境的建设。将支持文化建设的重大政策措施适时上升为法律法规。认真贯彻实施非物质文化遗产法，推动相关配套法规规章的出台，建立健全文化市场综合执法各项规章制度。继续推进公共图书馆法立法工作，研究制定文化产业促进法、公共文化服务保障法。修订完善文物保护法。积极参与促进文化艺术发展、鼓励文化艺术创新的知识产权立法。完善知识产权法律体系，切实保障各方权益。抓紧制定和完善专利权、著作权等无形资产评估、质押、登记、托管、流转和变现的管理办法，加强对文化市场的有效监管和知识产权保护力度，完善各类无形资产二级交易市场，切实保障投资者、债权人和消费者的权益。

（3）基础设施建设

完善基础服务设施，建立文化产业园，通过园区内不同企业间的合作整合多种业态，拉长产业链，从而推动整个产业的发展。除了综合性的文化创意产业集聚区，有的地方还形成了当代艺术创意园区、网络游戏和动漫创意产业园区、影视创作基地、传统书画艺术创意基地、民间工艺创意市集、地域文化品牌基地等类型的文化产业集聚区。产业园区集“产、学、研、展、交、销”为一体，起到了企业孵化器的作用。产业园区和高等院校合作，高等院校、科研机构与园区（基地）联合建设文化产业人才培养基地，为文化产业园区（基地）以及入驻企业培养专业和复合型人才，构建了成果转化孵化平台。引导金融机构参与构建包括“创业苗圃”——企业孵化器—企业加速器在内的文化产业创新创业培育载体系统。

（三）代表性国家金融支持模式及启示

20 世纪 90 年代末以来，英、美、日、韩等发达国家文化创意产业发展极为迅速，成为各自经济发展的新引擎。这主要得益于这些国家对创意产业的重要性认识日益充分并深化，通过立法制定了一系列旨在扶持促进文化产业发展的方针政策，尤其是构建了各具特色的文化产业金融体系。英美、日韩等发达国家金融体系支持文化产业发展的有效举措，为破解我国文化产业融资瓶颈提供了宝贵经验。

1. 代表性国家金融支持的主要模式

（1）市场主导型的美国模式

文化产业在美国的发展主要是市场主导模式，政府在遵循文化产业自身发展规律、考虑文化产业特点的基础上，给予文化产业以开放、优惠的扶持政策。鼓励文化单位采用多元投资机制和多种经营方式，鼓励非文化单位和境外资金投入文化产业。最终通过构建完善的融资体系、多样化的融资方式、多元化的融资渠道，为美国文化产业发展提供有力保障，从而奠定了美国文化产业的世界霸主地位。

① 财政拨款。美国政府每年对文化创意产业的投入达到了政府财政支出的12%，主要扶持事关国家安全、公益性强、依靠纯市场力量不能得到充分资金来源的文化创意产业。美国政府充分发挥财政拨款的杠杆作用，通过资金匹配方式，制定优惠政策鼓励各州、企业各界以及全社会对文化产业进行资金支持，提高财政资金的使用效率。

② 税收优惠。政府遵循文化产业自身发展规律、基于文化产业特点制定开放、优惠的税收扶持政策。

③ 社会捐赠和文化基金。美国联邦政府预算中的资金资助没有完全覆盖美国非营利性的文化艺术机构全部开支，其经费缺口由社会捐助填补。同时，美国联邦政府通过国家艺术基金会、国家人文基金会及博物馆学会对文化产业给予资助。

④ 风险投资、股权融资、债券融资、国际融资等多样化融资渠道。美国完善成熟的资本市场为文化产业的发展融资带来极大的便利，完善的融资体制、多样化的融资方式、多元化的融资渠道为美国文化产业发展提供了重要的保障，无论个人、团体和金融财团，都给文化产业注入了大量的资金。

(2) 政府引导型的英国模式

文化产业在英国的发展主要是政府引导模式，政府大力扶持文化产业企业，在文化企业自发地形成发展融资需求后，通过财政支持，并由此吸引大量外部资本的介入，从而为文化产业提供有利的外部环境促使其快速健康成长。英国文化产业投资渠道多种多样，其方式包括政府拨款、准政府组织资助、基金会资助等。政府鼓励企业赞助文化产业的同时，鼓励全体公民自愿支持文化产业。

① 财政拨款。英国政府每年向文化产业投入大量指导性拨款，重点扶持公益性的文化项目和文化创意中介机构。

② 税收优惠。英国政府采用减免税政策吸引社会资本进入文化创意产业。

③ 协助企业融资。英国文化、媒体与体育部专门出版了“银行经营手册”，提供各地可供给文化创意产业者资金的机构联络方式，指导相关企业和个人如何从金融机构或政府部门获得资金援助。

④ 专项基金。英国政府设立多项基金，以协助文化创意企业获取资金。

⑤ 彩票筹资。英国政府通过发行国家彩票的方式为文化创意产业发展筹集大量经费，使一批重大文化创意产业项目获得强大的资金支持。

（3）企业主导型的日本模式

文化产业在日本的发展主要是企业主导模式，民间企业投资是文化企业融资的主要来源，且所占比例越来越大。通过民间企业的大力投入和融资以及日本政府在文化产业上的投资政策的扶持，日本的文化产业才得以普及和发展。金融支持文化产业发展方面已经形成了以民间为主、政府为辅的多元化投融资机制。

① 财政预算。日本政府对文化产业投资逐年增加，特别是 2004 年《文化产品创造、保护及活用促进基本法》颁布后，政府对于文化艺术领域的财政预算大幅度增加。

② 金融服务。日本鼓励中小企业金融机构、中小企业信用担保机构、中小企业风险投资机构、设备租赁机构等其他金融机构为中小文化创意企业提供信贷支持。

③ 民间企业投资。日本政府不仅在资金上大力支持文化创意产业的发展，同时鼓励非文化企业和境外资金投入文化创意产业。目前，民间企业投资已成为日本文化创意产业蓬勃发展的主要资金来源。例如，几乎所有的日本一流大型企业都以各种不同形式支持、参与文化活动，他们将此视为改善企业形象的重要举措。

（4）政府主导型的韩国模式

文化产业在韩国的发展主要是政府行政指导模式，政府制定了大量促进产业发展的文化法规和经济政策，利用税收、信贷等经济杠杆实行多种产业优惠措施。其中最具韩国特色的是称为“文化产业专门投资组合”的风险投资形式。

① 产业预算。近年来韩国政府文化产业预算逐年递增，创意产业预算额由 1997 年的 1000 多万元增加到 2003 年的 1.58 亿美元，占国家财政预算的比重由 0.02% 增长到 0.17%，为文化产业振兴提供了必要的财政支撑。

② 专项基金。韩国政府部门设立多项专项基金，扶持文化产业发展。其资金来自政府拨款、公司、基金会和个人的商业性赞助和公益性的捐助。

③ 投资组合。韩国文化产业振兴院运作“文化产业专门投资组合”，是以动员社会资金为主，官民共同合作的投融资运作方式。通过运作“文化产业专门投资组合”动员社会资金为主，多渠道筹措文化产业发展资金，按照“集中与选择”的原则，有目的、有重点地实施资金支持，在经费上确保文化产业的发展。

④ 银行贷款。韩国银行业贯彻政府产业政策，按市场化原则择优向创意产业提供金融服务。

⑤ 税收优惠激励。韩国政府通过税收优惠政策，吸引机构、法人和个人的资金流向文化企业。

表 2　国外文化产业融资方式及特征

模式	融资方式	特征
美国	资本市场是文化企业融资的主要来源,并提供战略、运作、财务等全面的管理咨询; 设立促进中小企业发展的专门机构,提供担保、风险资金等手段获得银行贷款; 设立了完善的担保体系和保险机构。	高度发达的资本市场提供多样化融资渠道,资本市场与文化产业对接的市场化机制十分成熟; 十分完善的担保和保险机制,有效化解投资风险。
英国	政府对文化产业的资助主要通过政府委托非政府公共文化机构(或称准官方机构)来进行; 运用发行彩票等非常规的融资方法,来筹集文化产业基金。	非政府公共文化机构奉行与政府保持"一臂间隔"的原则,独立运行,构建文化事业管理的网络体系; 通过发行彩票,鼓励全体公民自愿支持文化事业。
日本	鼓励中小企业金融机构、中小企业信用担保机构、中小企业风险投资机构、设备租赁机构等其他金融机构为中小创意企业提供信贷支持;民间企业投资是文化企业融资的主要来源,且所占比例越来越大。	针对性的金融服务促进中小创意文化企业快速发展; 民间企业资金的大力投入和支持,以多种方式举办、赞助、参与文化活动,推进文化产业发展。
韩国	政府以"文化产业专门投资组合"等形式带动的民间资本和其他市场化资本。	"文化产业专门投资组合"是以动员社会资金为主、政府和民间共同投融资的运作方式,给予金融支持。

资料来源:作者编制。

2. 金融支持文化产业的国际经验

回顾美、英、日和韩等文化产业大国的成功发展壮大之路,国家战略层面上的高度重视、法律法规的充分保障、人才培养和高科技的有力支持、海外市场强力拉动等成为文化产业发展的关键动力。对我国最大启示在于,上述各国都构建了文化产业发展和金融支持积极互动和良性循环的机制,解决了产业发展的投融资瓶颈,实现了文化企业和金融机构的共赢及可持续发展。同时,金融支持文化产业发展的过程中,充分尊重市场和政府相结合的原则,实现了投资主体多元化、融资渠道多样化和资金效率最大化的组合目标。

(1) 政府扶持力度加大

① 增加财政拨款。各级政府应每年从财政预算中安排一定额度设立文化产业发展专项资金,或者设置行业发展基金,并保持创意专项资金增速不低于财政收入增速。

② 税收优惠。对文化产业采用税收倾斜政策,以吸引社会资本进入创意产业。不仅文化企业或文化产业项目可享受减免税优惠,其投资者也可享受减免税优惠,而对于赞助或捐赠的企业,实行税前列支或相应减少纳税基数。

(2) 投资主体多元化

以美国和日本为代表的文化产业大国基本取消了国内大部分投资主体的市场准入限制,实现了公平竞争、有序开发,进而从根本上解决了文化产业发展中的金融支持不足问题。除了业界企业和公共资金之外,这些国家还广泛开发了文化产业的外部投资主体,使文化产业外部的各类金融机构和其他各类具有投资能力的社会团体、个人都成为文化产业的投资者。

(3) 投融资渠道多样化

文化产业要占据国民经济发展的重要地位,必须要有大的投入,并且投融资方式还要实现多样化。虽然美、日等国的金融体系存在较大差别,但这些国家的文化企业基本都通过多样化的融资渠道满足了自身的资金需求。除了传统的商业银行贷款,各国还开发出了一系列创新性的融资渠道。各种渠道相互补充、相互促进,形成一个多层次、多元化的金融支持体系,充分发挥其金融服务功能,促进文化产业的发展。

(4) 风险补偿机制系统化

为解决文化产业的轻资产、高风险等特征与金融产品之间存在的明显冲突,美、英、日、韩等发达国家建立完善的风险补偿机制,分担金融机构的风险。如美国,通过设立促进中小企业发展的专门机构——中小企业管理局,为企业获得贷款提供担保、风险资金等风险补偿手段。

三、金融支持我国文化产业发展状况

(一) 财政支持文化产业发展

2010 年 3 月,中共中央宣传部、中国人民银行、财政部、文化部、广电总局、新闻出版总署、银监会、证监会以及保监会等九部委联合发布《关于金融支持文化产业振兴和发展繁荣的指导意见》。这是首次从国家层面提出加强金融支持文化产业发展力度。因此,近年来我国文化产业的发展逐步获得了各部门及地方政府的重视,且发展迅速。但财政支持文化产业的总体水平与我国经济规模仍不相称,财政支出对文化产业的支持有待加强。

1. 文化产业财政支出规模逐年增长

“十一五”期间,我国文化产业的财政支出总量逐年递增。从图 2 可以看出,在 2006 年,财政对文化产业的支出只有 158.03 亿人民币,而到 2010 年则达到了 323.06 亿人民币,五年的年平均增长率接近 20%。虽然总体增长趋势明显,但其占财政总支出的比重却不足 0.5%,并且近年还呈现下降趋势。2007 年与 2008 年保持在 0.4% 的水平,而 2009 年下降到 0.38%,2010 年甚至降到 0.36%。出现这种现象,主要有两个原因:其一,我国经济社会发展基础不同,文化建设长期以来比较薄弱;其二,部分基层党委政府没有真正树立科学发展意识和正确的政绩观,对文化建设特别是公共文化服务体系建设不够重视。

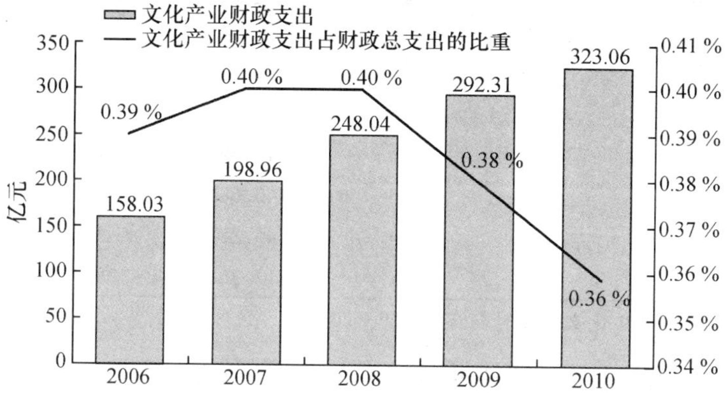

图 2　文化产业财政支出情况

资料来源:《中国文化与文物统计年鉴 2011》。

在发生通货膨胀的背景下,文化产业财政支出占比不升反降,表明财政支出对文化产业的支持不足。虽然发展文化产业已逐渐得到政府的重视,但是相较于其他产业而言,财政拨款对文化产业的支持仍有较大提升空间。财政支持的不足将直接影响文化产业发展的资金供给,甚至会制约文化产业的进一步发展。

2. 文化产业财政支出存在区域差异

投入文化产业的财政支出在城乡以及不同地域之间都存在很大的差异。

首先,城乡间财政支出不平衡。资料显示,我国农村获得的文化产业财政支出及文化产业发展都长期滞后于城市,即使国家有相应的政策进行调控,但整体差距仍十分明显。2010 年全国文化产业财政支出 323.06 亿,其中投入到农村的只有 116.41 亿元,仅占 36.0%;服务于农村的县图书馆图书总藏量 10819.4 万册,仅占全国图书馆总藏量的 17.5%。演出市场与文化市场等项目也远落后于城市。

其次,区域间财政投入不平衡。从表 3 可以看到我国部分地区近年的文化产业财政投入情况。以北京、上海为首的东部地区人均文化产业财政支出明显高于西藏、青海等西部地区,而处于中部地区的湖南却远落后于东、西部地区。在某种程度上,人均文化产业财政支出也反映了文化产业的发展水平。东部区域文化产业发展全国领先,西部其次,中部地区落后于前两者。其原因在于东部地区经济较发达,财政投入自然较多,而西部地区则得益于中央政府的扶持。

表3　2008—2010 年我国部分地区文化产业人均支出情况　　单位:元

地区	2008 年		2009 年		2010 年	
	排名	人均支出	排名	人均支出	排名	人均支出
北京	1	87.40	2	79.24	1	82.44
上海	2	71.02	1	93.51	2	80.92
天津	3	44.88	3	48.38	7	43.55
西藏	4	38.68	5	44.69	4	70.12
浙江	6	36.94	6	40.68	6	44.46
青海	8	26.66	4	45.88	3	73.07
湖南	28	8.74	27	13.73	28	13.11

资料来源:《中国文化文物统计年鉴》2010—2011 年。

最后,政府财政对文化产业的另一种支持表现在税收政策。为促进文化产业发展,国家对出版业给予了降低增值税税率、出版物增值税先征后退、县以下新华书店免征增值税等税收优惠政策。动漫、电影企业也享受到了国家减免增值税、营业税等税收优惠政策。

(二)文化产业投资基金支持文化产业发展

文化产业投资基金属于产业投资基金的子基金,它是借鉴"产业投资基金"的运作模式,由发起人定向进行资金募集,委托专业机构管理基金资产,直接投资于文化产业,旨在解决文化产业融资问题的一种探索与尝试。目前国内文化产业投资基金的设立方式主要分为公司制、信托制与有限合伙制这三种。相较于其他传统融资方式,文化产业投资基金的规模较小且发展时间较短。下文将先介绍文化产业投资基金的发展状况,再分别从行业分布与地域分布两方面对我国文化产业投资基金进行分析。

1. 文化产业投资基金发展概况

2002 年,中国电视家艺术协会的卡通委员会和湘财证券及其旗下湘财贯通投资管理公司就尝试设立中国文化产业基金(CCF)——卡通、传媒行业伞型基金,但因当时资本市场尚不完善而失败。2009 年,华人文化产业投资基金成立,成为第一家在国家发改委获得备案通过的文化产业私募股权基金。在 2011 年 6 月 7 日,"中国文化产业投资基金"(我国唯一一家中央批准设立的国家级文化产业基金)在北京成立,它是我国目前最大的产业投资基金。它的成立标志着由政府引导的文化产业基金进入一个新的时期。

根据《2012 中国文化产业投资基金研究报告》显示,截至 2011 年 11 月,我国共有 111 只文化产业投资基金。已经披露规模的基金数量为 83 只,规模合计 1330.45 亿元人民币。其中,人民币基金有 77 只,规模为 1222.61 亿元,平均每只

的规模为15.88亿元;美元基金有6只,平均每只规模折合为17.97亿元人民币。我国文化产业投资基金的发展状况见表4:

表4 我国文化产业投资基金的发展状况 单位:亿元

年度	基金数量	基金数量占比	基金规模	基金规模占比
2009年以前	11	9.91%	59.15	4.45%
2009年	16	14.41%	83.30	6.26%
2010年	37	33.33%	643.81	48.39%
2011年	47	42.34%	544.20	40.90%
合计	111	100.00%	1330.46	100.00%

资料来源:《2012中国文化产业投资基金研究报告》,北京新元文智咨询服务有限公司2012年1月。

2. 文化产业投资基金的行业分布

根据行业类别,文化产业投资基金可以划分为综合类文化产业投资基金与专项类文化产业投资基金两类。专项类文化产业投资基金包括艺术品专项投资基金、动漫专项投资基金、影视专项投资基金、网游专项投资基金及其他专项投资基金。

在综合文化产业投资基金方面,截止2011年11月,我国共设立28只基金,占文化产业投资基金数量的25.23%。已公布募资规模的27只基金共募资871.44亿元人民币,占2011年文化产业投资基金募资总规模的65.50%。

在专项文化产业投资基金方面,截止2011年11月,我国总共设立83只基金,占文化投资基金数量的74.77%。其中,艺术品专项投资基金数量最多,达41只,占基金总数的36.94%;其次为影视专项投资基金,为17只,占基金总数的15.32%。所有专项投资基金中有56只基金公布其规模,其中艺术专项投资基为24只,占公布募资规模基金总数的28.91%。56只公布募资规模的专项文化产业基金共募资459.01亿元人民币,其中以影视专项投资基金募资规模最高,为220.19亿元人民币,占募资总规模的16.55%。其次为网游专项投资基金,为129.98亿元人民币,占募资总规模的9.77%。我国文化产业投资基金的行业分布情况如表5所示:

表5 我国文化产业投资基金行业分布情况

基金行业	基金数量	基金数量占比	已披露募资规模的基金数量	已披露募资规模的基金数量占比
综合类	28	25.23%	27	65.50%
动漫类	8	7.20%	5	0.18%
影视类	17	15.32%	15	16.55%

（续表）

基金行业	基金数量	基金数量占比	已披露募资规模的基金数量	已披露募资规模的基金数量占比
艺术品类	41	36.94%	24	3.39%
网游类	12	10.81%	7	9.77%
其他	5	4.50%	5	4.61%
合计	111	100.00%	83	100.00%

资料来源:《2012 中国文化产业投资基金研究报告》,北京新元文智咨询服务有限公司 2012 年 1 月。

3. 文化产业投资基金的地域分布

截至 2010 年 10 月,国内已经有 24 个省份宣布设立省级文化产业投资专项基(资)金,已公布基金的总规模超过 270 亿元人民币。投资规模及投资地区分布如下:

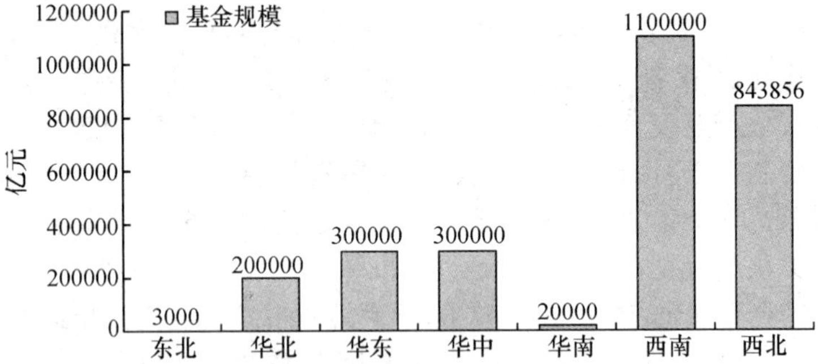

图 3 各区域文化产业投资基金规模概况

资料来源:《中国文化产业投资基金研究》,北京新元文智咨询服务有限公司 2011 年 2 月。

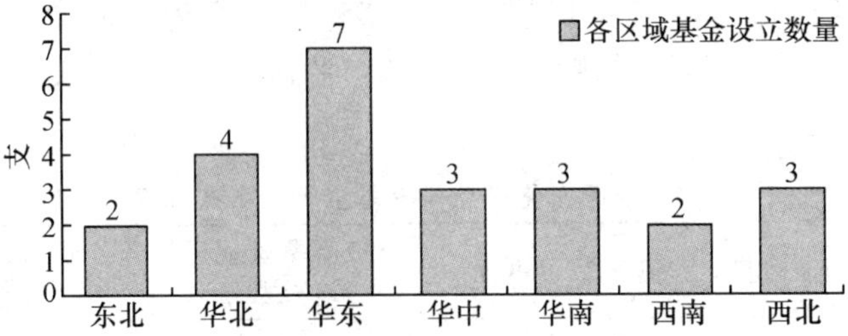

图 4 各区域文化产业投资基金数量分布

资料来源:《中国文化产业投资基金研究》,北京新元文智咨询服务有限公司 2011 年 2 月。

根据北京新元文智咨询服务有限公司发布的《2012中国文化产业资本研究报告》①显示,我国2011年设立的文化产业投资基金分布于国内11个省、市和自治区,其中以北京设立的文化产业基金最多,为15只,占总数的34.88%;其次为广东,为11只,占总数的25.58%。在已公布募资规模的文化产业投资基金中,从基金数量上看,广东的数量最多,为10只,占公布募资规模基金总数的29.41%;其次为北京,为8只,占总数的23.53%;从募资规模上看,广东规模最高,为214.5亿元人民币,占募资总规模的40.62%;其次为江苏,为91亿元人民币,占募资总规模的17.23%。

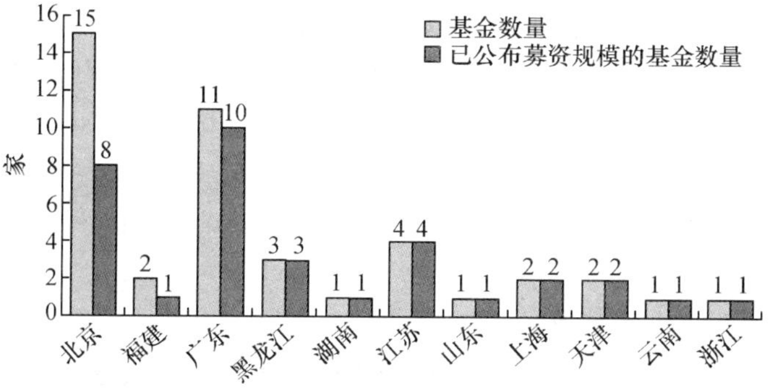

图5　2011年各地区文化产业基金设立数量

资料来源:《2012中国文化产业资本研究报告》,北京新元文智咨询服务有限公司2012年2月。

从全国范围来看,文化产业基金主要分布在南方,其中广东最为显著。不论是基金数量还是募资额,广东均领先于全国。

目前,国内已经拥有相当数量的文化产业投资基金,但文化产业投资基金仍属于一种新兴融资手段,其发展尚处于起步阶段。多数文化产业投资基金为政府主导,政府同时扮演资金供给者、政策支持者和监管者三个角色。如何引导更多的民间资本进入文化产业投资基金,同时政府做好自身的角色定位,是下一步文化产业发展中亟需解决的问题。

(三)银行支持文化产业发展

随着文化体制改革的不断深化和文化市场管理的逐步放开,文化企业得以逐步成长。银行信贷为文化企业的发展壮大提供了有力的支持。2010年是中国的

---

① 该报告显示2011年我国共设立43只文化产业投资基金,这与《2012中国文化产业投资基金研究报告》显示的我国2011年共设立47只文化产业投资基金的数据相矛盾。鉴于相关数据的不可得,本部分引用43只基金的数据以分析我国文化产业投资基金的地域分布情况,本报告其余部分的分析以47只文化产业投资基金的数据为准。

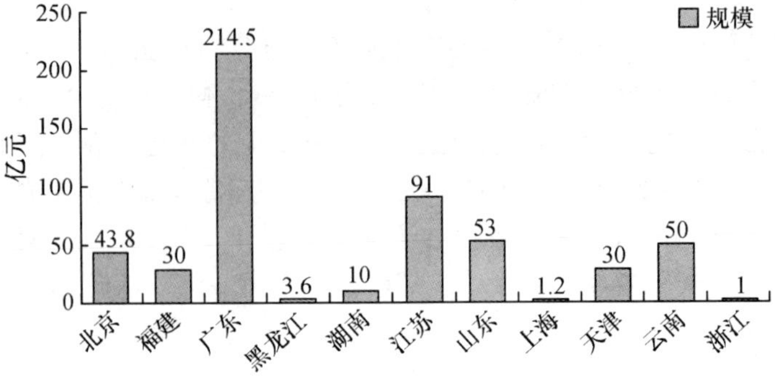

图 6 2011 年文化产业各地区的基金募资规模

资料来源:《2012 中国文化产业资本研究报告》,北京新元文智咨询服务有限公司,2012 年 2 月。

文化金融年,党和政府对文化产业战略定位的提升、九部委《关于金融支持文化产业振兴和发展繁荣的指导意见》的颁布,使金融市场对文化产业的关注度空前提升。

1. 银行贷款规模逐年增加

从总体上看,银行信贷仍是我国传统文化企业融资的主要途径,推动银行信贷投入文化产业也成为近年来各级有关部门推动金融支持文化产业发展的重点工作。据中国人民银行调统司统计,截至 2010 年 6 月末,我国文化、体育和娱乐业类各项贷款余额 916 亿元,同比增长 23.58%,比同期金融机构全部贷款同比增长率高 4.38 个百分点,中长期贷款余额的同比增长率比同期金融机构全部中长期贷款同比增长率高 26.39 个百分点。2011 年末,我国文化产业中长期贷款余额 861 亿元,同比增长 20.42%,比上年同期低 41 个百分点,图 7 显示出 2010 年我国文化产业中长期贷款余额的增长率高于 2011 年。

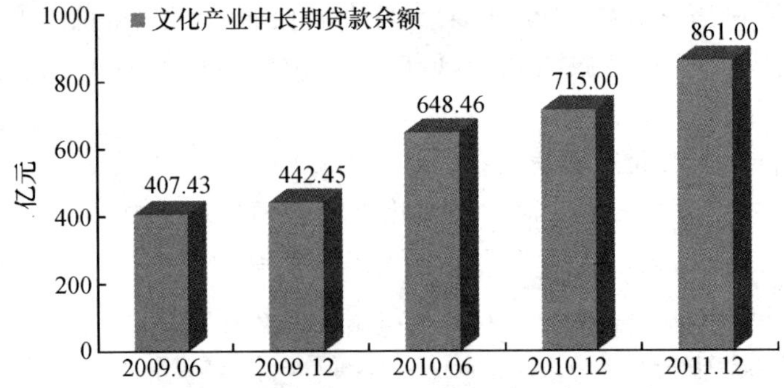

图 7 我国文化产业中长期贷款余额变化情况

资料来源:中国人民银行调统司、文化部。

从结构上看，国家开发银行在支持文化产业发展上居金融业首位，中国工商银行的贷款余额和增量连续位居国内商业银行首位，这两家银行针对文化产业发放的贷款余额逐年增加。图 8 显示，截至 2011 年末，国家开发银行文化产业贷款余额为 1204 亿元，同比增长 29.74%，而 2010 年文化产业贷款余额急剧上升，同比增长率高达 263%。图 9 显示，2011 中国工商银行贷款余额为 630 亿元，同比增长 21.26%。此外，其他商业银行也不断加大了对文化产业的信贷投放，截至 2011 年上半年，中国农业银行对文化产业贷款余额达到 300 亿元；2010 年底，中国建设银行文化产业贷款余额为 170 亿元；截至 2011 年 10 月末，中国银行支持文化产业贷款余额 256 亿元，且不良贷款率逐年降低，如图 10 所示。

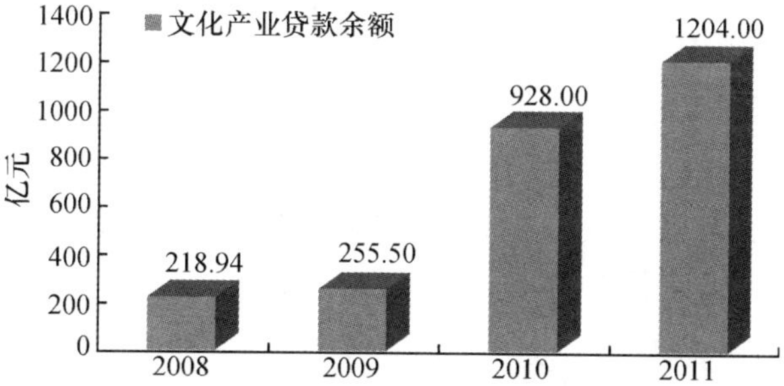

图 8　国家开发银行文化产业贷款余额变化情况

资料来源：国家开发银行 2009—2011 年报（http://www.cdb.com.cn/w6eb/）。

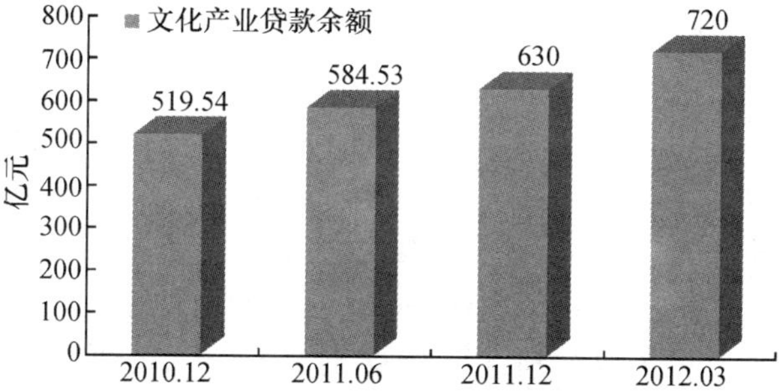

图 9　中国工商银行文化产业贷款余额变化情况

资料来源：中国工商银行网站（http://www.icbc.com.cn/icbc/）。

2. 银行信贷产品不断创新

在国家的大力支持和鼓励下，为了支持文化产业的进一步发展，商业银行纷纷进入文化产业领域，并推出了不同的文化产业信贷产品，主要分为以下三类：

一是影视剧版权质押。影视剧版权质押是目前银行业向影视业投入信贷资金的标准模式之一。2008 年 5 月，北京银行以版权质押方式为华谊兄弟提供 1 亿元的多项目电视剧打包贷款，这是无专业担保公司担保的“版权质押”贷款第一

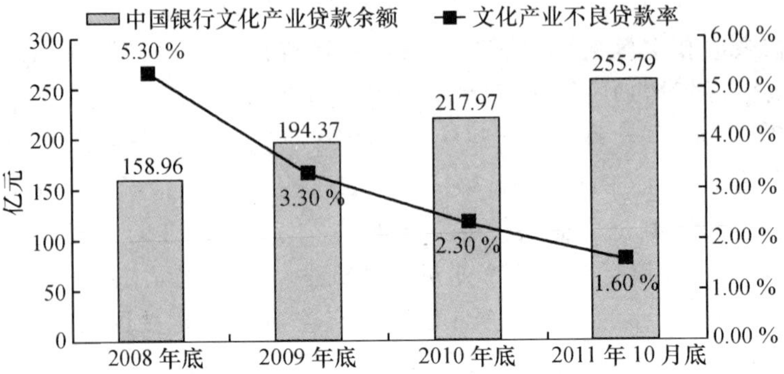

图 10　中国银行文化产业贷款余额及不良贷款率变化情况

资料来源：中国银行网站（http://www.boc.cn/）。

单；北京银行以“版权质押 + 第三方保证”的组合担保方式为博纳影业提供一次性“打包”贷款 1 亿元，用于电影的拍摄；刚刚在我国进行本土化经营不久的渣打银行对电影《赤壁》投入 7000 万美元的版权质押贷款，工商银行也通过版权质押方式对《唐山大地震》、《十月围城》等影视剧进行信贷支持。

二是文化产业创意贷款。积极开展此信贷产品的银行主要有北京银行、中国工商银行和交通银行。北京银行于 2009 年推出“创意贷”文化创意金融产品系列，截至 2010 年 10 月，北京银行已审批通过文化产业创意贷款 1000 余笔，金额达 160 余亿元，支持对象包括电影《第一书记》等；在“展业通”中小企业金融服务产品的统一品牌下，交通银行北京分行推出了“文化创意产业版权担保贷款”，截至 2010 年 11 月底，小文化创意企业贷款余额 9.33 亿元，有效支持了《孔雀公主》、《鸿门宴》等影视剧和演唱会以及公园摇滚音乐节等项目；中国工商银行北京分行打造辖内 18 家现代服务业和文化创意产业特色支行，从信贷政策、专业考核、资源与人员配比等方面给予倾斜，大力探索业务发展模式，陆续在影视、出版、文艺演出等行业的信贷投放方面取得突破，推出了文化创意产业的专项金融产品——“融慧贷”。

三是其他方式。中国银行浙江省分行开发了专门针对东阳横店影视产业试验区的融资产品——“影视通宝”；中国进出口银行上海分行采取应收账款质押的方式向上海城市舞蹈有限公司提供贷款支持；杭州银行上海分行与上海市网吧行业协会在 2010 年启动“网吧经营者联保贷款”项目，也丰富了文化产业的信贷产品体系；2009 年末，民生银行为包括张国立、李少红、杨亚洲在内的国内 23 名电视剧导演提供逾 1 亿元人民币的授信额度，用于导演创意、立项或合作的电视剧项目投资，开创“电视剧导演融资新模式”。

截至目前，全国范围内金融机构支持文化产业发展单笔金额最大的项目贷款是在 2008 年 6 月，国家开发银行与中国建设银行、中国银行组成银团，为湖南省有线电视网络(集团)公司提供了33亿元人民币的银团贷款,用于有线电视用户的数字化整体转换和广播电视网络改造。

在文化产业与信贷资本结合的过程中,金融创新不断呈现,为文化企业量身定制的信贷产品逐渐丰富。详情见表6:

表6 银行文化产业信贷产品类别

银行	文化产业信贷业务(产品)
中国进出口银行	文化产品和服务出口卖方信贷、进口信贷流动(固定)资金贷款业务、境外投资贷款业务、国际会展服务设施建设贷款业务、旅游文化国际化贷款业务、出口企业固定资产投资贷款业务、进出口信贷型租赁贷款业务、对外优惠贷款业务
国家开发银行	支持包括广播影视、新闻出版、文化产业园区、文化旅游、体育、“走出去”、文化担保等九大类的文化产业项目
中国银行	流动资金贷款、固定资金贷款、授信额度、项目融资、应收账款收购、企业短期融资券、财务顾问、全球统一授信
中国工商银行	项目融资、项目搭桥贷款、固定资产支持融资、贸易融资、流动资金贷款、并购融资、票据融资
北京银行	“小巨人”中小文化产业成长融资方案整体架构“创意贷”文化创意贷款、“及时予”系列核心基本产品包等
中国农业银行	项目融资、一般固定资产贷款、并购贷款、出口退税账户托管贷款、仓单质押贷款等

资料来源:文化部文化产业投融资公共服务平台(http://www.cnci.gov.cn/sys/)。

3. 银行金融服务进一步完善

商业银行作为金融支持文化产业发展的传统且主要力量,在整个文化与金融融合的过程中扮演着至关重要的作用。随着金融支持力度的不断加深,商业银行自身也在不断地创新以满足文化产业日益发展的需要,创造文化产业大发展大繁荣的局面。

定制化服务是银行为了满足文化企业的特殊需求,运用金融创新及多种技术为文化企业提供个性化服务的经营方式。即便在文化企业内部,不同细分行业,不同领域所需求的服务、产品也各有侧重,它们给银行带来的贡献、所消耗的资源也不尽相同。因此,依托文化产业基本特征,设计出高附加值、特色鲜明的金融产品成为银行业支持文化产业发展的客观要求。北京银行是为文化企业提供定制化、个性化服务的积极践行者。2010年,北京银行设立了若干文化创意特色支行,充分发挥体制与区位优势,对客户实施精细化管理。在融资担保方式上,进行创新以提高风险容忍度;在审批程序上,开辟绿色通道以提升效率;在机构设置上,成立专营机构以夯实专业化服务基础;在服务团队上,培训资深客户经理队伍以提升金融产品服务。

综合金融服务是金融机构所提供的致力于满足客户综合金融需求的服务。中国建设银行于 2009 年初率先提出了集教育慧民、医疗健民、社保安民、环保益民于一体的民生领域的综合金融服务方案——“民本通达”。该方案通过三年的发展已成为政府加以肯定、社会予以关注、客户表示欢迎、各方均有收益的著名品牌。2010 年 8 月,中国建设银行推出了第五个子品牌“文化悦民”,“文化悦民”主要包括振兴演艺、繁荣影视、支持出版、千年旅游、特色会展、多彩动漫六个子方案。该品牌所覆盖的领域是文化领域中最具活力和潜力的领域,也是《文化产业振兴规划》明确重点发展的文化产业。在金融服务方案的设计中,中国建设银行由总行集中骨干人员,成立任务型团队,根据不同类型、不同阶段、不同特点的客户,准确地锁定适用对象,全面地研究客户需求,有针对性地提出解决方案。方案推出一年多来,中国建设银行发放新增贷款 500 亿元,并与文化部签订了全面合作协议。同时,中央电视台、人民日报社、光明日报社、人民教育出版社等一大批广电新闻出版类客户成为了中国建设银行的重点客户。

4. 银政企合作日益加深

文化产业作为新兴的朝阳产业,近年来的发展得益于政府、银行等各部门的高度重视和重点扶持,中央和各级地方政府积极采取包括融资扶持、设立文化产业发展资金等各种措施来扶持文化产业发展。银行通过与各级政府建立合作关系,凭借政府平台引入政策支持,进行宏观布局,携手搭建各类文化企业融资服务网络。同时,政府、银行与文化企业也积极建立合作关系,以便更直接更具体地提供融资支持。

2007 年 11 月,北京银行与北京市文化创意产业促进中心签订战略合作协议,承诺设立 50 亿元专项授信额度。

2008 年,中国银行与文化部签署《支持文化产业发展战略合作协议》,通过采取“文化部组织推荐、中国银行独立审贷”的合作方式,中国银行已为多个文化部推荐项目提供融资支持,项目涉及文化园区、工艺品制造、动漫游戏等多个领域。

2009 年,银行机构与相关政府部门、大型文化企业签署多项合作协议,银政、银企合作关系日益紧密。

在政府层面,文化部先后与中国进出口银行和中国银行签订合作协议,建立全面且长期的战略合作关系。新闻出版总署与中国银行签署合作备忘录,推动新闻出版业“走出去”。河南省、上海市政府分别与国开行签订合作备忘录,探索开发性金融与支持文化产业发展的新模式和新机制。其中,国开行今后 5 年对上海市文化产业支持的融资规模可达 300 亿元。

在企业层面,中国银行与中国对外文化集团,交通银行与中南出版传媒集团,中国建设银行与湖南电视台，国家开发银行分别与上海文广集团、电广传媒、出版传媒等企业签署了银企战略合作协议，北京银行则与中国电影集团、凤凰卫视、北京演艺集团、八一电影制片厂、央广传媒等多家文化企业签署相关协议，落实意向性授信额度，推动银企合作关系提升。其中，仅国开行与电广传媒签署的意向性授信金额就达 197 亿元。

2010 年 10 月，工商银行湖北分行、中国银行湖北分行与湖北省文改办签署协议，为湖北文化企业提供 220 亿元的授信额度。2010 年，新闻出版总署与中国农业银行、国家开发银行，文化部与中国工商银行、中国农业银行，广电总局与中国进出口银行分别签署战略合作协议，落实意向性授信额度，推动银行业与文化产业有效对接。北京市文化创意产业促进中心与当地工商银行、农业银行，北京市文化局、广电局与北京银行也分别签署战略合作协议，为文化企业提供专项授信额度。

中央文资办设立后，北京市文资办是全国第一个做出响应的省级政府国有文化资产监管机构，于 2012 年 6 月 18 日挂牌成立，并成功地与 10 家银行签订文化金融创新发展合作协议，为北京文化产业发展提供授信额度 1000 亿元人民币。北京市文资办还与万达集团有限公司、中国数字文化集团有限公司、北京小马奔腾传媒有限公司、北京奇虎科技有限公司等 11 家企业签订文化创意发展合作协议，首批签约项目总投资额度达 608.7 亿元人民币。

2012 年 3 月 8 日，文化部与国家开发银行在京签署了《支持文化产业发展合作备忘录》，双方共同探索培育重点骨干文化企业，共同支持国家级文化产业园，探索创新文化产业投融资工作方式。

（四）资本市场支持文化产业发展

资本市场对文化产业的支持主要体现在文化产业的股权融资与债权融资两方面。股权融资包括上市（主要是 IPO）以及 VC/PE 等方式，而债权融资目前主要是指企业发行债券融资。下文将分别介绍我国文化产业企业的上市融资、VC/PE 融资以及债券融资的情况。

1. 上市融资

目前，文化企业上市融资以 IPO（Initial Public Offering）为主，只有极少数企业通过借壳上市的方式融资。

（1）上市融资文化企业总体情况

1992 年至 2011 年 6 月底，我国共有 88 家文化产业企业在国内外主要交易所上市融资及挂牌交易，其中 IPO 上市的文化产业企业有 86 家，借壳上市的只有 2 家。截至 2011 年 6 月底，仍在交易所上市交易的文化产业企业为 84 家，4 家已经退市。退市企业中，除媒体伯乐由于德高的收购而退市外，其余三家退市的企业皆因为经营业绩不合要求而退市，且这三家文化产业企业有两家在日本东京交易所创业板、一家在美国纳斯达克交易所上市。

86家IPO的文化产业企业上市融资总规模折合人民币884.34亿元，融资结构为：248.63亿港元、58.61亿美元、80.82亿日元、0.63亿元英镑以及262.36亿元人民币。86家文化产业企业上市首日市值总规模折合人民币6567.95亿元，市值结构为：376.85亿美元、2023.85亿港元、1.22亿英镑、540.95亿日元及2226.50亿元人民币。

截至2011年6月底，仍在各板块交易的84家文化产业企业的市值总规模为折合人民币13813.64亿元，其中包括美元992.56亿元、港元4880.45亿元、英镑1.38亿元及人民币2903.25亿元。

（2）上市文化产业企业在各交易所的分布情况

截至2011年6月底，在上市企业数量上，以深圳交易所上市企业最多，达到22家。其次为纳斯达克交易所，为20家（新华悦动退出纳斯达克交易所，则该数据变成20家）；以英国伦敦交易所和日本东京交易所最少，分别均为2家。在上市企业融资规模上，以香港联合交易所融资规模最高，折合为248.63亿元人民币；其次为深圳交易所，为169.04亿元。在文化产业企业IPO上市的首日市值规模上，以在香港联合交易所上市的文化企业上市首日市值规模最高，折合为1760.75亿元人民币（2023.85亿港元），其次为深圳交易所，折合为1376.55亿元人民币。

截至2011年6月底，从仍在市交易的文化产业企业当前市值规模来看，以在美国纳斯达克交易所上市的文化产业企业为最高，折合为5726.13亿元人民币（860.02亿美元）。

文化产业企业在各交易所的总体情况详见表7：

表7 文化产业企业在各交易所的总体情况 单位：亿元人民币

上市地点	上市企业数量	在市企业数量	融资规模	上市首日市值	当前市值
上海交易所	13	13	93.32	849.95	1174.07
深圳交易所	22	22	169.04	1376.55	1729.19
香港联合交易所	19(17)①	18	216.3	1760.75	4245.99
纽约交易所	9	9	174	1186.5	888.02
纳斯达克交易所	21	20	218.72	1338.39	5726.13
伦敦交易所	2	2	6.49	12.53	14.24
东京交易所	2	0	6.47	43.28	0
合计	88(86)②	84	884.34	6567.95	13813.64

注：①、②括号内数值表示IPO企业数量，括号外表示IPO与借壳上市企业总数量。

资料来源：《2011中国文化产业上市研究报告》，北京新元文智咨询服务有限公司，2011年8月。

（3）各主要行业上市文化产业企业情况

从上市企业数量来看，传统媒体行业和网络新媒体行业上市企业最多，均达30家；影视及动漫行业的企业最少，为4家。传统媒体行业和网络新媒体行业均有2家企业退市。在上市企业融资规模上，以网络新媒体行业融资规模最高，折合为367.89亿元人民币；其次为网络游戏行业，为194.40亿元。在文化产业企业IPO上市的首日市值规模上，以网络新媒体行业的文化企业上市首日市值规模最高，折合为3478.83亿元人民币，其次为网络游戏行业，折合为936.06亿元人民币。

截至2011年6月底，以仍在市交易的文化产业企业当前市值规模来看，以新媒体行业上市的文化产业企业的当前市值规模最高，折合为10088.65亿元人民币；其次为传统媒体行业，为1484.89亿元人民币。

文化产业各行业企业上市的总体概况详见表8：

表8　文化产业各行业企业上市的总体概况　　单位：亿元人民币

所属行业	上市企业数量	在市企业数量	融资规模	上市首日市值	当前市值
传统媒体	30(29)①	30(28)④	156.61	924.58	1484.89
出版印刷	8	8	86.43	650.71	573.47
影视及动漫	4	4	31.32	264.63	225.57
网络新媒体	30(29)②	30(28)⑤	367.89	3478.83	10088.65
网络游戏	9	9	194.4	936.06	738.78
其他	7	7	47.69	313.14	702.28
合计	88(86)③	88(84)⑥	884.34	6567.95	13813.64

注：①—⑥括号内数值表示IPO企业数量，括号外表示IPO与借壳上市企业总数量。

资料来源：《2011中国文化产业上市研究报告》，北京新元文智咨询服务有限公司2011年8月。

（4）上市文化企业特点

在88家上市的文化产业企业中，有3家由于经营情况不善而退市。本报告在88家文化产业企业中，从各个行业选取了不同子市场的代表性企业，如下表9，并从交易所与上市方式选择两个角度对上市文化企业特点进行分析。

表9　本研究报告选择的重点文化产业企业

所属行业	子市场	企业名称	所在交易所
传统媒体	户外媒体	分众传媒	纳斯达克交易所
	电视购物	橡果国际	纽约交易所
	电视台经营	凤凰卫视	香港联合交易所

（续表）

所属行业	子市场	企业名称	所在交易所
出版印刷	—	中南传媒	上海交易所
		天舟文化	深圳交易所
		新华文轩	香港联合交易所
动漫及影视	影视（电影为主）	博纳影业	纽约交易所
	影视（电视剧为主）	华策影视	深圳交易所
	动漫	奥飞动漫	深圳交易所
网络游戏	—	盛大网络	纳斯达克交易所
		畅游	纳斯达克交易所
		巨人网络	纳斯达克交易所
网络新媒体	搜索引擎	百度	纳斯达克交易所
	门户网站	新浪	纳斯达克交易所
	网络视频	优酷	纽约交易所

资料来源：《2011中国文化产业上市研究报告》，北京新元文智咨询服务有限公司2011年8月。

上市交易所的选择。从目前已经上市的文化产业企业总体来看，各行业的企业对于上市交易所的选择存在明显的偏好：一是以互联网为介质和载体的企业偏向于海外上市，其主要选择的交易所以纳斯达克交易所为主；二是较为传统的文化产业由于其文化属性的影响，则比较倾向于在中国大陆的交易所上市。

上市方式的选择。近98%的文化产业企业选择IPO方式上市，借壳上市的企业均在香港联合交易所上市，一家属于新媒体行业的企业，另一家属于传统媒体行业企业。

2. VC/PE融资

VC（Venture Capital），即风险投资。一般而言，风险投资是指具有高风险、高超额收益的投资。而根据美国全美风险投资协会的定义，风险投资是由职业金融家投入到新兴的、迅速发展的、具有巨大竞争潜力的企业中的一种权益资本。

PE（Private Equity），即私募股权投资。简单来说，私募股权投资是通过私募的形式募集资金，对企业进行的权益投资。

VC与PE均希望投资企业能够最终公开上市，从而使自身持有的企业股权能在公开市场中获取超额溢价后套现。2007年，我国文化企业的VC/PE融资规模与融资的企业数量均达到近5年的顶峰，全年VC/PE融资规模为21.55亿美元，而参与融资的文化企业数量则达到了59家。但随着2008年全球金融危机的爆发，资本市场低迷，尽管当年参与VC/PE融资的文化企业数量并无变化（仍为59家），但其VC/PE融资规模却大幅缩减为12.05亿美元，降幅高达44.08%。2009

年,在全球经济环境不振的背景下,VC/PE 融资规模与融资文化企业数量均发生大幅下降。当年 VC/PE 融资规模下降到 3.44 亿美元,降幅为 75.45%,同时参与融资的文化企业数量也锐减到 33 家,创近几年新低。而从 2010 年开始,随着经济的升温,VC/PE 融资规模与融资文化企业数量均有稳定的增长。2010 年与 2011 年两年,VC/PE 融资规模分别为 6.62 亿美元与 18.80 亿美元,而参与融资的文化企业数量分别为 41 家与 51 家,具体情况如图 11 和图 12 所示。

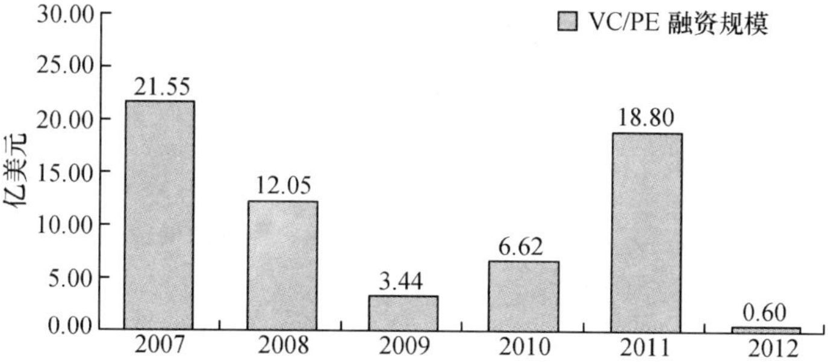

图 11　2007—2012 年 4 月中国文化企业 VC/PE 融资规模

资料来源:CV Source 数据库,2012 年 4 月。

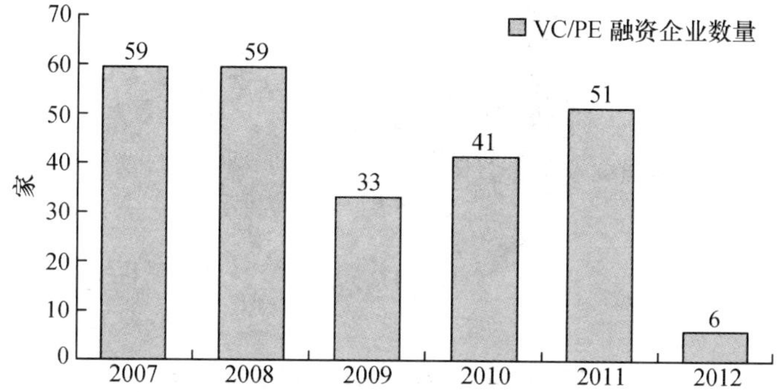

图 12　2007—2012 年 4 月中国文化企业 VC/PE 融资企业数量

资料来源:CV Source 数据库,2012 年 4 月。

从行业角度来看,我国文化企业 VC/PE 融资的企业数量和规模的行业分布如下(如图 13 和图 14 所示):

融资企业数量的行业分布。影视音乐类企业以 22% 的比例高居榜首,排名第二、三位的分别是传媒出版 12% 和广告制作代理 11%。

融资规模的行业分布。VC/PE 融资主要集中在传媒出版行业,占比达 52%;其次是影视行业 34%;其余的广告制作与代理、动漫、户外媒体以及文化传媒其他等四个行业的各自占比均不到 5%。

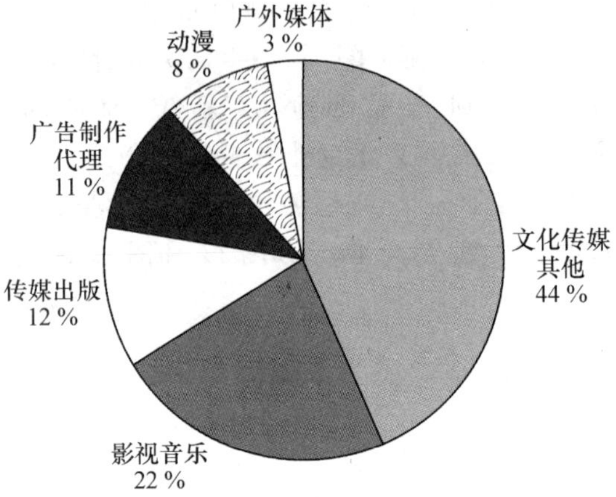

图 13　VC/PE 融资企业数量的行业分布情况

资料来源:CV Source 数据库,2012 年 4 月。

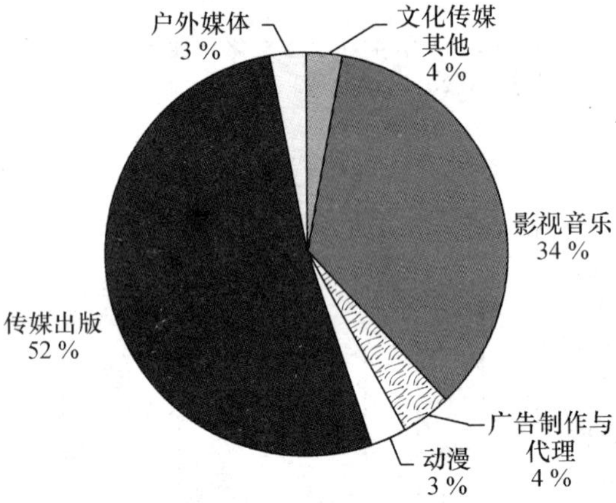

图 14　VC/PE 投资金额行业分布情况

资料来源:CV Source 数据库,2012 年 4 月。

2011 年至 2012 年 4 月,我国文化企业 VC/PE 融资规模前 15 名如下(详见表 10):无线电视、广东广电网络和小马奔腾位列前三,前三名的融资金额占总金额的 73%,其中无线电视一家就占了 47.6%。从结构上看,处在传统文化产业的传媒出版业仅有 6 家企业,但其融资金额占比却高达 66.3%,表明传媒出版业在整个文化产业中仍居主导地位。

表 10　2011—2012 年 4 月中国文化企业 VC/PE 融资规模 TOP15

时间	企业	细分行业	融资金额(百万美元)
2011-03-31	无线电视	传媒出版	805.7
2011-04-01	广东广电网络	影视音乐	302.8
2011-01-01	小马奔腾	传媒出版	126.7
2011-07-06	中国出版集团	传媒出版	73.9
2011-05-09	华谊兄弟	影视音乐	65.7
2011-06-09	寰亚传媒	传媒出版	63.1
2011-02-14	八大电视	影视音乐	50.0
2011-10-21	文化中国	传媒出版	31.9
2011-06-01	星空大地	影视音乐	30.0
2011-03-01	引力传媒	广告制作与代理	30.0
2011-03-01	细道堂	影视音乐	29.5
2011-12-23	北青航媒	户外媒体	22.2
2011-02-18	意马国际	动漫	20.1
2011-02-18	东方梦工厂	动漫	20.0
2011-06-01	亚太传媒	传媒出版	20.0

资料来源:CV Source 数据库,2012 年 4 月

3. 债券融资

据中国银行间市场交易商协会的初步统计,目前已注册发行债券的文化类企业有 69 家,发行的各类债券达 172 只,发行金额 1472.79 亿元,存量 800 多亿元。

2010 年,新华传媒、广电传媒、东方明珠、歌华有线、凤凰出版传媒有限集团、安徽出版集团等文化企业共发行了 9 只债券,债券类型涵盖了中期票据、短期融资券、可转换公司债券、中小企业集合票据等品种,融资金额共计 55.69 亿元,且融资规模超过了 2008 年与 2009 年的总和。

1999 至 2012 年,我国上市文化企业中发行债券进行融资的企业共有 8 家,如表 11。从融资的数额来看,规模最大的一次是东方明珠于 2010 年 11 月 25 日发行的债券,融资额为 20 亿人民币。由于我国债券市场的发展远远落后于股票市场,上市融资相较于债券融资更受欢迎。因此,无论从进行上市融资的文化产业企业数量还是融资规模而言,债券融资都远落后于上市融资。但这也同时意味着我国文化产业企业的债券融资具有巨大的上升潜力。

表 11　1999—2012 年我国部分上市文化企业债权融资情况

债券融资企业	债券融资时间	融资额(亿元)
华闻传媒	1999-07-12	1
歌华有线	2004-05-12	13
	2010-11-25	16
东方明珠	2006-01-13	12
	2007-03-29	12
	2008-08-04	20
	2010-05-13	13
	2011-03-07	7
电广传媒	2006-02-24	3
	2006-10-13	4
	2008-01-21	5
	2008-12-10	5
	2010-10-19	5
	2012-08-08	5
新华传媒	2010-03-16	4
	2010-11-11	4
	2011-06-23	4
	2012-08-08	5
中文传媒	2011-08-24	5
	2011-12-27	1
华谊兄弟	2011-11-17	3
	2012-02-17	3
乐视网	2012-05-08	2
	2012-07-13	2

资料来源:从网易财经上市文化企业数据中整理。

(五)其他金融支持方式与文化产业发展

金融支持文化产业发展的四种主要方式:财政的扶持、文化产业投资基金的支持、银行业与文化产业的进一步对接融合、资本市场的深化运作是支撑文化产业做大做强的经济力量,是促进文化产业进一步发展的重要因素。此外,还有其他金融方式也在支持着文化产业发展。

1. 保险业与文化产业积极融合

在美国等文化产业较发达的国家,保险已经渗透到文化产业多个领域,为文化企业提供全流通、多环节的风险管理和风险保障。在我国,长期以来,保险对文化产业的介入一直停留在初级阶段,保险机构与文化企业的合作主要局限于直接使用常规保险品种,如演艺活动遭遇意外自然灾害的公众责任险、演员意外伤害保险,电影院、演艺设施等贵重器材的财产保险,而专门针对文化产业的保险产品乏善可陈。2010年,保监会参与发布《关于金融支持文化产业振兴和发展繁荣的指导意见》,保险产品和文化产业的结合也出现了新的趋势。2010年8月,中国人寿与国家京剧院签署了战略合作协议,开启了国有大型保险企业与文化企业深度合作的先河。在产品创新方面,艺术品保险和著作权交易保证保险的推出进一步丰富了文化产业保险市场的产品体系。2010年12月,保监会、文化部联合发布《关于保险业支持文化产业发展有关工作的通知》(保监发[2010]109号),启动保险业对文化产业的支持,利用保险经济补偿、资金融通的功能,充分化解文化企业经营风险,拓宽企业融资渠道。2011年1月,保险支持文化产业试点正式启动,并公布了首批11个试点险种和3家试点保险公司。三家试点保险公司为中国人民财产保险股份有限公司、中国太平洋财产保险股份有限公司、中国出口信用保险公司;试点险种包括:演艺活动财产保险、演艺活动公众责任保险、演艺活动取消保险、演艺人员意外和健康保险、展览会综合责任保险、艺术品综合保险、动漫游戏企业关键人员意外和健康保险、动漫游戏企业关键人员无法从业保险、文化企业信用保证保险、文化企业知识产权侵权保险、文化活动公共安全综合保险。

2. 文化产业信托顺利推广

信托公司是唯一可以跨越货币市场、资本市场和产业市场的金融机构。2004年,信托产品初次被引入文化产业,2009年得以进一步创新和推广。2009年1月,结构化信托融资产品——杭州市文化创意产业小企业集合债权基金“宝石流霞”正式发行。该信托产品总额6000万元人民币,期限1年,利率为8.39%。产品中,银行以理财产品发售4700万元,杭州市政府通过财政下属企业出资认购1000万元,私募股权投资机构认购300万元。2009年6月,国投信托推出的国内首款艺术品投资集合资金信托计划——“国投信托—盛世宝藏1号保利艺术品投资集合资金信托计划”成功设立,该产品计划募集资金规模4650万元人民币,期限为18个月,信托资金主要用于购买著名画家知名画作的收益权。

2010年,信托市场共发行了8只针对文化企业的融资型信托产品,融资总规模达5.54亿元,发行数量、规模均继续提升。其中,北方信托发行了4期“滨海新区开发建设之创意产业收益权系列信托”,集合信托资金用于购买滨海新区创意产业园区未来产生的收益,融资规模共2.4亿元。

近年来,众多社会资本从楼市、股市、基金、债券等传统投资领域转移到艺术品投资市场。艺术品投资信托是由信托公司发行信托计划募集资金,同时聘请专业的投资机构提供顾问服务,通过对多种艺术品的组合买卖以获取艺术品增值收益的投资形式。2010年,国内共发行了9只艺术品投资信托计划,而此前,市场上仅发售过2支相关产品。在2010年发行的产品中,国投信托发行了7只集合资金信托计划,募集资金超过 4 亿元。信托计划期限 1—5 年不等,均聘请了保利文化等具有艺术品鉴定、估值能力的专业机构担任投资顾问。“中信文道—中国书画投资基金”集合资金信托计划是首只针对中国书画类艺术品实物投资的信托产品,该产品份额在封闭期内可在深圳文化产权交易所挂牌转让。中融信托发起的“艺术品投资项目单一资金信托”全部用于对接民生银行“非凡资产管理—艺术品投资计划 2 号”理财产品,民生银行于此前发行的首期产品已实现了 12.75% 的年化收益。随着我国艺术品市场的繁荣和居民收入水平的提高,以信托为途径引导社会闲散资金进入艺术品投资领域对推动文化产业发展和居民财富保值增值均具有重要意义。

3. 民营资本和外资投入不断拓展

引导民营资本进入文化产业对于拓宽社会资本投放渠道、缓解流动性充裕格局、推动国民经济结构调整及实现文化产业自身的发展壮大具有重要意义。2009 年 7 月 22 日,国务院审议通过了《文化产业振兴规划》,将文化产业上升为国家的战略性产业,指出要降低准入门槛,积极吸收社会资本和外资进入政策允许的文化产业领域,参与国有文化企业股份制改造,形成公有制为主体、多种所有制共同发展的文化产业格局,并鼓励非公有制资本进入文化创意、影视制作、演艺娱乐、动漫等领域。2010 年国务院颁布的《关于鼓励和引导民间投资健康发展的若干意见》也强调鼓励民间资本参与发展文化、旅游和体育产业。目前,在影视制作、互联网等细分行业,民营资本已涌现了众多的“强势品牌”。在境内上市的首家电影制作、电视剧制作、电影发行以及网络游戏、网络视频企业均为民营企业。2010 年上市的以青少年读物的策划、设计、制作与发行为主营业务的天舟文化被誉为我国“民营出版传媒第一股”,表明民间资本涉足文化产业的广度和深度均有了很大的提升。

中国巨大的文化市场正迅速发展,其诱人利润的空间吸引着外资。近年,外资通过合资、节目交换、对等落地、兼并收购等方式在中国展开业务。外资进入中国文化产业的方式主要有三种:一是积极接洽即将改制的国资文化企业以实现收购;二是与一些谋求发展的国资或民营企业组建合资公司以谋求发展;三是借助法律的灰色领域力求获得特批。

早在 2004 年 12 月,TOM 集团以 1000 万美元收购了华谊兄弟 35% 的股权,华谊兄弟是目前内地最大的电影制作公司之一,占中国本地制作总量近三分之一。通过与国内相关企业的合资与合作,进而渗透中国文化产业,最典型的案例是华纳兄弟,2005 年,华纳兄弟国际影院公司、家乐福与成都财富中心签约,在成都开设一家投资超 2000 万的影院。除了 TOM 集团一直在竞购全国改制中的新华书店的股份外,贝塔斯曼以网上书店的形式迅速在中国发展壮大,2005 年 5 月 24 日,它与辽宁出版集团一起投资成立了辽宁贝塔斯曼图书发行有限公司,它是我国加入 WTO 后，第一家完全由国有资本与外资共同组建的图书发行公司。

外资对文化产业的投入不断拓展。2011 年，文化产业领域共发生 220 笔投融资项目，公布规模的投融资项目为 149 笔，投融资涉及金额折合人民币 397.92 亿元。其中，94 笔为美元投融资，涉及规模为 48.89 亿美元，折合人民币 303.11 亿元，占投融资总规模的 76.17%；53 笔为人民币投融资，涉及规模为 83.2 亿元，占投融资总规模的 20.91%；2 笔为港元投融资，涉及规模为 13.82 亿港元，折合人民币 11.61 亿元，占投融资总规模的 2.92%。图 3-13 显示，外币投资规模占 2011 年文化产业投资总规模的 79.09%。

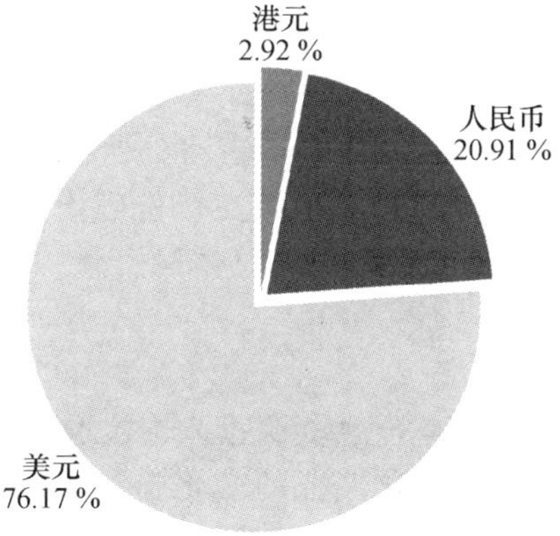

图 15　2011 年 147 笔投融资项目中各币种投融资规模对比

资料来源：文资网（http://www.ccizone.com/html/index.html）

4. 艺术品证券化取得突破

艺术品的证券化有利于原始权益人充分实现产权的经济价值，为创作者提供了以产权为依托的全新融资途径。2010 年，我国艺术品证券化的探索也取得了重大突破。年初，"最地带"音乐网站尝试推出了音乐作品著作权的分割交易，开创了我国民间机构探索著作权证券化的先河。作为艺术品投资证券化试点单位，深圳文化产权交易所推出了国内首个基于"权益拆分"模式的资产包"深圳文化产权交易所 1 号艺术品资产包——杨培江美术作品"。该艺术品资产包配置了画家杨培江的 12 幅作品，总共被分成 1000 份，在文交所注册的个人或者机构都可以购买任意数量份额，并在文交所出售变现。作为进一步的探索，2010 年成立的天津文化艺术品交易所推出了文化艺术品的"份额化"电子交易模式，即以对文化艺术品实物进行鉴定、评估、托管和保险等程序为前提，发行并上市交易拆分化的、非市场的艺术品份额合约。投资人通过互联网实现开户，通过下载相关的客户端实现投资交易功能。交易品种包括书画、雕塑、瓷器、工艺等文化艺术品。虽然艺术品证券化在探索中仍面临标的资产价值公允评估、交易风险控制等众多问题，但作为一种极具创新意义的交易模式,艺术品证券化在实践中将为我国艺术品市场以及文化产权交易市场注入更大活力。

(六) 金融支持文化产业发展评价

通过上述章节的具体分析,我们总结出金融支持我国文化产业发展的最为重要的四种融资方式,它们分别是:财政支出、文化产业投资基金募资、银行信贷投放以及文化企业上市融资。这四种金融支持方式的各自衡量指标为:文化事业费[①]、文化基金募资、中长期贷款余额[②]和上市融资规模。本报告将建立金融支持文化产业发展的指标体系,用以对比分析四类融资渠道对文化产业发展的力度和速度,并加总四类融资方式来整体分析文化产业的金融支持度。

1. 金融支持文化产业的指标说明

(1) 金融支持份额指标

金融支持份额指标衡量的是文化产业占有的金融资源数量。本报告采用上述四个衡量指标表征四类融资方式的金融支持份额指标。然后加总四类融资方式的金融支持份额,用以表示文化产业的总体融资量,并分别计算四类金融支持份额占总体融资量的比例。

(2) 金融支持速度指标

金融支持速度指标表示的是金融资源投入在文化产业增加的速度。这一指标可以用来动态考察金融支持文化产业的变化趋势。在此我们采用四类融资方式的金融支持份额增速来表征金融支持速度指标。

(3) 金融支持效率指标

金融支持效率指标表示的是金融资源的实际转化效率。通过这一指标可以清楚地看到金融资源投入转化为实际收益的能力。该指标用年度文化产业增加值与总体融资量之比表征金融支持效率指标。

2. 金融支持指标的数据来源及评价方法

(1) 数据来源

2009 年及 2010 年的文化事业费来源于《中国文化文物统计年鉴》,2011 年的数据则是通过中国文化部所公布的数据信息计算而来[①];文化基金募资规模来源于《文化产业导刊》中的“文化产业资本大盘点之文化产业基金”一文[②];文化产业中长期贷款余额来源于中国人民银行调统司;上市文化企业融资规模来源于网易财经和文资网;文化产业增加值来源于中国文化部官网。

(2) 评价方法

一是横向比较法。对比分析四类融资渠道及整体对文化产业发展的支持力度。

二是纵向比较法。沿时间轴观察分析四类融资渠道及整体金融支持力度增速情况。

3. 金融支持文化产业发展的评价结果及分析

2009 年《文化产业振兴规划》以及 2010 年《关于金融支持文化产业振兴和发展繁荣的指导意见》的颁布,金融支持与文化产业开始逐步融合,政府部门也开始重视相关的统计工作,基于 2009 年之前数据的缺失,本报告选取 2009 年、2010 年、2011 年的数据进行评价和分析。

(1) 金融支持份额指标评价

由表 12 和图 16 可知,金融支持文化产业发展的四种融资规模均逐年增长,说明四种金融支持方式对文化产业的支持力度在不断加大,但金融支持份额均呈现了不同的变化。

表 12 金融支持份额指标计算结果 单位:亿元

	文化事业费		文化基金募资		中长期贷款余额		上市融资规模		总体融资量	
	金额	金融份额	金额	金融份额	金额	金融份额	金额	金融份额	金额	金融份额
2009	292.32	32.10%	83.30	9.15%	442.45	48.58%	92.61	10.17%	910.68	100%
2010	323.06	17.44%	643.81	34.76%	715.00	38.60%	170.40	9.20%	1852.27	100%
2011	392.02	19.55%	544.20	27.14%	861.00	42.94%	208.09	10.38%	2005.31	100%

资料来源:文化事业费来源于《中国文化文物统计年鉴》,文化基金募资规模来源于“文化产业资本大盘点之文化产业基金”;文化产业中长期贷款余额来源于中国人民银行调统司;上市文化企业融资规模来源于网易财经和文资网。

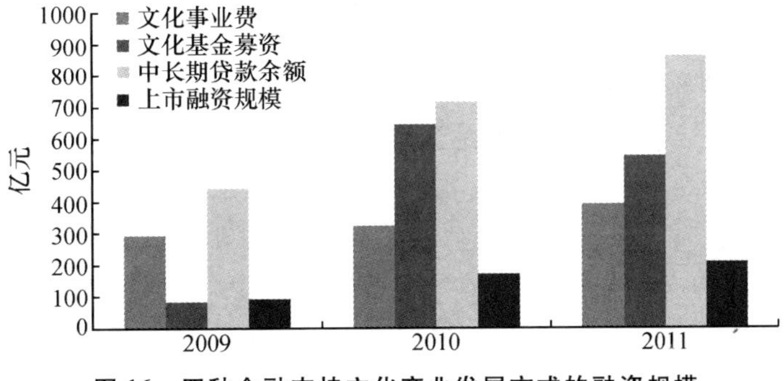

图 16 四种金融支持文化产业发展方式的融资规模

资料来源:同表 12

图 17 显示,文化事业费金融支持份额在 2010 年出现下降,从 2009 年的 32.10% 下降到了 2010 年的 17.44% ,2011 年略有增长。2010 年金融支持份额的下降并不代表文化事业费的减少,而是从侧面表明了其他方式融资规模的增加。财政支持是文化产业发展初级阶段的主要力量,2009 年仍属于文化产业发展的初创期,此时主要的融资方式之一就是财政支出。2010 年和 2011 年文化产业迅速

发展,文化企业融资方式也得以拓展,且各融资方式的金融支持份额均有所增加,所以文化事业费金融支持份额下降。

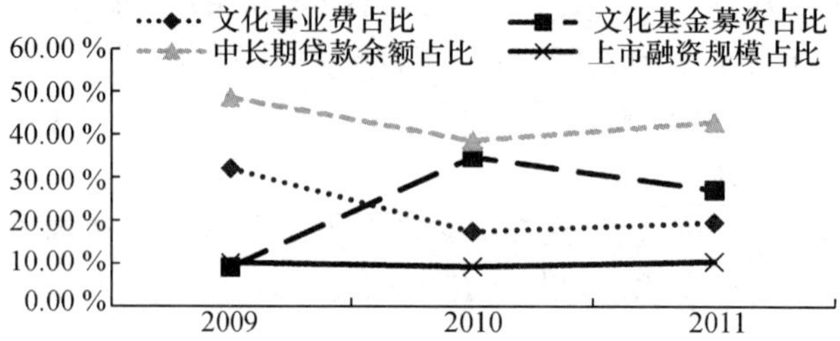

图 17 四种融资方式占总融资量的比例变化图

资料来源:同表 12

文化产业投资基金募资金融支持份额从 2009 至 2010 年度显著增加,2011 年略有下降。文化产业投资基金近年来发展迅速,2004 年至 2012 年间,我国共有百余支文化产业基金设立,可分为综合类文化产业基金和专项类文化产业基金。2009 年以前,设立了 11 支文化基金,所披露的基金规模为 59.15 亿元,2009 年则增设了 16 支文化基金,所披露的基金规模上升到 83.3 亿元,2010 年增幅加大,基金数量增长了 130%,达到 37 支,所披露的基金规模也跃升到 643.81 亿元,2011 年 1—11 月我国共设立了 47 支文化基金,所披露的基金规模为 544.20 亿元,虽然披露出来的基金规模下降了 15.47%,但是基金数量增加了 27%。

文化产业中长期贷款余额金融支持份额从 2009 年的 48.6% 下降到 2010 年 38.6%,金融支持份额下降了 10 个百分点,2011 年回升了 4.34 个百分点。2009—2011 年,银行信贷投放一直是金融支持文化产业发展的主要融资方式,中长期贷款余额占总融资规模的比例均高出其他金融支持份额指标。2009 年,中长期贷款余额占比高出文化事业费占比 16 个百分点,高出文化基金募资占比近 40 个百分点,高出上市融资规模占比 28 个百分点;2010 年,虽然银行融资金融支持份额指标占比有所下降,但是银行信贷投放仍是金融支持文化产业发展的主导力量;2011 年,银行融资金融支持份额指标占比的回升,进一步证实了银行信贷投放所起到的主导力量。

文化企业上市融资规模金融支持份额变化相对稳定,虽然该指标三年来的变动保持在 1 个百分点以内,但是上市融资规模得到了显著的增长,从 2009 年的 92.61 亿元增加到 2010 年的 170 亿元,2009 年,共有四家文化企业上市,其中华谊兄弟(300027)是在深圳证交所上市,融资 12 亿元人民币,现代传播(00072)是在香港上市,融资 1.29 亿港元,另外两家在纳斯达克上市,共融资 11.64 亿美元。2010 年上市文化企业增加到了 12 家,在沪深上市的有 6 家,共融资 83.24 亿人民币，在纳斯达克和纽交所上市的6家，共融资7.87亿美元。此外，2010年统计的上市融资规模还包括时代出版（600551）和中文传媒（600373）增发股票融资的33.89亿元。2011年也有11家企业上市，在沪深上市的仅4家，融资63.64亿元，在香港上市的3家，融资3.82亿港元，在美国上市的5家，共融资11.45亿美元。此外，2011年统计的上市融资规模还包括大地传媒（000719）、浙报传媒（600633）和百视通（600637）增发股票融资的66.36亿元。

（2）金融支持速度指标评价

在国家政策的引导和推动之下，在文化产业市场化运作的激发下，各金融主体都加大了对文化产业的支持力度。金融支持速度指标计算结果如表13所示。

表13　金融支持速度指标计算结果

	文化事业费	文化基金募资	中长期贷款余额	上市融资规模	总体融资量
2010	10.52%	672.88%	61.60%	84.00%	103.39%
2011	21.35%	-15.47%	20.42%	22.12%	8.26%

资料来源：四种融资方式指标数据来源同表12，总体融资量由四种融资方式加总而得。

从整体来看，文化产业的金融支持速度飞速增长，2010年总体融资规模增速超过了100%，这是由于2010年的四大融资方式对文化产业支持力度显著增强，该数据充分证明了金融支持力度的加深以及金融支持速度的提升。2011年四种主要融资方式以及总体融资规模增速放缓，但仍然保持平稳的增长，文化产业募资虽然出现了负增长，但是文化产业基金数量得到了明显的增加，在地域上得到了补充和拓展，这在一定程度上提高了文化产业发展的整体水平。

从结构来看，金融支持速度最快的当属文化产业投资基金，它以672.88%的增长率高居榜首，这也是政府及金融部门积极努力践行文化产业大发展大繁荣使命的成果，文化产业基金是金融支持文化产业发展的上升力量。金融支持速度次之的是文化企业上市，达到了84%的增长率，虽然其份额变动并不大，但是其较快的增长速度再一次证明了上市融资在金融支持文化产业发展中的突出作用，上市也是企业实现自身良好快速发展，减少对政府、银行依赖性的关键途径，上市融资是金融支持文化产业发展的关键力量。中长期贷款余额对文化产业的支持速度也紧随其后，达到61.6%，这一数据表明银行银贷投入不仅是金融支持文化产业的主导力量，也是文化产业顺利发展的助推器。金融支持速度排在最后的是财政支持，文化事业费10%的增长率也足以说明了政府对文化产业的重视，财政支持是文化企业处于起步阶段时最为依赖的支持方式，它也将在文化产业不断进步的各个阶段中起到扶持弱小企业、辅助关键行业、协调全面发展的中间作用，财政支出是金融支持文化产业发展的根基力量。

（3）金融支持效率指标评价

金融支持效率即每单位融资额所能带来的文化产业增加值。表 14 和图 18 显示，2010 年总体融资量快速增长了 103.39%，2011 年增长 8.26%；而文化产业增加值 2010 年增长了 31.57%，2011 年增长了 25.77%。由此可得，2010 年，金融支持速度远快于文化产业增加值的增长速度，但 2011 年金融支持文化产业发展的增长率略低于文化产业增加值的增长率。文化产业增加值由劳动报酬、生产税净额、固定资产折旧和营业盈余四部分组成，而这四部分是由每一家文化企业经营的成效加总而得，而金融支持文化产业发展的资金都将用于文化企业的运营和发展。所以，金融支持效率是衡量金融资源转化为实际效益能力的重要指标。

表 14 金融支持效率指标计算结果 单位：亿元

	文化产业增加值	总体融资量	金融支持效率
2009	8400.09	910.68	9.22
2010	11052.00	1852.27	5.97
2011	13900.00	2005.31	6.93

资料来源：文化产业增加值来源于中国文化部官网，总体融资量由四种融资方式加总而得。

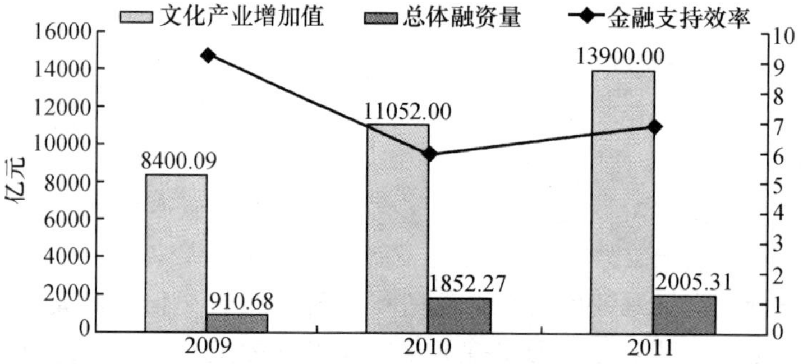

图 18 金融支持效率变化情况

资料来源：同表 14

通过计算总体融资量与文化产业增加值的比值可得：2009 年，金融支持效率最高，为 9.22，也就是说每融资一元可获得 9.22 元的增加值，2010 年金融支持效率下降到了 5.97，这是由于文化产业投入高、期限长、风险大、回报链条长等投资特性使得 2010 年新投入的大量资金还没有迅速实现效益，所以 2010 年总融资规模增加的 900 多亿元并不能带来同样增长率的文化产业增加值。2011 年总融资规模增长率低于文化产业增加值增长率，使得金融支持效率较 2010 年有所增长，达到了 6.93，提升的金融支持效率一部分来自于文化产业增加值的增长率高于总融资规模增长率的部分，另一部分效益则是来自于 2010 年投入资金的回报。

4. 小结

通过对金融支持文化产业发展的三大指标进行评价，本报告综合得出，金融对文化产业的支持力度逐年加大，金融支持文化产业发展的速度得到显著提升。

金融支持文化产业发展的四种融资方式都有其各自的特点和优势，它们在文化产业发展的生命周期中发挥着其独特的作用。财政支出具有金融支持速度稳步增长以及积极扶持文化产业顺利发展的特点，是金融支持文化产业发展的根基力量；文化产业投资基金具有金融支持份额和金融支持速度急剧增长的优势，是金融支持文化产业发展的上升力量；银行信贷投放具有金融支持份额连续位列首位和金融支持速度增速较快的优势，是金融支持文化产业发展的主导力量；文化企业上市融资具有金融支持份额平稳和良好的运营模式的特点，是金融支持文化产业发展的关键力量。这四种金融支持方式在文化产业的发展进程中是相互补充、协调发展的，是共同促进文化产业更快更好发展的关键之所在。

金融支持效率指标的计算结果充分证明了这四种金融支持方式所获得的融资量所能带来的实际效益。要使该指标得以增长，就必须加大金融与文化的融合，促进金融与文化的有效对接，确保顺利实现文化产业的大发展大繁荣。

四、金融支持我国文化产业发展中存在的问题

近年来，得益于政府的重视及人们对精神生活需求的提高，文化产业快速发展，其占国民经济的比重呈上升趋势。随着文化产业的发展及金融市场的不断深化，金融对文化产业发展的支持作用也日益凸显。但同时，由于我国金融支持文化产业发展仍处于起步和探索尝试阶段，还存在一些不足和尚待完善之处，图 19 对其进行了汇总。受社会对金融支持文化重要性认识不足，文化企业自身性质限制及缺乏完善的融资担保体系等因素影响，文化产业融资不足的问题比较突出。具体体现在政府方面就是财政投入资金不足，体现在市场方面就是融资渠道受限、金融创新不足。

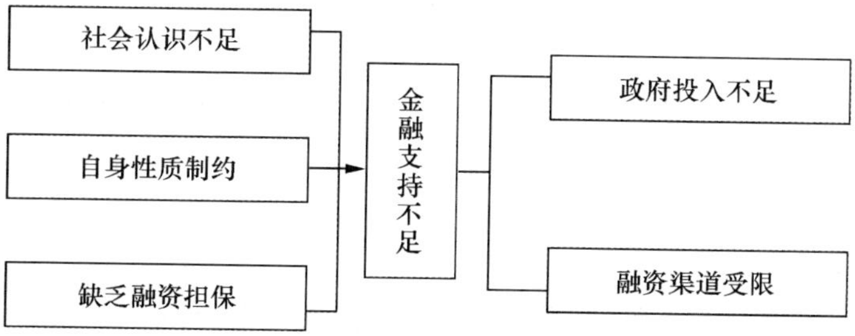

图 19　金融支持文化产业发展的不足

资料来源：作者编制。

（一）对金融支持文化产业重要性认识不足

在国家的相关政策推动和大力宣传之下，社会各界对金融支持文化产业发展成为国民经济经济支柱产业的重要性有了广泛和一致的认识。但由于文化产业发展起步较晚，仍有一些部门和地区对于文化产业投融资的相关工作缺乏了解，对金融支持文化产业发展的重要意义认识不足，这在一定程度上制约了金融支持文化产业发展的政策推进进程和金融机构资金动能能力的释放。

1. 政府部门对文化产业投融资引导效应不明显

目前，全国已有 26 个省（区、市）设立文化产业发展专项资金，但在资金使用的方式上仍以项目补助为主，引导效应发挥不明显，鼓励社会资本进入文化产业的力度不够。2010 年，财政部在《文化产业发展专项资金暂行管理办法》中明确了贷款贴息和保险费补助等资金支持方式。而在 2011 年专项资金评审中，全国上报的 22 个符合贷款贴息条件和 5 个符合保险费补助条件的文化艺术类项目中，只有 8 个贷款贴息项目和 1 个保险费补助项目成功落实，其中新增贷款贴息项目仅 1 个。同时，在政策落实的过程中缺少明确的牵头部门和联动协同的工作部署，各部门根据自身需要推进相关政策措施落实，全局意识和沟通协调不足，行政资源未能有效整合，政策推进和实施的效果不理想。这不利于培养金融机构持续支持文化产业发展的信心，制约了文化产业投融资工作的稳步推进。

2. 金融机构支持文化企业发展的观念落后

从文化企业发展的阶段性和投资回报期长的特点来看，文化企业需要中长期的资金对其进行支持，但是，目前银行提供给文化企业的资金较多为短期贷款，金融机构提供的贷款期限与文化企业资金需求不匹配，造成文化企业很难融到真正需要的中长期资金。此外，商业银行对文化企业的贷款并不积极，其营销理念仍处于坐等客户上门和寻找客户的转变阶段，还没有提高到培养客户的层面上来，贷款的观念和方式比较落后。同时，大多数金融机构缺乏与文化企业合作的经验和知识，在风险控制的理念下，不愿意或者不敢尝试与文化企业开展长期的合作。这不利于金融机构业务的拓展以及与文化企业共同发展的可能。

（二）文化企业自身性质导致融资困难

文化产业作为智力密集型与资金密集型企业，资金问题是制约其发展的最大问题。但受文化企业自身性质，如盈利来源不稳定、缺少担保抵押品、投资风险高等因素的制约，文化企业融资面临重重困难。

1. 盈利来源不稳定

文化企业多为中小企业，经营成果难以确定，现金流及盈利来源不稳定。文化企业不同于传统的工商业，业务的开展具有“项目性”，不能产生稳定和持续的现金回报。如一部电视剧的拍摄，在电视剧播放之前，只有资金的投入，财务报表显示是亏损的。而银行借贷的主要判断依据就是财务报表,这给文化企业从银行借贷带来了很大的困难。另外,许多文化企业盈利来源主要是文化项目的衍生收益,难以产生持续的现金流,未来预期收益、风险评估难度较大。

2. 缺少抵押担保品

文化企业大多规模较小,有的仅仅有一个创意或一些知识产权,如版权、著作权等,缺少房屋、土地、设备等可供抵押的固定资产。文化企业以人才、创意、文化品牌、内容产品等无形资产作为资产存在的表现形式,属知识密集型产业,其显著特点就是无形资产比例较高,机器设备等固定资产的比重很小。因此,缺少土地、厂房等能作抵押的不动资产,无法满足银行发放抵押贷款的要求,经常由于缺乏抵押物而无法获得银行信贷支持。另外,我国还没有建立一个科学的、公正的无形资产评价机制,难以对文化企业的无形资产进行量化,同时,无形资产的价值会随着时间和市场环境的变化而变化,这也给融资带来了很大的困难。此外,文化产业项目一般资金投入量大,建设周期长,见效慢,即使一些项目运营后可产生经济效益,但回收期较长,全部回收投资成本要十年到数十年不等,导致项目开发单位和个人在申请贷款时很难找到价值足够大又能长期保值的抵押物,一般企业和个人也无相应的信用担保能力,或不愿提供长期担保。

3. 财务状况不清晰

中小型文化企业大多存在信息不透明的问题,这给银行的信用调查和评价带来较大困难。小型文化企业多是因某个项目由几个该行业圈内专业人士合伙设立,缺乏管理经验和技能,公司管理和项目运作不甚规范。此外,大多数中小型文化企业无需进行审计,企业信息内部化,较少对外披露。企业在寻求外部融资时,较难向金融机构提供证明其信用水平的信息。由于存在财务制度不健全、财务报告真实性与准确性较低、信用状况较差和缺乏企业信用评级制度及完整的企业信用记录等问题,金融机构需要承担很大的交易成本及风险,因此,金融机构不愿意将钱借给尚未成熟的文化企业。

4. 信誉度不高

作为一种新兴的产业,文化企业由于发展历史短暂,品牌和信誉缺乏,导致审批程序繁琐,审核批准时间长,从而与文化企业融资的时效性要求产生矛盾,使得文化企业从银行得到的支持远远不能满足其发展。

(三) 缺乏完善的文化企业融资担保体系

文化企业无形资产比例较高的性质,导致其在向银行等金融机构寻求融资时面临很大的阻力,而文化产业项目实施单位在产业开发、研制、生产等活动中需要大量的资金,很容易造成实际融资需求量很大但无可靠抵押品的融资困境。这时,第三方担保在文化企业项目融资过程中的作用就尤为重要。目前,对文化产业项目的担保,主要由政府组建的文化产业担保机构来承担。

但是,我国的文化产业信用担保法规体系还不完善,信用担保制度还没有确立,信用担保体系尚不健全。主要体现在以下三个方面:首先,担保资金来源单一,担保基金规模较小。虽然许多地方都建立了文化企业担保基金,但是资金大部分都来源于财政资金投入,整个基金的规模较小,并且多为一次性投入,缺乏资金的补偿机制,不能完全满足广大中小文化企业融资担保的需要。其次,缺少对担保机构的法律规范。自我国开展中小企业信用担保试点以来,国家经贸委和财政部分别发布了有关中小企业信用担保的管理办法,也在随后做了相关的修订、补充和完善。但是,该管理办法主要针对政策性担保机构,适用范围较窄,针对其他中小企业信用担保机构的法律规范还存在很大的空白,亟待补充和完善。再次,信用保险建设相对滞后。虽然国家政策要求有条件的地方尽快建立再担保机构,但到目前为止,建立信用再担保机构的省市很少,直接影响了金融机构对文化企业提供融资的积极性。

缺乏完善的融资担保体系必然会影响金融机构对文化企业融资的积极性,不利于金融支持文化产业发展有效性的发挥。

(四)政府财政对文化产业投入不足

政府财政对文化产业投入不足主要表现为投入规模有限和投入结构不够合理两个方面。

1. 财政对文化产业投入的规模有限

我国的文化企业大部分是由以前的文化事业单位发展而来的,对国家的财政支持有较强的依赖性,这降低了文化企业本身应该具有的融资弹性,易出现财政资金流供给满足不了文化企业自身发展需要的困境。近年来,我国文化产业的财政支出量逐年递增,有力地支持了文化事业的发展。但是,虽然财政文化支出呈逐年递增的趋势,其占财政支出的比例却逐步下降。一方面,财政对文化产业的支出量逐年快速递增,但由于基数小,绝对数额不高,财政对文化产业的投入占财政总支出的比例尚不足0.5%,2008年以来还呈下降趋势。另一方面,较之对其他产业的支持力度,财政对文化产业的支持力度还很小,尚不能满足当前文化产业的用资需求。党的十四届六中全会通过的《中共中央关于加强社会主义精神文明建设若干重要问题的决议》中明确提出,中央和地方财政对宣传文化事业的投入,要随着经济的发展逐年增加,增加幅度不低于财政收入的增长幅度。但在实际操作中,此项政策并未得到真正落实。

根据文化产业生命周期理论,在文化产业发展初期,政府财政支持是文化企业发展的重要资金来源,目前,我国文化产业发展整体还处于起步阶段,外源性融资不足,对国家相关政策的扶植有较强的依赖性,财政支持的缺乏会直接影响到文化产业发展资金的供给,制约文化产业前进的脚步。

2. 财政对文化产业投入结构不够合理

财政对文化产业投入结构表现在项目结构和地区结构两个方面。首先,投入项目结构差异。财政对文化产业支出过多倚重公益性项目,忽视营利性文化项目应有的财政支持。目前,我国的文化产业财政支出主要分布在公益性事业如"艺术表演"、"公共图书馆"、"群众文化事业"等项目,这些项目有很大的社会外部性,财政政策倾斜也是理所应当的;但同时也应注意到,文化娱乐业作为文化产业的后起之秀,对文化产业总增加值的贡献度迅速提升,也应以适当比例增加财政倾斜,优化文化产业财政支出结构,使文化产业公益性与盈利性并存。其次,投入地区结构差异。一般来说,受经济发展程度和环境的影响,存在显著的城乡差异和区域差异。财政对农村文化产业投入明显滞后于城市,以北京、上海为首的东部地区人均文化产业财政投入显著高于西藏、青海等西部地区。一般来说,落后地区的文化程度较低,更需要财政的倾斜和扶持。财政对文化产业投入的项目和地区差异极易造成文化发展的结构和区域不平衡,不利于文化振兴和繁荣的实现。

(五)文化企业融资渠道受限

虽然文化企业可通过股票市场融资、风险投资基金融资、私募股权基金融资、产业投资基金融资来直接融资,也可通过银行等金融机构进行间接融资。但目前为止,风险投资基金、产业投资基金的规模较小且发展时间较短,保险、信托等也处于积极的尝试阶段,银行融资仍是文化企业融资的主要方式。同时,现有金融产品创新不足、上市融资困难、风险投资运作于文化企业不普遍等问题也阻碍了文化企业多方位融资的步伐。

1. 融资方式仍以银行信贷为主

随着文化体制改革的逐步放开,文化企业如雨后春笋般茁壮成长起来,银行信贷在这个过程中为文化企业的发展壮大提供了强有力的支持。虽然银行信贷对文化产业的投放规模逐年增加,但其占银行贷款整体规模的比例仍然偏低。截至2010年6月末,我国文化、体育和娱乐业类各项贷款余额916亿元,同比增加23.58%;我国金融机构各项贷款余额47.4万亿元,文化产业类贷款余额占比仅为0.2%。单纯依靠银行信贷还不能满足日益增长的文化产业融资需求,以银行为主的间接融资具有很大的局限性,利用资本市场直接融资的能力十分有限,急需拓展新的融资方式和渠道。

2. 文化企业上市融资受限

不同层级的资本市场,上市融资的条件和标准不同,服务对象不同,以满足不同规模的融资需求。一般来说,主板市场为发展成熟的、资产规模较大的大型企业上市融资服务，创业板市场为处于初创期、成长性较好、有广阔发展前景的中小企业提供融资服务，场外交易市场（三板市场）为更初级的未上市公司股票交易服务。从中小型文化企业的生命周期特征来看，大多数文化企业直接融资的渠道应该选择创业板市场和场外交易市场。创业板的特点就是门槛低，但在沪深证券交易所内设立的创业板，遵循与主板市场相同的法律法规，门槛较高。我国中小型文化企业规模上都还不算大，难以达到创业板上市的要求，只有少数大型文化企业符合上市要求。1992 年至 2011 年 6 月底期间，我国文化产业企业在国内外主要交易所上市融资及挂牌交易的只有 88 家。资本市场准入门槛过高，相关融资渠道不畅，高成长性的文化企业得不到资本市场的支持，必然影响其创新和进一步发展。

3. 风险投资对文化产业投资不普遍

风险投资具有创新型投资的特点，与文化产业的特点相契合，理应相互依赖、相互促进。但是我国的风险投资在文化产业融资运作上并不普遍，高水平的风险投资专业人才缺乏、市场法律法规不完善，缺少风险文化资本运作的专业评估机构等中介服务配套，文化风险投资缺乏有效的退出渠道。这些都阻碍了风险资本投资于文化产业的信心和脚步，不利于文化企业融资渠道的拓展。

4. 文化产业金融产品创新不足

现有金融产品主要服务于传统产业，重视企业规模和有形资产，关注既有和以往的现金流，缺乏对人力资源、著作权、版权等无形资产的评估标准。而无形资产比例高是文化产业的突出特点之一，这就给文化企业的资产评估带来了困难，符合文化产业特点的金融产品种类有限，文化企业融资受限。在文化产业的发展及国家的支持和鼓励下，很多银行推出诸如影视剧版权质押、文化产业创意贷款、应收账款抵质押等针对文化企业的信贷融资产品，但由于信贷管理制度要求严格，出于对风险控制的考量，具体的信贷经办人员往往担心承担风险，引致对文化企业放贷不积极。同时，银行的绩效考核制度只注重贷款规模和增量，信贷业务人员更倾向于向资产实力雄厚，贷款金额大、期限长，抵押物充足的企业放款，主动为中小文化企业提供贷款的激励不足。

五、金融支持我国文化产业发展的对策建议

如前所述，我国金融支持文化产业发展仍存在一些问题，比如观念上的偏差所导致的对金融支持重要性认识不足，文化企业自身性质所导致的融资困难，融资担保体系的不尽完善，政府财政对文化产业的投资不足，以及文化企业融资渠道有限等。目前，我国文化产业尚处起步阶段，在发展中难免遇到融资方面的难题，为了进一步解决这一问题，实现文化产业与市场经济的对接，发挥金融支持文

化产业发展的作用，本报告提出从以下几方面促进金融对文化产业发展的支持。

（一）深化对金融支持文化产业发展的观念认识

深化金融支持文化产业发展的观念认识，是解决文化产业投融资难题，促进文化产业发展的本源所在。具体需要政府部门与金融机构转变观念，认识文化产业发展对经济发展、社会和谐的促进作用，并形成“政府部门引导，金融机构配合”的新思维，加强文化部门与金融机构的合作，在资金支持、服务平台建设方面提高对文化企业的扶持力度。

1. 加大政府部门对文化产业投融资的引导

继续发挥文化产业发展专项资金的引导作用，转变项目补助模式，鼓励社会资本进入文化产业，从资金规模、资金支持方式、政策推行三方面促进政府部门对文化产业投融资的引导。首先，扩大对文化产业的资金支持规模，放宽贷款贴息、保险费补助等审查管理条件，使更多文化企业在发展中获得政府部门资金支持；其次，拓宽对文化产业的资金支持方式，除了贷款贴息、保险费补助等常规方式外，还可以增加发明专利奖励补贴等新型资金支持方式；最后，在政策推行中，确立明确的牵头部门，并加强牵头部门和其他部门的联动协同，加强沟通协调，提高全局意识，整合行政资源，提高行政效率。

2. 加强金融机构对文化产业投融资的配合

商业银行常常因为文化企业投资周期长、收益有限而不愿意对文化企业发放贷款，这正是文化产业资金来源受阻的重要原因。金融机构对文化产业投融资的积极配合，具体体现在转变观念、提高贷款积极性、扩大贷款规模和加强风险管理上。一方面，商业银行需增加对文化企业的中长期贷款，延长贷款期限使之与文化企业的资金需求相匹配，满足文化企业的资金需求。另一方面，需转变风险管理模式，通过与文化企业的沟通合作，熟悉文化领域企业经营模式，提高贷款透明度，形成完善的贷后监督机制，从而降低商业银行信用风险。

（二）转变文化企业的发展模式

转变文化企业的发展模式，是解决文化产业融资难题、促进文化产业发展的关键力量。应具体通过以下措施促进文化企业发展模式的转变，提高文化企业盈利能力，增加文化企业融资机会：

1. 提高文化企业市场竞争能力

我国文化企业过去大多为事业单位，较少参与市场竞争，改制后的文化企业受固有的行政模式影响较大，组织机构冗杂，盈利能力较差，因此需要提高文化企业的市场竞争能力。首先，进行企业内部组织机构改革，形成科学合理的人事制度与管理体制，提高企业经营能力。其次，变粗放型增长模式为密集型增长模式，提高科研投入，增加发明专利、知识产权，创造企业无形资产，提高企业经营效率。

最后,通过上市等方式参与市场竞争,形成企业核心竞争力。

2. 加强文化企业的财务披露

应加强对文化企业的财务披露,促进财务信息的公开透明,建立健全完善的财务制度,提高文化企业财务报告的真实性与准确性。财务信息的有效披露能够帮助商业银行识别文化企业的信用状况,挑选合适的融资对象,降低交易成本及风险,缓解商业银行的惜贷行为。

(三)构建完善的融资担保体系与公共服务平台

构建完善的融资担保体系与公共服务平台,是解决文化产业投融资难题,促进文化产业发展的主要动力。

1. 完善文化产业信用担保法规体系

我国文化产业信用担保法规体系的完善以及信用担保制度的确立离不开以下三方面的支持:首先,进一步发展完善文化企业担保基金,扩大担保资金来源,提高担保资金规模,改变仅依靠财政资金投入的单一资金来源模式,增加担保资金的补偿机制,提高民间资本参与的积极性;其次,完善信用担保的法律规范,形成适用性、针对性较强的中小企业信用担保管理办法;再次,加强信用保险建设,在各省市陆续推出完善信用保险机制。

2. 构建文化企业发展公共服务平台

文化企业发展公共服务平台可以涵盖以下几方面内容:第一,建立信息交流服务平台。通过建立文化企业信息数据库等方式搭建文化企业信息平台,加强文化企业之间的信息交流,在评估文化企业技术前景以及知识产权、无形资产评估等方面提高咨询服务。第二,建立成果转化服务平台。与金融机构之间互动,通过挖掘优质项目,对文化企业成果转化提高资金支持,建立项目管理和信息汇集的联动机制。第三,建立金融联动服务平台。加大对金融联动服务的引导,联合包括证券公司、基金公司、创投企业、天使投资、风险投资、股票市场、收购市场、再担保基金等在内的各类金融机构,形成专业的研究团队,为文化企业提供综合性金融服务。第四,建立无形资产评估机制。我国需要建立一个科学、公正的无形资产评价机制,对文化企业的无形资产进行量化评估,使其能够充当贷款的担保抵押品,增加文化企业的担保融资能力。同时,随着时间和市场环境的变化动态评估无形资产价值,降低商业银行的风险。

(四)加大政府财政对文化产业的扶持

加大政府财政对文化产业的扶持,是解决文化产业投融资难题,促进文化产业发展的重要支撑,主要应通过增加财政对文化产业的支持力度以及改善财政对文化产业的投入结构两个途径进行。

1. 增加财政对文化产业的支持力度

增加财政对文化产业的投入力度，一方面，可以增加财政对文化企业的支持，另一方面，可以增加财政对担保机构、金融机构的支持。首先，财政对文化企业 的支持，可以通过对文化企业进行税收补贴、专项奖励等形式，为其发展提供持续动力；其次，通过成立专项担保基金实现财政对担保机构的支持，通过建立文化产业专项基金实现财政对金融机构的支持，采用专项奖励、税收补贴、风险补贴等形式给予担保机构和金融机构一定比例的补偿，调动其支持文化产业发展的积极性。

2. 改善财政对文化产业的投入结构

首先，投入项目结构方面。财政加强文化产业公益性项目支持的同时，应重视营利性文化项目的财政支持。除了“艺术表演”、“公共图书馆”、“群众文化事业”等公益项目外，还应支持文化娱乐业等营利项目，增加文化产业对 GDP 的贡献度。通过适当比例的财政倾斜，优化文化产业财政支出结构，使文化产业公益性与盈利性并存。其次，投入地区结构方面。在对东部发达地区进行文化产业财政投入的同时，应该加强对落后地区文化产业的财政投入，实现文化产业发展的区域平衡。

（五）建立多元化的文化产业融资渠道

建立多元化的文化产业融资渠道，是解决文化产业投融资难题，促进文化产业发展的重要引擎。仅仅依靠商业银行信贷很难满足文化产业发展的资金需求，因此需要建立股票市场融资、风险投资基金融资、私募股权基金融资、产业投资基金融资、银行信贷、保险在内的多元化的融资渠道。创新金融产品，完善风险投资运作，进一步发展风险投资基金、产业投资基金、保险、信托等创新融资形式，主要可以通过以下几种手段进行：

第一，推出金融创新产品。商业银行应该在文化产业发展繁荣的大环境中，在传统信贷服务的基础上，推出金融创新产品，满足文化企业的资金需求。第二，通过整合文化产业资源，调整产业机构等形式，促进文化企业转换经营机制，提高文化企业管理水平，完善法人治理结构，培育和支持高成长性重点文化企业在中小板、创业板上市直接融资。第三，借鉴成熟资本市场的产业投资基金运作模式，进一步发展完善文化产业投资基金。第四，加强民间资本对文化产业融资的参与，发展小额信贷，节约信贷资本，扩大信贷途径。

孔子学院发展报告

蔡慧清

摘要:2004—2010年间孔子学院的建设成就主要表现在六个方面。一是发展快而有序,全球地域分布日趋广泛而数量又明显集中。二是师资培训渠道与队伍结构逐步呈现多样化特点,教师业务素质逐步兼具普适性和国别化的特征,具有更强的教学针对性,逐步实现从"量"的需求到"质"的满足之间推进,从以国际化为基础向国别化方向发展。三是教材建设从无到有,从标准化趋向国别化、本土化,从单方开发发展到国内外联合编写,教材种类日趋丰富。四是办学模式嶄新多样。五是国际交流与合作项目走向丰富多样,并逐步形成品牌和声势。六是立法保障、财政保障和政策保障稳步推进,办学规章制度渐成体系,办学外部环境日益优化。

孔子学院的快速发展吸引了全世界关注的目光,其办学目的与运行机制也引起所在地区一些人士的疑虑,甚至遭到非议和抵制。制约孔子学院发展的瓶颈——"三教"问题应该如何解决?孔子学院既然是公益性办学,为什么又要收费运行?如何消除外方对孔子学院的疑虑、非议和抵制?诸如此类的问题必须引起重视并妥善地解决。

实现孔子学院长期和谐可持续地发展,还必须解决好以下几方面的问题。一是必须从提升国家文化软实力的战略高度认识实现孔子学院可持续发展的重要意义。二是不断创新办学模式,建立并维持有效的驱动力关系,不断创造和利用新的驱动力因素,激发办学活力,维护并增强办学"合力"。三是坚持传播以"和"为核心的中华传统文化,保持学院办学的恒久动力。四是进一步健全、完善各项法律法规制度保障,进一步积极推动签订各种形式的国际合作框架协议,不断改善、优化办学外部环境,进一步完善考核和评估机制。

以教授汉语、传播中国文化为宗旨的孔子学院的快速发展已经引起全世界的关注。孔子学院的发展,不仅表现在学院数量的飞速增长与规模的扩大,还表现在学院内涵建设成果显著等诸多方面。孔子学院的发展向全世界证明了汉语的魅力,展示了中国文化的风采。通过这扇窗口,人们不难看到中国文化软实力在不断增强,并正在向全世界辐射。与此相对应,孔子学院的飞速发展也暴露出一些问题,引发了人们的担忧。如何实现孔子学院的长期可持续发展日益成为人们关心的问题。追溯孔子学院自2004年11月创建以来的发展历程,总结其成就与经验,探讨其发展过程中存在的问题及对策,对于实现孔子学院的长期可持续发展具有重要意义。

一、2004—2010年间孔子学院的建设与发展

(一)发展速度与规模

2004年11月,我国在韩国首尔建立第一所孔子学院,接着与美国的马里兰大学、瑞典的斯德哥尔摩大学签署了创办孔子学院的协议。随后一年里,孔子学院布局稳步推进,到2005年底建设了16所,分布在15个国家和地区,其中亚洲7所,欧洲5所,美洲2所,非洲1所,大洋洲1所。到2006年底,启动"孔子学院122所、孔子课堂4个,分布在49个国家和地区,其中亚洲46所,欧洲45所,美洲25所,非洲6所,大洋洲4所";"各种形式的汉语课程300多门,开班人数达1.3万人次。"[①]至2007年底,与世界66个国家和地区合作启动建设孔子学院226所(含21个孔子课堂),其中"亚洲64所,美洲56所,大洋洲7所,欧洲81所,非洲18所。开设各种层次的汉语课程1200多班次,学习者达4.6万人"。[②] 截至2008年12月,"中国在全球范围内建立孔子学院305所(含孔子课堂56个),分布在78个国家和地区。其中亚洲26国(地区)90所,欧洲26国103所,非洲14国21所,美洲10国81所,大洋洲2国10所。注册学员13万多人。开设各类汉语课程6000多班次。"[③]到2009年底,在"88个国家和地区建立了282所孔子学院,272个孔子课堂。其中,亚洲28国(地区)97所,欧洲29国128所,非洲17国25所,美洲12国292所,大洋洲2国12所。注册学生26万人。开设汉语课程9000多班次,150多所孔子学院所在大学已将汉语教学纳入本校学分课程体系"。[④]到2010年12月,"全球已建322所孔子学院和369个孔子课堂,遍及96个国家和地区。其中亚洲31国(地区)112所,欧洲31国187所,非洲19国27所,美洲13国342所,大洋洲2国23所。注册学员36万人,开设汉语教学班18000多班次"。[⑤]

① 《2006年国家汉办年度报告》,第45—46页。
② 《孔子学院总部暨国家汉办2007年年度工作报告》,第6页。
③ 《孔子学院总部暨国家汉办2008年年度工作报告》,第14、17页。
④ 《孔子学院总部暨国家汉办2009年年度工作报告》,第12页。
⑤ 《孔子学院总部暨国家汉办2010年年度工作报告》,第4页。

短短八年间，孔子学院(课堂)的数量激剧增加，学员呈倍数增长。具体年度增长数量及地区分布详见下表：

表 1　2004—2010 年孔子学院(课堂)数量与地区分布表

年度	地区	亚洲			欧洲					美洲	非洲		大洋洲	合计	其中孔子课堂数
2004	分布国家数	1			1					1				3	0
	孔子学院课堂总数	1			1					1				3	
	集中分布国家														
2005	分布国家数	7			5					1	1		1	15	0
	孔子学院课堂总数	7			5					2	1		1	16	
	集中分布国家														
2006	分布国家数	17			21					3	6		2	49	4
	孔子学院课堂总数	46			45					25	6		4	126	
	集中分布国家	泰	韩	日	德	英	俄	法		美			澳		
		12	7	6	8	6	4	5		16			3		
2007	分布国家数	21			25					7	11		2	66	21
	孔子学院课堂总数	64			81					56	18		7	226	
	集中分布国家	泰	韩	日	德	英	俄	法		美	南非	埃及	澳		
		13	12	14	9	17	14	7		39	4	3	6		
2008	分布国家数	26			26					10	14		2	78	56
	孔子学院课堂总数	90			103					81	21		10	305	
	集中分布国家	泰	韩	日	德	英	俄	法		美	南非	埃及	澳		
		23	13	17	11	25	15	11		56	4	3	9		
2009	分布国家数	28			29					12	17		2	88	272
	孔子学院课堂总数	97			128					292	25		12	554	
	集中分布国家	泰	韩	日	德	英	俄	法		美	南非	肯尼亚	澳		
		23	18	18	12	37	15	13		243	5	3	11		
2010	分布国家数	31			31					13	19		2	96	369
	孔子学院课堂总数	112			187					342	27		23	691	
	集中分布国家	泰	韩	日	德	英	俄	法	意	美	南非	肯尼亚	澳		
		23	21	18	13	70	20	16	18	287	4	3	14		

从上表可以看出，孔子学院的发展呈现出两个鲜明特点：

其一，发展快而有序。无论是学院或课堂的数量，分布地区的广泛拓展，还是注册人数的增长速度，在世界教育史上都位居前列。其中又明显地呈现出三个阶段性特征。第一阶段自 2004 年至 2005 年，是起步时期，发展速度相对而言较慢，两年中建设孔子学院 16 所，孔子课堂尚未建立，一切尚处于摸索之中。第二阶段自 2006 至 2008 年，是飞速发展时期。三年间，孔子学院从 16 所增加到 249 所，还建立了 56 个孔子学堂。第三阶段是 2009 年以后，是稳定发展时期，孔子学院的数量基本上以每年四五十所的速度稳步增长。比较而言，孔子课堂的发展更为迅速，2009 年建成 272 个，到 2010 年已发展到 369 个。由此发展过程不难看出国家汉办的发展思路，那就是头两年重在建设孔子学院，摸索和积累办学经验，构建汉语言文化交流的框架与平台，后三年则侧重依托孔子学院搭建孔子课堂，接受社区、中小学校、社团和企业设立孔子课堂的申请，快速高效地满足海外汉语消费的需求。

面对孔子学院的快速发展，很多人觉得孔子学院数量惊人，甚至认为是“教育大跃进”。因为横向比较，孔子学院的发展速度远远超过德国的歌德学院、西班牙的塞万提斯学院等国外语言国际推广机构。歌德学院始建于 1951 年，历经 60 年发展，到 2010 年是 140 余所，平均每三年增加不到一所。塞万提斯学院始建于 1991 年，至今只有 30 余所，外加 6 所塞万提斯课堂。法语联盟是世界上最大的语言国际推广机构，创建时间超过一百余年，截止 2010 年有海外分支机构 1140 余个。比较之下孔子学院的发展速度确实快得惊人，以至于国家汉办主任许琳 2009 年在接受媒体采访时也表示“感觉太快了”，“我们自己也没有想到”，“门板挡不住”，“门一下子推开了”①。

通过上表数据分析不难看出，随着孔子学院建设的不断推进，飞速发展的是孔子课堂，是依托所在地区孔子学院为解决学校、社区、企业或社团汉语教学急需的教学点。孔子课堂建设具有投入小、运行快、针对性强的特点，能够顺应汉语消费的实际需求快速建成。从这个意义上说，孔子学院的发展速度虽然很快，但仍然是稳步的、有计划地推动。

其二，全球地域覆盖面日趋广泛，而数量又明显集中。参照表 1，孔子学院的建设明显地呈现出地域分布广泛而数量相对集中的特点。到 2010 年底，全球五大洲的 96 个国家设立了孔子学院，而数量又明显集中在少数几个国家：如亚洲主要集中在泰国、韩国和日本，分别有 23、21、18 所。美洲主要集中在美国，建成 287 所。欧洲集中在英国、俄罗斯、法国、德国和意大利，分别有 70、20、16、13、18 所。非洲集中在南非和肯尼亚两国，分别有 4 所和 3 所。大洋洲集中在澳大利亚，建成 14 所。上述 12 个国家共建成孔子学院（课堂）486 所，占 96 个国家 691 所孔子学院（课堂）的 70.3%，而国家数只占设立孔子学院国家数的 12.5%。

随着孔子学院（课堂）的增多，海外汉语考试人数也在快速增加。根据国家汉办的统计，“2006 年海外参加汉语考试人数达到 72924 人次，比 2005 年翻一番”。“2007 年，海外参加考试人数 13.8 万人次，海外考点达 46 个国家和地区 116 处。”“2008 年，海外参加考试人数 31 万多人次，海外考点达 51 个国家和地区 128 处。”“2009 年，海外参加汉办举行的各类考试人数达 54.8 万人；海外考点达 161 个，分布于 59 个国家和地区”。到 2010 年，“全球参加汉语考试考生达 68.9 万人次，海外考试增长明显，增幅达 32%。孔子学院考生突破 9.1 万人次，占全球考生总数的 13%。中国大陆考点 93 个，分布在 38 个大中城市；海外考点 204 个，其中孔子

① 《汉办主任许琳回应建孔子学院“太快”》，中国新闻网，2009-3-12.

学院考点 140 个,分布在 69 个国家和地区”。①

(二)师资队伍建设

建设一支高水平的教师队伍是保证孔子学院办学质量的前提。孔子学院建设初期,汉语教师主要由国家汉办从国内选拔派出,随着办学规模的不断扩大,师资需求急剧增加,为了满足教学的实际需要,孔子学院总部在增加派出汉语教师数量的同时,实施汉语教师志愿者工程,又在海外就地多渠道培训汉语师资,师资队伍结构开始呈现出多元化的特点,业务素质逐步趋向普适性和国别化,具有更强的教学针对性。

2005 至 2010 年间国家汉办派出汉语教师和志愿者的人数变化以及其他有关师资建设的举措详见下表:

表 2 2005—2010 年外派汉语教师和志愿者数量增长等相关信息

项目＼年份	2005	2006	2007	2008	2009	2010
派出教师人数	300	1004	1532	2000	2060	3000
比上年增长百分数	0	235%	53%	47%	32%	46%
教师派出国家数		80	104	109	109	114
培训教师人数	10598	15896	16782	16512	23000	不详
比上年增长数	0	50%	6%	0	39%	不详
派出志愿者人数	700	1050	1445	2000	2740	3099
比上年增长数	0	50%	35%	38%	37%	40%
志愿者派出国家数		34	42	47	71	81
比上年增长百分数			24%	14%	51%	13%
其他		设立汉语国际教育专业学位、试行国际汉语教师海外志愿者计划	汉语国际教育专业学位正式招生	国内、国外培训小语种师资项目正式启动	设立外国汉语教师奖学金,招收 50 个国家的 1021 名外国留学生来华攻读汉语国际教育硕士	大规模提供孔子学院奖学金生名额

根据表中数据,结合 2005 至 2010 年间孔子学院年度发展报告和孔子学院大会交流材料,孔子学院的师资建设具有如下特点:派出教师数量逐年增加,师资结构日趋多样,逐步实现从“量”的需求到“质”的满足之间推进,从以国际化为基础向国别化方向发展。

2005 年派出教师仅 300 余人,培训师资 7700 多人次。到“2006 年,向 80 个国家派出的教师就多达 1004 人,是上年派出人数的 3 倍强;培训国外汉语教师 15896 人次,比 05 年增长了 50%”。②

① 文中数据参见孔子学院总部暨国家汉办 2006、2007、2008、2009、2010 年年度工作报告的相关论述。

② 《国家汉办 2006 年年度工作报告》,第 21 页。

“2007年共派出教师1532人，比2006年又有了53%的增长，分赴104个国家教授汉语”，“为70个国家培训汉语教师1.6万人次；孔子学院中专兼职教职工1000多人，其中中方院长和教师300人”。①

“2008全年共向109个国家派出教师约2000人，比2007年增长了47%。为47个国家培训汉语教师16512人次。为各国孔子学院培训和派出中方院长和教师600多名，投入运行的孔子学院基本上配齐了中方院长和教师”。通过“邀请来华学习，派专家赴外培训和远程教育，共培训外国本土汉语教师近16500名”。②

“2009年向109个国家派出教师2060人，比2008年增长了32%，为49个国家培训外国汉语教师2.3万人。”

“2010年，向114个国家派出教师3000人，比2009年增加46%。一年里组织了2500名外国中小学教师来华接受教材培训，尝试培养本土教师，有3000人参加了总部实施的培训计划，总部还为各国孔子学院提供2000个奖学金名额，培养本土教师，促进了中外院长和教师业务素质的提升”。为了满足海外剧增的师资需求，除了每年派出教师之外，还实施与孔子学院配套的“国际汉语教师志愿者计划”，此计划于2003年开始在菲律宾实行，2004年3月经国家教育部批准正式实施。2005年派出志愿者700人，“2006年向34个国家派出志愿者教师1050人。2007年向42个国家派出志愿者教师1445人，分别比去年增长24%和35%。2008年共派出志愿者近2000人，超出计划17%，还正式启动各学院在海外就地招聘志愿者的计划。2009年向71个国家派出汉语教师志愿者2740人，比上年增长37%。2010年共向81个国家派出志愿者3099人，比2009年增长40%，超出历年平均值”。③

从2006年以来，伴随着孔子学院办学规模的扩大，师资缺口大，派出教师难以为继，国家汉办又采取了相应的应变措施，开始在国内设立汉语国际教育专业硕士学位，制订了“超常规”培养培训计划；在国外试行“国际汉语教师海外志愿者”计划。

2007年，国内汉语国际教育硕士专业学位开始招生，国外“国际汉语教师海外志愿者计划”加大试行力度。2008年汉办又开展一年制小语种师资培训，培训日、韩、德、法、西、俄等语种师资143人；各国孔子学院普遍推行就地聘用具有一定资质且精通当地语言文化习俗的中国留学生和华人、华裔，作为海外志愿者教师。国家汉办还“与外国有关大学和教育行政部门签订合办汉语师范教育协议，加速

① 《孔子学院总部暨国家汉办2007年年度工作报告》，第24页。

② 《孔子学院总部暨国家汉办2008年年度工作报告》，第24—26页。

③ 《孔子学院总部暨国家汉办2010年年度工作报告》，第21页。

外国本土教师培养”。当年,“美国密西根州立大学,加拿大不列颠哥伦比亚大学已开班教学”。[①] 菲律宾布拉卡国立大学孔子学院在培养本土化教师方面也开展了系列工作,如开办布拉卡大学本土汉语教师中国强化培训班;布拉卡大学本土教师汉语讲课比赛;布拉卡大学本土教师汉语讲课教案撰写比赛。[②] 2009 年,为扩大本土教师的培养规模,国家汉办设立“外国汉语教师奖学金项目”,招收“50 个国家 1021 名外国学生来华攻读汉语国际教育专业硕士学位或进修汉语教学课程”,同时开始在国内外集中培训小语种对外汉语师资力量,弥补小语种汉语教师的空缺或储备以备日后之需。“大规模培养非英语汉语教师,从回国志愿者、应届毕业生、在职教师中选拔 800 人,在国内 12 所高校进行为期一年的西班牙语、德语、法语等 12 个语种的培训。之后赴各个孔子学院、大中小学任教。”[③]2010 年外国本土教师培养培训规模继续扩大,“招收了 1483 名外国学生来华攻读汉语国际教育硕士学位或进修汉语教学课程”。“孔子学院专兼职教师达到 4000 人,其中中外双方各占一半。”[④]

综观七年来孔子学院的师资队伍建设,呈现出三个趋势。一是师资派出数量逐年增加,结构趋向多元化。二是师资培训逐步从“量”的需求向“质”的满足之间推进,从以国际化为基础向国别化方向发展。这既是近几年发展的特点,也将成为以后长远发展的趋势和主流。三是志愿者汉语教师培养和派出的规模逐渐扩大,在对外汉语教师中所占比例不断提高,但仍然存在较大的增长空间。原因有三:其一,我国的志愿者就业比例相对很低。根据瑞典、荷兰、法国等十多个西方国家的统计数字,志愿服务在国家就业中的比例最高可达 10%,最低也超过 3%。其二,海外各界对志愿者的反映良好,我国汉语教师志愿者项目自 2003 年在菲律宾试点以来,已经有近万名青年学子以志愿者的身份走向海外孔子学院,遍及五大洲。其三,可以为我国甚至全世界高校教育的改革和人才培养提供借鉴。目前已有志愿者在完成外派任务后回国,也有部分志愿者留在服务国或者前往其他国家就业或深造。汉语教师志愿者这样一个来自高校、服务四海、归于社会的年轻群体,不仅为孔子学院的发展注入了生机和活力,也完全有可能为中国高等教育的改革和人才培养工作提供可资借鉴的经验,将越来越赢得各高校、家庭和整个社会的支持。

(三) 教材建设

孔子学院以向海外传播汉语和中国文化为宗旨,教材的编著始终是学院建设

---

① 《孔子学院总部暨国家汉办 2008 年年度工作报告》,第 25 页。

② 《第五届孔子学院大会交流材料 · 亚洲》,第 40 页。

③ 《孔子学院总部暨国家汉办 2009 年年度工作报告》,第 21—22 页。

④ 《孔子学院总部暨国家汉办 2010 年年度工作报告》,第 19、13 页。

的重要课题。海外汉语教材在孔子学院建立以前虽然已经出现,但是很不系统,远远不能满足孔子学院汉语教学的需要。经过几年时间的建设,孔子学院的教材从无到有,渐趋丰富,从标准化趋向国别化、本土化;从统一赠书到根据申请配赠,从汉办统一配送到设立海外教材推广中心以贸易方式推动,从单方开发到国内外联合开发,从海外孔子学院向北京总部申请教材资源到走出去参加、主办海外语言教学资源展推介教材教辅读物。

各孔子学院建设之初基本上都依靠汉办提供教材支援,或寻找中国出版的教材翻译成当地语言以资急用。专门为孔子学院设计的教材教辅读物几乎处于零起点状态。直到2006年,国家汉办才"首次采用编写、出版及发行一条龙的招标方式,成功开发《汉语900句》";"《乘风汉语》前35集、《长城汉语》等多媒体课件打入外国主流学校",并"与密歇根州立大学协议开发《乘风汉语》后65集课件,用于美国中学Pre-AP教学"。同时"改革赠书办法,根据外国教学机构的申请书单提供赠书。全年向85个国家839个机构赠送59万册图书。"国家汉办还设立了教材培训与推广中心,国内"在北京建立了第一个长城汉语推广中心",海外"建立北美、欧洲和新加坡教材推广中心,打通图书直接发行渠道"。本年度在广西桂林举行了国际汉语教育史上第一次国际汉语教材评选会,全球47个国家和地区共推荐出464种汉语教材参加评选"①,评出了"2006年度最受欢迎的国际汉语教材"9种。

2007年,出版了"9个语种《中国历史常识》、《中国地理常识》、《中国文化常识》及其配套多媒体光盘。《汉语800字》英汉简明词典,7个语种的《奥运汉语30句》,《快乐汉语》第一册示范课。完成多媒体教程《新乘风汉语》的平台开发、内容选题和内嵌游戏制作"。向"95个国家1616个机构赠送图书81.3万册",②并且在国内"成功举办汉语教学资源展",79家出版机构和学校参展,展出图书1000多种,3000多册,多媒体产品300多种。在国外,参加了法国举办的第25届巴黎语言博览会、美国加州圣荷塞市举办的全美双语教学协会年会及展览、美国圣安东尼奥举办的美国外语教学协会年会汉语教材资源展览,并组织丰富多彩的汉语教学专题活动。除此之外,在本度年的孔子学院建设成果展中,已有几家孔子学院展出了自编的对外汉语教材,其中主要是尚未公开出版的内部使用版教材。

2008年,"翻译出版了38个语种的《汉语900句》广播教材、《汉语图解词典》、29个非通用语种《汉语800字》字典翻译,以及法、德、日语版《长城汉语》等。向100多个国家上千个机构赠送各类教材资料130万册"。"完成《国际汉语教学

① 《2006年国家汉办年度报告》,第23—25页。

② 《孔子学院总部暨国家汉办2007年年度工作报告》,第27—28页。

通用课程大纲》。上线2500多个课件,供用户免费下载使用”。“启动《五经》翻译项目”,“摄制完成八集大型文化纪录片《汉字五千年》,填补了孔子学院文化教材的空白”①。在当年度的孔子学院建设成果展中,孔子学院自编教材的数量明显多于往年。

在2007、2008连续两年世界孔子学院大会上,与会中外方院长和教师就如何编写国别化对外汉语教材以及多媒体教学资源的深度开发等问题进行了反复的讨论,并达成重要共识。

2009年,“各国孔子学院结合当地需要,开发了500多种本土汉语教材”。汉办也组织中外专家“改编翻译45个语种对照的汉语教材和工具书,开发了36个语种的《汉语900句》网络学习课件。同时向114个国家2169个机构赠送教材、文化读物、音像制品及工具书等430多万册,同比增长624%”。国家汉办还“积极参加各种海外语言教学资源展”,成功地举办了“孔子学院资源展·多国语言展”。② 在联合开发教辅读物方面也迈出了大步伐。国内与五洲传播出版社合作开发出版《中外文化交流故事丛书》、《中国蒙学经典故事丛书》、*Discover China* 等文化读物;与中国国际广播电台合作完成38个语种的《每日汉语》教材及网络多媒体学习课件;与江苏省教育厅合作开发出版《江南水乡》多媒体教材;与新疆教育厅合作编写面向上海合作组织五国学习汉语系列教材;与商务印书馆合作开发出版了《汉语图解小词典》;与长春理工大学合作编写《快乐汉语读写》以及俄文版《汉语词汇与文化读本》。在国际上,联合多家世界知名教材出版机构签署开发本土化多媒体教材资源。如与美国培生教育世界语言出版社签署《关于北美地区高中、大学中文教材合作谅解备忘录》,与德国朗氏出版集团、加拿大BCIT-TTA技术培训有限公司、法国普瓦提埃大学孔子学院、法国Utopiarts出版公司、意大利威尼斯卡福斯卡里那出版社、希腊MM Publications、澳大利亚远识出版公司均签署了合作协议或备忘录。

汉语教材推广方面,孔子学院一方面积极参加各种海外语言教学资源展,如参加第62届法兰克福书展、巴黎语言博览会、伦敦语言展、全美外语教学学会年会暨展览会、柏林国际语言展、马来西亚书香国际中文图书展、澳大利亚中国语言文化巡展、新加坡世界书展等。另一方面积极组织、主办教材资源展。如孔子学院资源展·多国语言展在北京国家会议中心展出国内外86家知名出版社、全球60多个国家200多所孔子学院和17个孔子课堂开发的教学资源及开展的相关文化活动、汉办开发的400多种5000多册各种汉语教学资源,汉语教材资源开发和

① 《孔子学院总部暨国家汉办2008年年度工作报告》,第16—19、30页。

② 《孔子学院总部暨国家汉办2009年年度工作报告》,第28—33页。

推广都取得了新的进展。

2010年国家汉办“统一为孔子学院和孔子课堂配送教材图书40多万册。104所孔子学院编写出版了适合当地教学的77种本土汉语教材”;“编写出版了《快乐汉语》、《汉语800字》等9套精品教材和工具书45个语种以及《新实用汉语教程》45个语种,共1115个品种的改编、翻译及出版工作。完成8个系列24个品种的中亚汉语教材开发”;完成“《中外文化交流故事丛书》、《中国蒙学经典故事丛书》的配套动漫开发,完成《每日汉语》36个语种多媒体网络课件及38个语种教材开发项目,总计228册”;“开展大规模使用教材培训,组织了77个国家2500多名汉语教师来华集中进行汉语教材使用培训,推动汉语教材进入中小学课堂。还组织专家分赴英国等7个国家,举办国外本土教师教材使用巡回培训8次,受训教师2520人次”;[①]参加了14个相关的国际图书展览,展出各种教材和读物700多种,2100多册;主办“国际汉语教学资源展”,展出汉办开发的580多种汉语教学资源和各国孔子学院开发的118种本土汉语教材,以及24家国内外知名出版和推广机构的教学产品。

据不完全统计,到2010年,全球出版的汉语教材已经超过12000种,其中已购买编目的有9800种。教材建设从最初的基本空白状态发展到种类丰富、数量繁多的局面;开发方式大步走向开放和国际化;配送方式从统一赠送到逐步走向根据申请赠送、学院选择购买甚至互相联合开发,可以说这几年的教材建设成绩斐然。

必须指出的是,孔子学院的教材建设虽然取得了令人瞩目的成绩,但世界各地的孔子学院仍然感到教材不够用或不适用。造成这种局面的原因是多方面的,其中最重要的原因可能是教材本土化程度不够高,不能满足不同地区孔子学院教学的实际需要。为此,必须探索和研究在非母语环境下汉语学习和教学的特点与规律,创新汉语教学本土化方法,增强汉语教学的针对性和实效性。其次是由于办学时间不长,许多教材还没有经过相当时间的检验和评估,短时间内不为人们了解,难以推广。再次是由于学院发展速度太快,许多教材是为了应急匆匆编成,或多或少存在着这样那样的不足,确实需要进一步改进。

(四)办学模式崭新而多样

无论从教育史还是从中外文化交流史上看,孔子学院都是一种崭新的事物。并非一般意义上的大学,而是推广汉语言文化的教育和交流机构。其办学理念与章程、设立形式、运行模式、办学内容、师资来源、学生培养模式、经费来源与管理等都是崭新的。概而言之,孔子学院办学主要遵循三大原则。其一,双方自愿、按

① 《孔子学院总部暨国家汉办2010年年度工作报告》,第15、26、27页。

照孔子学院章程办学；其二，遵守所在国家的法律，尊重当地的风俗，因地制宜、灵活办学；其三，规范教学标准，完善质量评估体系。一句话，只要有助于汉语国际推广和中华文化的传播，只要不违反所在国的法律，不危害我国的声誉和所在国民众的利益，孔子学院所采取的具体办学模式可以"因地制宜"，灵活多样。

根据 2010 年世界孔子学院大会 327 所孔子学院（课堂）所提交的交流材料，目前孔子学院的办学模式可以概括为如下八种类型。

一是高校与高校联合共建模式。这种模式在 327 所孔子学院（课堂）中有 274 所，占 83.7%。这种模式的办学是使孔子学院成为现有大学体系的一部分，其优势是能借助主体学校的师资、场所、设施和设备，快速运营而减少办学投入资金；能借助主体学校的声望迅速扩大孔子学院的影响；孔子学院能成为主体学校之间扩大国际交流窗口，为开展汉语教学、传播汉语言文化、开展比较研究或者合作研究提供便利，也便于主体学校挖掘更多的合作办学的资源。不足之处是与高校合作设立的孔子学院，在实践中由于种种因素，特别是部分主体高校基于学校自身办学理念考虑，往往不愿意让孔子学院真正行使独立的权利。换句话说，依托国外大学的孔子学院在文化交流项目中常常不能代表我国的对外文化政策，学院的重大决策权也掌握在主体高校或少数几个人的手中，决策主观性和随意性过大，严重影响学院的可持续发展。而在具体办学实践中，中方常常只重视外方高校的资质，对国内方高校资质的要求易被忽视。[①] 另外，从发展文化产业的角度来说，相对于公司合建模式，高校共建模式的孔子学院还须注意克服其具有敏感性但操作性差的普遍弱点。

二是中小学或语言中心联合共建模式。这种模式在 327 所孔子学院（课堂）中有 10 所，约占 3%。其中又以孔子课堂居多，占 9 所。学院仅北京潞河中学和墨西哥华夏中国文化学院合作共建的墨西哥城孔子学院一所。这种模式的孔子学院（课堂）合作双方以中外中学联合者居多，小学联合的仅曼彻斯特切特汉姆社区小学孔子课堂一所，由曼彻斯特切特汉姆社区小学与南京游府西街小学联合共建。这种模式对于加强中外中小学生的国际交流具有最直接的推动效果，为海外中小学汉语教育的发展提供了新的思路，对中国中小学学生的培养模式也提供了异域文化的参照。

三是高校联合社团机构或跨国公司合作共建模式。这种模式的孔子学院（课堂）有 10 所，约占 3%。华美协进社孔子学院由华美协进社和华东师范大学共建；加拿大新布伦瑞省孔子学院由山东师范大学和大西洋国际教育公司共建；比利时的布鲁塞尔孔子学院由比中协会与北京外国语大学合办；德国的慕尼黑孔子课堂

① 周志刚、乔章凤：《海外孔子学院合作办学模式探析》，《江苏高教》，2008 年第 5 期。

由慕尼黑东方基金会和北京外国语大学合建;德国的汉诺威孔子学院由同济大学和注册协会汉诺威中国中心共建;英国专长学校联合会孔子学院由英国专长学校联合委员会和北大附中共建;日本长野县日中友好协会广播孔子课堂由华东师范大学和长野县日中友好协会共建;塔拉勒的阿布-格扎拉赫孔子学院由沈阳师范大学和塔拉勒 TAG 集团共建。这种模式的孔子学院能够很好地借助社团机构原有的汉语教学生源、师资、场地、图书资料等教育资源,减轻投资和师资压力,开展比其他模式更为丰富的汉语教育和培训,合作项目的形式与层次更加多样,因而更有利于培养海外学生对汉语言文化和对中国的兴趣与好感,因为这类社团机构原本就具有一定的中国文化基础。弊端是在孔子学院的发展过程中可能会出现管理受社团机构干预过度的现象,或者所依托的社团机构要坚持按照自身原来的办学目的发展,使得孔子学院成为被动体,丧失传播正规语言文化机构的作用,影响孔子学院的独立性发展。

高校联合跨国公司建立的有属于孔子学院系列的马来西亚全球汉语中心,由马来西亚全球教育集团(GEM)与上海交通大学共建。法国的普瓦提埃大学孔子学院,由南昌大学和普瓦提埃大学联合深圳中心发展公司共建。这种模式的孔子学院,有企业直接注入资金,又有公司提供的稳定生源,发展速度较快。比如马来西亚全球汉语中心完全按照自负盈亏的方式建立,在 2009 年已经达到收支平衡。其值得注意的特点是赢利性色彩比较浓郁,这是由企业追求利润的根本性质决定的。

四是高校与政府或再联合公司合作共建模式。这类模式在 327 所孔子学院(课堂)中有 9 所,占 2.7%。其中有政府与高校共建。如芝加哥孔子学院,由芝加哥市教育局与华东师范大学合建,设在公立的芝加哥市瓦尔特培顿大学预科高中内;高贵林市孔子课堂,由加拿大高贵林市教育局和华南师范大学共建;昆士兰科技大学孔子学院由江苏省教育厅和昆士兰科技大学共建;勿洞市孔子学院由泰国勿洞市市政局和中国重庆大学共建。有政府与政府联合共建的,如埃德蒙顿市孔子学院,由埃德蒙顿市教育局和山东省教育厅共建,下设 13 所孔子课堂,其独特的模式已使该孔子学院成为了全球孔子学院建设的典范。有中外大学联合政府共建的,如杜塞尔多夫大学孔子学院,由杜塞尔多夫市政府、海涅大学和北京外国语大学共建。卢瓦尔孔子学院由法国的昂热高等商业学校、巴黎工程师学校、昂热大学、西部天主教大学、昂热市政府、迈恩-卢瓦尔议会和中方的烟台市、烟台大学、鲁东大学合办。又如巴塞罗那孔子学院,由属于政府组织的亚洲之家和巴塞罗那大学、巴塞罗那自治大学与北京外国语大学共建,马德里大学也是由政府组织亚洲之家、马德里自治大学和复旦大学共建。这种模式一般由政府负责硬件投入,辅助以相关的优惠政策,依靠政府独有的优势来发展,成功率很高。“外国政府以其独有的优势与知名高校合作建立孔子学院,风险小,成功率高,使得孔子学院避免了对一级承办大学有限教育资源的抢占,消除了管理受一级大学干预过多的现象。由于政府的性质,有利于多渠道、多种形式地吸引社会投入,多方筹措教育资金,形成相对多样的投资模式。"①可以说,这种模式下的孔子学院不仅提供汉语教学,传播中国文化,还能很好地针对教育、经济、社会信息咨询等有需要汉语言的地方加强培训。

五是汉办与外方直接合作共建模式。这种模式的孔子学院(课堂)有 6 所,占 1.8%。如俄罗斯圣彼得堡"孔子"非国立教育机构孔子课堂,就是在汉办直接领导下运行的。其他如捷克布拉格中华国际学校孔子课堂,由布拉格中华国际学校与汉办共建;英国布莱顿中学孔子课堂系英国布莱顿中学与汉办共建;苏格兰学习教育组织孔子学院由苏格兰教学委员会与汉办直接合办;香港孔子学院由香港理工大学与汉办合办;首尔孔子学院由韩中文化协力研究院与汉办共建。

六是多所高校、语言中心、社区学校联合共建模式。这种模式的孔子学院(课堂)有 5 所,占 1.5%。如丹佛社区大学孔子学院,由重庆三峡大学和丹佛社区大学、丹佛 Auraria 高等教育中心校区的一所幼教中心共建;阿尔萨斯孔子学院由阿尔萨斯地区多家单位与南京师范大学、苏州大学、南京中医药大学与南京艺术学院共建;雅加达汉语教学中心孔子学院由印度雅加达汉语教学中心和海南师范大学合作建设;缅甸福庆语言电脑学校孔子课堂由云南大学与缅甸曼德勒福庆语言与电脑教学中心共建;福星语言与电脑学苑孔子课堂由缅甸仰光福星语言与电脑学苑和中国华侨大学共建。

七是高校与中学联合共建模式。这种模式的孔子学院(课堂)有 7 所,占 2.1%。如西南林业大学和阿斯基亚中学共建的阿斯基亚·默罕默德中学孔子课堂(马里),中国地质大学与布莱恩大学联合北阿特波罗高中共建的北阿特波罗高中附属孔子课堂(美国)、联合林肯高中合建的林肯高中孔子课堂、联合史密斯菲尔德高中共建的史密斯菲尔德高中孔子课堂、联合史密斯菲尔德公立学区共建的威廉温莎小学附属孔子课堂;哈尔滨一中等中学与明尼苏达大学孔子学院合建的 12 所孔子课堂;法国普瓦提埃大学孔子学院与凯兰高中合建的卡米尔戈兰高中孔子课堂。

八是媒体联合共建模式。这种模式的孔子学院有 6 所,占 1.8%。如中国国际广播电台与突尼斯斯法克斯 CRI 听众俱乐部共建的突尼斯法克斯广播孔子课堂、与俄罗斯国立职业师范大学共建的俄罗斯国立职业师范大学广播孔子课堂、与蒙古育才中学共建的 CRI 蒙古育才广播孔子课堂、与孟加拉山度玛丽亚姆创意

① 周志刚、乔章凤:《海外孔子学院合作办学模式探析》,《江苏高教》,2008 年第 5 期。

与技术大学合作建立的CRI孟加拉国山度玛丽亚姆机构广播孔子课堂、与CRI斯里兰卡兰比尼听众协会合作建立的CRI斯里兰卡比尼听众协会广播孔子课堂；此外，还有凤凰出版传媒集团与美国佩斯大学共建的佩斯大学孔子学院。这种模式有其独特性，在利用现代媒体技术和方式以汉语言文化为媒介推进交流互动方面占优势。

根据对孔子学院历年交流材料的统计以及学者的研究总结，普遍认为目前孔子学院最佳的办学模式是与国外高校合作，由对方提供教学、办公场所和设备，办理相关的法律手续，并负责学生的招收和管理，中方提供师资、教材、参考图书和部分开办经费。运行模式应该是共同管理，以对方为主；少量收费，微利运行。

但是，上述诸模式中究竟哪一种模式最好，很难凭空而论，因为孔子学院遍布全球，面临千差万别的国情民俗，只有因地制宜结合当地的实际情况才可能是最好的。还且从某种意义上说，建立模式也只是一个概念，在实际的工作中还会采取灵活多样的办学模式。比如北极光孔子学院因为学院较小的特点，积极了解市场需要，采取灵活多样的办学模式。"由于冰岛国小人少，如果一味与其他开设汉语课程的机构竞争只能是大家都吃不饱，因此我们积极与阿库雷里大学继续教育学院及其他准备开设汉语课程的学校开展合作，利用我们的教学和教材等方面的资源优势，将学生资源整合起来。"①又比如阿拉扎大学孔子学院成立伊始便积极运作和印尼ESATV电视台合作，计划将福建师范大学"得力汉语"系列多媒体课程资源搬上屏幕，通过电视专栏形式面向大众开展汉语学习辅导；又与印尼全国教师联合会以及印尼华社合作，建设5000到10000平方米的办学场所，作为印尼汉语师资培训中心，大力推动本土化汉语教师的培养工作。②

（五）国际交流与合作项目走向多元，逐步形成品牌和声势

在孔子学院的建设中，国家汉办和各孔子学院以及共建单位都有意识、有计划地开展成规模的常规性交流与合作活动。常规的除"汉语桥"世界大学生中文比赛之外，从2008年开始推出世界中学生中文比赛、在华留学生汉语比赛两项。此外，进一步丰富"汉语桥基金"项目的内容，如组织汉语桥——国际学生夏令营、汉语桥观摩团夏令营以及"中小学校长访华团"、"各国教育官员访华团"、资助各国开展各种汉语言文化相关项目等等；设立"孔子学院奖学金"，支持来华留学或短期研修。

从下列相关数据、内容，可以看出从2006年到2010年12月间孔子学院交流合作项目的推动情况。

---

① 《第四届孔子学院大会交流材料·欧洲》，第165页。
② 《第五届孔子学院大会交流材料·亚洲》，第1070页。

“2006 年，国家汉办接待国外来访团组 40 个，来访了 7000 余人；与外国签署合作协议、合作备忘录等 104 份。”①内容主要包括孔子学院协议、备忘录和意向书，如与美国大学理事会签署“中国语言与文化合作”项目年度执行协议，支持美国高中成批开设 AP 中文课程，围绕这一协议，具体邀请 600 名拟开设 AP 课程的美国中学校长及相关教育官员访华，选派 50 名中国汉语教师志愿者赴美任教，为美国大学提供 100 名汉语教师专业奖学金名额。围绕此框架还开展了其他访华、来华培训、赴美巡讲、参展等活动。又如与泰国教育部商签《中国国家汉办与泰国教育部关于汉语教学的合作框架》。与英国教育技能部、文化协会等机构签署《中英汉语教学合作研讨会谅解备忘录》，约定此后五年中英双方在汉语教学需求信息的收集与研究、考试研发、汉语作为第二语言教学理论的研究与推广、学生和教师的交流、师资认定与培训、开发教材教辅等方面开展全方位合作。与德国文教部长联席会议联合举行“中德汉语教学合作研讨会”，原则上同意从 2007 年起开展促进汉语在德国尤其是中小学的推广，譬如合作开展汉语推广研究，开展中德小学校际交流、培训师资、开发汉语教学资源以及在德国中小学开展中国语言文化竞赛等。与韩国有关机构也举行“中韩汉语教学合作研讨会”，就上述方面研讨、商议并达成共识。

2006 年，“汉语桥基金”共资助 65 个国家 82 个驻外使领馆教育、文化处（组）286 个项目，为来自 26 个国家的 92 名学生提供来华学习奖学金。

2007 年，组织了“汉语桥”——美国、英国、韩国中小学校长访华之旅，邀请 1200 名校长访华，聆听许嘉璐副委员长《漫谈中华文化的支柱与融合》文化讲座，组织他们分赴国内 20 个省市（自治区）访问了 200 多所大中小学。通过活动，中外小学签署了 263 份交流合作协议，许多外国中小学开设中国语言文化课；举办“汉语桥”——国际学生夏令营，950 名外国青少年参加了这个夏令营；举办“世界汉语大会 2007”。② 通过“汉语桥基金”资助 295 个海外汉语推广活动，向 636 名外国学生提供各类汉语学习奖学金，资助他们分赴 14 个省（自治区、直辖市）的 27 所院校学习。

2008 年，组织了“800 余名外国中小学校长和教育官员访华；800 余名外国青少年参加‘汉语桥’国际学生夏令营”。“汉语桥基金”资助 50 个国家（地区）700 多名学生来华学习汉语；资助 64 个国家开展 360 多个汉语推广项目③。

2009 年，“邀请 1400 多名外国中小学校长和教育官员访华；邀请 3900 多名外

① 《国家汉办 2006 年年度工作报告》，第 27—29 页。

② 《孔子学院总部暨国家汉办 2007 年年度工作报告》，第 19—22 页。

③ 《孔子学院总部暨国家汉办 2008 年年度工作报告》，第 5 页。

国青少年来华参加“汉语桥”国际学生夏令营、冬令营。设立“孔子学院奖学金”，资助112个国家(地区)4100多人来华学习汉语。“汉语桥基金”资助57个国家开展451个汉语推广项目。”①

2010年，“邀请美、英、法、日等国2500多名中小学校长和教育官员访华，邀请来自20个国家的2800多名青少年学生来华参加‘汉语桥’国际学生夏令营、冬令营”。“汉语桥基金”资助“68个中国驻外使领馆开展近300个汉语国际推广项目”。孔子学院奖学金项目“新增资助来自120个国家(地区)的1000多人来华学习汉语，全年在华孔子学院奖学金生达4000余人”。还分别与俄罗斯、西班牙合作举办“汉语年”，两国孔子学院发挥了主力军作用，开展活动“600多场，30多万人参加”。国内合作共建单位“60多个团组，赴50多个国家300多所孔子学院开展文艺巡演、教材巡展和文化巡讲活动614场次，吸引观众44万余人”。② 由此拓展了孔子学院的文化交流功能，提升了在当地社会的影响力。

纵向看，孔子学院国际交流与合作活动形式越来越多元化，规模越来越大，已逐渐开展组织海外校长、汉语教师、中文学员访华，与各国共庆“汉语年”，中国文化才艺巡演，对外汉语教材巡展等品牌活动；设立“外国汉语教师奖学金”、“孔子学院奖学金”两个常规奖项，分别用于培养外国本土教师和延揽优秀海外学子来华留学。

（六）立法保障、财政保障和政策保障稳步推进，办学规章制度渐成体系，逐步谋求办学国际保障，优化办学外部环境

孔子学院建设和汉语国际推广取得的丰硕成果与其制度建设是密不可分的。为实现孔子学院又好又快地可持续发展，在办学规章制度方面，国家汉办逐年签订国际协议，优化孔子学院的办学环境，逐步出台了一系列管理制度和汉语国际教育考评指标体系，对孔子学院的办学模式、教师资质、教学内容等加以规范和指导。这些制度已逐渐形成体系。

2006年，国务院办公厅转发了教育部等部门《关于加强汉语国际推广工作若干意见的通知》(国办发〔2006〕17号)，孔子学院建设得到中央各有关部门、地方各级政府的大力支持和紧密配合。“国务院办公厅对孔子学院建设给与了大力支持和帮助；财政部研究确定了孔子学院和汉语国际推广经费保障机制，加大了财政投入力度，2006年中央财政拨款3.5亿元”。同年，国家汉办着手制定国际汉语教师新标准，出台了“《汉语教师志愿者工作管理办法》、《国际汉语教师中国志愿者待遇暂行规定》和《关于向驻外使、领馆拨付志愿者工作管理经费标准的暂行规

① 《孔子学院总部暨国家汉办2009年年度工作报告》，第4页。
② 《孔子学院总部暨国家汉办2010年年度工作报告》，第5页。

定》等政策指导性文件,使志愿者教师管理更加科学有序和规范”①。国务院侨务办公室把建设孔子学院、孔子课堂纳入了海外华人华侨的华文教育的统筹规划。

2007 年,国家汉办主推孔子学院汉语教学标准化,《国际汉语教师标准》和国际汉语能力标准》正式公布。还公布了《国际汉语教学通用课程大纲》(征求意见稿),制定《孔子学院审批流程》、《孔子学院院长指南》、《孔子学院教师任职条件》、《孔子学院中方院长选派管理意见》、《孔子学院中方院长培训方案》等一系列规章,讨论通过了《孔子学院章程》②

2008 年,国家汉办制定、修订了《孔子学院基本办学标准》、《孔子学院院长指南》、《孔子学院自我评估办法》、《孔子学院总部资金管理办法》、《孔子学院教师任职条件》等规章制度。

2009 年,网络孔子学院上线,构建了国际汉语教育的远程教学与开放式学习体系。制定《汉语教师志愿者工作管理办法》、《赴孔子学院(课堂)汉语教师志愿者选派办法》,修订《汉语教师志愿者培训大纲》。

2010 年,国家汉办借鉴国内外有关外语教师标准及最新研究成果,邀请来自 20 多个国家的百余名专家学者和一线教师参与,形成《国际汉语教师标准(2010 版)》讨论稿。还制定了《国际汉语教师培训大纲》

各孔子学院也相继推出了办学章程和各项具有实质性意义的管理运行办法。如蒙古国立大学孔子学院“成立伊始,经过中蒙双方多次协商讨论,制定了《蒙古国立大学孔子学院章程》、《蒙古国立大学孔子学院自筹资金管理办法》,使得孔子学院日后各项工作的开展有章可循。

逐步谋求办学国际保障,优化办学外部环境,是孔子学院制度建设很重要的内容。随着办学规模的扩大,这方面的工作尤其显得重要。在孔子学院建设之初,汉办积极推动与各个国家的政府部门、半官方性质机构、民间团体组织签订合作框架协议、备忘录,如前述与美国大学理事会签署“中国语言与文化合作”项目年度执行协议,与泰国教育部商签《中国国家汉办与泰国教育部关于汉语教学的合作框架》,与英国教育技能部、文化协会等机构签署《中英汉语教学合作研讨会谅解备忘录》等。

在 2010 年 8 月 9—15 日举行的孔子学院外方院长高级研修班国际研讨会上,中外法律比较成为会议的主要议题。2010 年中共中央、国务院印发了《国家中长期教育改革和发展规划纲要(2010—2020 年)》。《纲要》把“支持孔子学院建设”、“支持国际汉语教育”作为今后十年教育发展的重要内容与任务项目之一。为认

① 《孔子学院总部暨国家汉办 2006 年年度工作报告》,第 23 页。

② 《孔子学院总部暨国家汉办 2007 年年度工作报告》,第 7—9 页。

真落实《纲要》精神，国家汉办以“贯彻落实《国家中长期教育改革和发展规划纲要》，推动国际汉语教育与推广事业又好又快发展”为主题，制定了近期实施方案，着力推进事业科学发展的规划设计与制度建设工作，其中之一便是编制《孔子学院和国际汉语教育与推广工作十年规划》。①

二、问题总结与思考

孔子学院的建设与飞速发展引起了国内外相关部门和人士、公众与媒体的高度关注和热烈讨论。归纳起来，海内外对于孔子学院办学的讨论，关注的问题主要有三：一是孔子学院的可持续发展是否存在着制约的瓶颈？如果存在，主要是什么？二是孔子学院既然是公益办学，为什么又要收费微利运行？三是如何消除外方对孔子学院的疑虑、非议甚至抵制？

（一）制约孔子学院发展的瓶颈——“三教”问题应该如何解决？

从2006年首届世界孔子学院大会召开以来，关于孔子学院的教师、教材、教学即“三教”问题的讨论一直是历年大会的主题，几乎所有各方都一致认为这是制约孔子学院可持续发展的瓶颈。为了解决“三教”问题，国家汉办采取了以下主要措施：1. 加强汉语国际教育硕士点建设。2. 实施国际汉语教师志愿者计划。3. 实施各国本土汉语教师培养项目。4. 组织翻译国内著名教材，编写国别化汉语教材。5. 切实提高志愿者和汉语教师的工资，提高海外汉语教学工作者的积极性。这些措施在一定程度上缓解了“三教”问题突出的矛盾，特别是教材与教师的问题。

教师问题的形成有多方面的原因。一是孔子学院的数量增加太快，范围越来越广，派出的资深专业教师难以为继。二是近年来来华留学人数一直攀升，国内专业教师整体上处于超负荷状态，师资外派空间不大。三是国内对于开展海外汉语推广的重要性认识不够深入，保障体制有待健全，不少领导还停留在只要会说中国话就可以派出去教汉语的认识水平，对外派教师任务、使命、保障体制等认识不清楚、重视不够，打击或消磨了教师申请外派的积极性。四是小语种教师培养和成长速度跟不上需求。五是由于孔子学院的骨干教师多实行轮换制，一般在孔子学院只工作一年，教师流动性大，影响了教育教学质量。

为了解决孔子学院的师资问题，国家汉办相继采取外派志愿者、海外招聘本土志愿者、推动国内具备相当综合实力的高校设立汉语国际教育专业硕士点培养汉语国际推广师资等措施，这些措施快速有效地缓解了派出教师难以为继的问

① 相关论述参见：《孔子学院和国际汉语教育的制度建设》，http://apps.hi.baidu.com/share/detail/20810383.

题，培养了一批汉语国际推广的新生力量。然而，由于绝大多数汉语志愿者不能把汉语国际教育当作终生事业，从孔子学院的教学延续性以及专业设置来说，还是无法避免教师流动性大造成的影响。任教教师相对缺乏长期规划，不利于各个学院师资的整体建设和培养。而且频繁地更换老师，也会影响到学生的语言学习进度。加强对外汉语教师的本土化培养似乎是解决这一困境的有效途径，但这也不是短期能够解决的问题，因为孔子学院肩负的不仅仅是汉语言教学的任务，如何在教学过程中有效地传播中华文化的精髓是语言教学的核心，而海外本土汉语教师对于中国文化的了解，本身就存在着诸多的不足。

问题的解决无疑需要一个过程，也必须不断面对可能产生的新情况。目前海外孔子学院的教师主要由在岗或退休的对外汉语教师或中文系教师，汉语专业的博士、硕士学生和通过汉语培训的其他专业志愿者组成。如据宋卡王子大学孔子学院提交孔子学院大会的材料，该院"每年三月初开设一个免费汉语预备教师培训班，鼓励和动员泰南各大专院校中文专业的毕业生参加，培养汉语教师新生力量"；"每年都有 25—30 名毕业生来参加，这些受过训练的毕业生参加汉语教师职业的比率超过 80%，部分缓解了当地汉语教师的需求。"①

教材问题，主要表现在品种数量缺乏、试用推广不力和评价体系不一三个方面。启动孔子学院建设之初，面临的主要是教材缺乏的问题。从孔子学院教学实践以及 2007、2008、2009 连续三届世界孔子学院大会关于教材建设的分组讨论情况来看，与会专家对教材问题的探讨有一个明显的变化过程，开始时关注的是如何解决教材匮乏，继而是如何开发更具针对性的教材、如何选择合适的教材教辅读物，最后是如何试用、评介和推广教材。孔子学院成立伊始，教材建设几乎处于空白状态，针对这一情况，国家汉办及时做出了规划，要求专家学者和一线工作者尽快推出教材。经过六七年时间的努力，到 2010 年通用教材方面可供选择的已经有 45 个语种的 9 套教材和工具书，具有国别针对性的本土教材已出版了 77 种。可以说不只是缓解了教材匮乏的问题，而且已经从基本空白状态向数量和品种比较丰富的阶段迈进了一大步。在推动教材的建设与研究、丰富教学方法方面也做了巨大的推动。即或如此，根据各国国情编写合适的教材仍然是孔子学院目前的一个重要课题。②

如前所述，据不完全统计，全球出版的汉语教材已经超过 12000 种，已经购买编目的有 9800 种，但是为什么还觉得教材不够用或不合用呢？从 2010 年世界孔子学院大会讨论的情况来看，主要是教材本土化程度不够高。还有一个最重要的

① 《第五届孔子学院大会交流材料 · 亚洲》，第 882 页。

② 《第三届孔子学院大会交流材料 · 亚洲》，第 252 页。

原因就是新开发教材的使用效果还需要时间和程序的检验。因为"任何教材在没有试用之前都是无法推广的"。教材试用之后,也"需要把使用结果反馈和评估情况进行通报"。

解决教材问题首先必须在教材开发方面取得新的突破,探索和研究在非母语环境下汉语学习和教学的特点与规律,创新汉语教学本土化方法,增强汉语教学的针对性和实效性。然后需要一定的时间试用、评估、推广教材。实现从"有教材用"到"有合适的教材教辅可选用",既适合孔子学院教学的整体规划性的要求,又充分体现灵活性和本土性的特点。不少孔子学院在这方面都作出了自己的努力。如爱丁堡大学苏格兰孔子学院中方院长陶炼进一步开发本院授课教材。2011 年春将完成 8 本渐进教材,每本 20 课时:*Waystage* 1—4 和 *Threshold* 1—4。与国际汉语言教育课程标准相符合,这些教材基于 *Common European Framework of Reference for Languages*,特别为本地学生学习特点和孔院课程设置进行设计编写。①

又如都柏林孔子学院为爱尔兰中学过渡年学生量身定做的中国语言与文化教材 2010—2011 学年开始在 22 所中学试行。教材分为文化与语言两部分。语言部分由十个基本的话题组成,旨在让学生有基本的汉语交流能力。文化部分则涵盖了中国的地理、历史、风俗、饮食等十个方面。此外,与教材配套的还有 45 个学时的课件,包括网络汉语教学、系列文化活动、汉字游戏、影视资料、面授汉语和文化常识等等。这套教材在都柏林大学孔子学院组织的研讨会上受到爱尔兰中学教师代表的一致好评。②

教学问题主要表现在四个方面:在什么场所教?用什么设备教?用什么方法教?教什么内容?所有这些问题都只能依据所在孔子学院的具体情况采取相应的措施才能解决,不能一概而论。其中最重要的是教什么的问题。孔子学院的发展定位是"本土化"、"桥梁化"、"平台化",教学内容必须以语言教学为重点,同时注意语言后面负载的文化内涵。解决教什么内容的问题,核心是如何在当地设立中文教育专业。"专业建设一定要与当地国民教育体系捆绑起来才能得到认可和规范发展。中文教育专业只有进入了当地高等教育学科体系,走上正规的专业学科教育平台,接受所在国高等教育评估体系的监督,才能引起双方的足够重视,才能得到正规化规划和管理,才能得到持久的培育和可持续的发展。"③对于已经将中文教育纳入国民教育体系的国家和地区和正在推动或准备推动孔子学院课程学分与合作学校本科生以及研究生课程学分互相转换的学院,教学设置各有不

---

① 参见《第五届孔子学院大会交流材料·欧洲》,第 1043 页。

② 参见《第五届孔子学院大会交流材料·欧洲》,第 9 页。

③ 钟英华:《非洲孔子学院建设中的几个基本问题》,《云南师范大学学报》"对外汉语教学与研究版",2009 年 1 月。

同。所以,教学问题不仅仅是谁去教、用什么教、怎么教的问题,实际上是人员、经费、场地、制度的问题。都柏林大学孔子学院开设的汉语课程采取生动活泼的汉语教学方法,如网络教学、多媒体、趣味竞赛以及中英双语一对一互教互学小组等,收到了很好的教学效果。学生虽然从零起点开始学习汉语,但经过四年的学习,绝大多数学生能够达到交流自如的程度。[①] 德黑兰大学孔子学院首次在全球推出"武术汉语"课程并正在开发教材,在德黑兰市有相对固定的学员 20 名,加上外省的学员,共有 50 名左右。"武术汉语"在汉语学习和推广领域是一项重要的创新性课程。[②] 除此以外,德黑兰大学孔子学院还"把中国诗歌学习融入汉语教学中,像伊朗一样,中国也是诗歌的国度,尤其是古代中国文学的发展与诗歌形式及内容的发展、变化紧密相联,曾涌现了无数著名的诗人,大唐盛世也成为中国乃至世界诗歌史上的巅峰时代。孔子学院的教师们结合具体的教学任务,适时地把中国诗歌尤其是中国古诗的学习引入汉语教学中"。[③] 取得了相当好的效果。

(二)公益性办学与收费运行的矛盾

孔子学院的办学性质是非营利性公益教学机构。但纵观全球孔子学院汉语课程,几乎都是收费设置。国内有关人士对此的看法是:国家出资、出人力,国外收费,是中国单方面对国外的公益。国外学员的普遍感受是:学院接受了中方的资金赞助,派来的师资也都是中方支付薪酬,为什么和一般中国汉语学院的收费比并不便宜甚至更贵?其公益性体现在哪里呢?

世界上非营利组织具有六个特征:(1) 非营利性。即组织的目标和宗旨不以追求利润为目的和不得向出资人和组织成员分配利润。(2) 公益性。指组织的利益指向社会公共利益、或者成员以外的社会需要救助的人群,并对社会发展有积极作用。(3) 自愿性。非营利组织工作人员的组成是基于有着共同的信念、目标和兴趣的个人之间的联系之上的,具有志愿性。(4) 产品的准公共性。非营利组织生产的产品是为社会公益提供的各种服务,其中的一部分由其消费者享有,是可分的,从而具有私人产品的特征,但其另一部分可由消费者以外的人享有,是不可分的,具有公共产品的特征。所以,非营利组织的产品具有典型的准公共产品性质。(5) 非权力依附性。主要表现为非营利组织的独立性和民间性两个方面。(6) 资金来源多元化。非营利组织由于其特殊的社会功能和运行机制,其资金来源具有多元化的特征。

孔子学院是中国政府主导建立的一种非营利性组织,无论是从其组织基础还

① 《第五届孔子学院大会交流材料·欧洲》,第 2 页。

② 《第五届孔子学院大会交流材料·亚洲》,第 1076 页。

③ 《第五届孔子学院大会交流材料·亚洲》,第 1077 页。

是其办学形式与运行特点来看,孔子学院的办学都充分体现了上述非营利组织的基本特征,最直观地体现在三个方面。其一,中方主办单位中国汉办不收取任何办学利润。其二,中方出资聘任汉语教师和部分海外院长,接待中文学员访华团,还设立了"外国汉语教师奖学金"、"孔子学院奖学金"等公益项目。其三,中国面向国内外大量接受汉语教师志愿者申请,在汉语教师的选派上坚持自愿的原则。

国家汉办既然对各孔子学院给予办学资金和师资支持,为何又在政策上鼓励收费微利运行呢?个中原因可能主要是考虑到文化的传播一定要采取互惠的贸易方式才具有可持续发展性。这是无数文化交流与传播的经验总结。例如,对一个国家或地区的演出、展览等活动,刚开始时对方出旅费、出工资,向当地售票,一票难求时观众满庭,自己花了钱购票肯定到场。这类活动多了,对方开始免旅费、免工资,观众反而难召集,最后给人赠票都没有人看了。这些经验教训对孔子学院的运行最直接的启示就是文化的传播和消费应该是互利互惠的,否则无法实现可持续发展。

因此,如果把公益理解为完全免费是错误的,无法推动孔子学院的长期可持续发展。孔子学院以教授汉语为主要职能,汉语也是一种产品,开发汉语产品带动文化产业贸易,才有利于实现孔子学院的可持续发展。汉语产业主要有这样一些产品:词汇研究编纂而成的词典、各级各类汉语教材、汉语影视音像等电子产品、汉语著作的各种语言的翻译产品,以及附着汉语的各种文化产品。

(三)如何消除外方对孔子学院的疑虑、非议甚至抵制?

孔子学院的飞速发展迎合了时代的需要,也引起来自外方的疑虑、非议甚至抵制,这已经不是新闻了。产生这种情况的根本原因是一些外国人士担心孔子学院成为中国政治、文化入侵的工具。要消除其疑虑、非议或抵制,需要从以下五个方面着手:

其一,因地制宜地调整孔子学院的推进方式,避免因采用统一方式而引起外方的反感。在考察、协调和协商建设孔子学院的工作中,目前一般都采用委托所在地区中国使馆推进的方式开展,这种方式受到大部分国家的欢迎和信任。有些国家甚至很希望使馆积极参与推动,认为这是一种信誉,比如韩国和日本。而有些国家则反感官方的参与。厦门大学孔子学院在工作总结中就谈到,该校在与挪威奥斯陆大学商谈合作的过程中,对方就对中国使馆的积极参与十分不理解,"担心使馆、官方的积极参与介入会影响学校办学的独立性"①,甚至因此打算放弃与中方的合作。如果改变统一采用委托使馆协调和完成前期考察的方式,因应每个

① 详见《厦门大学孔子学院建设工作总结》,文见《全国汉语国际推广工作会议交流材料·补充部分》,会议秘书组编,2006年7月。

国家和地区的具体情况做出相应调整，则可以避免类似问题再发生。另外，在开展工作中，更要尊重、适应当地法律和文化习俗，因地制宜地坚持每家孔子学院的个体性，保持孔子学院活动的多样性，因地制宜创新工作内容和方式。适当减少某些统一的要求。这样，中国合作方在商量合作事宜发表意见、建议或者提出要求时，就不会被视为是中国统一要求下对外方的强制、禁止或监查。如果媒体认为所有的孔子学院都是一样的，那么对任何一家孔子学院的批评，都会让其他所有的孔子学院，无论在世界的哪个角落，都受到同样的负面影响。正是基于这样的考虑，一些孔子学院建议汉办减少一些“统一要求”。[①] 2010 年 8 月 9—15 日，在孔子学院外方院长高级研修班国际研讨会上，加拿大埃德蒙顿市孔子学院院长 Wachowicz Smart 教授强调，实现孔子学院可持续发展应该找出每个孔子学院的强项，同时“要得到外方学校的承认，我们的可持续发展要划分范围，不能有重叠和交叉，我们也要关注当地人对孔院的认知，得到当地社区的支持”。[②] 得到外方认可和支持不仅可以及时消除误解，还能为实现可持续发展奠定坚实的基础。

其二，在孔子学院工作运行方面，要公开具体的工作内容和工作计划，消除公众的疑虑和神秘感，避免因为对孔子学院工作内容缺乏了解而引起疑虑、非议甚至抵制。一旦学院公开工作内容，汉语消费需求者感受到孔子学院的工作内容就是为了满足汉语言文化需求，为他们不出国门学到标准的汉语提供便利，这种担心自然消失。因为事实上，孔子学院的建设，完全是因为有汉语消费需求作为前提才可能推动的。

其三，以与异质文化教育共生长的观念正视一些地区对孔子学院的敏感反应。

有人认为，孔子学院改变、冲击或影响了所在地区、社区原来的生活和教育的方式或结构。孔子学院的设立引起所在地区原来中国语学院或汉语培训中心的反感，引起所在地区中小学外语教学格局的改变从而引发相关争议，引起与所在地区特别是所依托大学之间汉语言文化需求资源的重新分配和调整，所有这些其实都是比较常见的问题。

比较典型的事例如洛杉矶郊区一所学校和部分社区成员对孔子课堂中文教育项目的反对。2010 年 2 月 11 日，美联社发表了一篇《加利福尼亚州中文项目引发学校董事会呼吁》(*Clif Chinese Programs Promotes School Board Recall*)的报道，同年 4 月 24 日，又发表题为《中国政府的教育投资让南加州社区分裂》(*Chinese gov't School Grant Divides SoCal Community*)的长篇文章，文中谈到在洛杉矶郊区的一所

① 《第二届孔子学院大会交流材料》，第 288 页，《阿德莱德大学孔子学院大会交流材料》。

② 《2010 孔子学院外方院长高级研修班国际研讨会会议报告》，《国际学术动态》，2011 年第 4 期。

学校，一部分社区成员反对接受孔子课堂中文教育项目，该项目包括资助3万美元、1000多本教科书、CD和其他的一些教学资料，他们认为这是中国对美国学生进行共产主义思想渗透的工具，使美国下一代丧失他们本有的精神，从而使美国在未来屈从于中国。而这个项目在教师与家长中很受欢迎。遭到抵制的原因是在加利福尼亚州南部如哈岗，种族关系（老居民和相对晚来的中国居民之间）比较紧张。中国少数民族占据学校理事会的大多数，但学生团体成员大部分是西班牙裔，社区成员弗雷克和其他十几个老年人认为那是一种思想灌输，恳求董事会成员拒绝这一中国政府支持的项目。这种现象与当地的人口构成有关。在南加州社区华裔人口明显增加，华裔人口在1970年代仅占2%，但随着过去40年的移民，当地华裔族群已经超过人口比例的三分之一。当地以欧裔为主的美国人对于不断增加的华裔人口和不断涌入的中国文化表示排斥，他们甚至认为开设孔子学院是一种“宗教入侵”。又比如孔子学院在马来西亚兴办之初被认为具有儒教色彩，马来西亚大学同意办学形式与教学内容与“孔子学院”相同，但需更名为“华文学院”才允许成立[①]。

诸如此类的问题，一方面是一些种族冲突比较明显的地区的敏感反应，另一方面也有诸如塞缪尔·亨廷顿文明冲突论的影响。我们认为，文明之间不仅有冲突的一面，更有共生长的一面，异质文化教育间的交流必然带来更多的借鉴、创新、双赢和共生。

其四，澄清国外媒体的歪曲报道或者恶意猜测。国外媒体对孔子学院的报道很多，有对孔子学院活动的具体报道，有对孔子学院现象的宏观报告，但媒体评论却五花八门。一些评论对孔子学院的作用提出质疑，担心孔子学院会成为中国政府的政治工具。譬如，随着孔子学院在英国的快速发展，英国媒体出现了反对的声音。《亚洲周刊》形容孔子学院的“大规模繁殖”正反映了“中国海外政策的变迁”。一些媒体认为，“中国想在国际舞台上匹敌美国”。2007年6月，加拿大通讯社按《资料索取法》（*Access to Information Act*）取得一份加拿大保安情报局最新解密报告。报告说中国在全世界笼络人心，不止是经济市场。现代中国开始渗透加拿大人的意识。报告指出，中国已在全球建立百余所孔子学院。孔子学院会在全球发挥更大的作用，为中国建立影响力。同一个报告中，列举了德国歌德学院（German Goethe Institutes）、西班牙塞万提斯学院（Spanish Cervantes Institutes）、法国文化协会（French Alliance Francaise）等文化机构，并表示孔子学院的功用和它们一样，是建设软实力的工具。2008年4月，美国第43所孔子学院成立时，同样有美国媒体称“中国正在通过孔子学院等渠道，对外进行文化渗透”。当时中国国

---

① 王燕：《马来西亚称孔子学院有宗教色彩拒绝其注册》，《法制晚报》，2006年9月21日。

家汉办主任、孔子学院总部总干事许琳回应:“孔子学院无意输出中国价值观,因为那种做法与中国传统文化理念不同。”笔者认为,申明之外,具体的澄清办法,除了上面谈到的公开工作内容之外,有两点可以考虑:一是在外宣方面,孔子学院重在传播我国的传统文化,不宜过多介入政治、经济方面的宣传。① 二是在教材教辅的内容设置方面重点突出语言教学的功能,文化内容则以优秀的传统文化为重点。

其五,正视困难,深入调整,理清原因,寻求对策,集体攻关。对孔子学院工作的神秘、偏见以及不切实际的幻想,不仅存在于国外,也存在于国内。比如不少人认为孔子学院的办学目的就是要输出中国的价值观念。事实上,各个国家,特别是发达国家都具有自己成熟的价值观念和体系,中国文化价值观念可能入侵吗?再分析一下孔子学院学员的构成,此类想法也许就不会产生了。孔子学院的学员大部分是从汉语拼音开始学习的,连汉字都不认识几个,怎么可能接受中国文化价值观念的入侵?还有很多学员是家庭主妇,她们学习汉语休闲交友的目的很明显,传输中国文化价值观念,特别是共产主义思想信念的说法又从何谈起?又譬如很多人认为孔子学院的建设形势一片大好,似乎孔子所到之处,四海人民夹道欢迎,事实显然不是这样。实际的情形是,一方面很多地方基于需求渴望设立孔子学院或课堂,渴求中方资金和师资的注入,一方面又顾虑重重甚至抱有戒心。一个典型的例证就是,在谷歌输入“加拿大监控孔子学院”的关键词,就能得到约两万多条搜索结果。2007 年加拿大《环球邮报》报道,加拿大安全情报局一份最近解密的报告说,中国大陆大量开办孔子学院是精心地利用所谓的“软实力”。

总之,针对外方的质疑、非议或抵制,我们必须根据具体情况具体分析,找出原因,适时采取相应的措施,从思想上、心理上彻底打消外方的疑虑,只有这样才能实现孔子学院长期和谐可持续的发展。

三、实现可持续发展的建议

孔子学院最显著的办学特点是“走出去”“合作”办学,即走出国境,走出汉语背景,告别完全汉语母语师资格局,依托合作单位在海外搭建汉语教学平台,通过多种形式的汉语输出,满足海外各种形式的汉语学习需求,提高汉语的国际地位,促进中国与世界经济、文化特别是教育的合作与交流。要实现这一崭新的办学模式的可持续发展,必须弄清楚能够维持和促进其可持续发展的动因到底有哪些。只有这样才能有针对性地开展工作,从源头上解决问题。综合考虑各方面的因

① 《厦门大学孔子学院建设工作总结》,文见《全国汉语国际推广工作会议交流材料》(补充部分),第 45 页。会议秘书组编,2006 年 7 月。

素，笔者认为实现孔子学院又好又快、可持续地发展，必须从发展动因、体制机制、战略和规划等多种角度去思考并解决好以下四个方面的问题。

（一）必须从提升国家文化软实力的战略高度认识实现孔子学院可持续发展的重要意义，以产品、产业开发与市场贸易互惠的方式拉动汉语消费需求，夯实汉语市场基础。这样做既是孔子学院办学过程中不断提升文化软实力自觉意识的需要，也是语言文化作为产品的必然要求。为此必须正确认识到我国文化"软实力"的内涵并不像约瑟夫·奈倡导的那样，把软实力仅仅看成是外交策略和国际战略的手段，而是把文化软实力作为国家综合国力的重要组成部分，即"软实力不仅仅是外交策略和国际战略的手段，也是国家综合国力的重要组成部分"。[①]

提升国家文化软实力是既定的国策。《国家十二五规划》和中共中央十七届五中全会明确提出要推动文化大发展大繁荣。胡锦涛同志在庆祝中国共产党成立 90 周年大会讲话中也强调要着眼于推动中华文化走向世界，形成与我国国际地位相对称的文化软实力，提高中华文化的国际影响力。孔子学院既是"中国文化软实力的最亮品牌"，已成为当代中国走出去的"符号"[②]，必然顺应时代需求成为提升中国文化软实力的重要平台和载体。

在孔子学院建设中，提升文化软实力的意识必须不断趋向自觉、明晰。孔子学院建设之初，对于通过孔子学院提升我国文化软实力的定位已经有了清醒的认识，"办好孔子学院是对国家大外交、大外宣、地方经济建设和学校发展发挥重要作用的事业，是传授语言、传播中华文明，促进世界和平与发展的事业；是增强国家和民族软实力建设的事业；更是只能干好不能干坏的事业，所以孔子学院的建设一定要站在服从国家外交战略，服从国家经济、文化发展战略大局的高度"。[③]认识到"'软实力'的建设，就是为了抗拒文化威胁，实现自我完善与文明的传承繁衍。我们力挺走向全球的'孔子学院'，不过是抗拒这种'文化威胁'的一种尝试。……只有当中华文化真正由内而外地流溢，成为中华文明魅力的自然表达，成为中国发展到相当阶段的自然辐射力之时，中国的'软实力'才是真正的实力"。[④]

孔子学院建设中软实力意识的不断提升，还表现为对"软实力威胁论"的正确看待。从美国的约瑟夫·奈到德国《明镜》周刊的艾利希·弗拉特，再到美国华盛顿著名的智库人物之一乔舒亚·库尔兰茨克在美国《新共和》杂志发表《中国在亚洲挑战美国软实力》的文章，西方世界有关中国"软实力威胁"的论调正在广泛散

① 张国祚：《如何做大做强中国文化软实力》，文见 http://www.cssn.cn/news/143759htm。

② 张西平：《简论孔子学院的软实力功能》，《世界汉语教学》，2007 年第 3 期（总第 81 期），第 25 页。

③ 《天津师范大学孔子学院工作总结》，文见《全国汉语国际推广工作会议交流材料·补充部分》，第 36 页，会议秘书组编，2006 年 7 月。

④ 《孔子学院走俏海外的冷思考》，来自人民网（www.people.com.cn）。

布。澳大利亚驻中国前外交官卓斯林更是直接以《孔子学院:中国软实力》为题写道:“孔子学院项目已经不单单涉及文化领域,也不仅仅是单纯的学术研究,它的根基在于需要依靠中国政府。往好里说,这会导致学术的失语;往坏处说,这可能会衍生成为一种宣传手段。”[①]凡此种种,表明孔子学院的建设引发了新的一轮“中国软实力威胁”论。这些言论和看法或者是某种有意无意的曲解,但从另外的侧面彰显了走出去的中华文化与所在地文化交融之必要和重要。

针对西方学者的中国软实力威胁论,中国学者有辩解更有迎难而上的力挺。辩解者如著名评论家李北陵认为,孔子学院不过是汉语热全球升温的一个结果;而汉语热的背后,是改革开放后中国经济转型为市场经济的成功,中国经济成为世界经济最亮的增长点和发动机。没有经济因素带动下走热的商贸汉语交流需求,汉语热不可能出现,孔子学院也难以在海外立足。可见,依附于经济发展的汉语热及中外合办的孔子学院,与“软实力”并不太搭界。力挺者如中国新儒学代表人、现任首都师范大学教授陈明认为:“好的价值观是人类共有的,为什么不能输出呢?美国人可以向全世界输出他们的价值观,实际上所有好的价值观都可以广泛宣扬!”人民大学原校长纪宝成也是迎难而上的力挺者典型。纪宝成认为,孔子学院的发展确实是改革开放的直接结果,因为正是随着中国经济的持续增长、对外交往的不断深化和综合国力的稳步提升,世界各国对汉语的需求才日趋扩大,“走出去”才成为中国对世界的积极回应,成为我们必须承担的国际义务。[②] 客观地说,面对外国舆论的猜忌,不必讳言孔子学院是“软实力”,因为否认孔子学院的软实力功能,反而容易给人造成“欲盖弥彰”的联想。

汉语国际推广不是纯教育,因为语言本身是一种产品,特别在向国际上推广的时候,就更是一个文化产品,必须以产业、市场的方式来运作。[③] 从这个意义上说,要实现孔子学院的可持续发展,中国必须一如既往地坚持改革开放,通过不断扩大与世界各国的经济、政治与文化交流树立中国的良好形象,展示中国文化和

---

① 约瑟夫·奈提出:“尽管中国的软实力与美国的相去甚远,但忽视中国正取得的软实力是愚蠢的,对美国来说,现在是需要更加关注亚洲软实力平衡的时刻了”。(Joseph Nye,“The Rise of China's Soft Power”,in *Wall Street Journal*,December 29,2005)德国《明镜》周刊艾利希·弗拉特亦刊文提出:“中国的软实力对西方是威胁。中国或许无意使用日益增强的军事实力,但这几乎安慰不了西方。从世贸组织到联合国,北京很乐意使用软实力以获取想要的东西。”美国华盛顿著名的智库人物之一乔舒亚·库尔兰茨克在美国《新共和》杂志发表的文章《中国在亚洲挑战美国软实力》中更加入骨地提出:“当华盛顿的鹰派将注意力集中于中国潜在的军事威胁时,另一种威胁已经出现”,“自从苏联垮台以来,这是第一次有一个国家在挑战美国的软实力。”

② 纪宝成在第一次全国孔子学院工作会议上的发言:《孔子学院可持续发展与中国高校的自身建设》,文见 http://news1. ruc. edu. cn/102731/72783. html。

③ 许琳:《从对外汉语教学到汉语国际推广路渐宽》,文见 http://www. chinanews. com/kong/news/2009/09-03/1848499shtml。

汉语言的魅力,在全球范围内制造用汉语交际的需求,提高汉语的国际地位和使用频率,以此激发海外人士学习汉语的热情,只有这样才能夯实孔子学院发展的市场基础。

有需求才有市场,有市场就有机遇。只有不断扩大汉语言的市场需求,才能为孔子学院的可持续发展创造最大的空间。回顾世界汉语教育发展的历史不难发现,凡是闭关锁国的时代,对外汉语教学的规模就会缩小;凡是对外开放的时代,来华研习汉语的外国人就会增多。"丝绸之路"开辟以后,汉语成为西域各国来华商人最主要的商贸语言,学习汉语也就成为不少商人必须的选择。隋唐时期,中国是世界上最发达的国家之一,日本、朝鲜等国本着取经的目的,纷纷派遣唐使和留学生到长安学习汉语和中国的文教制度。而随着佛教、基督教、伊斯兰教的传入,来自西域和印度的僧人、西方的传教士,为了更好地传教布道,满怀着热情学习汉语,从事中西文典籍的翻译。从动机上看,他们学习汉语的目的是为了更好地传播他们自己的文化。正反两方面的例子说明了一个浅显的道理,只有当汉语成为不可缺少的交际工具时,才能激起非汉语母语者学习汉语的热情。最明显的例证就是1978年以来,随着中国的改革开放,综合国力不断增强,来华留学、从事商贸或旅游观光活动的外国人逐年增多,海外汉语需求不断扩大,为了满足这一市场需求,世界各国的大学纷纷设置汉语系或中国文化科。仅2006年一年里,全球就有一百多个国家3000多所高校开设了汉语课程或专业。英国、韩国、泰国、越南、印度尼西亚、马来西亚等国家把汉语纳入了国民教育体系①。从韩国的情况来看,20世纪60年代,全韩国只有两三所大学开设中文系,每年只有四五十名中文毕业生。到2006年,韩国大约有120所大学设立了中文系,毕业生人数每年达到3000人。② 高中学校也对此需求做出了快速反应:以韩国全罗南道为例,全罗南道共有151所高中学校,到2007年2月,有40所开设了汉语课程。其中光州广域市61所学校已有23所学校开设了汉语课程。③ 整个韩国普通高中学生二外选修汉语的人数近年来亦急剧增加。据中国驻韩国大使馆教育处统计,2000年,韩国普通高中学生二外选修汉语的只有1765个班级,计80,606人;2007年则达到5613班级,共计163,422人。④ 再以美国为例。国家汉办和美国大学理事会(College Board)自2006年开展AP项目(Advanced Placement,即中文预科项

① 参见《国家汉办年度报告》,2006年,第4页。

② 引自中国驻韩国大使馆王东福领事2006年9月26日在韩国湖南大学的演讲:《中韩关系的明天会更美好》。

③ 本数据来源于2007年2—3月笔者在韩国湖南大学孔子学院工作期间做的调查。调查得到光州市教育厅和各个学校的协助,得到当时在韩国湖南大学工作的韩国教师李炳顺先生的协助。

④ 参阅《汉语教学在韩国》,文见中华人民共和国驻韩国大使馆教育处网站(http://www.cscse.edu.cn/publish/portal24/tab1093/info9804.htm)。

目),中文教育正式进入美国的主流教育体系。截止 2010 年,美国已有近万名高中生参加该项目。全美学习汉语的大中小学生已超过 14 万人,成人进修人数约 5 万人,两项相加近 20 万人[①]。

上述数据表明,近年来世界各国汉语需求的增长是非常明显的,也是多元的,从大中小学生到成人,从系统的学历学习到速成即用学习,各种需求都有。正是这种市场需求促进了孔子学院的快速发展。从这个意义上说,孔子学院的快速发展是汉语国际推广机遇期的顺时之需,并非教育大跃进。而从经济学的角度看,任何市场都有饱和的时候,一旦汉语市场达到饱和,孔子学院的发展就有可能遭遇瓶颈。因此,要实现孔子学院的可持续发展,最重要的就是要不断制造汉语市场需求。

那么,怎样才能不断拉动、扩大汉语的市场需求呢? 亚洲协会教育部主任迈克尔·莱文的一段话形象地道出了根本。他说:汉语变得热门起来是因为"学汉语是开始与世界下个超级大国打交道的有趣方法"。[②] 从终极的意义上说,只有当一个国家的硬实力达到一定程度,其语言才能够引起其他国家或族群的关注。最典型的例子就是当英国成为日不落帝国的时候,英语也就随之成为世界上许多国家的通用语言。这种语言推广是通过武力征服来实现的。汉语国际推广的环境与方法与此不同。中国走的是和平发展道路,不可能通过政治、经济、军事或文化的征服来推广自己的语言,拉动汉语需求的方式必然是和平的,因而也只能走市场化的道路。对内,我们应该加强政治、经济和生态文明建设,不断增强综合国力,提升国家的文化形象。对外,必须不断扩大对外开放,通过加强与世界各国的政治、经济与文化交流来增进彼此的了解,增加文化互信,以此拉动汉语市场需求。

(二) 不断创新办学模式,建立并维持有效的驱动力关系,不断创造和利用新的驱动力因素,激发办学活力,维护并增强办学"合力"。

孔子学院的建设与发展是中外合力推动的结果。就办学主体而言,目前孔子学院主要以八种模式办学,已见前述。从资金来源上看,孔子学院的经营模式又大致可分为汉办项目型、基金捐助型和产业经营型三种,其中产业经营型应成为未来孔子学院的基本发展模式。[③] 不管采用哪种办学模式,都必须处理好中外合作办学单位、孔子学院与所在地区之间的关系,因此,只有在各承办方之间建立并

---

① 本数据采自中华人民共和国驻美国大使馆教育处网站(http://www.sino-education.org/chinese/APchinse.html)。

② 语见武汉大学留学生教育学院:《打开汉语国际推广的新视野》,引自《全国汉语国际推广工作会议交流材料·补充部分》,会议秘书组编,2006 年 7 月。

③ 吴应辉:《孔子学院经营模式类型与可持续发展》,《中国高教研究》,2010 年第 2 期。

维持一种有效的驱动力机制，才能充分调动共建各方的积极性，实现孔子学院和谐稳定地向前发展。

对孔子学院总部而言，办学的驱动力源于国家的文化战略，那就是立足提升国家文化软实力的战略高度，搭建孔子学院孔子课堂，最大限度地满足海外汉语需求，并进一步推动汉语需求。长期驱动力就是要制定发展规划。国家已制定《孔子学院和国际汉语教育与推广工作十年规划》，驱动国家汉办与孔子学院努力实现汉语国际教育理念的"六大转变"，即从对外汉语教学向全方位汉语国际推广的转变；从"请进来"学汉语向同时加大汉语"走出去"力度的转变；从专业汉语教学向大众化、普及型、应用型教学的转变；从主要靠教育系统推广向系统内外共同推广的转变；从政府行政主导为主向政府推动、加强市场运作的转变；从纸质教材面授为主向发展多媒体网络等多样化教学的转变。孔子学院总部在此目标驱动下开展对外交流，整合海外办学资源，接受国内外具备资质的高校及其他单位的办学申请，并给予一定的经费支持。

国内高校（及其他共建单位）申办孔子学院的主要动因有二：一是响应国家实现汉语国际推广的战略号召，为扩大中国文化的海外影响做力所能及的贡献；二是为了扩大自身的国际影响，具体承办方性质不同，具体定位有所区别。大致说，如果是高校的话，则致力于扩大留学生规模，扩大或新设汉语国际教育硕士专业，为学科建设和人才培养寻找新的生长点，并提高学校的国际知名度和办学的国际化水平；如果是中小学或者语言培训学校的话，则立足扩大国际交流或者开辟学校稳定的常规的定点交流；如果是媒体单位的话，直接起到延伸影响力的效果。可以说，合建单位申办孔子学院的热情具有动力保障机制，合建单位与孔子学院总部和各孔子学院的关系密不可分。

国外合作单位申办孔子学院的动机比较复杂多样。不可否认，绝大多数国家同意开办孔子学院，主要是基于加强和扩大与中国交流的需要（孔子学院的成立客观上也起到了这样的作用），但是也不能排除一些合作单位申办之初有跟风、从众、攀比方面的考虑。有的申办单位自身为营利机构，办学的商业化倾向过于严重；有的过分依赖中方资源，单纯地把目光定在中方的资金投入上，甚至把孔子学院当做免费的汉语教学资源。诸如此类，不一而论，但不是主流。

就目前情况而言，中外高校合作办学是孔子学院建设发展的最常见模式。双方学校在平等合作中相互学习，建立了一种有效的驱动力关系，形成了一个相生互动的国际化教育资源网络，彼此扩大了知名度，实现了双赢。中国合作高校在实践中不断体会到，作为深化国际学术交流、传播中国文化和推介当代中国的海外平台，孔子学院的建设应当是中国高校提升国际性程度的依托和契机；而中国高校自身的国际化水平也将带动孔子学院的进一步发展，并且从根本上保证孔子学院的办学质量、丰富孔子学院的办学成果。①

由于是合作办学，各合作方办学的驱动力因素很可能会随着时间的延续发生变化，从而影响到其中一方或双方的办学积极性。因此，要实现孔子学院的可持续发展，就必须不断创造和利用新的驱动力因素，只有这样，才能在合作双方间长期维持一种有效的驱动力关系。

所谓新的驱动力因素，包括的范围很广。就政策层面而言，国家根据新的情况出台的所有关于孔子学院建设与发展的支持政策，诸如汉语志愿者工程、汉语国际教育硕士项目、扩大教育开放与国际交流的规划及其他一切有关汉语国际推广的法律法规制度等，皆可视为推动孔子学院可持续发展的新的驱动力因素。用好、用活、用足这些政策对于实现孔子学院的可持续发展具有十分重要的意义。举例来说，志愿者工程从 2003 年开始在菲律宾试点，2004 年正式推广，已成为解决孔子学院师资不足的重要措施，其成熟、常规化运行对于国内年轻人的成长和培养起到了重要的作用，得到各高等院校、学生团体及千万个家庭的支持，这是一种巨大的驱动，将为高校人才培养模式提供新思路。而汉语国际教育硕士项目的实施，既为孔子学院培养了大批专业优质教师，又直接为所在学校创造了研究生培养与就业的新增长点，开辟了中国学生走向国际的直接、快速通道，极大地激发了中方院校建设孔子学院的热情。

就市场运作层面而言，所谓新的驱动力因素，还包括不断创新办学模式，不断拓展筹措资金、整合资源的渠道，鼓励社会力量参与办学等一切有利于孔子学院发展的实际措施。孔子学院成立之初，主要靠汉办拨款和孔子学院总部的项目经费开展教学活动和文化推广工作。随着办学规模的不断扩大，从长远来看，单纯依靠汉办拨款和孔子学院总部的经费已不可能保证学院的运转。2007 年以来，韩国、日本等出现汉语热的周边国家和美国、加拿大以及欧洲一些发达国家的孔子学院逐渐形成市场竞争意识，树立产业经营的理念，开始开展收费教学活动，吸收基金支持的孔子学院逐渐增多，得到社会捐赠支持的项目逐渐增多。综合分析 2006 到 2010 年孔子学院大会交流材料不难发现，争取社会各界资金支持已逐渐列入大多数孔子学院的规划，很多孔子学院在开办之初即注册为公益性机构也正是出于延揽社会各界资金的考虑，从发展趋势上看，孔子学院的建设，正逐渐由单一汉办出资拉动、合作方出资拉动转向基金支持、赢利再发展的模式。实践证明，只有树立市场经营理念，不断完善企业投入和社会捐赠机制，采取多种方式在各合作方之间建立并维持一种有效的驱动力关系，才能激发社会力量参与办学的积

① 纪宝成在第一次全国孔子学院工作会议上的发言：《孔子学院可持续发展与中国高校的自身建设》，文见 http://news1.ruc.edu.cn/102731/72783.html，2010 年 12 月 8 日。

极性,实现孔子学院的可持续发展。

（三）坚持传播以“和”为核心的中华传统文化,保持学院办学的恒久动力。加强与国外汉学机构的互动,培养国外汉学家,正视各国汉学家培养断代的问题。

这是从办学内容上而言的。孔子学院以“孔子”命名,既表明了孔子在中国人心中的地位,孔子对世界的影响,以及世界对孔子的理解与接受,也直观地传达了学院的办学理念,那就是要向世界传播以孔子为代表的中国文化。许嘉璐在首届孔子学院大会上谈及孔子学院的命名时解释说:“孔子是中国人心目中永恒的导师,以孔子为代表的儒家学说,其核心理念是以人为本、和为贵、和而不同。中国人至今仍以这一学说为社会思想的基础,与世界各国人民友好相处。”纵观中西文化交流的历史,孔子及其儒家学说既是世界了解中国文化的窗口,又是中国文化被世界了解和接受的最重要内容。这从《论语》译本的丰富性可见一斑。《论语》是迄今为止被翻译成最多语种、拥有最多译本的中国典籍之一。早期的《论语》译介者当中,既有博学的天主教学者和神父,也有虔诚的新教传教士。在西方世界,《论语》被当作近似基督教伦理箴言的东西为人们阅读。直到现在,全世界研究孔子及其学说的汉学家队伍阵容依然庞大,既有职业的汉学家,也有普通的中国文化爱好者。现代西方管理学中常常借鉴“中庸”的观念,从复杂变化的情势中寻求合理的解决办法。长期以来,西方关于孔子及儒家思想的观点与方法的争论贯穿在其整个对中国的观察、思考与理解之中。诸如此类的现象说明,用孔子的名字命名汉语海外传播机构,对于世界各国人民来说,具有最深切的亲近感和认同感,有助于提升孔子学院的认知度和接受度,能有效地传达办学理念。

孔子学院的办学理念就是要通过教授汉语,传播以“和”为核心的中华文化精神。这种文化输出绝不同于文化征服,其目的不过是要在全球化的过程中力求较多地融进中国文化的元素,以此促进世界文化的一体化进程。作为世界公认的伟大的教育家和思想家,孔子早在两千多年前就提出了“和为贵”的思想,当今时代,国家、民族乃至人与人之间仍然要以团结互助、友好相处、求同存异、共同发展为最高境界。经过数千年的熏陶和锤炼,这种和谐理念已深深根植于中国的历史文化传统之中,体现了中国文化的核心精神,也是中国文化区别于其他国家文化的显著标志,完全可以发展成为具有世界价值意义的思想体系。传播这种以“和”为特征的中华文化既是孔子学院的使命,也是孔子学院实现可持续发展的恒久的动力。孔子学院建设的出发点和落脚点均在于此。

有学者从中西比较以及孔子学院评估的角度研究,认为判断孔子学院水平高低的不是从事汉语教学、学习人数的多少,而是孔子学院与海外汉学机构或中国研究机构的互动。为此要加强与国外汉学机构的互动与交流。[①]

（四）要进一步健全、完善各项法律法规制度保障，进一步积极推动签订各种形式的国际合作框架协议，不断改善、优化办学外部环境，进一步完善考核和评估机制。既不能把孔子学院当做一般的大学来考核和评估，更要区别于一般的语言培训机构，充分考虑其本土化、平台化、桥梁化的定位与职能。

结语

孔子学院的建设是中国文化发展战略的一大创新，是世界各国共同创造的文化平台，必将强有力地推动中国文化与世界各国文化的交流、创新、共生和共赢。孔子学院的办学模式必将随着中国与世界各国的深刻互动而不断优化，其办学内容也必将随着中华民族的伟大复兴而呈现出中国主导的特色。作为一种完全崭新的事物，其发展必然是曲折、有波澜的。在取得成绩的同时必然暴露问题，在得到关注和支持的同时，必然受到监督，乃至招来非议和抵制。但是，只要我们从提升国家文化软实力的战略高度认识实现孔子学院可持续发展的重要意义，以产品、产业、市场、互惠、贸易的方式拉动汉语消费需求、夯实汉语市场基础，适应孔子学院办学过程中不断提升文化软实力自觉意识的要求，适应我国既定国策的要求，适应语言文化作为产品的要求，不断创新办学模式，建立并维持有效的驱动力关系，不断创造和利用新的驱动力因素，激发办学活力，维护并增强办学"合力"，坚持传播以"和"为核心的中华传统文化，维护办学恒久动力；加强与国外汉学机构的互动，培养国外汉学家，正视各国汉学家培养断代的问题；进一步健全、完善各项法律法规制度保障、进一步积极推动签订各项国际条款、合作框架协议，不断改善、优化办学外部环境；进一步完善考核和评估机制，就一定能最大限度地汇集各方面的智慧与力量，建设好孔子学院，为中国文化的传播、中国文化软实力的提升以及世界文化的交流做出理论与方式的创新，开拓出更加宽广的道路。

---

① 刘丽平、贾鑫鑫：《从歌德学院看孔子学院可持续发展之路》，《当代教育与文化》，2011 年 5 月。

中国书院发展报告

邓洪波　编

摘要：书院是中国士人围绕着书，开展包括藏书、读书、教书、著书、刻书等各种活动，进行文化积累、研究、创造与传播的文化组织。唐代初年，书院开始产生于民间，唐中期得到官方承认，经唐玄宗一代君臣“广学开书院”的倡导，遂日渐流行。由唐而宋元明清，经千余年的发展，书院得以遍布除今西藏之外的全国所有省区，数量至少在7000所以上，成为读书人文化教育生活不可或缺的部分。它为中国教育、学术、文化、出版、藏书等事业的发展，对民情风俗的培植，国民思维习惯、伦常观念的养成等都做出了重大贡献。以书院改制为节点，书院可划分为传统书院与现代书院两类。光绪二十七年（1901）起，传统书院虽大体上改制为新式学堂，然而书院的发展并未就此中断。民国时期，现代书院陆续涌现，其创办宗旨多为补新式教育之不足。进入新中国后，尤其是自上世纪80年代始，伴随中国经济在新世纪的崛起，作为在历史上传承民族文化的载体，书院触底反弹，一大批以“复兴国学”为己任的现代书院如雨后春笋般拔地而起，呈生机勃勃之势。

印刷术的出现促成了书籍的大量流通，门阀世家所把持的知识垄断被打破，这为传统书院的发展提供了重要契机。信息时代的到来，使得文化知识的传播不再局限于纸质图书和实体教学，互联网这种快捷、高效的传播媒介造就了存在于虚拟空间的网络书院，这是在实体书院之外的新型书院。

本报告由三份分报告组成，分别为：一、“中国书院研究综述”，从九个方面对2011年的书院研究进行了梳理，揭示了新的研究方法和研究成果，呈现了学术研究的发展线索。二、“中国传统书院发展报告”，对全国传统书院的发展情况进行了统计并作出了相应的分析，针对书院发展过程中遇到的问题提出了相应的对策。三、“中国现代书院发展报告”，以现代书院（包括实体书院与网络书院）为研究对象，调查了现代书院的生存状况，指出了现代书院所产生的社会影响和存在的问题，并在此基础上展望了现代书院发展的前景。

2011 年中国书院研究综述

邓洪波　赵路卫

2011 年是书院改制 110 周年,对书院研究来说有着特殊的意义。各地陆续举办了一些以书院为主题或与书院相关的学术会议,比较有影响的有:5 月 26 日至 5 月 29 日在台湾清华大学举办的"第七届科举制与科举学国际会议研讨会",主题之一为科举与书院的关系;6 月 27 至 6 月 28 日由国际儒联、湖南大学联合主办的以"儒学与书院传播"为主题的国际儒联第四次普及工作会议;8 月 9 日至 8 月 10 日由北京七宝阁书院承办的"书院传统和未来发展论坛";9 月由尼山圣源书院举办的"钱穆与新亚——当代书院建设研讨会";11 月 5 日至 11 月 6 日在湖南大学岳麓书院举办的以"书院文化的传承与开拓——纪念中国书院改制 110 周年暨岳麓书院创建 1035 周年"为主题的国际学术会议。

在过去的一年里,书院研究成果亦颇丰,出版著作 5 部,完成博士学位论文 1 篇、硕士学位论文 8 篇,代表相关文章 240 余篇。著作包括吴洪成、刘园园的《河北书院史》[①],考察了唐代至清末河北地区书院的发展演变及其在各个时期的重要特征,呈现出浓重的地域色彩。广东民间工艺博物馆、华南理工大学等专家学者编著的《广东陈氏书院实录》[②],在搜集、整理资料的基础上,描述和分析了广东陈氏书院的建筑和装饰艺术,注重素材的真实和客观,强调了其文物价值。王志发、阎煜编著的《岭南书院》[③],从建筑布局和装饰、历史文化等方面揭示了岭南书院的建筑功能,突出了其地域文化的特性。邓洪波主编的《中国书院学规集成》,[④]注重资料的搜集和整理,收录了从唐朝时期到当代包括中国、朝鲜和日本等国家的书院学规,是一部研究书院教育理论和文化传统的重要的工具书。曹华清、别必高的《中国书院的故事》,简要介绍了书院这一古代特殊教育文化组织及其相关故事和传说。[⑤]

博士论文有 1 篇为李光生的《宋代书院与文学》(中山大学)。硕士论文分别为马桂菊的《赋役 水利 书院》(华中师范大学)、刘亚文的《同治年间书院教育研究》(华中师范大学)、贺庆为的《晚清莲池书院研究》(陕西师范大学)、褚瑞的《嵩

① 吴洪成、刘园园:《河北书院史》,河北大学出版社,2011 年。

② 广东民间工艺博物馆,华南理工大学:《广东陈氏书院实录》,中国建筑工业出版社,2011 年。

③ 王志发、阎煜:《岭南书院》,华南理工大学出版社,2011 年。

④ 邓洪波:《中国书院学规集成》,中西书局,2011 年。

⑤ 曹华清、别必高:《中国书院的故事》,山东画报出版社,2011 年。

阳书院办学思想研究》(西南大学)、黄梅珍的《古代书院文化蕴含的德育教育思想研究》(赣南师范学院)、马友斌的《校经书院研究》(湖南大学)。

本文试图总结2011年书院研究的主要成果,并梳理学术发展的线索,寻找新的研究方向和可能性,希望对推动书院研究有所裨益。兹将相关期刊论文分类如下,择其要者加以综述:

一、书院改制研究

2011年为书院改制110周年,"书院改制"自然成为学界关注的焦点。书院改制为近代教育发展史上的一件大事,书院改制研究的主要成果表现在:利用新的统计数据,新的视角,个案研究等几个方面。邓洪波的《晚清书院改制的新观察》分省、分年、分类型对书院的数据进行统计和分析,认为书院改制更多的是出于晚清社会这一特殊背景下一种无奈的政治选择,未必符合教育规律。[①] 刘海峰的《书院与科举是一对难兄难弟》认为书院与科举具有相似的历史命运,由于其总体上没有与时俱进,未能积极进行改革,最终被学堂所取代有历史必然性。[②] 王建军的《清末以书院改学堂的名称之争》以书院改学堂为视角,展现了书院废止的开始与落幕的大致过程,认为清朝的书院政策是将古代书院送上不归路的罪魁祸首。[③] 李兵的《书院改制对近代教育促进作用有限》认为仅凭书院改学堂的数量未必能衡量其实际效果,书院与学堂属于两个不同的知识体系,改制后的书院很难与学堂实现真正的贯通,在生源、师资、经费等方面都无法满足学堂的需求,因而书院改制对学堂以及近代教育发展的促进作用是有限的,更不必言传统书院因改制走向现代。[④] 谢丰的《从书院到学堂的三重变化》从教育转型的角度,以清末传统教育向现代教育的转型这一过程为背景,分析了由书院到近代学堂转变的过程中,中国教育机构、教育制度内部各要素所发生的三重变化。同时进一步分析了改制的深层原因。[⑤] 杨红兰的《浅谈莲池书院的近代化尝试》,探讨了莲池书院在晚清书院改制的大背景下所作的一些近代化尝试。[⑥]

二、书院传统与当代教育研究

书院与当代教育的联系一直是研究者关注的重点,2011年的书院研究关注于

---

① 邓洪波:《晚清书院改制的新观察》,《湖南大学学报(社会科学版)》,2011年第6期。
② 刘海峰:《书院与科举是一对难兄难弟》,《华南师范大学学报(社会科学版)》,2011年第6期。
③ 王建军:《清末以书院改学堂的名称之争》,《华南师范大学学报(社会科学版)》,2011年第6期。
④ 李兵:《批评与借鉴:民国学者对书院改制的反思》,《华南师范大学学报(社会科学版)》,2011年第6页。
⑤ 谢丰:《从书院到学堂的三重变化》,《湖南大学学报(社会科学版)》,2011年第6期。
⑥ 杨红兰:《浅谈莲池书院的近代化尝试》,《安徽文学》,2011年第3期。

书院传统与当代大学的文化建设、书院制模式的学生管理体制、书院传统与网络时代的德育、书院传统与当代研究生培养制度等几个方面。朱汉民在《书院精神与书院制度的统一——古代书院对中国现代大学建设的启示》中认为,虽然书院的传统在总体上未被中国当代大学所继承有其合理性,但对西方大学制度的移植并不意味着在大学文化上也可以拿来主义。书院在千余年的历史中所积淀的文化精神和制度建设是值得今日中国大学文化建设借鉴的。① 近些年来,书院制成为大学里学生管理的一种模式,李文君的《书院制:学生管理的另类可能》以国内部分高校如西安交大、复旦大学出现的"书院制"为例,介绍了其基本的操作模式和理念,探讨了其优点和不足。② 德育是古代书院教育的一个重要方面,在网络时代如何继承和发扬书院德育方面的优良传统也为研究者所关注,杨果、唐亚阳的《网络新媒体环境下书院德育文化传播的创新与发展》以书院德育文化在互联网环境下面临的机遇和挑战为背景,认为树立虚拟社区,优化表达方式是书院德育文化在网络新媒体环境下的必由之路。③ 古代的书院制度与当今研究生教育所具有的相似性也为学者所关注,郭继民的《书院模式及其对研究生教育的启示》认为借鉴、吸收古代书院制度的合理部分以促进当今的研究生教育,依然有着重要的现实意义。④

三、教会书院研究

教会书院是近代中西文化交流的产物,但一直以来,学者对这方面关注较少。2011 年对教会书院的研究侧重个案的考察。陈雪芬的《晚清圣约翰书院英语教育特色分析》简要介绍了圣约翰书院的全英文教育传统,探讨了其英文教学的特点。⑤ 王道杰、周明星、张晓义的《1890 年圣约翰书院运动会史考》考察和分析了 1890 年的圣约翰书院运动会的召开时间、举办地点、参与人员和竞赛项目,确立了这次运动会在近代体育教育史上的地位,揭示了运动会这一新事物在教会书院这种特殊组织背景下所体现的新意义。⑥ 沈弘的《"求是"岂能忘"育英"——兼论杭州育英书院的文化遗址保护》利用新发现的史料,重新追溯了育英书院和育英义

① 朱汉民:《书院精神与书院制度的统一——古代书院对中国现代大学建设的启示》,《大学教育科学》,2011 年第 4 期。

② 李文君、书院制:《学生管理的另类可能》,《教育与职业》,2011 年第 4 期。

③ 杨果、唐亚阳:《网络新媒体环境下书院德育文化传播的创新发展》,《求索》,2011 年第 5 期。

④ 郭继民:《书院模式及其对研究生教育的启示》,《中国石油大学学报(社会科学版)》,2011 年第 1 期。

⑤ 陈雪芬:《晚清圣约翰书院英语教育特色分析》,《浙江科技学院学报》,2011 年第 2 期。

⑥ 王道杰、周明星、张晓义:《1890 年圣约翰书院运动会史考》,《体育文化导刊》,2011 年第 1 期。

塾与浙江大学的历史渊源，以唤起人们对校史的注意和对书院遗址的保护。[①]

四、书院历史个案研究

书院历史的个案研究具有见微知著的特点，官员与书院发展的关系、书院山长的考察、学派与书院的关系在2011年受到研究者的关注。吴洪成、段颖的《清代直隶总督与保定莲池书院》分析了晚清历任直隶总督曾国藩、李鸿章、袁世凯等人任职期间对莲池书院发展所起的特殊作用，认为政府与社会的合力是莲池书院兴盛与转型的决定因素。[②] 王胜军、邓洪波的《元代岳麓书院山长张图南考》，通过对若干文史资料的解读，考述了张图南与岳麓书院的关系及其生平交游与理念，呈现出了一位真正意义的元代山长，对元代岳麓书院山长研究空白的状态有所突破。[③] 周慧华的《甬上证人书院考》指出，甬上证人书院为黄宗羲来甬讲学始设。他在甬上证人书院讲学期间，倡导明经通史、经世致用的学风，门下弟子人数逾百，有一大批精于文史经学并兼贯百科，在明末清初学界堪称翘楚。黄宗羲首提浙东学派概念，培育了清代浙东学派的主要代表人物，形成了我国学术史上迥异于传统书院学风的学派，其深刻影响远惠及清初直至近代。[④]

五、书院与地方社会关系研究

运用社会学的理论和视角来研究书院是西方学术界研究书院史的一种路径，这种研究方法在2011年也为一些本土学者所运用。肖永明在《书院与地方社会互动》中认为，书院作为一种独特的文化教育组织，与地方社会存在着密切的互动关系，这表现为地方对书院事业的支持以及书院对地方文化、社会发展的促进。[⑤] 他的另外一篇文章《书院的藏书、刻书活动与地方文化事业的发展》认为书院的藏书、刻书活动是地方文化事业的组成部分，书院藏书、刻书事业的发展，增加了该地区文化的总量，表征着地方文化的发展。书院刻书在满足自身教学、研究之需外，还刊刻地方文献，致力与地方文化的保存发展。[⑥] 为纪念辛亥革命100周年，书院与辛亥革命的关系引起了部分学者的注意，如张凯在《试论两湖书院对辛亥革命的影响》一文中认为，西学东渐风气影响下的两湖书院逐渐成为孕育革命思

---

① 沈弘：《“求是”岂能忘“育英”？——兼论杭州育英书院的文化遗址保护》，《文化艺术研究》，2011年第2期。

② 吴洪成、段颖：《清代直隶总督与保定莲池书院》，《江西教育学院学报》，2011年第1期。

③ 王胜军、邓洪波：《元代岳麓书院山长张图南考》，《大学教育科学》，2011年第1期。

④ 周慧华：《甬上证人书院考》，《浙江工商职业技术学院学报》，2011年第1期。

⑤ 肖永明：《书院与地方社会的互动》，《大学教育科学》，2011年第4期。

⑥ 肖永明、于祥成：《书院的藏书、刻书活动与地方文化事业的发展》，《厦门大学学报（哲学社会科学版）》，2011年第6期。

潮，培养革命者的研学基地，不仅引领了两湖人士创新图强的风气，也成为武昌首义前后的革命堡垒和辛亥革命策源地。[①] 李坚、吴榕青《清代普宁的书院建设与地方社会变迁——以碑刻文献为中心》，以清代普宁所兴办的昆岗书院及三都书院的发展变迁为内容，结合地方碑刻文献，探讨书院对清代普宁地方的人才培养及风俗教化的重要性[②]。书院的地域化研究是研究者关注的重点，吴洪成、张阔的《元代河北书院论述》，探讨了元代理学北传以后河北地区书院的发展状况，认为这一时期河北书院不仅传播理学、经史道德而且也实施科技教育培养专门人才，由此体现了其与南方书院的别样特色。[③]

六、书院与文学、学术研究

书院与文学的互动关系受到研究者的关注，李光生的《宋代书院与语录体》指出在宋代书院与理学一体化互动关系的背景下，书院制度的一种直接产物是语录体，这种语录体是书院、理学与文学的联姻与背离。[④] 他的另一篇文章《书院语境下的文学传播——以朱熹〈白鹿洞赋〉为考察对象》，探析《白鹿洞赋》诗意栖居的生活方式，认为科举制度对书院课艺的要求是该赋得以广为传播并成为文学经典的深层动因。[⑤] 陈春花在《清代书院与乾嘉汉学》中认为清代书院在乾嘉汉学形成和发展过程中，经过汉学大师和著名学者的积极提倡和学术示范，书院致力与研经致史、博习词章，成为了汉学交流传播的基地，影响和带动了学术风气的变化，进一步扩大了经史考据学发展的范围和幅度，为推动汉学在全国的发展发挥了极其重要的作用。[⑥]

七、书院藏书研究

藏书是古代书院的一项重要功能，吴国武的《宋元书院本杂考——以〈书林清话〉著录为中心》指出宋元时代刻书活动广受学界重视，历代书目及今人著述多引述并讨论宋元书院本。叶德辉的《书林清话》一书较早并有系统地总结了书院本的基本情况，但是问题不少。细检现存的宋元书院本的史料，可以订正其讹误、补遗其缺漏。在此基础上，学界有必要重新思考书院本的定义、宋元书院本的类型

---

① 张凯：《试论两湖书院对辛亥革命的影响》，《华中师范大学研究生学报》，2011 年第 4 期。

② 李坚、吴榕青：《清代普宁的书院建设与地方社会变迁——以碑刻文献为中心》，《韩山师范学院学报》，2011 年第 1 期。

③ 吴洪成、张阔：《元代河北书院述论》，《衡水学院学报》，2011 年第 1 期。

④ 李光生：《宋代书院与语录体》，《兰州学刊》，2011 年第 2 期。

⑤ 李光生：《书院语境下的文学传播——以朱熹《白鹿洞赋》为考察对象》，《山西师范大学学报（社会科学版）》，2011 年第 3 期。

⑥ 陈春华：《清代书院与乾嘉汉学的发展》，《常熟理工学院学报》，2011 年第 1 期。

以及宋元书院刻书的相关问题。[①] 郑连聪的《白鹿洞书院藏书目录研究》梳理了白鹿洞书院现存藏书目录情况，重点阐述了它的特点及其在中国古典目录学中的地位。[②]

八、书院研究综述

对书院研究的再研究，即书院研究综述在2011年呈现出时期性、阶段性、地域性研究的特点，此类文章数目并不多。郑刚的《民国时期书院研究评述》指出书院研究运动在民国兴起的背景，认为这一时期的书院研究呈现针对性强，现实意义突出；实证研究与计量研究并重；教育学家与历史学家共同参与等特点。[③] 陈藩的《近三十年来中国书院研究综述》指出中国书院研究历来受到学者的青睐，总结了近三十年中国的书院研究，呈现出研究成果丰富、研究范围全面等特点。从资料与工具书的编辑整理、书院发展史、各地区书院发展史、书院发展中的杰出人物、书院制度、对当今教育的影响、与其他领域的关系等七个方面，去尽力回顾近三十年来中国书院研究的概况。[④] 郑升、赵锦华的《近三十年明清云南书院、文学研究综述与展望》指出自上世纪80年代以来，学界对明清时期云南书院的研究主要集中在两方面：一是对书院数量、分布、教学活动、兴衰原因的考察，一是探究了几个代表性书院的沿革历史、兴衰原因、历史意义等问题。[⑤]

九、海外学者对书院的研究

书院作为传统中国一种特殊的教育制度，一直受到海外学者的关注。美国学者万安玲的《宋元时期书院的官学化和汉人文化传承的关系：以钓台书院为例》以钓台书院为例阐述了宋元时期的书院是如何在官学化的趋势下进行汉文化传承的。[⑥] 书院作为一种制度曾远传至朝鲜半岛，并在韩国形成颇具特色的书院制度。因此对书院的研究也历来为韩国学者所关注，李海浚的《韩国书院的记录资料类型和性格》，认为朝鲜时代的书院可以称作是"韩国儒家文化的资料馆，博物馆"，藏有各种有特征性的有形、无形资料。在这点上书院可以说是分地缘和学缘集聚

---

① 吴国武：《宋元书院本杂考——以〈书林清话〉著录为中心》，《湖南大学学报（社会科学版）》，2011年第1期。

② 郑连聪：《白鹿洞书院藏书目录研究》，《兰台世界》，2011年12月下旬。

③ 郑刚：《民国时期书院研究述评》，《大学教育科学》，2011年第1期。

④ 陈藩：《近三十年来中国书院研究综述》，《皖西学院学报》，2011年第1期。

⑤ 郑升、赵锦华：《近三十年明清云南书院、文学研究综述与展望》，《长江大学学报（社会科学版）》，2011年第11期。

⑥ 万安玲（Linda Walton）：《宋元时期书院的官学化和汉人文化的传承关系：以钓台书院为例》，《书院文化的传承与开拓——纪念中国书院改制110周年国际学术研讨会论文集》，2011年11月。

韩国儒教文化的多样性和地区性的文化遗产。[①] 朴中培的《朝鲜时代书院讲会的发展特征》以朝鲜时代16—17世纪和18—19世纪两时期的主要书院的学规为中心,对讲会制度的发展过程及特征进行了详细的介绍。朝鲜时代的书院“讲会”可以定义为“定期由讲长主管,以特定书册为讲读中心,根据一定的仪式程序来进行的集团性讲学活动”。虽然与明清时期中国书院的讲会大同小异,但还是有着其独特的特点。[②]

十、2011年书院研究总结

2011年的书院研究在整体繁荣的背后仍存在一些问题。书院地域性特点研究受到学者、专家的积极关注。书院研究过程中的新观点、新材料、新视野有所体现,数量虽少,但为未来的书院研究提供了方向上的参考。受材料和议题的限制,书院研究仍集中于教育学、历史学领域,研究领域尚待进一步扩展。研究的时段分布以宋、清两代为主,其他时段相对薄弱。

总之,经诸学界前辈多年筚路蓝缕开拓之后,书院研究的前景可以勾勒如下:作为牵涉古代教育、科举、政治、文化、社会等诸多方面的书院,基于其外在潜力与巨大的历史和现实意义,书院研究的领域将不断拓展,研究路径日趋多元化,资料的搜集和整理亦将被更多的研究者所关注。

---

① 〔韩〕李海浚:《韩国书院的记录资料类型和性格》,《书院文化的传承与开拓——纪念中国书院改制110周年国际学术研讨会论文集》,2011年11月。

② 〔韩〕朴钟培:《朝鲜时代书院讲会的发展及特征》,《书院文化的传承与开拓——纪念中国书院改制110周年国际学术研讨会论文集》,2011年11月。

2011 年中国传统书院发展报告

姚 岳

书院发展到现在,可分传统书院和现代书院两类。传统书院指 1901 年书院改制前的书院,是中国古代特有的文化、教育组织,对古代乃至现代的社会都产生过深远的影响。

近些年,书院文化出现复兴的趋势。一方面,大江南北涌现出了各种书院,如山东的万松浦书院,陕西的白鹿书院等;另一方面,许多古代著名书院在废弃多年后又得到恢复或重建。另外,有关书院的研究和会议逐步增多,其探讨的问题也逐步深入。

为了更好地了解传统书院在现代的发展情况,我们以百度为搜索引擎,以书院性质为纬,书院所在省份为经,对 2011 年全国传统书院的发展情况进行了统计并作出了相关分析,最后形成此报告。本报告试图从 2011 年传统书院的基本情况、现存传统书院的发展格局等层面对 2011 年中国传统书院发展情况加以梳理,对书院今后的发展提供一些建议,以期促进书院更好地发展。需要说明的是,由于资料搜索范围的有限性,我们的统计结果只能反映传统书院的大概情况,不可能与事实完全相符。

一、2011 年中国传统书院的基本情况

综观 2011 年中国传统书院的发展情况,有这么一个基本事实,即大部分传统书院到今天已没有任何活动,只有小部分以各种形式活动于现代社会,为现代社会服务。以“书院”和各个省区的名称为关键字,截至 2011 年 12 月 31 日,我们共搜得相关书院 2021 所,结果如表 1 所示。

对表格加以分析,我们可以发现,2021 所传统书院中,1347 所书院已没有任何活动,约占总数的 66.65%;以各种形式如文物、学校、景点、修复中、遗址、地名等活动的书院有 674 所,约占总数的 33.35%。据此,我们可以得知,传统书院并没有随着书院改制而永远地销声匿迹,它们中仍有一部分以各种形式活动于现代社会,为现代社会服务。这些现仍活动的传统书院从侧面证明,传统书院还有一定生命力,还有其存在的价值。这恰巧印证了书院研究专家邓洪波教授在《中国书院史》一书中的论点:书院在改制中获得了永生。①

① 邓洪波:《中国书院史》,东方出版中心,2006 年,第 597 页。

表 1　全国传统书院情况统计表

省份	文物			学校				景点	待修	遗址	其他	地名	情况不明	小计
	国家级	省级	市县级	大学	中学	小学	其他							
北京						2		1		1			17	21
天津		1			4	2	1		1			1	4	14
河北	1	1	1		5			6		1		3	151	169
内蒙古					3			1				1	3	8
河南	1	5	4	1(1)	4	6(1)		1			1	9(1)	120	152(3)
山西		3		2	7(1)	2		4	1	8		3	61	91(1)
陕西		1		2	10	10						8(1)	192	223(1)
甘肃			1		4	3	2	1			2	2	45	60
青海					2	3							5	10
宁夏					2							1	8	11
新疆					1				1				3	5
黑龙江					1								7	8
吉林			1	1	1								3	6
辽宁		1	1								1		11	14
山东	1	2	1	2	6	2		9	2		1	11	334	371
江苏	1	1	2		14(2)	3		4			2	7	51	85(2)
上海					6	3						1	74	84
安徽		1		1	7	2		5		1		5	12	34
浙江	2	3	3	1	9	7		5	1	1(1)		12	14	58(1)
江西	4	5	1		7	2		3	2	3	1	13	18	59
福建		5	8	1	3	3	1	11	2			2	7	43
湖北	1	4			10	1	1	1		1	2	6	61	88
湖南	4	7	4	3(3)	22(2)	3(1)		4	2	2	6	15(1)	14	86(7)
广东	1	1	6	3	11(1)	5(1)		5	1	2	2	4	27	68(2)
海南	1	2		1(1)	3					2			18	27(1)
广西	1	1	2	2	14	14	1	4		1	7	2	37	86
云南			3	1	11(1)	1(1)		1	2		1	5	3	28(2)
贵州	1	3	2	2(1)	1	2(1)	1			1			4	17(2)
四川	1	1	2	2	11(1)	3(1)	1	2	1			19	28	71(2)
重庆			2		3							1	1	7
西藏														
台湾		2	8			3		5		3(1)	1		12	34(1)
香港	1				6(1)								1	8(1)
澳门													1	1
合计	21	50	52	25(6)	188(9)	82(6)	8	73	16	27(2)	27	131(3)	1347	2047(26)

备注：

(1) 为方便统计，作为文物存在的书院中，台湾二级古迹归为省级文物一类，三级古迹归为省市级文物一类；香港一级历史建筑归为国家级文物一类。

(2) 括号内表示同属于两个类别的书院数。

(3) 共搜得书院 2021 所。现仍活动的书院有 674 所，占总数的 33.35%；不再活动的书院为 1347 所，66.65%。

二、现存传统书院的发展格局

由于我们主要探讨的是书院发展情况，我们有必要着重分析一下现存传统书院的情况。2011 年中国现存传统书院的发展格局，可从现存传统书院的地域分布和类型等层面进行分析。

（一）现存传统书院的地域分析

对 674 所现存传统书院按照书院所在省区进行统计，结果如表 2 所示。

表 2　各省现存传统书院情况统计表

省份	书院数	省份	书院数
北京	4	安徽	22
天津	10	浙江	43
河北	18	江西	41
内蒙古	5	福建	36
河南	29	湖北	27
山西	29	湖南	65
陕西	30	广东	39
甘肃	15	海南	8
青海	5	广西	49
宁夏	3	云南	23
新疆	2	贵州	11
黑龙江	1	四川	41
吉林	3	重庆	6
辽宁	3	西藏	0
山东	37	台湾	21
江苏	32	香港	6
上海	10	澳门	0
合计	674		

通过统计可知，674 所现存传统书院分布在全国除西藏和澳门两地区的北京、天津、河北、内蒙古、河南、陕西、陕西、甘肃、青海、宁夏、新疆、黑龙江、吉林、辽宁等 32 省区。每省平均为 21.06 所。

依据每省 21.06 所的平均数值，我们可以将现存传统书院的分布情况化作三个区级。

一级：在平均数以下。有北京、天津、河北、内蒙古、甘肃、青海、宁夏、新疆、黑龙江、吉林、辽宁、上海、海南、贵州、重庆、台湾、香港等 17 省区，占了全国 34 个省级行政区的一半有余,可视作现存传统书院的不发达地区。其中,北京、青海、宁夏、新疆、黑龙江、吉林、辽宁、海南、重庆、香港等10省区的书院数不足10所,可视作现存传统书院最不发达的地区。

二级:22—40所。有河南、山西、陕西、山东、江苏、安徽、福建、湖北、广东、云南等10省区,属于现存传统书院的发达地区。

三级:40所以上。有浙江、江西、湖南、广西、四川等5省区,为现存传统书院最发达地区。

考察现存传统书院的区域分布情况,有几个特点值得注意。第一,现存传统书院的分布范围较广,除西藏、澳门外,其他各省区均有分布。西藏历史上没有过一所书院,现在也不可能存在书院;澳门历史上有过一所书院,但现在已无踪迹可寻。这表明,传统书院文化在各省区还有一定影响,对当地的社会经济、文化建设还发挥着一定作用。

第二,现存传统书院分布不均,发展极不平衡。现存传统书院最多的湖南与最少的黑龙江之间相差64倍,极显地区发展的不平衡性。

第三,湖南以65所高居榜首,引领着传统书院向前发展。历史上,湖南的书院数虽说不是最多的,但也算较多的。湖南向来比较注重自身的文化建设,充分利用本省的历史文化资源是发展自身的合理途径之一,湖南成为现存传统书院最多的省份不足为怪。

第四,现存传统书院分布出现四大密集区。长江流域的江苏、安徽、湖北、浙江、江西、湖南等6省区共有230所书院,占总数的34.12%,为现存传统书院最密集区域;黄河流域的河南、山西、陕西、山东等4省区共有125所,占总数的18.55%,名列第二;珠江流域的广东、广西两省区共有88所,占13.06%,紧随黄河流域之后;西南边陲的云南、四川两省共有64所,占总数的9.50%。

第五,南北比较,北方现存传统书院有236所,南方有438所,南方现存传统书院明显多于北方;东、中、西部比较,中部最多,东部次之,西部最少。

之所以出现上述的分布状况,一方面与各省书院的历史发展状况有很大关系。历史上,书院分布是南多北少。如今,现存的传统书院分布也呈现南多北少的趋势;另一方面,现存书院数量的多少也与各个地区现在的经济发展实力和文化教育水平有关系。落后地区只有大力加强书院文化落后地区的经济发展水平和文化教育水平,才有追赶文教先进、书院数量多的地区的可能性,才有进一步发展自己的可能性。

(二)现存传统书院的类型分析

对674所现存书院按照书院类型进行统计,结果如表3所示。

表 3 现存传统书院类型分析表

类别		书院数	所占百分比
文物	国家级	21	18.25%
	省级	50	
	市县级	52	
学校	大学	25	44.96%
	中学	188	
	小学	82	
	其他	8	
景点		73	10.83%
修复中		16	2.37%
遗址		27	4.01%
其他		27	4.01%
地名		131	19.44%

从上面的统计可以看出,传统书院主要以文物、学校、景点、待修、遗址、其他、地名等形式存在于现代社会。其中,由大学、中学、小学组成的学校教育是主力军,几乎占现存传统书院的一半;地名和文物所占比重旗鼓相当,几乎达到 1/5;景点所占比重达到 10% 以上,紧跟文物和地名之后;比重较小的为遗址、其他和修复中的书院,在 4% 左右。

1. 以学校形式存在的书院

现今作为学校存在的书院共有 303 所,占现存传统书院的 44.96%,代表着现存传统书院的发展方向。其中,大学有 25 处,中学有 188 处,小学有 82 处,其他如以少年宫、国学教育基地等形式存在的书院有 8 处,分别占学校总数的 8.25%、62.05%、27.06%、2.64%。

在学校教育中,中学所占比重最大,其次是小学,然后是大学,其他如以少年宫、国学教育基地等形式存在的书院最少。这跟 1901 年书院改制有一定关系,书院改制上谕称:"著各省所有书院,于省城均改设大学堂,各府及直隶州均改设中学堂,各州县均改设小学堂,并多设蒙养学堂。"①自然而然由书院改来的大学会比中学和小学少。至于由书院发展而来的中学比小学多,原因是多方面的,当地经济水平的高低和当地政府的重视与否是部分原因。

书院学校中虽以中小学居多,但这些中、小学几乎没有保留书院传统。在这些学校中,根据其对前身书院的继承程度,可分为继承得较好和继承得偏差两类。前一类中小学在追溯校史时提了一下前身书院的创建情况,如湖南益阳箴言中

① 陈谷嘉、邓洪波:《中国书院史资料》,浙江教育出版社,1998 年,第 2489 页。

学,其前身是历史上著名的箴言书院。在学校简介中,有几行字专门介绍箴言书院。在百度上搜到的介绍性文字如下:"益阳市箴言中学的前身为箴言书院,由咸(丰)同(治)三名臣中的胡林翼先生创办于 1854 年(咸丰四年),校址位于益阳市西南 12 公里的石笋瑶华山之南麓,志溪碧波环绕,瑶华峰峦叠翠。一个多世纪以来,滋兰树蕙,桃李芬芳,名播三湘。"①箴言中学比较特殊,作为其前身的箴言书院实体还存在,可以更直观地向人们展示书院文化。但其也有不好的一面。在 2004 年搬迁前,箴言中学还是在原来的瑶华山麓,志溪河畔,校内有箴言书院的若干文物和建筑。学生在里面生活、学习,多少会受到书院文化的熏陶,继而继承传统书院的精神,展现出积极向上的风貌。2004 年 8 月学校搬迁至碧云峰北麓象鼻山上的新校区后,学校不管是从环境还是历史人文气息而言,都有点黯然失色。

对前身书院继承得偏差的中小学在追溯校史时只提了一句诸如学校前身是某某书院的话,或根本没提及前身书院。在学校片面追求分数,而忽视历史和传统教育的今天,出现这样的情况很正常。可通过加强学生对传统文化如书院所宣扬的修齐治平的儒家思想的学习,培养他们对传统文化的热爱,从而无形中加强对学生的思想道德教育。

由书院转化而来的大学数量虽少,但与中、小学相比,它们一定程度上继承了传统书院的精神。千年学府——湖南大学是充分继承书院精神的典型。湖南大学办学起源于宋太祖开宝九年(公元 976)创建的岳麓书院,历经宋、元、明、清等朝代的变迁,始终保持着文化教育的连续性。如今,被定为全国重点文物保护单位的岳麓书院与湖南大学联姻,成为其下属的二级学院,继续发挥着人才培养、学术研究、藏书等功能。就人才培养而言,书院现有历史学、哲学学科博士学位授予专业 3 个,硕士授予专业 9 个。2009 年开始,岳麓书院面向全国招收历史学本科生,使书院的人才培养体系更加完善。为培养高水平的本科生,书院从 2009 年开始实行本科生导师制。导师制最大的特点是师生关系密切,岳麓书院作为古代四大书院之一,历经千年仍发挥重要的教育功能,其原因在于密切融洽的师生关系、自由讲学的精神给书院注入了强大的生命力。实行本科生导师制既是对现代教育的发展,又是继承弘扬书院的教育传统。② 与学校其他院系相比,书院学生有特殊优待:他们不仅能在明伦堂亲身感受古人上课的意蕴,平时上课用的桌椅还是仿明清风格的,在这种环境中上课仿佛让人回到古时书院的场景一般,令人激动不已。就学术研究而言,岳麓书院是湖南大学人文社会科学研究基地,国学研究

① 百度百科:"益阳市箴言中学",http://baike.baidu.com/view/207592.htm。

② "湖南大学岳麓书院正式启动本科生导师制",http://www.univs.cn/newweb/channels/campus2009/2009-10-11/1255219134d930596.html(中国大学生在线),2009 年 10 月 11 日。

基地，湖南省湖湘文化研究基地。除此之外，书院有定期的明伦堂讲会，主讲有国内外专家学者，也有书院学生，主讲的内容多种多样，涉及历史学、哲学、教育学等多个学科，师生间经常开展自由讨论，很好地促进了思想的交流与进步。岳麓书院建筑群是中国书院的典型代表，岳麓书院学生在这样的环境中学习，可时时感受到书院文化的魅力，在潜移默化中陶冶自身。就藏书功能而言，书院的御书楼至今仍在活动，为书院师生提供借书、看书服务，是专属于书院师生的小图书馆。

像岳麓书院这种继承书院精神如此充分的大学少之又少，一方面的原因是社会历史环境不同，另一方面，是因为大学对书院文化缺乏应有的重视。尽管有的大学在追溯其校史时着重提到过其前身书院，并且有的以其前身书院的特有精神作为校训，但我们还是难以看出其对书院精神的继承。

2. 书院的地名化

作为地名存在的书院共有131处，占现存传统书院的19.44%。以地名形式存在的书院是比较特殊的，不易被人发现，可分为两类。一类是相应的实体书院还存在，一类是相应实体书院已毁或仅存少数文物。前一类只有极少数，如西安书院门与关中书院；后一类比较多，如郑州的书院街与天中书院、长沙书院路与城南书院等。

（1）西安书院门与关中书院

西安书院门的名称来源于街内的关中书院。关中书院是明、清两代陕西的最高学府，西北四大书院之冠，现为西安文理学院初等教育学院。学校的关中书院遗址既是省市两级教育窗口单位，又是省市两级文物保护单位。可以说，关中书院仍在发挥着教育功能，这里的教育不仅包括学校教育，还包括社会教育。据报道，2011年9月28日，陕西省国学艺术研究会与西安文理学院初等教育学院合办陕西省首届祭孔大典，各国学机构200多人参加了此次活动。这是传统文化的复苏，也意味着关中书院祭祀功能的初步展现。

（2）长沙书院路与城南书院

长沙书院路的名称与历史上著名的城南书院有关。城南书院原是南宋大儒张栻之父张浚在潭州的居所，建于绍兴三十一年（1161）。张栻和朱熹曾在此讲学论道，书院因而声名远扬。城南书院现为湖南一师，继续发挥着教育功能。不过有点遗憾的是，因毛主席曾在此读过书，现今的城南书院俨然成为专门宣介毛主席青年时期在此生活、学习的场所，书院意蕴荡然无存。并不是说城南书院不应宣介毛主席，关键是在宣介毛主席的同时，应该注重对书院文化的宣介。

书院对地名的影响是多方面的。其最直接的影响是其附近的公交车站名、商业场所、教育教学场所等名称前面都冠以书院二字，如书院路（公交站名）、书院国际青年旅舍、书院小学等等；也有直接取名为某某书院的，比如位于长沙书院路的楼盘——星城书院。

3. 作为文物保护单位的书院

在全国，现今作为文物存在的书院共有123所，占现存传统书院的18.25%。其中，国家级文物有21处，省级文物有50处，市县级文物有52处，分别占文物总数的17.07%、40.65%、42.28%。

根据保护、开发的状况，有保护、开发得好的，如河南的嵩阳书院；有保护状况一般、生存艰难的，如陕西眉县的横渠书院；有保护状况堪忧的，如伊川书院；还有过度开发的，如浙江的万松书院。

(1) 保护有方、开发有度的嵩阳书院

嵩阳书院位于嵩山南麓峻极峰下，是中国创建最早、影响最大的书院之一。如今的嵩阳书院基本保持了清代嵩阳书院的原有建筑布局和环境风貌，这都归功于嵩阳书院管理者——登封市文物管理局的有效维修和保护。据登封市文物管理局副局长宫嵩涛介绍，嵩阳书院从清末、民国到建国后，一直被学校占用。由于长期的使用和缺乏维修，所有古建筑破破烂烂，濒临倒塌，还有些古建筑被改建得不伦不类，许多碑碣或被砸毁，或被垒砌在房基内，或被铺砌在路面任行人随意踩踏，殊为可惜。为做好嵩阳书院的保护维修工作，让嵩阳书院重现昔日辉煌，登封市文物管理局依据《纪念建筑、古建筑、石窟寺等修缮工程管理办法》、《文物保护工程管理办法》的规定，从上世纪80年代初至今，多次组织相关单位编制嵩阳书院维修保护方案，并报经国家文物局和河南省文物局审核批准后，依次对嵩阳书院进行了科学的维修。①

保护是为了更好地利用。登封市文物管理局在嵩阳书院举办了儒家文化陈列展，展出有关古代书院教育的实物、图版、照片和反映嵩山文化的有关文物200余件，大大丰富了嵩阳书院的旅游空间。近年来，登封市人民政府、清华大学、嵩山少林寺、河南省旅游局等部门或单位邀请知名专家学者在嵩阳书院举办各种论坛及讲学活动，社会反响较好。此外，通过与学校联合，书院每年假期会选定40至80名小学一至四年级学生，开展“着古装、行古礼、诵经典”活动，成为嵩阳书院一道靓丽的风景线。现在，嵩阳书院成为中原地区驰名的文物旅游胜地。

(2) 保护状况一般、生存艰难的横渠书院

横渠书院是我国北宋著名的思想家、哲学家、教育家、关学领袖张载的讲学之地，是陕西省人民政府1992年公布的省级重点文物保护单位。张载祠横渠书院

---

① 宫嵩涛：《衰落与新生——1901年至2011年的嵩阳书院》，文章载于“2011年书院文化的传承与开拓——纪念中国书院改制110周年暨岳麓书院创建1035周年国际学术研讨会”论文集，湖南大学岳麓书院内部资料。

的发展举步维艰，前些年修葺欠下了50多万元，而修建碑廊还需一大笔费用。据了解，国家规定纪念馆的门票是10元，但纪念馆管理方只在每年的4月到10月所谓的旺季收取门票，最高只有5元，有时只有一两元钱。虽然每年都有上万人来参观，但更多的是公益性的，微薄的门票收入无法保证书院的正常运转。

（3）保护状况堪忧的伊川书院

伊川书院位于河南伊川县鸣皋镇，由著名理学家程颐建立，是河南省级重点文物保护单位。其几年前的状况是破败、荒凉、孤寂。书院里杂草丛生，房屋破败，有的地方还被当地农民种上了农作物，完全处于无保护状态。媒体报道后，当地政府给予高度重视。为解决伊川书院维修、保护的问题，县政府拟拿出10万元对伊川书院进行一次综合治理，拆除原伊川四高在伊川书院内遗留的28间危房；对伊川书院内4669平方米的土地进行一次彻底平整，清除瓦砾、杂草等垃圾；建看护房两间，以加强对其保护；硬化道路100米，建简易大门一座。

（4）过度开发的万松书院

万松书院位于杭州，始建于明弘治十一年（1498年）。2002年10月，书院经重建后对游人开放。院内尚有浙江省省级文物保护单位于子三墓、杭州市市级文物保护单位万松书院遗址、小九华山石刻等文物古迹，文化底蕴深厚，文化氛围浓郁。自2005年与温馨家庭服务社共同开办"万松书院相亲会"以来，万松书院以公益红娘的姿态，每周六上午为杭州人提供相亲平台，境内外媒体争相报道，万松书院由此名声大振。与此相伴随的是，很多人把万松书院与相亲的地方划等号，不知晓这里曾是浙江省的最高学府。通过发展旅游来促进文物保护是无可厚非的，只有一定的经济基础，文物书院才能得到更好的保护。可能当时开发者也没料想到事态会朝着不好的方向发展。可喜的是，书院采取了一系列的补救措施。2007年2月26日，万松书院与浙江《青年时报》、浙江省对外服务公司国际教育培训中心合作，共建"万松讲堂"，力邀著名学者、北京师范大学于丹教授举办"儒道相济——构筑人格两岸"主题讲座，为"万松讲堂"拉开序幕。3月，又请台湾著名女作家曹又方开办《一个女作家眼里的城市生活品质》主题讲座。同时，开办了诸如阳光读书会等主题活动，努力扭转万松书院在公众心目中的形象。

在文物书院中，我们惊喜地发现，有一些书院仍在延续古代书院的教学功能，如著名的嵩阳书院、白鹿洞书院、东林书院等等。这些书院通过文物与教学的有机结合，达到了更好地宣传书院文化的效果。另外，还有一些文物书院同时是红色旅游景点、爱国主义教育基地、当地文化研究基地等，充分地发挥了文物书院的保护、旅游、教育、研究功能，极大地丰富了文物书院的内涵。

4. 景点书院

现今作为景点存在的书院共有73所，占现存传统书院的10.83%。这一类书院主要集中在南方,其共同特点是打着当地历史上某著名书院的招牌,通过采取商业化运作来实现自身的发展。

大部分此类书院在开发、利用历史文化资源的过程中很好地宣传了书院文化,真正陶冶了人们的性情,如湖南郴州的安陵书院。安陵书院始建于宋代,郴州永兴古号安陵,故名。现今的安陵书院位于郴州便江旅游区的一个独体岛上,占地 5 万平米,建筑面积近七十余亩。如今的安陵书院倡扬中华文化之现代价值,收藏种种珍贵典籍、智慧图书,并力行经济、文化、艺术之交流研讨,无论政客商贾、经济大家、文化贤达,但有所为者,均获邀呈创见,以济时用。书院还同国内外各种协会和慈善组织、非政府组织(NGO)开展各种有影响的社会公益活动。

还有一小部分在开发利用文化资源的过程中舍本逐末,打着书院的招牌却不以宣传书院文化为主,一度沦为娱乐性质的场所,如岳阳的金鹗书院。岳阳的金鹗书院曾一度是江南著名书院与儒学重地。这一百年书院在重建几年后竟然被私人承包改建成了集餐饮、茶艺、健身、棋牌于一体的娱乐山庄。相关人士否认金鹗书院属于文化遗产,认为在金鹗书院设立茶艺娱乐中心绝对不是非法营业。岳阳籍著名历史学家、湖南省社会科学院炎黄研究所所长何光岳教授认为金鹗书院属于文化遗产勿庸置疑。他认为金鹗书院原建筑虽然早已毁坏,但作为一个存在了一百多年的文化品牌,其历史价值和文化价值都是巨大的、不容玷污的,即使是重建后,仍然应该作为文化遗产好好保护。何光岳建议相关部门可以学习岳麓书院的做法,将金鹗书院做成一个文化论坛的平台,经常邀请专家学者开坛讲学,既可以弘扬文化保护遗产,又可以提升岳阳市的文化品位。

5. 古书院遗址

现今作为遗址存在的书院共有 27 所,占现存传统书院的 4.01%。据调查,大部分书院遗址处于无人监管状态,但也不乏保存较好的遗址,如杭州的万松书院遗址。万松书院遗址不仅被列为市级文物保护单位,还借重建后的万松书院这一载体来保存自身。遗址增加了书院的历史气息和文化氛围,书院又为遗址的进一步保护奠定了良好的基础。我们呼吁相关部门重视对古文化遗址的保护。

6. 变换身份的书院

现今以其他形式如民居、检察院等形式存在的书院共有 27 所,占现存传统书院的 4.01%。大部分此类书院都变成与文化无关的场所,如云南的灵源书院今日成为大姚石羊农具厂,甘肃的五泉书院今日成了民居,皋兰书院今日成了城关区检察院等等。小部分还与文化甚至书院有点联系,如湖北往昔的武郡书院变成今日的钟祥市文化宫,湖南的文明阁书院变成图书馆,江苏的梅花书院变成今日的扬州书院博物馆等等。所有这些变换身份的书院表面看来与书院的发展状况无关,实则不然,它们从侧面反映了传统书院的生存状况不好。怎样看待这些书院呢？书院演变成与文化无关的事物的确有点可惜，但并不是有弊无利，它们的转变顺应了经济的发展和社会的进步。我们应辩证地看待这一现象。

7. 待修的书院

正在修复的传统书院共有 16 所，占现存传统书院的 2.37%。这些待修书院分布在天津、山西、新疆、山东、浙江、江西、福建、湖南、广东、云南、四川等 11 省区。

根据复修工程的内容，有的只是单纯修复书院，如新疆的松峰书院。松峰书院建于清朝后期。2011 年 5 月 30 日，巴里坤县文物管理局贴出了关于修复该书院的招标广告。据报道，工程将于今年夏季修缮完工。完工后，书院将免费为当地学童讲授国学。

也有的将书院修复纳入其计划内，目的是为打造文化产业园，提升自身文化品位，如湖南岳阳的屈子书院修复工程。按计划，汨罗市将投资 4.3 亿元，兴建以屈子书院为主体的国家级屈子文化产业园。重建的屈子书院将恢复历史书院原貌，并建设成海内外最大的研究屈原和楚辞的基地、中国屈原学会重要活动基地。

从短期看，书院修复工程需要耗费巨大的人力、物力；从长远看，一旦完工，它创造出的经济和文化价值将不可估量。

三、现存传统书院发展中遇到的问题与对策

在传统文化复兴的大潮中，传统书院保持良好的发展势头，一定程度上守住了传统书院文化的根。不可否认，在发展过程中，传统书院也遇到各种各样的问题。

（一）现存传统书院的发展极不平衡

现存传统书院呈现南多北少，东中部多、西部少的分布特点，发展极不平衡。在社会主义现代化建设的今天，书院的发展对当地的文化和经济事业作出的贡献将是不可估量的。我们应想办法帮助落后地区发展该地的文化事业，推动这些地区的可持续发展，加快现代化建设步伐。具体说来，政府可以借鉴发展得好的传统书院的经验，如通过资金投入、招商引资等形式修复当地历史上著名的书院，形成以书院文化为主的文化产业园，通过旅游创收来促进书院文化的传播。

（二）书院精神基本流失

在众多现存传统书院中，只有极少数书院在继续传承书院精神，因为传统书院有自由讲学、独立研究的特色。虽然现存传统书院的主体是学校，但真正继承书院独立、自由精神的学校屈指可数。转化为学校的书院，多多少少应该为该校学生所熟知并受其熏陶。然而事实是，绝大部分学校师生并不知道其历史上有过那么一段辉煌的历史，这是可悲的。如果这些学校能认真追溯一下本校的历史，

并适当地对本校师生进行相关的校史教育，情况会好很多。

古代书院主要有教学、藏书和祭祀功能，其中最主要的是教学功能。现今绝大部分存留下来的书院都不具备最基本的教学功能。为此，政府可想办法使现存传统书院恢复教学功能，像古代书院那样独立于国家的主流教育机构教学，并给予准生证，给在书院学习、进修的学生及时颁发不同学位的毕业证书。

（三）相关政策、法规不完善

国家没有制定特定的政策和法律法规来保证书院的健康、有序发展，一定程度上限制了书院的发展。书院要想实现突破性的发展，必须有国家的政策扶持和法律法规保障。否则，书院将不能顺利实现自身的价值。为此，国家应着手制定专门针对书院发展的优惠性政策和实质性的法律法规。

（四）文物书院保护与开发的关系没处理好

社会上存在文物书院保护力度不够或开发过度的现象。在旅游经济快速发展的今天，如何保护和利用文物资源、振兴文物旅游事业，越来越受到社会的重视。具体说来，怎样管理文物类书院呢？有专家指出，我们可以从以下几方面来努力：

首先，我们要贯彻文物保护法所确立的文物工作方针："保护为主、抢救第一、合理利用、加强管理。"无论何时，我们都要在确保文物安全和永续保存的前提下，确定合理利用文物的途径。有条件的话，我们可以借鉴岳麓书院这一模式来发展自身。

其次，加强文物资源的宣传工作。在当今的信息时代，酒好也怕巷子深，好的文物景点同样也要做好宣传工作来吸引游客。我们可以对重要文物景点进行很好的"包装"，重视对文物的保护，充分发掘文化遗产的深厚内涵，形成自己的特色，通过合理利用使其成为当地新的经济增长点。

再次，处理好经济建设与文物保护、利用的关系。坚持在保护文物的前提下进行基本建设和生产建设，在基本建设和生产建设的过程中注重文物保护，努力实现文物保护事业和经济建设的协调发展。如我们可以通过整治文物景点周边的环境来提高城市的文化品位。当然，随着城市化建设步伐的加快，文物保护工作面临的问题和困难将会更多，如对古建筑建设性破坏、文物保护资金严重不足等。所以在经济建设的同时要注意加大对文物的保护，实现文物的永续性发展。

第四，实现文物保护与旅游的协调发展。丰厚的文物资源为旅游业的发展提供了前提和条件，旅游经济的发展又可使文物的社会功能和经济效益得以发挥。然而，文物保护的问题也带出了文物部门和旅游部门之间多年来存在的矛盾。文物保护与旅游的矛盾突出表现在：个别地方盲目建造大量的仿古建筑、在重要文物景区内建造与文物保护无关的商业建筑、向文物单位争夺经营权等。有的部门只考虑眼前的经济利益,掠夺性地开发文物,在一定程度上限制了开发利用文物资源的步伐。文物保护与旅游之间要在可持续发展战略的指引下协调发展。

(五) 书院文化宣传力度不够

书院貌似一直都是有知识、有文化的人谈论的事物,很少走进寻常百姓家。拿地名来说,不管是哪一类书院地名,都具备一定的文化底蕴。这些文化不应在人们的记忆中渐行渐远。然而,实际情况是,大多数人并不清楚书院地名背后的书院到底何所指,更不用说相应书院的历史沿革、精神内涵等等。之所以出现这种情况,原因是多方面的。其中,地方政府、媒体对地名文化的宣传力度不够、市民自身不关注地名文化是主要原因。如要解决这一问题,应从加强地名文化宣传力度、积极关注地名文化等方面入手。

如今恰逢书院文化复兴的大好时机,我们应不断总结书院在发展过程中得到的经验与教训,实现书院的可持续发展,实现儒学的复兴,最终实现中华民族的伟大复兴。

中国现代书院发展报告

赵瑶杰

笔者以百度为搜索工具,对 2011 年全国各地的现代实体书院进行了初步统计,截至 2011 年 12 月 31 日,共搜索到 591 所命名为书院的实体机构,122 所网络虚拟书院。有部分酒楼、宾馆、旅行社、发廊、网吧等也命名为书院,虽然此次也将其统计在内,但本文所研究的对象是与文化教育相关并命名为书院的机构。此外,虽然网络虚拟书院不论在内容还是在范围上都比较杂,但是由于借助了网络平台,有一个良好的发展势头,值得引起我们重视。

中国书院在其千余年的发展历程中,作为官学教育之补充,在普及儒学、传承中华文明,培育民族精神,推动中华民族的凝聚与发展等方面,功不可没。1901 年,清廷一纸诏令,改书院为学堂,以期与新式教育相接轨。但由于书院深植于传统中国社会土壤之中,以民间力量为主导而兴建的现代书院迭兴不断,书院之形虽死,而神未灭,以历久弥新的形式展现在世人面前,其发展主要经历了三个重要阶段:

1. 20 世纪二三十年代

书院在清末改制之时遭受致命性打击之后,从上个世纪二三十年代开始逐渐复苏,有一大批学者重新开始致力于书院教育。其中较典型者如马一浮在四川建立的复性书院,张东荪在广东创建的学海书院。

马一浮先生所创建的复性书院从 1939 年 9 月 15 日开始讲学,到 1941 年 5 月 25 日停课,由于受当时时局的影响,书院转为以刻书为主,以此保存一点文化血脉。书院办学期间开设的课程既具有浓郁的传统特色,同时也借鉴了西学之长,在传统方面,主要是阐发六经的精义,用六艺统摄一切文化,并开设“四科”,在不同程度上融合了儒、释、道多家之精髓;在西学方面,书院还拟开设西方哲学课程,借此希望学生对西方的思想文化也能够有所旁通。

2. 20 世纪 50 年代

20 世纪 50 年代,虽然不论在物质条件还是在社会安定性上都不具备有书院发展的宽裕条件,但是还是有那么一批学者出于自己的信仰,自发地办起了一批书院。如钱穆先生在香港创立的新亚书院。

新亚书院是钱穆先生在极艰难困苦的环境中所创办的,最先开始是租赁了两间简陋的教室,开办一所亚洲文商专科夜校,以解决战乱中滞留香港的学生就学问题。1950 年春改为日校,并易名为新亚书院。新亚书院既注重培养学生的道德理想，又注重传授学生的专业知识，把中国传统的书院教育和西方近代以来的学校教育结合起来。

随着新亚书院与国际上的交往日益增多，其学术开始得到国际上的承认。六七十年代，张君劢、牟宗三、徐复观等先后到此任教或讲学，他们和港台其他一些新儒家代表人物都视新亚书院为中国儒学复兴的基地。1964 年，新亚书院在当局的压力下被迫和崇基书院、联合书院合并成了后来的香港中文大学。

3. 20 世纪八九十年代至今

自 20 世纪八九十年代以来，特别是近些年国学重新回归大众视野，书院这一的古老教育文化载体复现于各地，并呈现出星星之火可以燎原之势。如，由我国已故著名学者冯友兰先生与北京大学哲学系张岱年、朱伯崑和汤一介等几位教授共同发起的中国文化书院。该书院自 1984 年建立以来，围绕中国传统文化这一主题，开展过多种研讨和教学活动，不仅举行过多期短期讲习班、进修班，还举办过多次较大规模的国际学术会议。

本文将从现代实体书院和网络虚拟书院两个大的方向对 2011 年中国现代书院发展的基本格局进行初步分析和探讨。

一、现代实体书院

笔者以百度为搜索工具，对 2011 年全国各地的现代实体书院进行了初步统计，截至 2011 年 12 月 31 日，共搜索到 591 所现代实体书院，结果如表所示。

（一）中国现代实体书院的区域分布概况及特点

本次统计的地区包括国内 34 个省（直辖市、自治区、特别行政区）。从分布数量来看，现代实体书院最多的是北京，有 82 所之多，作为我国的政治、经济、文化中心，北京拥有雄厚的经济实力和人才等资源支撑现代实体书院的建设。其次是山东、江苏、上海、陕西和香港，皆有 30—45 所现代实体书院，这些地区有的有着悠久的历史，有的处于沿海经济发达地区，对文化的重视程度较高。再次，就是浙江、广东、河南、河北、山西、四川，这些省份都有 20 多所现代实体书院，这与这些省份对传统文化的重视程度是分不开的。其他还有福建、云南、吉林、辽宁、天津、湖北、安徽、广西，这些省份虽然有部分现代实体书院，但是数量不多，只有 10 所。内蒙古、青海、宁夏、新疆、黑龙江、甘肃、江西、湖南、海南、贵州、重庆、澳门、台湾、西藏等地的现代实体书院的数量则不足 10 所，西藏目前通过网络可以搜索到的书院只有 1 所。

考察我国现代实体书院的区域分布情况，有几个特点值得注意。第一，现代实体书院分布呈现出不平衡之势。现代实体书院最多的是北京，以 82 所高居榜首，最少的是西藏，到目前为止还只有 1 所书院出现，即诺倍习书院，之所以搜到该书院是因为在豆瓣社区中，一位名为“我是一个厨子”的网友在号召社会各界对习书院进行捐助，该书院由一名僧人抚养着数名藏族孤儿，条件非常艰苦，急需社会各界的支持。

第二，现代实体书院主要形成了三大密集区。黄河中下游密集区，黄河中下游附近的北京、河南、陕西、山西、山东、河北等省市现代实体书院数量共计 227 所，占所有现代实体书院的 38.41%；以上海为中心及其周围的安徽、浙江、江苏等地共计 113 所，占 19.12%；以广东为中心，福建、香港、广西、湖南、江西、台湾等地区现代实体书院共计 113 所，占 19.12%。

第三，东、中部多于西部，北方与南方持平，略高于南方。我国近现代实体书院较多的地区主要集中在东部沿海沿江地区，中部次之，西部最少，大部分西部地区的现代实体书院在 10 所以内。以秦岭—淮河一线为南方和北方的地理分界线，北方的的 16 个省（直辖市、自治区、特别行政区）共有 302 所现代实体书院，南方 18 个省（直辖市、自治区、特别行政区）共有 289 所现代实体书院。

根据上述分析来看，我国各个地区对现代实体书院建设的重视程度有别，其数量分布极度不平衡。

（二）中国现代实体书院建设力量的对比与分析

中国传统书院主要是官民两种力量在书院建设中起到了主要的作用，现代实体书院则有所不同。与传统书院相比，现代实体书院的特点之一就是民间力量超过官方力量，成为推动现代实体书院发展的主要力量。根据我们的统计和分析，由官方力量建立的现代实体书院有 142 所左右，占现代实体书院总数的 24.70%；而民间兴起的力量建有 449 所，占现代实体书院总数的 75.30%。由此，我们可以得知，现代实体书院建设的主力军已经变成了民间力量。

（三）中国现代实体书院的类型分析

中国传统书院教育有鲜明的文化性和民族性，以研究和传播经典文化为己任，教人以修身、齐家、治国、平天下之道，经世安邦之策，充分体现中华文化生生不息、刚毅诚信、博厚悠远、仁爱通和精神，对于今天的青少年继承中华民族优良传统、领会传统经典文化具有一定的作用。[①]

中国传统书院的三大主要事业是：讲学、藏书、祭祀，主要是围绕着文教事业进行的，现代实体书院则不然，历史的发展赋予了他们更为充实和新颖的内涵。通过对 591 所现代实体书院功能进行统计，结果如表所示：

---

① 《复旦探索恢复“书院文化”传统与现代如何对接》，《人民日报》（海外版），http://news.xinhuanet.com/edu/2011-10/11/c_122139435.htm。

表 1　中国现代实体书院统计表

省份	学校教育 384(所)					文化 91(所)					名称							
	大学	中小学	幼儿园	国学	培训	文化交流	文化公司	书名	宗教	书店	楼盘	饮食	娱乐	商业	招聘	制造业	其他	小计
北京	1	4	1	51		3	5	1	1	3	3		7				2	82
天津	2			3				1	1	2	1	1	1				1	13
河北	4	2		10	2	1	1						1					21
内蒙古	2									1							2	5
河南	2	1		10		1	1		2	1							3	21
山西	3	3		14							2						1	23
陕西	13	1		15	1	2	2	1	1									36
甘肃	1	1		2		2	1		1									8
青海	2			1			1											4
宁夏	1											1	1					3
新疆	1				1					2		1	1				1	7
黑龙江	2	1		2				1										6
吉林	3			3	1	1		3		2							2	15
辽宁	2			6			1			2	1						1	13
山东	3	1		29			1	1		1	2	2	2				2	44
江苏	7	3		7	4	1	3		1	2	1	1	4				5	39
上海	16	1		9	1	1	1		1	1	2	1	4				1	39
安徽		1		3	3	3	1				1							12
浙江		5		4	2	7										1	4	23
江西		1		1	1	3		1			1							8
福建	2			3		5			3	1	1	2			1			18
湖北		2		4	1	1								5				13
湖南				1							3			1	1			6
广东	3	5	1	2(一)	7	4		1							1	2	1	27
海南	1				1						1							3
广西			1	2	1	3							1		2		1	11
云南		1		2	2						3	5	1	2			2	18
贵州	2	1		1	1	1												6
四川		1	1	2(一)		3			3		2	3	1	1			3	20
重庆	2			2		2												6
西藏									1									1
台湾						2			1								2	5
香港	9	21																30
澳门	2			1					3									5
合计	86	56	4	190	29	45	18	10	19	18	24	17	24	9	5	3	34	591

注:本表统计时间截至 2011 年 12 月 31 日。

从表中,我们不难看出,现代实体书院的种类复杂多样,有大学、中小学、幼儿园、国学教育、培训、文化交流、文化公司、书名、宗教、书店、楼盘、饮食、娱乐、商业、招聘、制造业等多种类型,其中由大、中小学,幼儿园,国学教育,培训等组成的学校教育是主力军,共有 365 所,占总数的 61.76%,其中,学校教育中的国学教育学校所占的比重最大,占总比例的 23.55%;文化传播类也占有较大的比重,共有 91 所,占所有现代实体书院的 15.40%,其次就是楼盘、娱乐、饮食、招聘、商业和其他类型的书院各占有一定的比例。

从整体上来看,国学教育学院既是学校教育类的重要组成部分,同时也是整个现代实体书院的重要组成部分,这些国学教育书院教授的内容是以《四书》、《五经》、《弟子规》、琴棋书画等传统精髓为主。从其分布状况来看,除内蒙古、宁夏、新疆、西藏、海南外,在全国其他省份均有分布,以北京为最多,有 51 所;山东居其次,有 29 所;陕西、山西、河北、河南紧随其后,均在 10 所以上;剩下的省份基本上都在 10 所以内。从南北方的对比来看,这些国学学校数量较多的省份基本上都是集中于北方,南方的省份虽然分布有国学教育学校,但数量都较少;从东、中、西部对比来看,东部经济发达省份的数量为最多,中部其次,西部最少。

国内与文化有关的现代实体书院的发展呈现出一片欣欣繁荣的景象,各地以国学为主要内容的学校如雨后春笋般的涌现出来。这也从侧面体现出了我们国学受重视的程度与日俱增,传统文化已开始以更为活跃的姿态呈现在大众的视野中,从形式上来看,主要可以分为如下几类:

1. 教授国学的书院

教授国学的书院大致可以分为以幼儿、中小学学生为主要对象的国学书院和成人国学班两部分。

以幼儿、中小学为主要对象的国学书院共有 190 所,占所有现代实体书院的 32.15%。这些书院一般都有自己独立的办学宗旨,针对的主要是幼儿和中小学生,从教育形式上来说,可以分为全日制、非全日制、全日制和非全日制结合三种类型:

采取全日制教育方式的书院,使孩子脱离现代义务教育学校,既教授孩子义务教育应该学习的语、数、英等现代课程,同时也交给孩子武术、写诗、弹奏古乐等课程,并沿用古代书院耕读的方式,实行中西、古今结合式教育,如北京的七宝阁书院;

非全日制教育的书院则是采取课余补习的方式,作为对我们现代化教育的一种补充,如浙江养正书院,利用周末、节假日的时间传授国学;

全日制和非全日制结合的书院则兼容各种学制,如浙江诸修书院的全日制包括:一个月班、三月个班、六个月班、一年班、三年班、五年班、十年班,寄托制包括:假期班、短期班、兴趣班。

成人国学书院主要有政、商精英国学补习书院和一般民众补习书院。政、企精英国学补习书院一般会和高校合作，以提高自身修为作为目的，收取高额费用。除了研习儒家经典，同时会探讨帝王将相治国之道，开设现代营销管理体系等课程，如2006年9月成立的华商书院，是只为董事长、总经理开放的全国游学的国学研修书院。一般民众补习书院如武汉市新洲双柳镇的云深书院，这类书院是面向普通民众开放，以免费普及传统文化为目的的。

2. 课后补习机构

除了国学教育以外，还有一些取名为书院的课后补习班也活跃在我们的视野中，共有29所，占所有现代实体书院的4.91%。这些补习班主要活跃在我国的南方，其教授的内容并非是传统文化，而是以补习语文、数学、英语等科目为主，是对平时课堂教育的一种补充。如浙江的纳思书院，纳思书院是纳思教育旗下基础教育品牌，专注于中小学个性化辅导，提倡“因人施教”、“因材施教”，在促进学生的学业成长的同时，注重塑造学生健全的人格，让孩子不仅得高分，更培育高能。

3. 教研、文化交流场所

这一类书院有45所，占7.61%，大部分是学术研究和教学团体，以传播和交流传统文化为己任，如尼山圣源书院和北京四海孔子书院。尼山圣源书院由海内外文化界知名学者和社会名流发起与建设，旨在弘扬以儒家文化为主体的中华优秀传统文化，坚持“返本开新”，既接续中华文化的源头活水，又以开放包容的胸怀吸纳各家学说和各种文明的成果，尊重文化的他者的开放性的文化学术机构；北京四海孔子书院则以孔子的儒家思想为书院文化价值的核心，以“经典教育理念”为落实教育的基本思想，以中外传统文化经典学习为主、面向4—13岁海内外少年儿童的教育培训机构，书院分为经典诵读、礼仪德育、自然有机农耕体验、经典音乐绘画艺术欣赏、书法、武术、太极、友谊赛、亲师生主题活动等。

在一些沿海发达地区还出现了以书院为名的文化产业园，把传统的农耕文明优秀成果与现代农业相结合，集旅游、休闲、文化、农业于一体，如浙江的躬耕书院。此外，还有一些书院是以爱国主义为主要内容的教育基地。

这些接受国学教育的受众类型跨度比较大，从年龄上来看，既有白发苍苍的老人，也有牙牙学语的孩童；从其职业来看，不仅有城市的精英阶层，也有从事体力劳动的普通劳动者。

4. 存在于大、中、小学中的书院

由官方力量建设起来的书院主要存在于我们现代大、中小学内，这些书院主要包括三种类型：现代大学里实行的书院制、现代学校兴起的以书院为名的社团、以书院为名但不实行书院制的现代化学校。

（1）现代大学里实行的书院制

香港中文大学是国内最早实行书院制的大学，分别设立新亚书院（1949年成立)、崇基学院(1951年成立)、联合书院(1956年成立)、逸夫书院(1986年成立)、和声书院(2007年成立、2011年起正式招生)、晨兴书院及善衡书院(2006年成立,2010年起正式招生),以及已成立并预计于2012年9月开始招生的敬文书院和伍宜孙书院。香港中文大学除了研究院师生职员外(研究院独立于港大书院制),所有教职员和学生都有所属书院,并将不同书院的权力收归大学中央,现时的成员书院只专责非形式教育,如提供通识课程及学生宿舍等。

在内地实行大学书院制较为典型的有西安交通大学。西安交通大学从2006年开始学习国外模式,将大部分2006级本科新生编进了彭康书院,到现在发展为八大书院,分别是彭康、文治、宗濂、启德、仲英、励志、崇实、南洋,其命名多为交大老校长名字,比如彭康,唐文治等。这些书院拥有一批在大学生思想政治教育领域具有丰富经验的学生工作人员,常任导师、学业导师、兼职导师三支队伍在各个层面发挥着育人作用。理、工、文等不同学科思想的交流与碰撞,给书院学子提供了广阔的知识天地和成长空间。同时,也有比较特别的书院,如励志书院,现有近500名学生。其学生主体为国防生,以当代革命军人核心价值观为引领,致力培养“忠诚于党、热爱人民、报效国家、献身使命、崇尚荣誉”的创新型国防人才,涵盖电信、电气、机械、能动、航天、软件、理学、公管、外语、医学和生命等11个学院21个本科专业。①

这些书院主要依托于大学的力量,将学生的专业学习和素质培养、通识教育、思政工作从管理机制上分开,前者由专业学院承担,后者由书院承担。书院一方面协助专业学院提高学生学习成绩,另一方面负责整体提升学生综合素质和个人气质,承担全部的学生事务。通过温馨社区环境的设计和建设,重视环境对人的陶冶功能,打破专业和年级界限,实现学生多学科、多年级的广泛交融。

(2)现代学校中以书院为名的社团

现代学校兴起的以书院为名的社团则大多是依托大、中小学,自发组织的以传承国学经典,弘扬传统文化为宗旨的文化机构,如青海民族大学文华书院,其主要活动分为文华讲坛、文化影院、阳光天使爱心活动、国学读书会、国学义塾、教育文汇、文华爱心下乡活动等多个部分。

另外一部分则是以提高学生素质为主的书院,如陕西育桢书院,该书院以主题论坛、社区实践、深度分析调研、参与式培训等为主要表现形式,与现阶段学校课堂教育形成有效补充,共同提升学生的综合素质,为其终生发展奠基。自开展以来,每两周集中进行一次主题讨论活动,由社会专家、大学生和一中学生共同参与,平等交流。每期选择近期天下大事和社会热点话题,并辅之以日常的调研实

① 西安交通大学网:http://www.xjtu.edu.cn/bksy/434.html#

践和体验感受。书院对参与的学生本着“不收费用、自愿参与”的原则,不强迫学生参加,不增加课业负担,不产生额外费用。

(3) 有书院之名无书院之实的书院

除了与传统文化有关外,还有一种以书院为名但不实行书院制的现代化学校,这些学校虽然属于教育机构,但是与传统文化没有多大的关系,不管在教学内容还是在教学方法上都与传统书院截然不同。如香港的中华基督教会铭基书院,该书院近年积极推行的“亲子伴读计划”是为了加强学生中、英文阅读及写作能力,并通过加强母语教学,以提高学生“两文三语”的水平;通过学生会、领袖生等的选举及运作,向学生灌输民主意识,并培养他们的自治、自理能力;而设立“民主墙”是为了训练学生敢言的精神;还有让学生培养关怀他人和扶助弱小品质的“哥哥姐姐计划”等。

还有一点值得我们注意的是,在国内30余个省、市、自治区的数十所院校都有由香港著名教育家田家炳捐资建设的田家炳教育书院(学院),这些书院主要依附于公立学校,且以依附于高等师范类院校居多。

5. 宗教书院

现代实体书院除了跟教育有关之外,还出现了部分以宗教为主要内容的书院,共有19所,占所有实体书院的7.61%。如四川青羊宫老庄书院,该书院是以弘扬道教文化,服务社会为宗旨,集藏书、研究、讲座、短期培训为一体的文化传播机构。

在传播本土文化的同时,有部分宗教书院传播的是外来的宗教,如四川宜宾的玫瑰书院,该书院又称玄义玫瑰教堂,是建于清光绪二年(1876)的天主教修道院,建筑风格中西合璧,占地约2500平方米,是当时川南地区最大的教堂。玫瑰书院于2011年已被批准为宜宾市级文物保护单位,部分现存建筑得到局部修缮。

6. 名人书院

目前,在国内部分地区还出现了名人书院,如金庸书院,金庸书院是2008年初由浙江省海宁市政府筹划建造,得到金庸的大力支持所建的书院,将全面地展示金庸学术成就,精心收藏其著作和相关研究资料,按照传统古典园林风格设计建造,具备讲学、展示和藏书等功能,是金氏文学研究的一处重要场所。

二、2011年中国网络虚拟书院基本状况分析

唐末五代,雕版印刷术的使用促进了书院的产生;宋代,活字印刷术的发明则推动了书院的兴盛,可见科学技术的进步是传统书院发展强有力的助推器。在近代,随着科技的进步和发展,在华夏大地上除了出现现代实体书院外,还出现了很多现代网上书院,根据不完全统计,共搜索到122所现代网上书院。为方便统计,现将所有的现代网上书院分为文化网站、博客/论坛、网店、读书频道、其他五个部分。

（一）现代网络虚拟书院的地域分布

表 2　中国现代网络虚拟书院统计表

省份	文化网站	网店	博客论坛	读书频道	其他	小计
北京		7	6			13
天津		1		1	1	3
河北		5	4		1	10
内蒙古			1			1
河南		6	2	2	1	11
山西		3	1			4
陕西			7			7
甘肃		1	4	1		6
青海					1	1
宁夏		1				1
新疆						
黑龙江		1	1			2
吉林						
辽宁		4	1			5
山东	2	5	3			10
江苏		8	6		1	15
上海		1	3			4
安徽	1	1				2
浙江		1	2	3		6
江西	3	2	2	1		8
福建	1			1		2
湖北						
湖南	1			1	1	3
广东			1	1		2
海南				1		1
广西			1			1
云南		3				3
贵州						
四川		1				1
重庆						
西藏						
合计	8	51	45	12	6	122

注：本表统计时间截至 2011 年 12 月 31 日。

按数量统计，在现代网络虚拟书院中，博客/论坛和网店居前两位，分别有51、45所；读书频道次之，有12所；文化网站较少，有8所，归属于其他类型的最少；按分布区域统计，江苏最多，15所；北京次之，13所；河南、河北、山东紧随其后，分别有11、10、10所，其他省份的书院都少于10所。我们可以看出，网络虚拟书院的建设与地域的经济、技术发展程度有关。

（二）现代网络虚拟书院内容、形式分析

现代网络虚拟书院功能纷繁复杂，有从事网上商品交易的网店，如以棋谱和布局为特色的象棋书院，除出售和交换棋书外，象棋书院还有以下几个目的：1）交流和求购藏谱；2）将布局作为专题和本网站的特色来交流和探讨；3）将单提马布局发扬光大，并系统性和历史性的各种冷门布局；4）介绍藏谱知识。

同时，也有为受众提供阅读的公益平台。如由几个热爱武侠文学的人士于2001年创建的潇湘书院经过长达11年的默默耕耘，已经发展成为集原创、武侠、言情、古典、当代、科幻、侦探等体裁为一体的门类齐全的公益性综合小说阅读网站。潇湘书院的用户主要集中在广东、江浙沪、山东、北京、天津、湖北等经济发达地区。用户年龄层基本分布在15—40岁之间，女性用户偏多一些。

还有一些网络虚拟书院是以提供阅读软件为主，如掌上书院，作为目前国内著名的手机阅读软件，致力于为中国手机用户提供高品质移动阅读服务。相关的产品涉及到WAP\WEB，以及手机客户端的开发和应用。

此外，有部分书院是部分机构对外宣传的网络平台。

通过以上情况，有以下几点值得我们注意：

第一，网络虚拟书院，以开设博客/论坛的形式出现的频率最高，有51所，占网上书院总数的41.8%，其他最少，只有6所，占总数的4.92%。按南北对比来看，书院数量较多地主要集中在以秦岭—淮河为界的北方；从东、中、西对比来看，网络虚拟书院主要集中于沿海、沿江的经济发达地区，而新疆、吉林、贵州、西藏等地目前还没有网络虚拟书院。由此可以看出，现代网络虚拟书院在其类型和地域上的分布极度不平衡。

第二，网络虚拟书院的形式多种多样，既包括以营利为目的的网店，也包括以传播传统文化为主要内容的网站和读书频道，同时，还有一些书院借助新媒体力量打造全新教育平台，如湖南大学和中国移动于2010年共同推出的“手机书院”，让学校师生可以借助“手机书院”获得方便、快捷以及大众化、趣味化、优质化的教育资源。

第三，网络虚拟书院的传播借助的是当下影响力较大、覆盖面较广的主流传播平台——互联网、手机等。这些平台可以使书院信息的发布更为简单、快捷、方便、形象、生动，拥有较为广泛的覆盖面。

三、中国现代书院对当今社会的影响

随着当下物质生活的不断充实和多样化，人们对于精神上的追求也逐渐增加，现代书院也就是在这样的背景之下应运而生。与传统书院相比，现代书院有着自己独特的优势：

（一）拥有更多的自主权

在传统的封建社会，“普天之下，莫非王土，率土之滨，莫非王臣”，所有的人和制度都是以封建君主的意志为转移，虽然有部分书院有自己的独立思想，反对读书人为了功名利禄而读书，但是很多书院内容和形式的设置都必须服务于帝王的统治，甚至沦为帝王对人们进行思想统治的工具。现代书院则不然，现代书院是独立存在的个体，是本土文化意识提升的一种重要体现，只要不损害祖国和人民的利益，现代书院可以切合自己的实际需要选择自己感兴趣的活动方式。

（二）内容和形式多样化

传统书院的教学内容是以儒学为主，在内容和形式上都很容易沦为科举的附庸，现代书院不管在内容和形式上都有所创新。现代书院脱离了传统书院依附于科举的生存方式，既有存在于体制以内的书院，也有很多独立于体制之外的书院。

这些书院传播的内容不再仅仅局限于传统的四书五经，而是既有儒家经典，也有现代自然科学（如安徽的海棠书院，开设的课程涵盖现代的物理、化学、计算机等自然学科）；既传播本土宗教，也推广外来宗教。

（三）交流平台更广泛

800 多年前，朱熹应张栻的邀请，到岳麓书院来讲学，吸引了数千人前来追随大师的足迹，“一时舆马之众，饮池水立涸”，从而开创我国历史上书院自由讲学的先河，这在当时，是轰动全城甚至是整个学术界的壮举。在 800 多年后的今天，借助先进的科技和不断发展的教育制度，数千人已不再是一个天文数字，异地之间的学术交流在当下已成了家常便饭。甚至，我们可以不用面对面地交流，通过现代互联网技术就可以实现异地多方视频通话，不同国籍，不同地域的专家足不出户就可以实现专业对话。

此外，现代书院通过网络平台可以扩大书院影响力的范围，缩小与外界的距离，促进书院与外界的交流和发展。此外，网上书院通过网络平台可以容纳更为丰富的内容。我们也可以通过现代的互联网技术了解各个书院和各专家的最新动态，这也是信息技术一体化、全球化的大势所趋。

（四）顺应了社会主义现代化精神文明建设的需要

在 2011 年 11 月份的书院改制 110 周年暨岳麓书院创建 1035 周年国际学术研讨会中，厦门大学的刘海峰教授把科举和书院形容成一对难兄难弟，因为从唐末五代到1905年清末废科举，书院和科举共兴衰、同进退。在清政府废除科举后，书院一度成了落后的代名词，遭到了毁灭性的打击。但是从上个世纪20年代到现在，书院复兴的步伐一直都没有停止过。

有一部分人认为，书院复兴的热潮，是针对现代教育体制“批量化、标准化”的缺陷的反拨，期待以传统的师徒授受方式，实现对“人”的教化培养；也有一部分人认为，书院为民间思想者提供了新创的空间；还有人寄望这种“野蛮”自在的方式，能够冲撞刻板的学术藩篱，“只有讲下去，才能出大师”。[①] 书院的复兴不管是因为西方外来教育制度在中国“水土不服”，还是人们本土文化意识不断加强，总而言之，这都是由于人们开始反思现代教育制度的局限性。一批批有识之士开始为书院的复兴奔走呼号，不少民众对书院，对传统文化有了更为深刻的认识，政府也从某种程度上默认和许可了书院办学的有效性，现代书院才能以各种不同的形式如雨后春笋般涌现出来。

四、中国现代书院存在的问题

现代书院在这样的大背景下，有着良好的发展势头，但是，也面临着很多不同程度的挑战：

（一）书院人文精神的缺失

虽然两宋及明清时期一些书院结合当时科举仕进的风气，将道德教育与科举应试教育相结合，以培养“德业”与“举业”并重之才，但不可否认的是，真正的中国传统书院的主要特点依然是为了教育、培养人的学问和德性，为了华夏文脉的传承，而不是为了功利。南宋乾道二年（1166）书院主教、著名理学家张栻在《岳麓书院记》中写道：“盖欲成就人才，以传道而济斯民也！”这句话的意思就是说岳麓书院培养人才并不是为了功名利禄，而是为了传播文化，为了救济天下苍生，明确反对学校成为科举的附庸，主张以儒家的政治伦理去教育和培养修齐治平的人才。

书院在当下大范围兴起，从文化传承的角度而言，固然是好事，但根本问题在于现代书院“复活”的到底是一种形式，还是一种精神，如果仅仅满足于重新修复书院，将之纳入所谓的文化旅游，或硬生生地将四书五经纳入学校课程……这与书院精神是不相符的。

中国现代实体书院的发展，一方面需要有学识，有研究精神，不专注于利益的真正学者的潜心研究、总结和传播，另一方面也需要书院静下心来，思考什么才是书院之本，不以商业利益为导向，这样才能维持书院文化的持续发展。

---

① “书院复兴”，http://focus.news.163.com/09/0629/14/5D00HNEU00011SM9.html，2009-06-29。

（二）经济来源没有保证，发展后劲不足

经济基础是书院赖以生存和发展的基础，书院运营经费能否及时、有效的供应是书院办学寿命的有效保证。古代书院不管是官办还是私立，都有自己的院产和由官府拨置、士民官绅捐置、书院自置的学田作为书院正常运营的资金支持，所以古代的读书人即使家境贫寒，也能够拥有受教育的机会。

据目前了解到的情况来看，虽然从数量上来说，民间兴办的书院以绝对的优势压倒了官办书院，但是从长远来看，官办书院有政府作为后盾，不管在经济上还是其他方面似乎比较有保障，而民办书院一般是自负盈亏，经济来源没有固定的保障。有的现代书院能有足够的资金支撑，但有的书院则仅靠微薄的收入维持书院的发展，如吉林省的长白山书院。长白山书院位于长白山西麓，以“续华夏文脉兼融儒道，化天下殊途中和贯通”为学术宗旨，没有装潢精致的讲堂，只有一排普通得再不能普通的房舍，长白山书院通过讲会的形式传播儒家文化，同时还招收具有一定资质并热衷于传统文化的研究生，并免去所有的学杂费。然而，这所书院的创建者鞠曦先生并不富裕，他只能倾尽全家之力，用微薄的收入打理书院，把这间书院维持下来十分不易。

现代书院的运营资金一般是直接出自于书院的兴办者或者是其他投资者，这意味着书院建设者的经济实力、文化水平等直接关系着书院的发展前景，一旦书院建设者或投资者出现资金周转困难，书院很有可能无法支撑下去，导致很多现代书院如昙花一现，还没来得及发挥其应有的作用，就已经消失在人们的视野中。书院建设资金的匮乏也可能会导致书院精神背离原来的初衷，走上低俗化道路。从这一方面来讲，书院的办学或是文化的传播就得不到后续的保证，会阻碍现代书院的可持续发展以及发挥其应有的文教作用。

（三）缺乏强有力的组织者，缺少应有的秩序和完善的发展体系

从前面的结论中，我们不难看出，现代书院大部分是由民间力量兴起的，只有少部分是凭借着官方的力量，这样就难以保障现代书院运营方式的合法化、规范化和有序化。现在，书院办学已经在全国大范围地开展起来了，但是这些办学都没有取得国家相关部门给予的“准生证”，也就是说，这些书院都不能给予学生被有关部门认可的学位证书。

在办学的现代书院中，有一部分书院是兴办者出于自己的爱好和需要办起来的，属于个人行为，并没有得到政府对其办学的认可，从这一点来说，这些书院办学的合法性就要遭到质疑。还有部分现代书院虽然取得了政府办学的认可，但毕竟是属于体制外的，不管学生学得有多好，毕业的时候都是没有毕业证书的，是不被外界认可的，这不利于书院学生在以后的升学和就业。在当下这个注重学历的社会，不是每个人都能承受得起的，所以现代书院的办学如何与体制内的教育、与

整个社会结合起来是一个值得我们思考的问题。

大学书院制是当下一个备受关注的热门问题,从表面来看,内地部分大学书院制已经完成了基本的建构,但与已有鲜明特色的香港中文大学书院相比,内地高校宿舍楼里虽然颇有规模,但并没有凸显出书院应有的精神气质,有人甚至认为,现在的书院依然只不过是一个空架子。对于内地高校而言,富有文化底蕴与精神内核的书院文化的形成,并不是一朝一夕的事情。

而且,书院制也并非百利而无一弊。部分学校因实行书院制,以至于多设置了很多行政机构,往往导致效率低下。而且,各书院划地而治,可能导致资源利用不充分。学校在分配资源时,往往不能考虑大小书院的区别,搞平均主义。书院制的出现也给高校的管理提出了新课题。书院与学院如何分工合作?这是书院制与学院制平行的现状下必须解决的问题。①

此外,现代大学书院面临的另外一个问题就是,如何将书院的人文化模式和当代大学大范围的模式化管理相融合。传统的书院教学虽然从某种程度上来说是服务于科举,但是很大程度上又是科举的反对者,传统书院注重的是品德修养,现代的大学教育似乎更注重实用性,现代大学对学生有论文和学分的硬性要求,这无疑在某些方面和传统书院的教育精神是背道而驰的,如何争取处理好书院人文精神和现行教育体制之间的关系,达到二者的双赢,也是我们所要思考的。

(四)现代书院盈利与不盈利对比分析

在古代,学田是书院赖以生存和发展的经济基础,只有拥有一定的经济实力,才能维持书院的建设和发展。现代书院的发展同样也离不开良好的经济基础,现代实体书院主要分为盈利性质的书院和非盈利公益书院。一般情况下,以盈利为目的的书院主要存在于各类培训学校、文化公司、楼盘、饮食、娱乐、商业、制造业等领域,主要可以分为与文化有关和与文化无关两大类。楼盘、饮食、娱乐、商业、制造业等实体书院大部分与文化无关,但也有一部分与文化有关联的以盈利为主的现代实体书院。

至于非盈利书院,则主要是以传播文化为目的而建的,例如,明星公益书院、北京苇杭书院。在全国大面积发展起来的明星公益书院是纯公益性的,号召明星通过捐钱或是捐赠图书的方式,为文化事业的发展做贡献,为公民树立了一个良好的典范;北京的苇杭书院也是公益书院中的一个典型代表,作为北京首家儒家书院,苇杭书院不追求盈利,经常性开展讲座和学术交流活动,致力于发展成一个以读书会为平台研习儒家经典、以年度会讲为平台探求儒家核心价值、以儒家文

---

① 尹世昌:《香港中文大学“书院制”:让学生立体成长》,http://hm.people.com.cn/GB/15675858.html。

化研究院为平台进行学术探讨、以杭之论坛为平台矫枉纠偏正本清源、以华夏礼乐网为平台传承礼乐文明、以苇杭文库为平台整理流通儒家经典的现代儒家书院。

此外,还有一些书院是依靠他人投资捐建,受众免费接受国学教育,如湖北武汉新洲双柳镇的云深书院是由一位富商捐建,使村民免费接受儒学教育,提高村民的文化水平,有利于社会主义新农村精神文明建设。

当下书院复兴之潮虽然一浪胜一浪,但是它的精神复兴的程度却远远不够,甚而许多人借书院之名以求盈利之实。书院以盈利为目的有利有弊,从正面的角度来讲,书院盈利能够保证有资金来源,能够更好地激励书院完善自我建设,使书院文化能更好地传承下来,从而有利于充实我们的精神文化生活。

从负面的角度讲,盈利有可能会导致部分书院过分追求利益最大化,从而导致忽视了书院发展所蕴含的本质的精神的层面,从而导致恶性循环。例如,一些机构为了切合部分学员的需要,打着教授国学的旗号,将书院培训形式化,功利化,形式主义充斥其中,未免有哗众取宠之嫌,给外界留下不良影响,不利于传统文化的发展。

五、中国现代书院发展的展望

传统书院,是中国古代教育体制的一个标志性的符号,伴随中国的历史大潮起起落落,在经历 1901 年书院改制的彻底性打击后触底反弹,衍生出了新的生存方式——现代书院。现代书院的不断发展是我国传统文化复兴的一种体现,给传统文化的发展带来了新的希望,随着中国综合国力的日益强大,本土意识的不断增强,现代书院不论是在规模,还是在数量上,都会获得更大的发展。虽然,中国现代书院发展整体上呈现出了良好的势头,但是还存在许多的缺陷,如何扬长补短、趋利避害,使现代书院能够得到更好的建设是当下亟需解决的问题:

第一,政府要进行有效引导,实行宏观调控。

当下现代书院发展的无序性不利于现代书院的可持续发展,这需要政府的积极引导,引导现代书院的健康发展,改善现代书院的生态发展环境。

1. 完善相关法律法规

目前国内现代书院主要是民间兴起,其内容和形式多种多样,情况错综复杂,政府目前没有一套完整的针对现代书院的相关法律法规,从而导致现代书院的品位层次、从业水平等参差不齐,不利于现代书院的整体发展。

政府应从大局出发,对所有的现代书院制定一个相关标准,对现代书院进行有效的保护。同时,也要对所有现代书院进行逐一审查,对于没有达标的书院,应对其进行引导,使其经营逐步规范化,以便于统一管理。

2. 政策扶持

从表中可以看出，经济的发展对现代书院建设有着至关重要的作用，现代书院南北、东西分布的不均衡严重制约着中国特色社会主义精神文明的建设，不利于落后地区文化的发展。对于经济不发达的地区，政府可以采取政策性扶持，由政府出资或者以招商等形式吸引外界投资，尽量增加不发达地区的现代书院的数量。

对于“挂个牌子就叫书院”的现象，很多人持以批评和否定的态度，但是书院研究专家、岳麓书院教授邓洪波则认为书院的兴盛是文化复兴的迹象，现在的文化复兴，立足于自己的文化根基，又加入了西方的因素，一定是在一个新的起点上，也许泥沙俱下，形成潮流，才能历练出好的书院。虽然现在以书院命名的机构种类繁多复杂，但这并不意味着我们要制定一个统一的标准来衡量该机构能否称之为书院，正是因为这些书院类型和内容的多元性，才更好体现出文化的多元性。但是，对于这些书院我们可以进行引导，鼓励这些书院除了挂上书院的名号外，还应该适量地增加一些与文化有关的内容，这既有利于给该机构赋予更多的文化内涵，还有利于整个社会文化的发展。

对于以办学为主的现代书院，政府应当在现有的基础上，对其教学质量，师资力量进行合理评估，对于优质的办学机构给予肯定，使其办学合法化，与现代学校教育实现有机结合，并实现传统与现代教育、教学方法的互通有余。而对于不是以办学为主的书院，我们可以对其进行正确的引导，只要是合法、诚实经营，我们都不应该对其持否定态度。

第二，完善现代书院自身体制，实现与社会的接轨

要建设好现代书院不是一时一事的工程，在建设和实践过程中，仅仅依靠政府的力量是远远不够的，也不是凭着一时的头脑发热就行的，这需要进行长远的规划。

1. 充实书院经济基础

经济基础决定上层建筑，如何保证现代书院有固定经济基础以维持书院的长久运营一直都是现代书院建设的题中之义。古代很多书院之所以能够绵延千年，与其拥有独立的经济基础是密不可分的。然而，现代书院除了少量书院以外，大部分书院都没有自己独立的经济来源，这对现代书院的可持续发展无疑是个很大的挑战。现代实体书院目前已有部分效仿古代书院有固定经济基础的做法，如福建筼筜书院，现有固定的地产归其名下，其收入只用作书院国学大师论坛、国学讲座和研讨、文化交流、文化赶集、书画笔等活动的发展资金，保证书院活动的连续性、持久性。

2. 明确书院人才培养机制

苇杭书院山长杨汝青在《文武之道，未坠于地——儒家思想的守护承传与当

代书院建设摭议》中表示，古代的书院通过讲会的方式传承义理，通过书院的条规落实行为，通过师徒父子的方式延续精神。优秀的书院造就一大批杰出的人才，甚至会蔚然成风，形成学术流派。最为典型的就是阳明谪居龙场期间创立龙冈书院，并应贵州提学副使席书所请讲学于贵阳文明书院，学子云集，虽短短两年，就培养了一大批优秀的人才，使僻居西南边陲的贵州文教之风盛行，书院大量涌现。当下我们的现代书院建设基本处于起步阶段，还很难蔚然成风，但一定要有未雨绸缪的意识，将人才的培养作为重中之重，只有人才辈出，才能保证书院的精神发扬光大。

这首先就需要现代书院发现和培养一批优秀的弟子入门，并为学生提供物质上和精神上两个方面的支持。在物质上，对于贫寒的学生给予一定的物质支持，设立一定额度的助学金或是不收学费，免去学生学习的后顾之忧。对于学习成绩优异的学生给予适当的奖学金，激励学生学习的积极性；在精神上，现代书院要具体落实好思想和理念，要让学生对儒家理念有更为深入的认识，抱着谦虚谨慎的心态，扎扎实实落实书院的核心价值观，不断深入，逐步形成自己书院的风格和提点。

3. 提升书院人文精神，实现传统与现代的对接

在一些人的眼里，书院是久远、冷门的代名词，书院所讲究的精神和道义早已不适合现代这个充满竞争的社会，更谈不上对自己的生存和发展能有很好的帮助。湖南大学教育科学研究院胡弼成教授在《书院精神靠大学的知识分子来传承》一文中认为：加强现代书院的建设，提升现代书院的涵养，需要我们的书院挖掘历史、善待历史、回归历史；需要我们的教育重视传统、张扬传统、发展传统。如果我们没有对自己文化传统的认同，那么，谈及文化的传承创新是无源之水、无本之木。一方面，我们要本着对个体德性的关照乃至对生命的终极关注，体现“以人为本”、“人文化成”的精神实质、价值选择和深厚的人文底蕴。我们不可能，也不应该退回到书院时代，以经、史、诗赋作为现代书院教学的唯一内容，但在多元化的社会，面对价值的失落、道德的滑坡，仍需共同崇善的人文精神来挽救与重建。

另一方面，文化的传承与创新更要在认同的基础上选择、吸纳，同时学习西方先进文化，承朱张之绪、取欧美之长，使中国传统文化、外来文化与当代社会更好地衔接起来。

4. 扩展书院交流平台

与传统书院相比，现代书院拥有更广阔的宣传平台。现代书院内容传播的媒介不再局限于纸质媒体，可以充分利用网络、电视、手机等现代化媒介工具，借以全面拓展书院核心价值观，这些传播媒介传播信息具有速度快、范围广、影响大等特点。现在已经有不少现代实体书院开设了官方网站、博客、论坛等新兴网络媒介，如北京七宝阁书院。